江西省"十四五"普通高等教育本科省级规划教材

普通高等教育工程训练系列教材

金 工 实 习

主　编　黄　强
副主编　于福义　刘　对
参　编　卢　宏　况　菁　王新海　仪登亮

机械工业出版社

本书为普通高等学校工科专业金工实习课程的教材。全书共 10 章，主要包括：切削加工基础知识、车削加工、铣削加工、钳工、数控加工、工程材料及金属热处理、铸造、锻压、焊接和先进制造技术等。

本书是按照教育部机械基础课程教学指导分委员会金工课程指导组工程材料及机械制造基础系列课程教学基本要求的有关内容编写而成，以培养学生的工程实践能力和工程素质为基本内容，本书提供配套电子课件。

本书可作为普通高等学校机械类、近机械类以及其他工科专业金工实习的教学指导和实习教材，也可作为卓越工程师教育培养计划实施中的教材，同时还可供工程技术人员参考使用。

图书在版编目（CIP）数据

金工实习/黄强主编. —北京：机械工业出版社，2022.9（2025.6 重印）
普通高等教育工程训练系列教材
ISBN 978-7-111-71746-1

Ⅰ.①金…　Ⅱ.①黄…　Ⅲ.①金属加工-实习-高等学校-教材　Ⅳ.①TG-45

中国版本图书馆 CIP 数据核字（2022）第 183183 号

机械工业出版社（北京市百万庄大街 22 号　邮政编码 100037）
策划编辑：丁昕祯　　　　　　责任编辑：丁昕祯
责任校对：樊钟英　张　薇　封面设计：张　静
责任印制：单爱军
河北京平诚乾印刷有限公司印刷
2025 年 6 月第 1 版第 6 次印刷
184mm×260mm · 15.75 印张 · 388 千字
标准书号：ISBN 978-7-111-71746-1
定价：49.00 元

电话服务　　　　　　　　　　网络服务
客服电话：010-88361066　　机　工　官　网：www.cmpbook.com
　　　　　010-88379833　　机　工　官　博：weibo.com/cmp1952
　　　　　010-68326294　　金　书　网：www.golden-book.com
封底无防伪标均为盗版　　机工教育服务网：www.cmpedu.com

前　言

随着社会的不断发展进步，我国提出并贯彻新发展理念，着力推进高质量发展，推动构建新发展格局，实施供给侧结构性改革，并加快推进科技自立自强，基础研究和原始创新不断加强，一些关键核心技术实现突破，战略性新兴产业发展壮大，载人航天、探月探火、深海深地探测、超级计算机、卫星导航、量子信息、核电技术、新能源技术、大飞机制造、生物医药等取得重大成果。二十大报告提出"深入实施科教兴国战略、人才强国战略、创新驱动发展战略""加快建设教育强国、科技强国、人才强国"。随着科学技术的飞速发展，机械加工中越来越广泛地采用新工艺、新方法和新技术。许多高等学校的工程实践硬件建设及教学内容都发生了重大变化，由原来的铸造、锻压、焊接、普通车铣等逐步发展到越来越多地采用现代制造技术，如数控加工、激光加工等。

在如此新形势下，工程实践教学必须走操作技能训练和实践创新紧密结合、技能训练和现代企业管理相结合的道路，通过工程实践锻炼，培养学生的工匠精神和正确的劳动观，促进学生全面发展。因此，本书在常规的工程训练基础上，增加了数控加工、先进制造技术等内容，以此来拓宽学生实践的知识面。

本书特点：

1) 内容丰富，既包括传统的加工方法，又加强了数控加工、先进制造技术等方面的内容。

2) 全书重点突出，叙述清楚。

本书可作为高等学校机械类、近机械类以及其他工科专业金工实习的教学指导和实习教材，也可作为卓越工程师教育培养计划实施中的教材，还可作为工程技术人员的参考书。

教学中，可以根据教学对象和学时等具体情况对书中的内容进行删减和组合，也可以进行适当扩展。为适应教学模式、教学方法和手段的改革，本书提供配套电子课件，请登录机工教育服务网（www.cmpedu.com）注册下载。

本书由九江学院机械与智能制造学院组织编写，由黄强任主编，并对全书进行统稿，参与编写的有：黄强、于福义、刘对、卢宏、况菁、王新海、仪登亮。

由于编者水平和经验有限，书中难免出现不妥之处，恳请同行和广大读者批评指正。

编　者

目　录

第1章　切削加工基础知识

与铸造、锻压加工时材料质量基本不变的情形不同，切削加工是用材料去除原理使金属成形，制造过程中，材料的质量越来越少，它通过刀具与工件之间的相对运动及相互力，从工件毛坯上切去多余的金属，从而获得所需的几何形状。这种利用刀具从工件毛坯表面切去多余的金属，获得符合图样规定的形状、尺寸精度、几何精度及表面粗糙度的合格零件的加工过程，称为切削加工。相对于铸造、锻压加工，切削加工具有效率高、精度高、成本低、易于成形、适应范围广等优点。切削加工工作量占机械制造总工作量的 40%～60%，是机械制造中最主要的加工方法，在工程实际加工中被广泛应用。

1.1　切削加工的分类与刀具

1.1.1　切削加工的分类

金属的切削加工有许多分类方法，常见的有以下 3 种。

1. 按工艺特征划分

切削加工的工艺特征取决于切削工具的结构及切削工具与工件的相对运动形式。根据机床运动和刀具的不同，切削加工主要可分为：车削、铣削、刨削、磨削和钻削等。

（1）车削　如图 1-1 所示，工件的旋转是主切削运动。刀具沿平行于旋转轴线的方向运动时，在工件上形成圆柱面；刀具沿与轴线相交的斜线运动时，形成圆锥面；仿形车床或数控车床可以控制刀具沿曲线进给，此时形成特定的旋转曲面；采用成形车刀横向进给，也可加工出旋转曲面。车削还可以加工螺纹面、端平面及偏心轴等。普通车削加工精度一般为 IT8～IT7，表面粗糙度值为 $Ra6.3～1.6\mu m$。精车时，精度可达 IT6～IT5，表面粗糙度值可达 $Ra0.4～0.1\mu m$。车削的生产率较高，切削过程比较平稳，刀具较简单。

（2）铣削　如图 1-2 所示，刀具的旋转是主切削运动。卧铣时，工件平面由铣刀外圆柱面上的切削刃形成，称为周铣；立铣时，工件平面由铣刀的端面刃形成，称为端铣。提高铣刀的转速可以获得较高的切削速度，因此铣削加工的生产率较高。但铣刀刀齿切入、切出工件表面时形成冲击，使切削过程易振动而不够平稳，故铣削后工件表面质量不是很高。这种冲击也加剧了刀具的磨损和破损，并使硬质合金刀片易于碎裂。刀齿在切离工件的一段时间

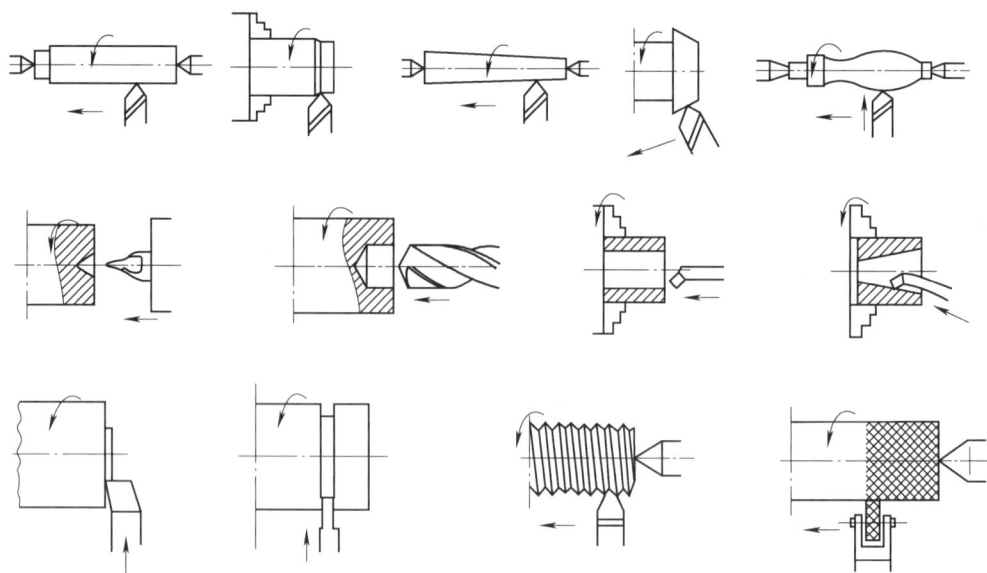

图 1-1 车削加工

内，可得到一定冷却，因此散热条件较好。

普通铣削一般只能加工平面；成形铣刀可以加工出特定的曲面；数控铣床可以通过数控系统控制多根轴按一定关系联动，铣出复杂形状曲面。铣削的加工精度一般可达 IT8～IT7，表面粗糙度值为 $Ra6.3～1.6\mu m$。

（3）刨削　如图 1-3 所示，刀具的往复直线运动为主切削运动。由于刨削速度不可能太高，所以刨削生产率较低。刨削比铣削平稳，其加工精度一般可达 IT8～IT7，表面粗糙度值 Ra 为 $6.3～1.6\mu m$，精刨平面度可达 0.02/1000，表面粗糙度值为 $Ra0.8～0.4\mu m$。牛头刨床一般只用于单件生产，加工中小型工件；龙门刨床主要用于加工大型工件，其加工精度和生产率高于牛头刨床。

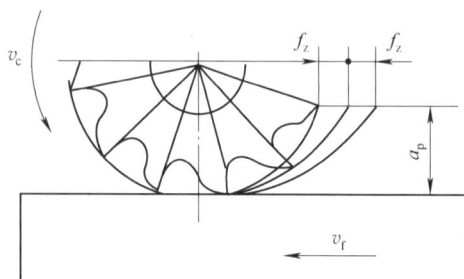

图 1-2　铣削加工

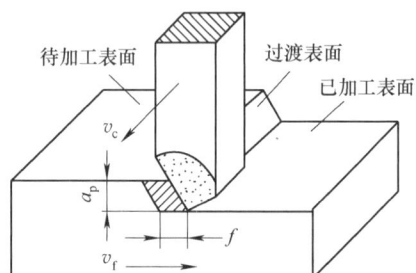

图 1-3　刨削加工

插床可以看作立式的牛头刨床，主要用于加工键槽等内表面。插齿机的插刀与转动的工件形成展成运动，用于加工齿轮的渐开线齿面。

（4）磨削　如图 1-4 所示，砂轮的旋转是主切削运动。砂轮上的每个磨粒都可以看成是一个微小刀齿。砂轮具有"自锐性"，磨削一段时间后，磨粒变钝，切削作用变差，切削力变大，当切削力超过黏结剂强度时，磨钝的磨粒脱落，露出一层新的磨粒，成为新刀齿，但

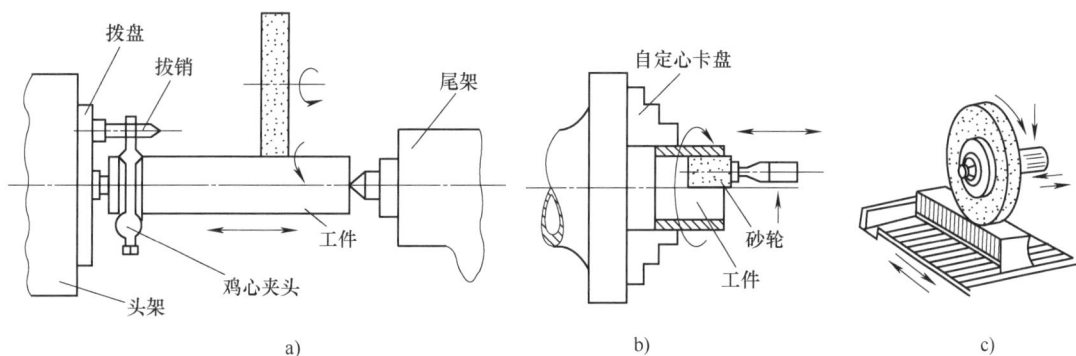

图 1-4 磨削加工
a) 磨外圆 b) 磨内孔 c) 磨端面

切屑和碎磨粒仍会阻塞砂轮。因而，磨削一定时间后，需用金刚石刀等修整器修整砂轮。

磨削时，会产生大量的切削热，需有充分的切削液进行冷却。磨削时，每个磨粒都是小刀齿，切削刃很多，所以加工平稳、精度高。磨削精度可达 IT6~IT4，表面粗糙度值可达 $Ra1.25 \sim 0.01\mu m$，甚至可达 $Ra0.1 \sim 0.008\mu m$。因为磨削的加工精度高，并可以对淬硬的金属材料进行加工，因此，常作为工件的最终加工工序。

（5）钻削 如图 1-5 所示，钻头的旋转运动是主切削运动。在钻床上用钻头钻削孔，是最常用的孔加工方法，其中，单件、小批生产中，中小型工件上的孔（$D<50mm$）常用立式钻床加工；大中型工件上的孔常用摇臂钻床加工。钻削的加工精度较低，一般只能达到 IT10，表面粗糙度值一般为 $Ra12.5 \sim 6.3\mu m$。精度高、表面质量要求高的小孔，钻削后还需采用扩孔、铰孔或镗孔来进行半精加工和精加工。

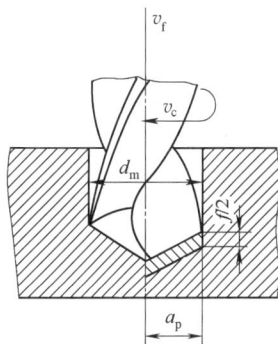

图 1-5 钻削加工

2. 按切除率和精度划分

按切除率和所加工工件的精度不同，切削加工主要可分为粗加工、半精加工、精加工、精整加工、修饰加工和超精密加工等。

（1）粗加工 用大的切削深度，经一次或少数几次走刀，从工件上切去大部分或全部加工余量的加工过程，如粗车、粗刨、粗铣、钻削和锯削等。粗加工的加工效率高而加工精度较低，一般作为预加工，有时也可作为最终加工。

（2）半精加工 一般作为粗加工与精加工之间的中间工序，但对工件上精度和表面粗糙度要求不高的部位，也可作为最终加工。

（3）精加工 用精细切削的方式使加工表面达到较高的精度和表面质量，如精车、精刨、精铰、精磨等，精加工一般是最终加工。

（4）精整加工 其一般在精加工后进行，其目的是获得更小的表面粗糙度值，精整加工的加工余量小，如珩磨、研磨、超精磨削和超精加工等。

（5）修饰加工 其目的是减小表面粗糙度值，以提高防蚀、防尘性能和改善外观，而并不要求提高精度，如抛光、砂光等。

（6）超精密加工 航天、激光、电子、核能等尖端技术领域中需要某些特别精密的零件，其精度高达 IT4 以上，表面粗糙度值不大于 $Ra0.01\mu m$。这时就需要采取特殊措施进行超精密加工，如镜面车削、镜面磨削、软磨粒机械化学抛光等。

3. 按表面形成方法划分

切削加工时，工件已加工表面是依靠切削工具和工件做相对运动来获得的。按表面形成方法的不同，切削加工可分为 3 类。

（1）刀尖轨迹法　依靠刀尖相对工件表面的运动轨迹来获得工件所要求的表面几何形状，如车削外圆、刨削平面、磨削外圆、用靠模车削成形面等。刀尖的运动轨迹取决于机床所提供的切削工具与工件的相对运动。

（2）成形刀具法　简称成形法，用与工件最终表面轮廓相匹配的成形刀具或成形砂轮等加工出成形面。此时机床的部分成形运动被切削刃的几何形状代替，如成形车削、成形铣削和成形磨削等。由于成形刀具的制造比较困难，机床-夹具-工件-刀具所形成的工艺系统所能承受的切削力有限，成形法一般只用于加工短的成形面。

（3）展成法　又称滚切法，加工时切削工具与工件做相对展成运动，刀具（或砂轮）和工件的瞬心线相互做纯滚动，两者之间保持确定的速比关系，所获得的加工表面就是切削刃在这种运动中的包络面。齿轮加工中的滚齿、插齿、剃齿、珩齿和磨齿（不包括成形磨齿）等均属展成法加工。

1.1.2　切削加工的刀具

刀具是切削加工中影响其生产率、加工精度、表面质量及加工成本的最活跃因素。

根据刀具用途和加工方法的不同，通常可把刀具分为：切刀（如车刀、刨刀、插刀、镗刀和成形车刀等）、孔加工刀具（如钻头、扩孔钻、铰刀等）、拉刀（如圆孔拉刀、平面拉刀、花键拉刀等）、铣刀（如圆柱形铣刀、面铣刀、立铣刀、槽铣刀和锯片铣刀等）、螺纹刀具（如丝锥、板牙和螺纹切刀等）、齿轮刀具（如齿轮铣刀、齿轮滚刀、插齿刀、剃齿刀、蜗轮滚刀等）、磨具（包括砂轮、砂带和油石等），如图 1-6 所示。此外，还有数控机床用刀具（简称数控刀具）和自动线刀具等。

根据切削刃的特点不同，刀具可分为：单刃（单齿）刀具和多刃（多齿）刀具。根据刀具的工艺特点不同，切削刀具可分为：通用刀具（指车刀、镗刀、孔加工用刀、铣刀和螺纹刀具等）和复杂刀具（如拉刀和齿轮刀具等）；定尺寸刀具（工件的加工尺寸取决于刀具本身的尺寸，如钻头、扩孔钻和铰刀等）和非定尺寸刀具（如车刀、刨刀和插刀等）。根据刀具的装配结构，切削刀具可分为：整体式刀具（如整体高速钢刀具）、装配式刀具（如机夹、可转位刀具）和复合刀具等。

尽管各种刀具的结构和形状各不相同，但都有共同的组成部分，即都是由工作部分和夹持部分组成。工作部分指承担切削加工的部分；夹持部分指使工作部分与机床连接在一起，保证刀具有正确的工作位置，并传递切削运动和动力的部分。

刀具的夹持部分有刀柄（或刀杆）和套装孔两类。例如，钻头和丝锥等的夹持部分是它们的刀柄（直柄或锥柄），切刀是刀杆，圆柱形铣刀和齿轮滚刀则是刀具上带键槽的套装孔等。为保证刀具的正常工作，夹持部分必须具有足够的强度和刚度、正确的形状与较精确的尺寸、合适的表面粗糙度值，且应夹持可靠，装卸方便迅速。在孔加工刀具、铣刀和齿轮滚刀等刀具上，夹持部分不仅是刀具在机床上的安装基准，也是刀具制造、检验和重磨的基

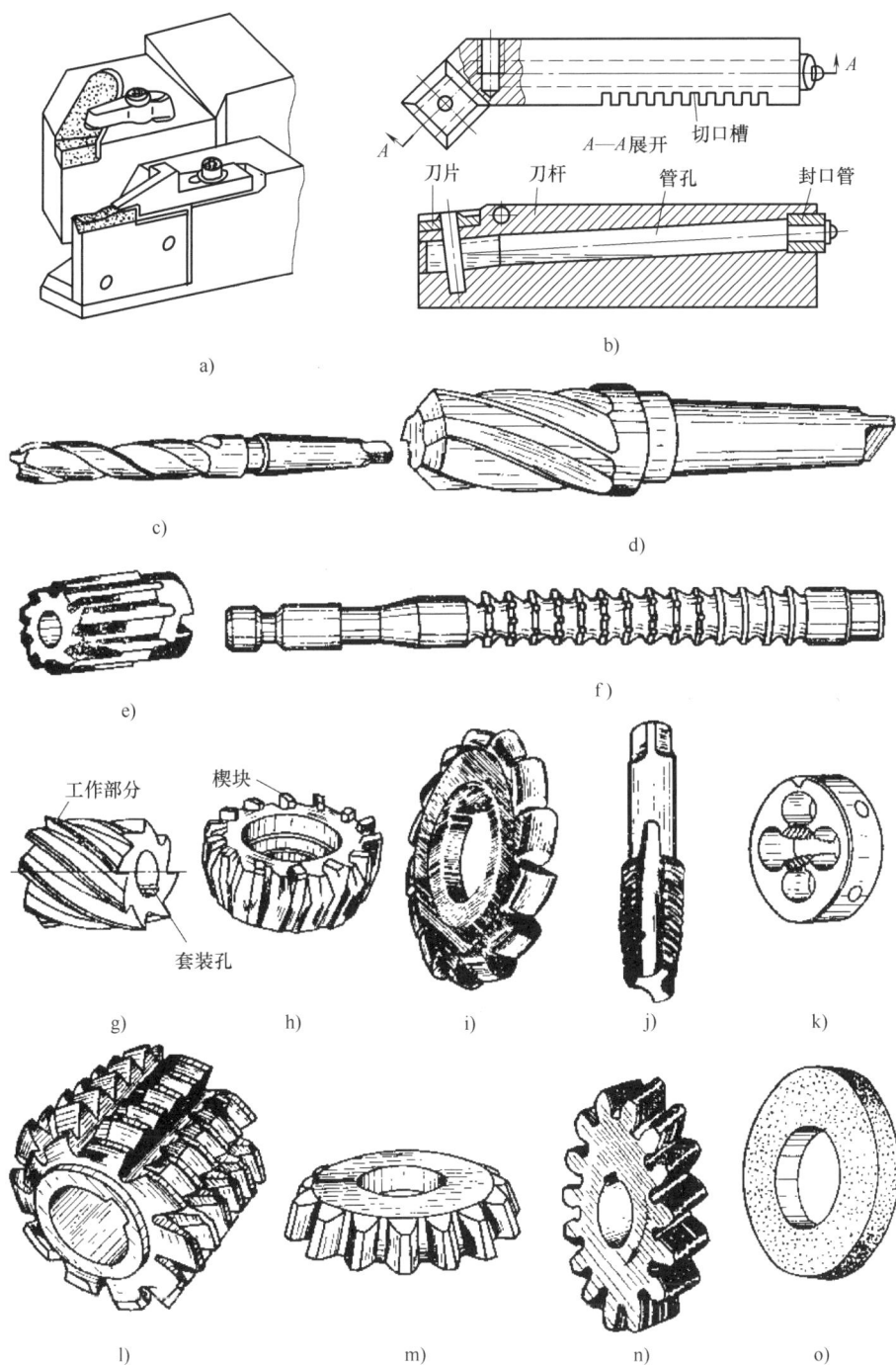

图 1-6 切削刀具的基本类型

a）机夹式车刀　b）热管式车刀　c）磨花钻　d）扩孔钻　e）铰刀　f）圆孔拉刀　g）圆柱形铣刀
h）硬质合金铣刀　i）成形铣刀　j）丝锥　k）板牙　l）齿轮滚刀　m）插齿刀　n）剃齿刀　o）平行砂轮

准，因此，夹持部分必须系列化和标准化。

加工过程中，应综合考虑待加工工件材料、刀具材料、切削用量、工艺系统刚性及机床功率等因素，合理选用刀具。

1.2　切削加工与切削用量

1. 切削加工中的运动及其构成

切削加工是指在机床上利用切削工具从工件上切除多余材料，从而形成已加工表面的加工方法，它是机械加工的基本方法。为了顺利切除工件上多余的金属，获得形状精度、尺寸精度和表面质量都符合要求的工件，刀具与工件之间必须做相对运动。根据这些运动对切削加工所起作用的不同，可分为切削运动和辅助运动。

（1）切削运动　直接完成切除加工余量任务，形成所需零件表面的运动称为切削运动，包括主运动和进给运动。

1）主运动。切除工件上的多余材料，使之转变为切屑，从而形成工件新的表面的运动为主运动，该运动是切削运动中速度最高、消耗功率最大的运动，用切削速度 v_c 表示。主运动通常只有一个，如车削时工件的回转运动，铣削时铣刀的回转运动，磨削时砂轮的旋转运动，牛头刨床上刨刀的直线往复运动，龙门刨床上工件的直线往复运动等，都是主运动。如图 1-7 所示的 v 或 v_c。

2）进给运动。将工件上的多余材料不断投入切削区进行切削以逐渐切削出零件所需整个表面的运动。进给运动通常有一个或多个，且速度和功率消耗较小，用进给速度 v_f（mm/s）或进给量 f 表示。如车削时车刀的纵向移动或横向移动，钻孔时钻头的轴向移动，外圆磨削时工件的旋转运动和纵向移动均属于进给运动，如图 1-7 所示的 f 或 v_f。

（2）辅助运动　不直接参加切除多余材料，但又是完成零件表面加工全过程必不可少的运动为辅助运动。例如，控制切削刃切入工件表面深度的吃刀运动，进行工件切削前的快进运动，完成切削走刀后的退刀运动，刨刀、插齿刀等回程时的让刀运动等均属于辅助运动。

2. 切削用量和切削层几何参数

（1）切削加工中的表面　切削过程中，工件上形成了 3 个表面，如图 1-7a 所示。

1）已加工表面：工件上切除切屑后产生的新表面。

2）待加工表面：工件上将要被切除切削层的表面。

3）加工表面（过渡表面）：工件上正在被切削刃切削的表面。

已加工表面、待加工表面和加工表面不是固定的，而是处于变动中的。

（2）切削用量　切削用量是用来定量描述主运动、进给运动和投入切削的加工余量厚度的参数，是加工中调整使用机床的依据。合理选择切削用量对保证产品质量和提高生产效率起着非常重要的作用。

切削用量包括切削速度、进给量和背吃刀量 3 个基本参数，此 3 个基本参数称为切削用量三要素。

1）切削速度 v_c。切削刃上选定点相对工件主运动的瞬时速度称为切削速度，它是表示主运动大小的参数，单位为 m/s 或 m/min。当主运动为旋转运动时，v_c 可按式（1-1）计算

$$v_c = \frac{\pi d_w n}{1000 \times 60} \tag{1-1}$$

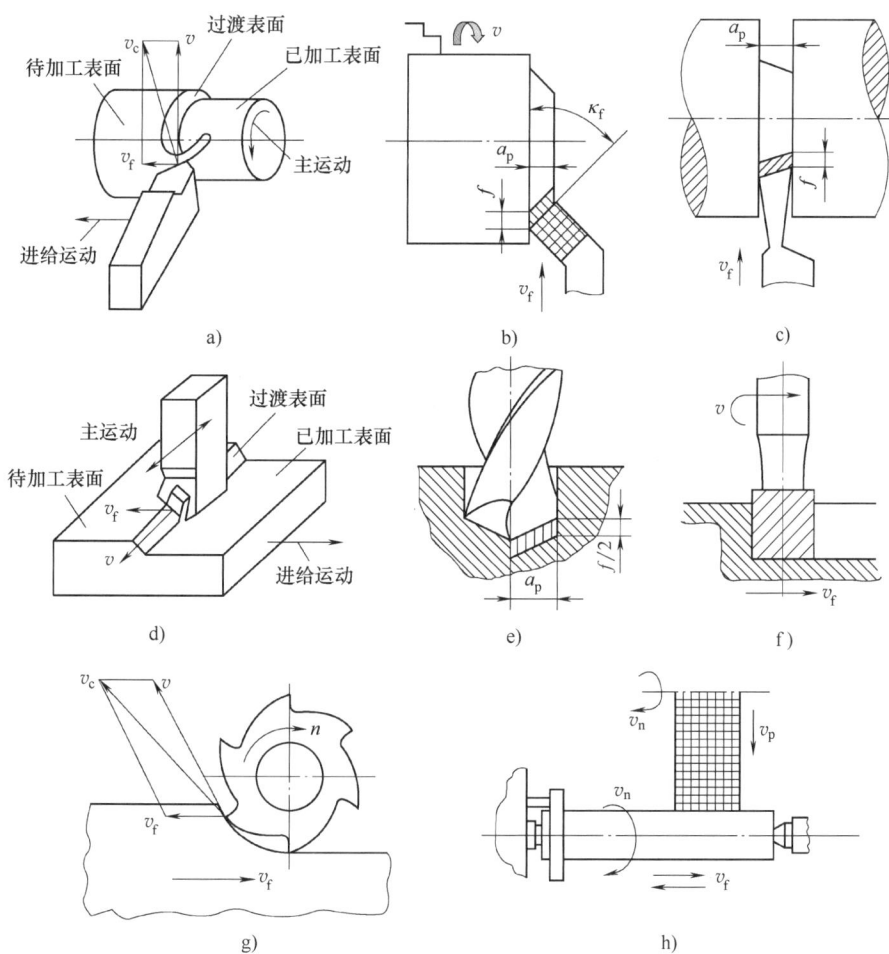

图 1-7 常见加工方法的加工表面、切削运动、切削用量
a) 车外圆 b) 车端面 c) 车槽 d) 刨平面 e) 钻孔 f) 立铣 g) 周铣 h) 磨外圆

式中，v_c 为切削速度（m/s）；d_w 为工件待加工表面或刀具的最大直径（mm）；n 为工件或刀具的转速（r/min）。

切削刃上不同直径处的各点切削速度不同，计算时应以最大的切削速度为准。如车外圆时应以待加工表面的直径代入式（1-1）。

在实际生产中，往往是已知工件直径，并根据工件材料、刀具材料和加工性质等因素确定切削速度，然后计算车床主轴的转速，以便调整机床。这时可把式（1-1）改写为式（1-2）

$$n = \frac{1000 \times 60 v_c}{\pi d_w} \qquad (1-2)$$

2）进给量 f。主运动每转一转或每一行程时（或单位时间内），刀具和工件在进给方向的相对位移量称为进给量。它是表示进给运动大小的参数，又称走刀量（单位：mm/r），如图 1-7 所示。

进给量又分纵向进给量和横向进给量两种。

① 纵向进给量。沿车床床身导轨方向的进给量。

② 横向进给量。垂直于车床床身导轨方向的进给量。

对于用单齿刀具（如车刀、刨刀）加工时，常用刀具或工件每转或每行程刀具在进给运动方向上相对工件的位移量来度量，称为每转进给量（mm/r）或每行程进给量（mm/str）。齿数为 z 的多齿刀具（如钻头、铣刀），每转或每行程中每齿相对于工件在进给运动方向上的位移量，称为每齿进给量，记作 f_z，单位为 mm/齿，其值按式（1-3）计算

$$f_z = \frac{f}{z} \tag{1-3}$$

对于用多齿刀具（如钻头、铣刀）加工时，也可用进给速度来表述。单位时间内，切削刃上选定点相对工件沿进给运动方向的相对位移量称为进给速度，记作 v_f，单位为 mm/s 或 mm/min。对于连续进给的切削加工，v_f 可按式（1-4）计算

$$v_f = nf = nzf_z \tag{1-4}$$

对于主运动为往复直线运动的切削加工（如刨削、插削），一般不规定进给速度，但规定每行程进给量。

3）背吃刀量 a_p。通过实际参加切削的切削刃上相距最远的两点，且与 v_c、v_f 所确定的平面平行的两平面间的距离称为背吃刀量，单位为 mm。

车削和刨削时，背吃刀量就是工件上已加工表面和待加工表面间的垂直距离，即每次进给时车刀切入工件的深度，又称切削深度，如图 1-8 所示。

车外圆、内孔等回转表面时的背吃刀量 a_p 可按式（1-5）计算

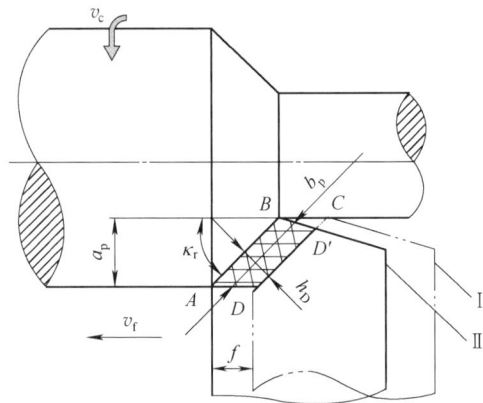

图 1-8 切削层参数

$$a_p = \frac{d_w - d_m}{2} \tag{1-5}$$

式中，d_w 为工件待加工表面直径（mm）；d_m 为工件已加工表面直径（mm）。

（3）切削层几何参数 各种切削加工中，刀具相对工件沿进给运动方向每移动一个进给量 f 或移动一个每齿进给量 f_z，一个刀齿正在切削的金属层称为切削层。切削层的形状和尺寸决定了刀具切削部分所承受的载荷大小及切屑的形状和尺寸。

如图 1-8 所示，工件转过一转，车刀移动一个进给量 f（由位置Ⅰ移动到位置Ⅱ）之后，车刀所切下的一层金属即为切削层。

切削层的几何参数在垂直于切削速度的平面内观察和度量（图中 $ABD'D$ 阴影面积）。

1）切削层厚度 a_c。a_c 指垂直于加工表面度量的切削层尺寸，单位为 mm。切削层厚度代表了切削刃的工作负荷。车外圆时

$$a_c = f\sin\kappa_r \tag{1-6}$$

2）切削层宽度 a_w。a_w 指平行于加工表面，沿切削刃方向度量的切削层尺寸，单位为 mm。切削层宽度通常等于切削刃的工作长度。车外圆时

$$a_w = a_p / \sin\kappa_r \tag{1-7}$$

3）切削层面积 A_C。A_C 指在切削层尺寸平面里度量的横截面积。

$$A_C = a_c a_w = a_p f \tag{1-8}$$

当切削速度一定时，切削层面积代表了生产率。

切削用量和切削层参数合称为切削要素。

1.3　机床的组成与传动

金属切削机床简称机床，是用切削加工方法将金属（或其他材料）毛坯或半成品加工成零件的机器。由于是制造机械的机器，故又称为"工作母机"或"工具机"。

在一般机械制造厂中，机床是主要的加工设备，按台数计，机床占 50%～80%。机床的技术性能直接影响机械工业产品的质量和劳动生产率。机床制造业是现代化国民经济建设的基础和科学技术发展的可靠保障。

1. 金属切削机床的分类

金属切削机床的品种和规格很多，根据 GB/T 15375—2008《金属切削机床　型号编制方法》，将机床按其工作原理划分为车床、铣床、磨床、钻床、镗床、齿轮加工机床、螺纹加工机床、刨插床、拉床、锯床及其他机床，共 11 类。根据机床的使用范围，即通用性程度，可分为普通精度机床、精密机床和高精度机床。根据机床布局，可分为卧式机床、立式机床、龙门机床和落地机床等。

2. 机床的组成

机床的类型有很多，尽管机床的外形、布局各不相同，但它们都是由以下几个主要部分组成的。

（1）动力源　为机床提供动力和运动的驱动部分。如交流电动机、直流电动机、液压泵等。

（2）主传动部件　用来实现机床主运动的部件。如车床、铣床、钻床的主轴箱；车床的变速箱和磨床的磨头等。

（3）进给传动部件　用来实现机床进给运动的部件，也可以实现机床的调整、退刀和快速运动等。如车床的进给箱、溜板箱；钻床、铣床的进给箱；刨床的进给机构；磨床的液压传动装置等。

（4）工件安装部件　用来安装工件的部件，如普通车床的卡盘和尾架；钻床、刨床、铣床和平面磨床的工作台等。

（5）刀具安装部件　用来安装刀具的部件。如车床、刨床的刀架；钻床、立式铣床的主轴等。

（6）支撑部件　用来安装和支撑其他固定的或运动的部件，并承受其重力和切削力的装置，如各类机床的床身、立柱、底座等。

（7）控制系统　用于控制各工作部件正常工作的装置。如电气控制系统、液压或气动控制系统、数控系统等。

（8）冷却与润滑系统　用来给工件、刀具、机床发热部位降温，对机床运动副进行润滑，减小摩擦、磨损的装置。

3．机床的传动

机床的传动有机械传动、液压传动、气动传动、电气传动等形式，其中最常见的是机械传动。下面以车床为例，简要介绍其运动和传动情况。

（1）传动链　在机床传动系统中，通常用一些传动零件（轴、带轮、传动带、齿轮副、蜗杆副、丝杠螺母机构、齿轮齿条机构等）把动力源（电动机）和执行机构（主轴、工作台、刀架等）或把两个执行机构连接起来，用于传递动力或运动，这种传动联系称为传动链。

机床的每一个运动都由一条传动链来完成。机床有多少个运动，就相应有多少条传动链；机床所有相互联系的传动链，组成了机床的传动系统。

在图1-9所示的丝杠车床传动系统中，有两条传动链：①运动由电动机经带传动传给蜗杆轴Ⅰ，又经蜗杆蜗轮副传给主轴Ⅱ，使主轴获得旋转运动；②由主轴Ⅱ经两对齿轮副传给丝杠轴Ⅳ，带动刀架实现进给移动。后一条传动链使得两执行机构主轴与刀架之间保持一定的相对运动关系，即主轴转一转，刀架相应移动一定的距离。

（2）机床传动系统图　为了清晰地表示机床传动系统中各个零件及其相互连接关系，按照国家标准规定的图形符号画出机床各个传动链的综合简图，称为机床传动系统图（图1-9）。机床传动系统图简明地表示了机床的传动结构及各个传动链，是分析机床运动、计算机床进给量的重要工具。

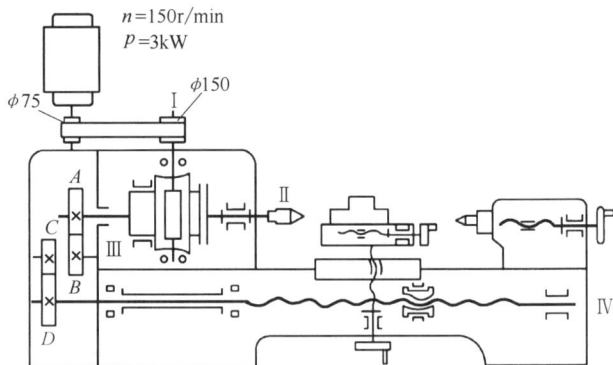

图1-9　丝杠车床传动系统

阅读机床传动系统图时，第一步是找出传动链的两端件，即首先找出主动轴（动力输入轴），再找出从动轴（动力输出轴）抓住传动链的两端件，然后逐个从头向尾分析；第二步是研究传动链中各个传动零件之间的连接关系和各个传动轴之间的传动方式及传动比；第三步分析整个运动的传动关系，列出传动路线表达式。

例如，图1-9中，丝杠车床主轴旋转运动的传动路线表达式为

$$电动机—Ⅰ—Ⅱ（主轴）$$

刀架直线移动车螺纹运动的传动路线表达式为

$$主轴—Ⅲ—Ⅳ（丝杠）—开合螺母—刀架$$

1.4　切削力与切削热

1.4.1　切削力

切削工件时，刀具必须克服材料的变形抗力，克服刀具与工件及刀具与切屑之间的摩擦力，才能切下切屑。在切削过程中作用在刀具与工件上的力称为切削力。

切削过程中，切削力使工艺系统（机床—工件—刀具）变形，影响加工精度。切削力还直接影响切削热的产生，并进一步影响刀具磨损、使用寿命及已加工表面的质量。切削力还是计算切削功率，设计和使用机床、刀具、夹具的重要依据。因此，研究切削力的规律，将有助于分析切削过程，并对实际生产有着重要的指导意义。

1. 切削力的合力与分解

实际加工中，总切削力的方向和大小都不易直接测定，也没有必要直接测定。为了满足设计和工艺分析的需要，一般研究总切削力在一定方向上的分力。

以车削外圆为例，总切削力 F 一般常分解为以下 3 个互相垂直的分力，如图 1-10 所示。

（1）主切削力 F_z　总切削力 F 在主运动方向上的分力，其方向与基面垂直，大小占总切削力的 80%～90%。F_z 消耗的功率最多，约占总功率的 90% 以上，是计算车刀强度及刚度、设计机床主传动系统零件、确定机床功率的主要依据。当 F_z 过大时，可能使刀具损坏或使机床发生"闷车"现象。

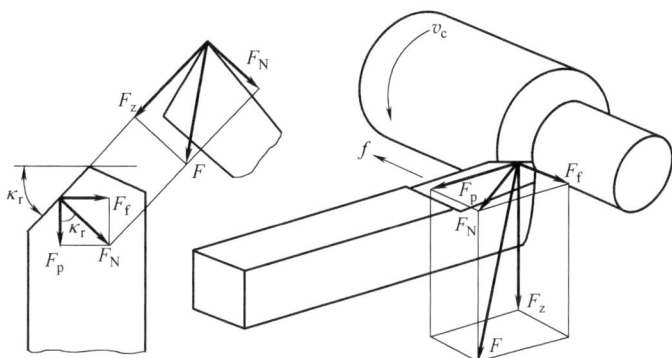

图 1-10　切削力的合力与分力

（2）进给力 F_f　总切削力 F 在进给运动方向上的分力，其方向处于基面内并与工件轴线平行，是设计机床走刀强度、设计机床走刀机构强度、计算车刀进给功率所必需的数据。进给力也做功，但只占总功的 1%～5%。

（3）背向力 F_p　背向力为总切削力 F 在垂直于工作平面方向上的分力，其方向处于基面并与工件轴线垂直。用来确定与工件加工精度有关的工件挠度、计算机床零件强度。因为切削时这个方向上的运动速度为零，所以 F_p 不消耗功率。但它一般作用在工件刚度较弱的方向上，容易使工件变形，甚至可能产生振动，影响工件的加工精度。因此，应设法减小或消除 F_p 的影响。例如，车削细长轴时，常采用主偏角 $\kappa_r = 90°$ 的车刀，就是为了减小背向力。

如图 1-10 所示，总切削力的大小可通过式（1-9）来计算

$$F = \sqrt{F_z^2 + F_f^2 + F_p^2} \tag{1-9}$$

2. 影响切削力的主要因素

（1）被加工材料的影响　被加工材料的物理性质、加工硬化能力、化学成分、热处理状态等都对切削力的大小产生影响。材料的强度越高，硬度越大，切削力就越大。铸铁等脆性材料，切削层的塑性变形小，加工硬化小；此外，切屑为崩碎切屑，且集中在刀尖，刀-屑接触面积小，摩擦力也小，因此，加工铸铁时切削力比钢小。

（2）切削用量的影响

1）背吃刀量 a_p 和进给量 f。背吃刀量 a_p 和进给量 f 增大，都会使切削层面积 A_C 增大，从而使变形力增大，摩擦力增大，因此切削力也随之增大。实验表明，a_p 和 f 两者对切削力

的影响不同。背吃刀量 a_p 增大一倍,切削力 F 也增大一倍;进给量 f 增大,切削层面积增大,切削力增大,但 f 增大,又使切屑厚度压缩比减小,摩擦力减小,使切削力减小。所以 f 与切削力的增大不成正比,比 a_p 对切削力的影响小。

2)切削速度 v_c。在无积屑瘤产生的切削速度范围内,随着切削速度 v_c 的增大,切削力减小。故只要条件允许,宜采用高速切削,同时还可以提高生产效率。切削铸铁等脆性材料时,由于形成崩碎切屑,塑性变形小,刀-屑接触面间摩擦力小,切削速度 v_c 对切削力的影响不大。

(3)刀具几何参数的影响

1)前角 γ_o。刀具几何参数中,前角 γ_o 对切削力的影响最大。加工塑性材料时,前角 γ_o 增大,切削力减小;加工脆性材料时,由于切屑变形很小,前角对切削力的影响不显著。

2)主偏角 κ_r。主偏角 κ_r 对切削力 F 的影响较小,但它对背向力 F_p 和进给力 F_f 的影响较大。F_p 随 κ_r 的增大而减小,F_f 随 κ_r 的增大而增大。车削细长轴时,采用大的 κ_r,可防止弯曲变形和振动。

3)刃倾角 λ_s。实验证明,刃倾角 λ_s 在很大范围内($-40° \sim +40°$)变化时,对切削力 F 几乎没有影响,但对 F_p 和 F_f 的影响较大。随着 λ_s 的增大,F_p 减小,而 F_f 增大。

(4)刀具材料的影响 刀具材料与被加工材料间的摩擦系数,影响摩擦力的大小,将直接影响切削力的变化。在同样的切削条件下,陶瓷刀具的切削力最小,硬质合金次之,高速钢刀具的切削力最大。

(5)切削液的影响 切削液具有润滑作用,可以减小切削力。切削液的润滑作用越好,切削力减小得越显著。在较低的切削速度下,切削液的润滑作用更突出。

(6)刀具后面磨损量的影响 刀具后面的磨损量增加,摩擦加剧,切削力增大。因此及时更换刃磨刀具在加工中非常重要。

1.4.2 切削热

切削过程中所消耗的能量,1%~2%是以形成工件新表面和以晶格扭曲变形等方式消耗的,有98%~99%转换成了热量,切削热的大小反映了切削时消耗功的大小,也反映了切削力的大小。大量的切削热使得切削温度升高,这将直接影响刀具前面的摩擦系数、积屑瘤的形成和消退、刀具的磨损及工件材料的性能、工件加工精度和已加工表面的质量等。所以研究切削热和切削温度,也是分析工件加工质量和刀具寿命的重要内容。

1. 切削热的来源

(1)内摩擦热 由切削层金属的弹性、塑性变形产生的热。

(2)外摩擦热 由切屑与刀具前面、过渡表面与刀具后面、已加工表面与刀具副后面之间的摩擦产生的热。

2. 切削热对加工过程的影响

1)使刀具的硬度降低和磨损加快。

2)切削力增大,切削温度过高时可改变工件材料的金相组织,严重影响零件的使用性能。

3)使工件膨胀变形,从而影响测量及加工的精度。

由此可见,减小切削热并降低切削温度十分重要。一般来说,所有减小切削力的方法都可减少切削热，如合理选择切削用量、合理选择刀具材料和刀具几何角度等。此外，冷却润滑也尤为重要，实验证明，充分的冷却润滑可使切削区的平均温度降低 $100\sim150℃$。

3. 影响切削温度的主要因素

通过理论分析和大量实验得出，影响切削温度的主要因素有如下 5 个方面。

（1）切削用量　实验得出的切削温度经验公式为式（1-10）

$$\theta = C_\theta v_c^{z_\theta} f^{y_\theta} a_p^{x_\theta} \tag{1-10}$$

式中，θ 为刀具前面刀-屑接触区的平均温度（℃）；C_θ 为切削温度系数；v_c 为切削速度（m/min）；f 为进给量（mm/r）；a_p 为背吃刀量（mm）；z_θ、y_θ、x_θ 为相应的指数。

切削用量三要素中，切削速度 v_c 对切削温度的影响最大，进给量 f 次之，吃刀量 a_p 的影响最小。

为了有效控制切削温度以提高刀具寿命，在机床允许的条件下，选用较大背吃刀量 a_p 和进给量 f，比选用大的切削速度 v_c 更为有利。

（2）刀具几何参数　前角 γ_o 增大，切屑变形程度减小，产生的切削热减小，因而切削温度下降。但前角大于 $18°\sim20°$ 时，对切削温度的影响减小，因为此时楔角减小，刀具的散热体积减小。

主偏角 κ_r 减小，使切削层宽度 a_w 增大，散热增大，故切削温度下降。

（3）工件材料　工件材料的强度、硬度增大时，产生的切削热增多，切削温度升高。工件材料的热导率越大，通过切屑和工件传出的热量越多，切削温度下降越快。

（4）刀具的磨损　刀具后面磨损量增大，切削温度升高，磨损量达到一定值后，对切削温度的影响加剧；切削速度越高，刀具磨损对切削温度的影响越显著。

（5）切削液　切削液对降低切削温度、减少刀具磨损和提高已加工表面质量有明显的效果。一般，水溶液的冷却效果优于乳化液，乳化液的冷却效果优于切削油。

1.5 切削加工的一般步骤

零件切削加工工作步骤安排是否合理，对零件加工质量、生产率及加工成本影响很大。但是，因零件材料、批量、形状、尺寸大小、加工精度及表面质量等要求不同，切削加工工作步骤的安排也不尽相同。在单件小批生产、中小型零件的切削加工中，通常按以下工作步骤进行。

1. 阅读零件图

零件图是设计人员对其所设计零件的形状、尺寸、精度、表面质量和材料等要求的技术文件，是制造零件的依据。所以切削加工人员只有在完全读懂图样要求的情况下，才有可能加工出合格的零件。

通过阅读零件图，要了解被加工工件是什么材料，工件上哪些表面要切削加工，各加工表面的尺寸、形状、位置精度及表面粗糙度要求，并据此进行工艺分析，制订加工方案，为加工出合格零件做好技术准备。

2. 工件的预加工

加工前，要对毛坯进行检查，有些工件还需进行预加工。常见的预加工有划线和钻中心孔。

（1）对毛坯划线　零件毛坯很多是由铸造、锻压和焊接方法制成的。由于毛坯有制造误差，且制造过程中加热和冷却不均匀会产生很大的内应力，进而产生变形。为便于切削加工，加工前要对这些毛坯划线。通过划线确定加工余量、加工位置界线，合理分配加工面的加工余量，使加工余量不均匀的毛坯免于报废。但在大批量生产中，由于工件使用专用夹具装夹，则可不用划线。

（2）对棒料钻中心孔　在加工较长轴类零件时，多采用锻压棒料毛坯，在车床上车削而成，由于轴类零件加工过程中，需多次变动装夹，为保证各外圆面间的同轴度要求，必须建立统一定位标准。这同一基准的建立是在棒料两端用中心钻钻出中心孔，工件通过机床主轴和尾座双顶尖装夹加工。

3. 选择加工机床

根据工件被加工部位的形状和尺寸，选择合适类型的机床，这是既能保证加工精度和表面质量，又能提高生产率的必要条件之一。

一般，当工件加工表面为回转面、回转体端面和螺旋面时，多选用车床加工；当工件以孔加工为主时，多选用钻床和镗床；当工件被加工面为平面和沟槽时，多选用刨床和铣床；对于齿轮的加工，一般先在车床上车削齿轮坯，然后在齿轮机床上加工出齿形；对于要求精度高、表面粗糙度值小的工件表面，一般先在车、刨或铣床上粗加工，然后在磨床上精加工。当加工机床的类型确定后，要将机床各运动部件注入润滑油，用手转（移）动各运动部件，检查有无碰撞或失常，开车空转 1~2min，方可正式加工。

4. 安装工件和刀具

（1）安装工件　在切削加工之前，工件必须牢固地安装在机床上，并使其相对机床和刀具有一个正确的位置。安装是否正确，对保证工件加工质量及提高生产效率都有很大影响。工件安装方法主要有以下两种。

1）直接安装。工件直接安装在机床工作台或通用夹具（如自定心卡盘、单动卡盘等）上。这种安装方法简单、方便，但单动卡盘找正较费时，定位精度不高，生产效率低，通常用于单件小批生产。

2）专用夹具安装。工件安装在为其专门设计和制造的装置中。

用这种方法安装工件时，无须找正，定位精度高，夹紧迅速可靠，能正确迅速地安装工件，通常用于大批量生产。

（2）安装刀具　为了完成切削加工，还必须将选择的、刃磨好的刀具牢固地安装在机床安装刀具的装置上。例如，车床、刨床的刀架，钻床、立式铣床的主轴孔，卧式铣床的刀轴、磨床磨头的砂轮轴等，都是用于安装刀具的装置。

5. 工件的切削加工

一个零件往往有多个表面需要加工，而各表面的质量要求又不相同。为了高效率、高质量、低成本地完成各表面的切削加工，要视工件的具体情况，合理安排加工顺序和划分加工阶段。

（1）加工顺序的安排　影响加工顺序安排的因素很多，通常考虑以下两个原则。

1）精基准领先原则。工件的精基准面是以后各道工序加工其他表面的定位基准，所以在一开始就应加工，然后再以精基准面为基准加工其他表面。一般多以工件上较大的平面作为精基准面。

2）先主后次原则。主要表面是指零件上的工作表面、装配基面等，它们的技术要求较高，加工工作量较大，故应先安排加工。次要表面（如非工作面、键槽、螺栓孔、螺纹孔等）因加工工作量较小，对工件变形影响小，而又多与主要表面有相互位置要求，所以应在主要表面加工之后或穿插其间安排加工。

（2）加工阶段的划分　当零件某一表面要求加工精度高、表面质量好时，一般需将整个加工过程划分若干阶段进行。

1）粗加工阶段。用较大的背吃刀量和进给量、较小的切削速度进行切削。可用较少的时间切除工件上大部分加工余量，提高生产效率，并可为精加工打下良好的基础，同时还能及时发现毛坯缺陷，及时报废和修补。

2）精加工阶段。因该阶段加工余量较小，可用较小的背吃刀量和进给量、较大的切削速度进行切削。这样产生的切削力和切削热较小，容易达到工件的尺寸精度、几何精度和表面粗糙度要求。

3）光整加工阶段。对于某些要求特别高的零件表面，精加工后还要通过研磨、珩磨和抛光等方法光整加工，进一步提高工件加工精度和改善表面质量。

划分加工阶段除有利于保证加工质量外，还能合理地使用设备，即粗加工可在功率大、精度低的机床上进行，以充分发挥设备的潜力；精加工则在高精度机床上进行，以利于长期保持设备的精度。当毛坯质量高、加工余量小、刚性好、加工精度要求不是很高时，可不用划分加工阶段，而在一道工序中完成粗、精加工。

6. 工件检测

切削加工后的零件是否符合零件图要求，要根据工具测量的结果来判断。

由于零件形状多种多样，各部位精度和表面粗糙度要求又不相同，所以在检测前要根据零件的具体情况选用合适的测量工具，并在对所选测量工具的构造、测量方法熟练掌握的情况下，才能使测量结果有较大的可信度。

工件检测分为加工过程中的检测和工件完工后的检测。工件加工过程中的检测多用量具，检测的目的是使加工人员了解自己正在加工的工件是否已成废品或与零件图样上要求还差多少，据此适当调整机床，改变切削用量参数，继续加工，直至合格；完工后的检测是由专职检验人员通过检测来判断零件是否合格。大批量生产的工件多用量规检测；精度和表面质量要求都很高的工件多用精密量仪检测。

第2章 车削加工

车削是指车床加工，是机械加工的一部分。车床加工主要用车刀对旋转的工件进行车削加工。车床主要用于加工轴、盘、套和其他具有回转表面的回转体或非回转体工件，是机械制造和修配工厂中使用最广的一类机床加工工艺。

2.1 实习目的和要求

1）了解金属切削加工的基本知识。

2）了解机械零件主要技术要求及测量方法。

3）熟悉普通车床的型号、组成、传动系统。

4）了解零件加工精度、切削用量与加工经济性的相互关系。

5）熟悉常用车刀的组成和结构；车刀的主要角度及其作用；常用刀具材料的牌号、性能及应用；车床常用附件的结构原理和用途。

6）掌握车外圆、车端面、切断、切槽、车锥面、钻孔与铰孔、车成形面和车螺纹等车削加工方法的特点，以及所能达到的尺寸精度和表面粗糙度。

2.2 实习安全操作规程

1）工作前必须穿好工作服，扣扎好袖口，衬衫要扎入裤内。上衣扣子扣好，戴好工作帽，女生的长发必须纳入帽内。禁止穿裙子、短裤和凉鞋上机操作。

2）车床必须一人独立操作，不能多人同时操作车床。工作中，必须集中精力，机床在走刀运行中不得擅离机床，不允许坐在凳子上操作，不得委托他人看管机床，操作中要注意纵、横行程的极限位置。

3）工件和车刀必须装夹牢固，卡盘必须装有保险装置，装夹好工件后，卡盘扳手必须马上从卡盘上取下。

4）凡装卸工件、更换刀具、测量加工表面及变换速度时，必须先停机。

5）清除切屑必须用铁钩和毛刷，严禁用手清除或用嘴吹除。

6）在车床上操作时不准戴手套。

7）毛坯棒料从主轴孔尾端伸出不得过长，如伸出长度超过200mm，应加上醒目标志，超过300mm应装上支架或挡板，防止甩出伤人。

8）不要随意拆装电气设备，以免发生触电事故。

9）工作中发现机床、电气设备有故障，应及时申报，由专业人员检修，未修复的设备不得使用。

10）磨刀时，应戴防护眼镜，操作者应尽量避免正面面对砂轮，应站在砂轮侧面，防止砂粒飞入眼内或砂轮碎裂飞出伤人。

11）工作前须认真查看机床有无异常，在规定的加油部位加注润滑油。检查无误时起动机床试运转，再查看油窗是否有油液喷出，油路是否通畅，试运转时间一般为2~5min，夏季可短些，冬季宜长些。发现问题及时报告，如各车刀必须装夹牢固，以防飞出伤人，床面上不准放工量具及其他物件。

12）工件、刀具和使用中的夹具必须夹持牢固，但也不得过载夹持，以防损坏其他机件。卡盘、花盘必须有保险螺钉，使用前要扳紧，使用专用卡盘（圆锥轴卡盘或铣刀心轴）时要装上拉杆。工件在自定心卡盘上安装好后，要将卡盘安全防护罩盖上。

13）主轴变速必须停车，严禁运转中变速。变速手柄必须到位，以防松动脱位。

14）运行中的机床，不得用手和身体靠近正在旋转的工件或车床部件的转动部位，不得用棉纱等物擦拭工件或用量具测量工件。

15）工作时，不得将身体和手脚依靠或放在机床上，不要站在切屑飞出的方向，不要将头部靠近工件，以免伤人。

16）用锉刀在车床上操作时，必须右手在前左手在后，加工长零件时要用跟刀架或中心架；工件转动时严禁用手缠纱布或用棉纱擦拭零件，砂光内孔和外圆时必须用木棒垫缠砂布。

17）车床花盘上使用角铁弯扳加工零件，为了转动时因重心偏向一边而产生振动，要加平衡配重，夹紧必须牢固，先开慢车，然后变为所需的速度。高速切削及加工铸件时，要戴防护眼镜或加设防护罩，以防切屑伤眼。

18）加工钢件应采用断屑刀具，并用专用铁钩清理切屑。

19）装夹工件时，调紧卡盘，校正测量工件，调换工夹具和变速齿轮，挂挡时，必须停车，并将刀架移到安全处，校正后要撤除垫板等物，方可开车。

20）中途停车，惯性运转中的工件不得用手强行制动。

21）在实习中统一安排的休息时间里，不准私自开动机床，也不得随意开动其他机床和扳动机床手柄，不得随便动他人已调整好的工件、夹具和量具。

22）下班或中途停电时都应关闭机床电源，必须认真清扫机床，在各外露导轨面上加注防锈油，将各种走刀手柄放置安全位置（空挡），并把大拖板、尾座移至床尾。

23）打扫工作场地，将切屑倒入规定地点。

24）认真清理所用的工件、夹具、刀具、量具，整齐有序地摆入工具箱柜，以防丢失。

2.3 车削概述

车削加工是在车床上用车刀和工件的相对切削运动，来改变毛坯尺寸和形状，使之成为符合图样要求的加工过程。车削时，工件做旋转主运动，刀具做平移进给运动。因此，车削加工特别适合加工回转体零件的各种表面，图 2-1 所示为车削的运动和加工范围。车削加工精度一般可达 IT8~IT7，表面粗糙度值 Ra 为 3.2~1.6μm。

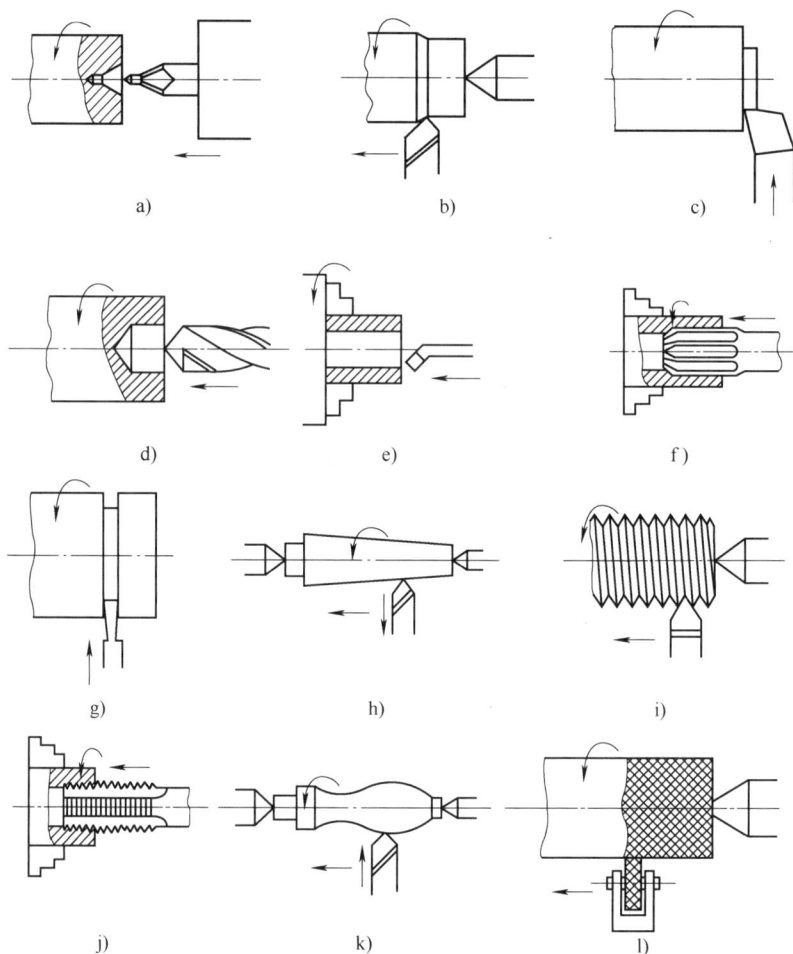

图 2-1 车削的运动和加工范围

a) 钻中心孔　b) 车外圆　c) 车端面　d) 钻孔　e) 镗孔　f) 铰孔　g) 切断或切槽
h) 车锥体　i) 车螺纹　j) 攻螺纹　k) 车成形面　l) 滚花

2.4　车床

车床是金属切削机床中使用最广、历史最久、品种最多的一种机床，占机床总数的 30%~50%。

车床的种类很多，有普通车床、立式车床、转塔车床、自动和半自动车床及数控车床等。其中，普通车床是各类车床的基础。下面以 C616 普通车床为例，介绍普通车床的组成、功用及传动系统。

2.4.1 普通车床的组成及功用

图 2-2 所示为 C616 普通车床的外形,它由以下几个主要部件组成。C616 各符号意义如下:

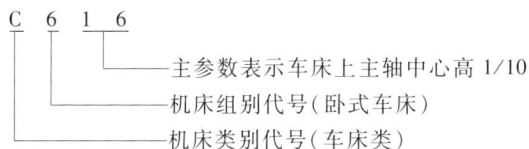

```
C  6  1  6
            主参数表示车床上主轴中心高 1/10
         机床组别代号(卧式车床)
      机床类别代号(车床类)
```

1. 主轴箱

主轴箱固定在床身左端。主轴箱的功用是支撑主轴,使它旋转、停止、变速和变向。主轴箱内装有变速机构和主轴。主轴是空心的,中间可以穿过棒料。主轴的前端装有卡盘,用以夹持工件。车床的电动机经 V 带传动,通过主轴箱内的变速机构,把动力传给主轴,以实现车削的主运动。

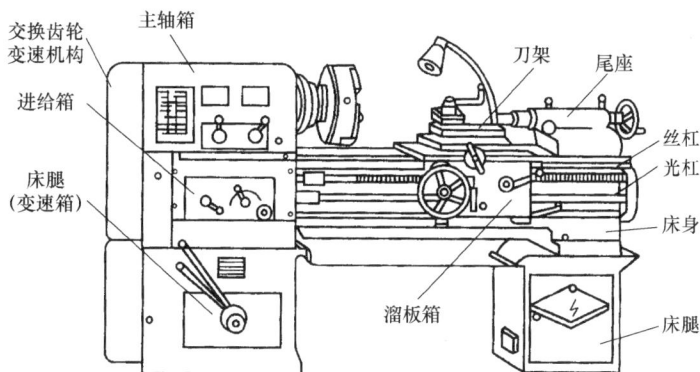

图 2-2 C616 普通车床的外形

2. 刀架

刀架装在床身的床鞍导轨上。刀架的功用是安装车刀,一般可装 4 把车刀,它由以下几部分组成,具体如图 2-3 所示。

(1)床鞍 与溜板箱连接,可沿床身导轨做纵向移动,其上面有横向导轨。

(2)中滑板 可沿床鞍上的导轨做横向移动。

(3)转盘 与中滑板用螺钉紧固,松开螺钉便可在水平面内扳转任意角度。

(4)小滑板 可沿转盘上面的导轨做短距离移动;当将转盘偏转若干角度后,可使小滑板斜向进给,以便车削锥面。

(5)方刀架 固定在小滑板上,可同时装夹 4 把车刀;松开锁紧手柄,即可转动方刀架,把所需要的车刀更换到工作位置上。

3. 尾座

尾座安装在床身的尾座导轨上,可沿床身导轨纵向运动以调整其位置。尾座的功用是用于安装后顶尖以支撑较长的工件,或安装钻头、铰刀等刀具进行孔加工。尾座的结构如图 2-4 所示,主要由套筒、尾座体、底座等几部分组成。转动手轮,可调整套筒伸缩一定距离,并且尾座还可沿床身导轨推移至所需位置,以适应不同工件加工的要求。此外,尾座还可在其底板上做少量的横向移动，以车削锥体。

4．床身

床身固定在左、右床腿上。床身用来支撑和安装车床的主轴箱、进给箱、溜板箱、刀架、尾座等，使它们在工作时保证准确的相对位置和运动轨迹。床身上面有两组导轨，即床鞍导轨和尾座导轨。床身前方床鞍导轨下装有长齿条，与溜板箱中的小齿相啮合，以带动溜板箱纵向移动。

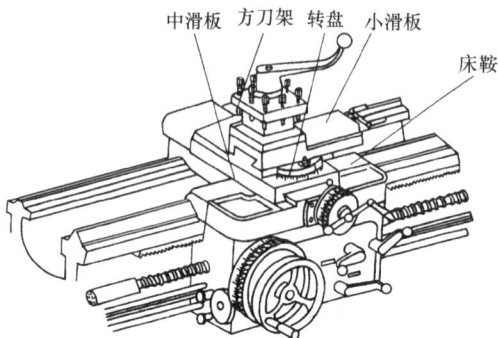

图 2-3　刀架

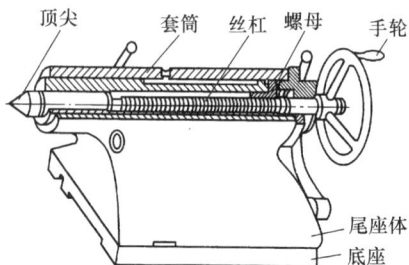

图 2-4　尾座

5．溜板箱

溜板箱固定在床鞍底部。它的功用是将丝杠或光杠的旋转运动，通过箱内的开合螺母和齿轮齿条机构，使床鞍纵向移动，使中滑板横向移动。在溜板箱表面装有各种操纵手柄和按钮，用于实现手动或机动、进给或车螺纹、纵向进给或横向进给、快速进退等。

6．进给箱

进给箱固定在床身的左前侧，箱内装有进给运动变速机构。进给箱的功用是让丝杠旋转或光杠旋转，改变机动进给的进给量和改变被加工螺纹的导程。

7．丝杠

丝杠左端装在进给箱上，右端装在床身右前侧的挂脚上，中间穿过溜板箱。丝杠专门用于车螺纹。若溜板箱中的开合螺母合上，丝杠就带动床鞍移动，车制螺纹。

8．光杠

光杠左端也装在进给箱上，右端也装在床身右前侧的挂脚上，中间穿过溜板箱。光杠专门用于实现车床的自动纵向、横向进给。

9．交换齿轮变速机构

交换齿轮变速机构装在主轴箱和进给箱的左侧，其内部挂轮连接主轴箱和进给箱。交换齿轮变速机构的用途是车削特殊螺纹（英制螺纹、径节螺纹、精密螺纹和非标准螺纹等）时调换齿轮用。

10．床腿

床腿用于支撑床身，并与地基连接。

2.4.2　普通车床的传动系统

为了便于了解和分析机床运动的传递、联系情况，可以先看机床传动框图，图 2-5 所示为普通车床的传动框图。普通车床的传动是由两条传动链组成的。一条是由电动机经变速箱、带轮、主轴箱到主轴，称为主运动传动链。其任务是将电动机的运动传给主轴，并使其获得各种不同的转速，以满足不同加工情况的需要。另一条是由主轴经挂轮架、进给箱、溜板箱到刀具，称为进给运动传动链。其任务是使刀架带着刀具实现机动的纵向进给、横向进给或车削螺纹，以满足不同车削加工的需要。

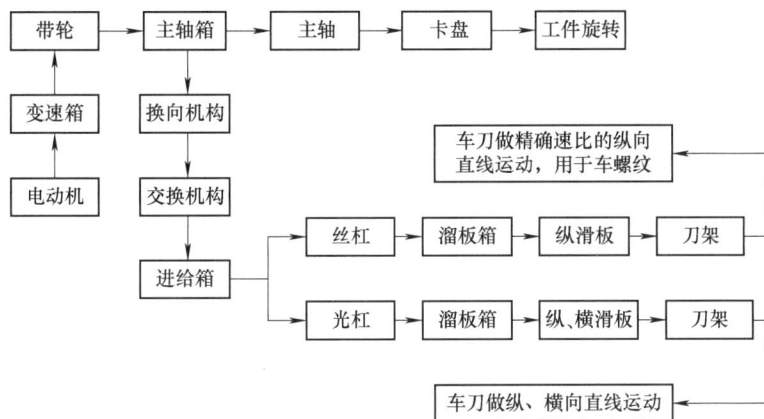

图 2-5　普通车床的传动框图

2.5　车刀

2.5.1　车刀的组成

车刀由刀头和刀杆两部分组成。刀头用于切削，称为车刀的切削部分。刀杆用于夹持，可以将刀具夹持在机床刀架上，保证刀具正确的工作位置，传递所需要的运动和动力，其夹固可靠，装卸方便。

刀头的切削部分一般由"三面二刃一尖"组成，如图 2-6 所示。

1）前面 A_γ。切屑流经的刀面，即车刀的上表面。

2）主后面 A_α。与工件过渡表面相对的刀面。

3）副后面 A'_α。与工件已加工面相对的刀面。

4）主切削刃 S。前面与主后面的交线，它承担主要的切削工作。

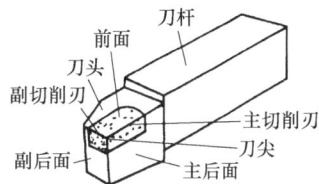

图 2-6　外圆车刀组成

5）副切削刃 S'。前面与副后面的交线，它的一小部分也参加切削，起修光的作用。

6）刀尖。主切削刃和副切削刃的交点，实际上刀尖是一段圆弧过渡刃。

2.5.2　车刀的结构

车刀常用的结构形式有以下 4 种，如图 2-7 所示。

（1）整体式（图 2-7a）　刀头和刀杆为一整体，刃口可磨得较锋利，但对于贵重的刀

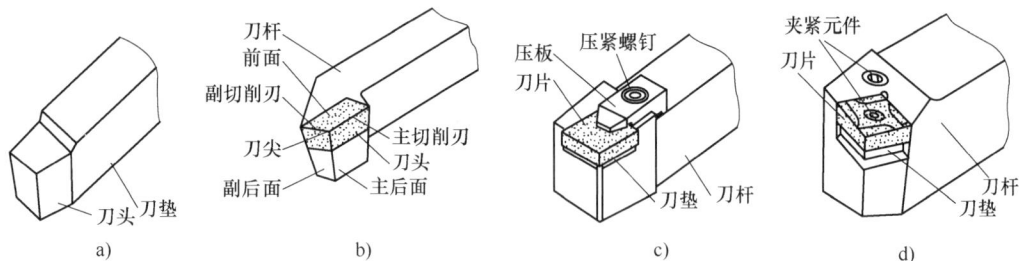

图 2-7　车刀的结构

a）整体式　b）焊接式　c）机夹重磨式　d）机夹可转位式

具，材料消耗较大，成本高，目前一般只用于小尺寸高速钢车刀。

（2）焊接式（图 2-7b）　将硬质合金刀片焊在刀杆上，结构简单、紧凑、刚性好，而且灵活性较大，可以根据具体的加工条件和要求，刃磨出所需的角度，但焊接时，易在硬质合金刀片内产生应力或裂纹，使刀片硬度下降，切削性能和耐用度降低。适于各类车刀，特别适用于小小刀具的高速切削。

（3）机夹重磨式（图 2-7c）　用机械的方法将刀片夹固在刀杆上，刀片磨损后，可卸下重磨，然后再安装使用。与焊接式车刀相比，机夹重磨式车刀可避免高温焊接所带来的缺陷，能够提高刀具的切削性能，并使刀杆能多次重复使用；但其结构较复杂，刀片重磨时仍有可能产生应力或裂纹。

（4）机夹可转位式（图 2-7d）　将预先加工好的具有一定几何角度的多边形硬质合金刀片，用机械的方法装夹在特制的刀杆上。使用时，当一个切削刃磨钝后，只要松开刀片夹紧元件，将刀片转位，改用另一条新切削刃，重新夹紧后即可继续切削。待全部切削刃都磨钝后，再装上新刀片又可继续使用。

2.5.3　车刀的安装

车削前必须把选好的车刀正确安装在方刀架上，车刀安装的好坏，对操作顺利与否、加工质量的好坏都有很大关系。车刀的安装如图 2-8 所示。安装车刀时应注意下列几点。

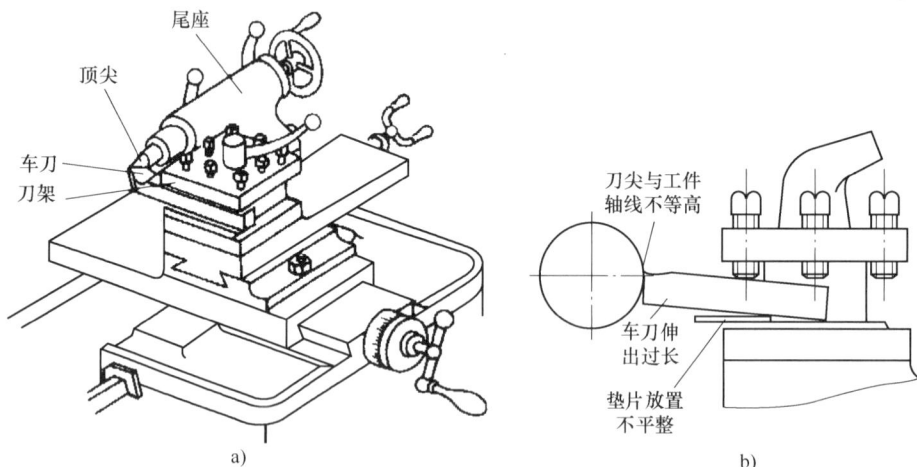

图 2-8　车刀的安装

a）正确　b）错误

1）车刀刀尖应与工件轴线等高。如果车刀装得太高，则车刀的主后面会与工件产生强烈摩擦；如果装得太低，切削就不顺利，甚至工件会被抬起来，使工件从卡盘上掉下来，或把车刀折断。为了使车刀对准工件轴线，可按车床尾架顶尖的高低进行调整。

2）车刀不能伸出太长。因刀伸得太长，切削时容易发生振动，使车出来的工件表面粗糙，甚至会把车刀折断。但也不宜伸出太短，太短会使车削不方便，刀架与卡盘容易发生碰撞。一般伸出长度不超过刀杆高度的1.5倍。

3）每把车刀安装在刀架上时，不可能刚好对准工件轴线，一般会较低，因此可用一些厚薄不同的垫片来调整车刀的高低。垫片必须平整，其宽度应与刀杆一致，长度应与刀杆被夹持部分一致，同时应尽可能用少数较厚垫片来代替多数薄垫片，从而将刀的高低位置调整合适，垫片用得过多，会造成车刀在车削时接触刚度变差而影响加工质量。

4）车刀刀杆应与车床主轴轴线垂直。

5）车刀位置装正后，应交替拧紧刀架螺钉。

2.5.4 车刀的刃磨

无论硬质合金车刀或高速钢车刀，使用之前都要根据切削条件选择合理的切削角度进行刃磨，一把用钝了的车刀，为恢复原有的几何形状和角度，也必须重新刃磨。

1. 磨刀步骤（图2-9）

1）磨前面。磨前角和刃倾角。

2）磨主后面。磨主偏角和主后角。

3）磨副后面。磨副偏角和副后角。

4）磨刀尖圆弧。圆弧半径为0.5~2mm。

5）研磨切削刃。车刀在砂轮上磨好以后，再用油石加些机油研磨车刀的前面及后面，使切削刃锐利和光洁，这样可延长车刀的使用寿命。车刀用钝程度不大时，也可用油石在刀架上修磨。硬质合金车刀可用碳化硅油石修磨。

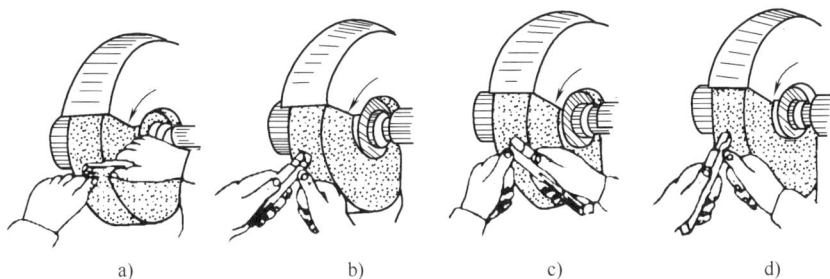

图2-9 刃磨外圆车刀的一般步骤

a）磨前面 b）磨主后面 c）磨副后面 d）磨刀尖圆弧

2. 磨刀注意事项

1）磨刀时，人应站在砂轮的侧前方，双手握稳车刀，用力要均匀。

2）刃磨时，将车刀左右移动刃磨，否则会使砂轮产生凹槽。

3）磨硬质合金车刀时，不可把刀头放入水中，以免刀片突然受冷收缩而碎裂。磨高速钢车刀时，要经常冷却，以免失去硬度。

2.5.5 试切的方法与步骤

工件在车床上安装以后，要根据工件的加工余量决定走刀次数和每次走刀的切削深度。半精车和精车时，为了准确地确定切削深度，保证工件加工的尺寸精度，只靠刻度盘来进刀是不行的。因为刻度盘和丝杠都有误差，往往不能满足半精车和精车的要求，这就需要试切。试切的方法与步骤如图 2-10 所示。

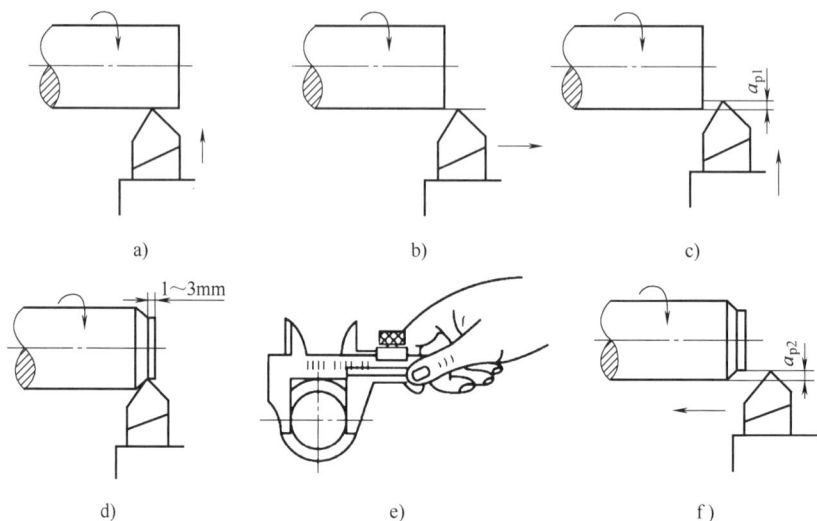

图 2-10　试切的方法与步骤

a）开车对刀　b）向右退出车刀　c）横向进刀　d）切削纵向长度　e）退出车刀　f）再进刀

1）开车对刀，使车刀与工件表面轻微接触，如图 2-10a 所示。

2）向右退出车刀，如图 2-10b 所示。

3）横向进刀 a_{p1}，如图 2-10c 所示。

4）切削纵向长度 1~3mm，如图 2-10d 所示。

5）退出车刀，进行度量，如图 2-10e 所示。

6）如果尺寸不到，再进刀 a_{p2}，如图 2-10f 所示。

以上是试切的一个循环步骤，如果尺寸还大，则进刀仍按以上的循环步骤进行试切，如果尺寸合格，即可按确定下来的切削深度将整个表面加工完毕。

2.6　工件的安装

2.6.1　用自定心卡盘安装工件

自定心卡盘的构造如图 2-11 所示。当转动小锥齿轮时，与之啮合的大锥齿轮也随之转动，大锥齿轮背面的平面螺纹就使 3 个卡爪同时缩向中心或胀开，以夹紧不同直径的工件。由于 3 个卡爪能同时移动并对中（对中精度为 0.05~0.15mm），故自定心卡盘适于快速夹持截面为圆形、正三边形、正六边形的工件。自定心卡盘本身还带有 3 个"反爪"，反方向装到卡盘体上，即可夹持直径较大的工件。

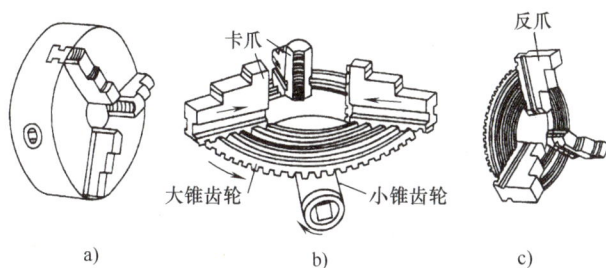

图 2-11　自定心卡盘的构造

a）外形　b）内部结构　c）反爪形式

2.6.2　用单动卡盘安装工件

单动卡盘的构造如图 2-12a 所示。其 4 个卡爪的径向位置是通过 4 个调整螺杆分别调节的，因此，不仅可安装圆形截面工件，还可安装正方形、长方形、椭圆或其他不规则形状的截面工件。在圆盘上车偏心孔也常用单动卡盘安装。此外，单动卡盘相比自定心卡盘夹紧力大，所以，也用于安装较重的圆形截面工件。如果把 4 个卡爪各自调头安装到卡盘体上，起"反爪"的作用，即可安装较大的工件。由于单动卡盘的 4 个卡爪是独立移动的，安装工件时需仔细找正。一般用划线盘按工件外圆面或内圆面找正，也常按工件上预先划的线找正，如图 2-12b 所示。精度要求高时，则需用百分表找正（安装精度可达 0.01mm），如图 2-12c 所示。

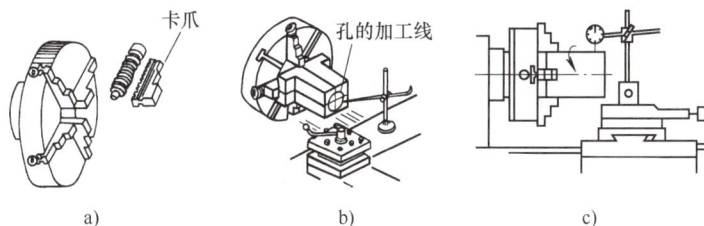

图 2-12　单动卡盘及其找正

a）单动卡盘　b）划线找正　c）百分表找正

2.6.3　用顶尖安装工件

车削长径比为 4～15 或工序较多的轴类工件时，常使用顶尖来安装工件，如图 2-13 所示。此时，需预先在工件的两端面，钻出中心孔，再把轴安装在前后两个顶尖上，前顶尖装在主轴的锥孔内，并和主轴一起旋转，后顶尖装在尾架套筒内，工件利用其中心孔被顶在前后顶尖之间，以确定工件的位置，通过拨盘和鸡心夹头带动工件旋转。

当加工长径比大于 15 的细长轴时，为了防止轴受切削力的作用而产生弯曲变形，往往需要增加中心架或跟刀架支撑，以增加其刚性。

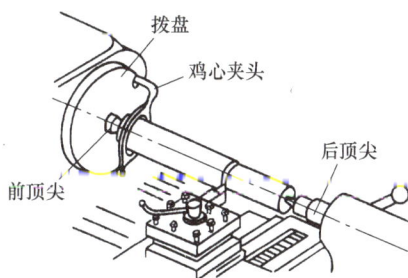

图 2-13　用顶尖安装工件

中心架固定于床身导轨，不随刀架移动，主要用于加工阶梯轴、轴端面内孔和中心孔。支撑工件前，先在工件上车一小段光滑表面，然后调整中心架的 3 个支撑爪与其接触，再分段进行车削。图 2-14a 所示为利用中心架车外圆，工件的右端加工完后，调头再加工另一端。加工长轴的端面和轴端的孔时，可用卡盘夹持轴的一端，用中心架支撑轴的另一端，图 2-14b 所示为利用中心架车轴端面的情况。

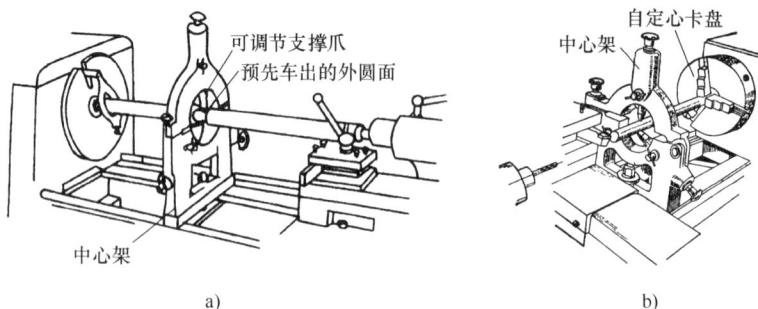

图 2-14 中心架的应用

a）用中心架车外圆 b）用中心架车轴端面

与中心架不同，跟刀架固定在大刀架的左侧，可随大刀架一起移动，只有 2 个支撑爪。使用跟刀架需先在工件靠后顶尖的一端车出一小段外圆，根据它来调节跟刀架的支撑爪，然后再车出工件的全长。跟刀架多用于加工细长的光轴和长丝杠等工件，图 2-15 所示为跟刀架的应用情况。

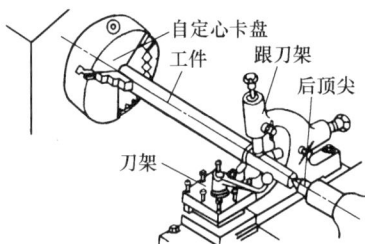

2.6.4 用心轴安装工件

心轴主要用于安装带孔的盘、套类零件。因这类零件在卡盘上加工时，其外圆、孔和两端面无法在一次安装中全部加工完成。如果把零件调头安装后再加工，往往无法保证零件径向跳动（外圆与孔）和端面跳动（端面与孔）的要求，因此，需要利用已精加工过的孔把零件装在心轴上，再把心轴安装在前后顶尖之间来加工外圆或端面。心轴种类很多，常用的有锥度心轴、圆柱心轴和可胀心轴。

图 2-16a 所示为锥度心轴，锥度一般为 1∶2000～1∶5000。工件压入心轴后靠摩擦力与心轴固紧，传递运动。这种心轴装卸方便，对中准确，但不能承受较大的切削力，多用于精加工盘、套类零件。

图 2-16b 所示为圆柱心轴，其对中准确度比前者差。工件装入心轴后加上垫圈，用螺母锁紧，其夹紧力较大，多用于盘类零件加工。用这种心轴安装，工件的两个端面都需要与孔垂直，以免当螺母拧紧时，心轴弯曲

图 2-15 跟刀架的应用情况

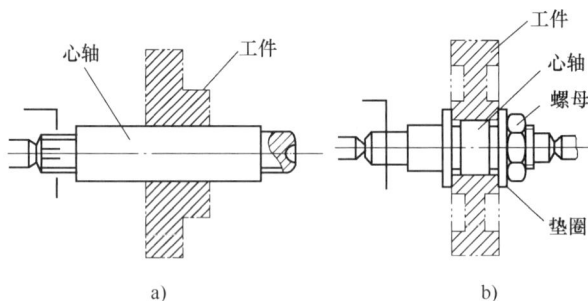

图 2-16 用心轴装夹工件

a）锥度心轴 b）圆柱心轴

变形。盘、套类零件用于安装心轴的孔，应有较高的精度，一般为 IT8 ~ IT7，否则零件在心轴上无法准确定位。

图 2-17 所示为可胀心轴，工件安装在可胀轴套上，转动螺母 2，可使可胀锥套沿轴向移动，心轴锥部使套筒胀开，撑紧工件。胀紧前，工件孔与套筒外圆之间有较大的间隙。采用这种安装方式时拆卸工件方便，但其定心精度与套筒制造质量有很大的关系。

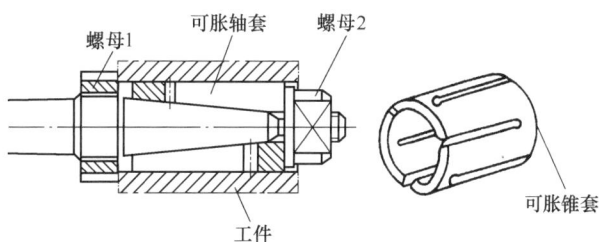

图 2-17　可胀心轴

2.6.5　用花盘安装工件

在车床上加工大而扁且形状不规则的零件，或要求零件的一个面与安装面平行，或要求孔、外圆的轴线与安装面垂直时，可以把工件直接压在花盘上加工。花盘是安装在车床主轴上的一个大圆盘，盘面上的许多长槽用以穿放螺栓，压紧工件，具体如图 2-18 所示。花盘端面必须平整，并与主轴中心线垂直。

有些复杂的零件，要求孔的轴线与安装面平行，或要求两孔的轴线垂直相交，则将弯板压紧在花盘上，再把零件紧固于弯板之上，如图 2-19 所示。弯板上贴靠花盘和安放工件的两个面，应有较高的垂直度要求。弯板要有一定的刚度和强度，装在花盘上要仔细找正。

用花盘、弯板安装工件时，由于重心常偏向一边，要在另一边加平衡铁予以平衡，以减小转动时的振动。

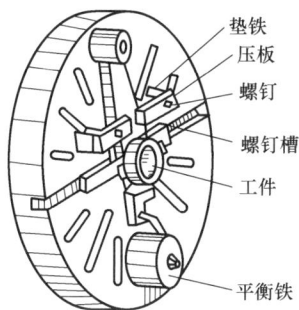

图 2-18　在花盘上安装工件

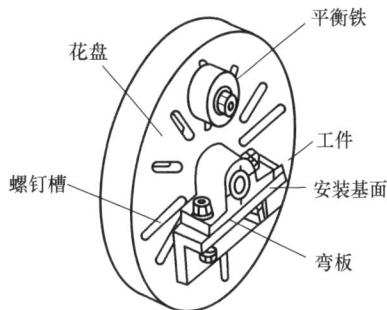

图 2-19　在花盘弯板上安装工件

2.7　车削的基本工作

2.7.1　车外圆

车外圆是车削工作中最常见、最基本和最有代表性的加工工艺。车外圆用的车刀有直头、弯头和偏刀 3 种，如图 2-20 所示。直头车刀主要用于车削没有台阶的光轴，常用高速钢制成。弯头车刀既可车外圆，又可车端面，并可方便倒角，常用硬质合金制成。偏刀适于车削有垂直台阶的外圆和细长轴。

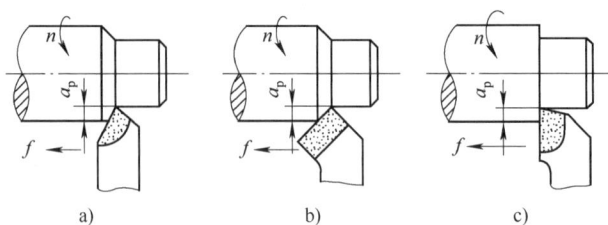

图 2-20 车外圆

a）直头车刀车外圆 b）弯头车刀车外圆 c）偏刀车外圆

2.7.2 车端面

常用的端面车刀和车端面的方法有多种，具体如图 2-21 所示。粗车或加工大直径工件时，车刀自外向中心切削，多用弯头车刀；精车或加工小直径工件时，多用右偏刀车削。车削时，注意刀尖要对准中心，否则端面中心处会留有凸台。

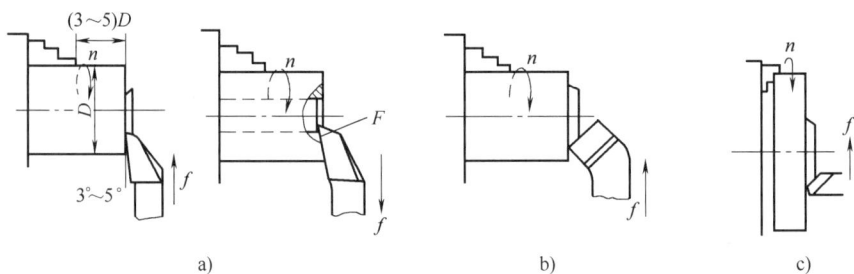

图 2-21 车端面

a）右偏刀车端面 b）弯头刀车端面 c）直头刀车端面

2.7.3 切槽与切断

切槽与车端面加工方法相似，切槽刀如同左右偏刀的组合，可同时加工左右两边的端面。切窄槽时，切削刃与槽宽相同；切宽槽时，可用同样的切槽刀，依次横向进刀，切至接近槽深为止，留下的一点余量在纵向走刀时切去，使槽达到要求的深度和宽度，具体如图 2-22 所示。

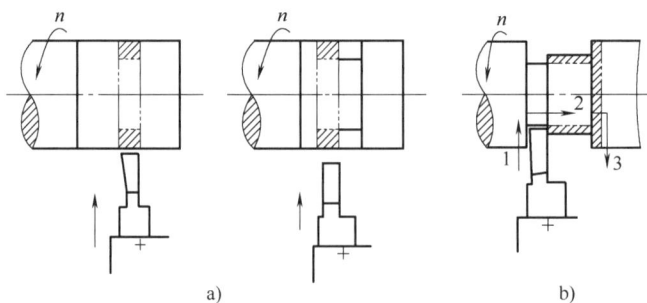

图 2-22 切槽

a）切窄槽 b）切宽槽

车床上可切外槽、内槽和端面槽，如图 2-23 所示。

切断与切窄槽类似，其刀具形状也大致相似，但切削刃是斜切削刃，而且刀头更窄长些。切断过程中，刀具要切入工件内部，排屑及散热条件都差，刀头易折断。切槽与切断所用的切削速度和进给量都不宜大。

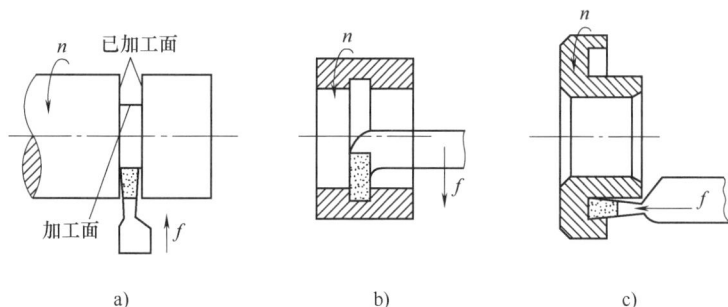

图 2-23　切槽的形状

a）切外槽　b）切内槽　c）切端面槽

2.7.4　孔加工

车床上可用钻头、扩孔钻、铰刀进行钻孔、扩孔、铰孔，也可用镗刀进行镗孔。在车床上一般是加工回转体工件上的孔。

钻孔（或扩孔、铰孔）时，工件做旋转的主运动，刀具装在尾座上，摇动尾座手轮手动进给，具体如图 2-24 所示。

钻孔是用钻头在实体材料上加工孔的方法，如图 2-25a 所示。钻孔前应将端部车平，为了定心可先用中心钻钻出定位孔。钻孔过程中要加注切削液。孔较深时应经常退出钻头，以便排屑。钻孔精度较低（IT10 以下），表面较粗糙值 Ra 大于 $12.5\mu m$ 时，一般作为孔的粗加工。当孔的精度和表面粗糙度要求比较高时，钻削之后，常需要采用扩孔和铰孔。

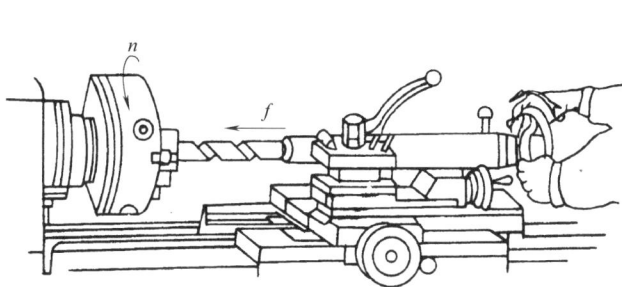

图 2-24　车床上钻孔

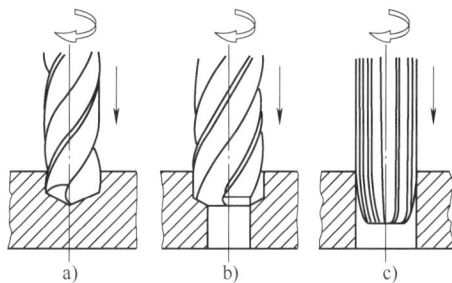

图 2-25　孔加工

a）钻孔　b）扩孔　c）铰孔

扩孔是用扩孔钻对工件已有孔进行扩大加工，如图 2-25b 所示。扩孔的加工质量比钻孔高，一般精度可达 IT10～IT9，表面粗糙度值 Ra 为 $6.3\sim3.2\mu m$，属于半精加工，常作为铰孔前的预加工，对于质量要求不太高的孔，扩孔也可作为孔的最终加工。

铰孔是用铰刀对已有孔进行精加工，如图 2-25c 所示，一般精度可达 IT9～IT7，表面粗糙度值 Ra 为 $1.6\sim0.4\mu m$。

钻-扩-铰是加工中小直径孔的典型工艺方案,生产中广为应用。但对直径较大或内有台阶、环槽等的孔,则要采用镗孔。

镗孔是用镗刀对已有孔进行再加工,如图 2-26 所示,可分为粗镗、半精和精镗。精镗的加工精度为 IT8~IT7,表面粗糙度值 Ra 为 $1.6~0.8\mu m$。为增加刚度,镗刀截面应尽可能大些,伸出长度应尽可能短。为避免扎刀现象发生,镗刀刀尖应略高于工件轴线。

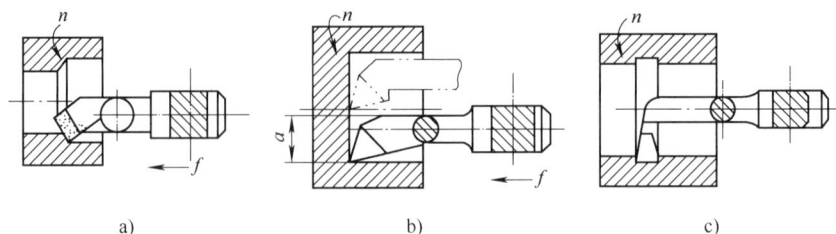

a)   b)   c)

图 2-26 在车床上镗孔

a）镗通孔 b）镗不通孔 c）车内环形孔

2.7.5 车锥面

在车床上加工锥面常用以下方法。

1. 扳转小滑板

将小滑板扳转一个锥面的斜角,然后固定,再均匀摇动手柄使车刀沿锥面母线进给,如图 2-27 所示,即可加工出所需的锥面。

这种方法调整方便,操作简单,可加工任意锥角的内外锥面。但工件锥面长度受到小滑板行程的限制,不能太长,而且不能自动走刀,因此,只适合加工长度较小、要求不高的内外圆锥面。

2. 偏移尾座法

将尾座顶尖横向偏移一个距离 S,使工件轴线与车床主轴轴线成锥面的斜角,然后车刀纵向机动进给,即可车出所需的锥面,如图 2-28 所示。

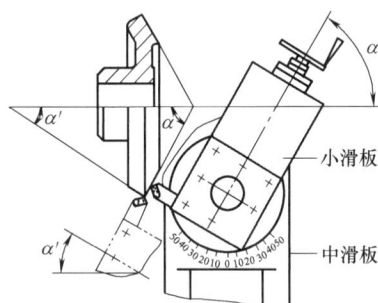

图 2-27 扳转小滑板车锥面

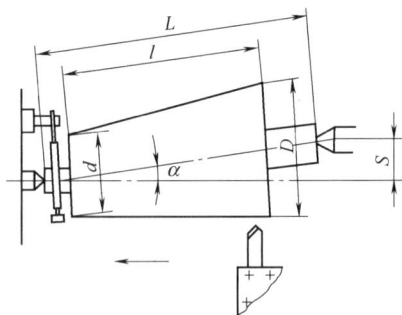

图 2-28 偏移尾座法车锥面

此法可加工较长的锥面,且锥面的表面粗糙度值较小,但受尾座偏移量的限制,一般只能加工小锥度的外圆锥面。偏移量 S 可按下列关系式计算

$$S = \frac{L(D-d)}{2l}$$

式中，D 为锥体大端直径；d 为锥体小端直径；L 为两顶尖之间的距离；l 为锥体轴向长度。

3. 靠模

图 2-29 所示为用靠模车锥面。它的底座 8 固定在车床床身后面，底座上装有锥度靠模 7，它可以绕轴销 6 转动。当锥度靠模 7 转动工件锥体的斜角后，用螺钉 3 紧固在底座 8 上。滑块 5 可自由地在锥度靠模的槽中移动。中滑板 1 与它下面的丝杠已脱开，它通过接长板 2 与滑块 5 连接在一起。车削时，床鞍做纵向自动走刀。中滑板被床鞍带动，同时受靠模的约束，获得纵向和横向的合成运动，使车刀刀尖的轨迹平行于靠模的槽，从而车出所需的外圆锥。这时，小滑板需转动 90°，以便横向吃刀。

采用靠模加工锥体，生产率高，加工精度高，表面质量好，但需在车床上安装一套靠模。它适于成批生产车削长度大、锥度小的外锥体。

4. 宽刀法

安装车刀时，使平直的切削刃与工件轴线相夹锥面的一个斜角。切削时，车刀做横向或纵向进给，即可加工出所需的锥面，如图 2-30 所示。用宽刀法加工锥面时，要求工艺系统刚性好，锥面较短，否则易引起振动，产生波纹。宽刀法适用于大批大量生产中车比较短的内外锥面。

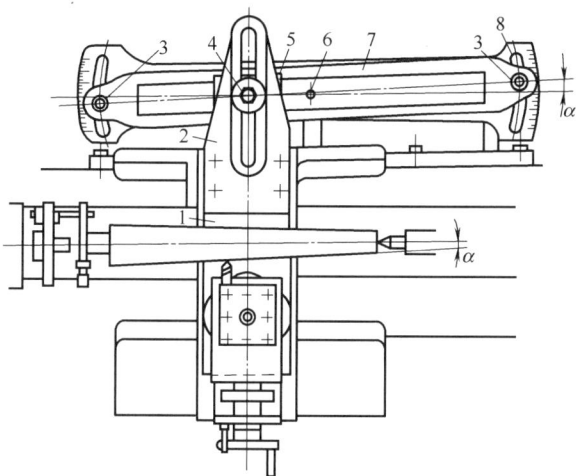

图 2-29　用靠模车锥面

1—中滑板　2—接长板　3—螺钉　4—压板螺钉
5—滑块　6—轴销　7—锥度靠模　8—底座

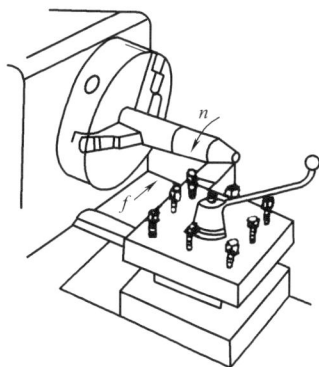

图 2-30　宽刀法

2.7.6　车成形面

具有曲线轮廓的回转面就是成形面，如圆球、手柄等。在车床上加工成形的方法有以下几种。

1. 双手控制法

如图 2-31 所示，用双手同时操纵横向和纵向进给手柄，使切削刃的运动轨迹与所需成形面的曲线相符，以加工出所需的成形面。

这种方法的优点是简单易行，缺点是生产率低，要求工人有较高的操作技能。适用于加工单件小批生产和要求不高的成形面。

2. 成形刀法

如图 2-32 所示，用切削刃形状与工件轮廓相吻合的成形刀来车削成形面。加工时，车刀只做横向进给。这种方法的特点与应用宽刀法加工锥面的特点相似。只是刀具刃磨、制造比较复杂，成本比较高。

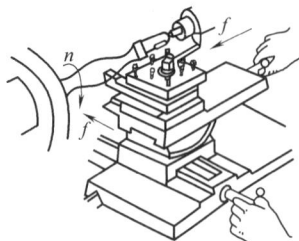

图 2-31　双手控制法车成形面

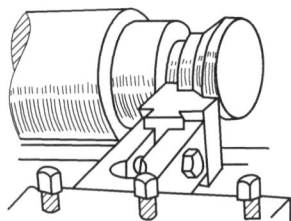

图 2-32　成形刀法车成形面

3. 靠模法

如图 2-33 所示，靠模法加工成形面的原理和靠模法加工锥面相同。只是把滑块换成滚柱，把带有直线槽的靠模尺换成带有与成形面相符的曲线模板。这种方法可自动走刀，生产率也较高，常用于成批生产。

大批量生产时，还可以采用仿形车床或数控车床加工，自动化程度高，可获得更好的经济效益。

2.7.7　车螺纹

1. 螺纹的种类和基本要素

螺纹的应用很广，按牙型分类有三角螺纹、方牙螺纹和梯形螺纹等。一般三角螺纹用于连接和紧固，方牙螺纹和梯形螺纹用于传动。各种螺纹又有右旋、左旋及单线、多线之分。其中以单线、右旋普通螺纹（即米制三角螺纹）的应用最广。

如图 2-34 所示，相配的内、外螺纹除旋向与头数需一致外，螺纹的配合质量主要取决于牙型角 α、中径 D_2（d_2）和螺距 P 三个基本要素的精度。

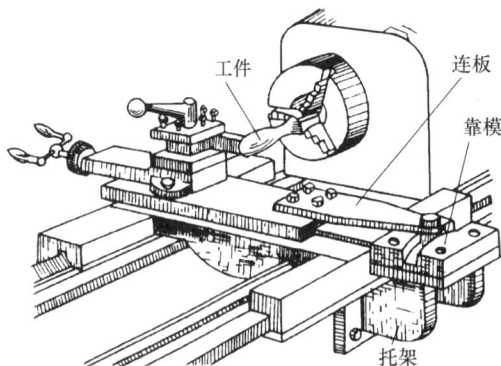

图 2-33　靠模法加工成形面

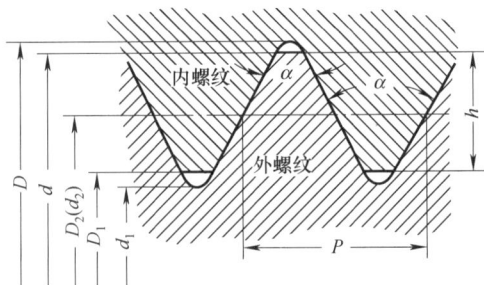

图 2-34　普通螺纹的基本要素

D、d—螺纹大径　D_1、d_1—螺纹小径

D_2、d_2—螺纹中径

1）牙型角是螺纹轴向剖面上相邻两牙侧之间的夹角，普通螺纹的牙型角 α 为 60°。

2）中径 D_2（d_2）是一个假想圆柱的直径，该圆柱的母线是通过螺纹牙厚与槽宽相等的地方。

3）螺距 P 是相邻两牙在中径线上对应两点之间的轴向距离。

螺纹加工必须保证上述几个基本要素的精度，才能车出合格的螺纹。

2. 螺纹的车削

在车床上，可以车削三角螺纹、方牙螺纹和梯形螺纹等。

3. 螺纹车刀的刃磨与安装

螺纹车刀主要是由高速钢或硬质合金两种材料制成，根据需要车削的螺纹类型来刃磨螺纹车刀，其刀尖角 ε_r 应等于螺纹牙型角 α，使车刀切削部分形状与螺纹截面形状吻合。

螺纹车刀安装时，车刀刀尖必须与工件中心等高，否则螺纹的截面形状将发生变化。车刀刀尖角 ε_r 的角平分线必须与工件轴线相垂直，为了达到这一要求，往往需要用对刀样板进行对刀，具体如图 2-35 所示。

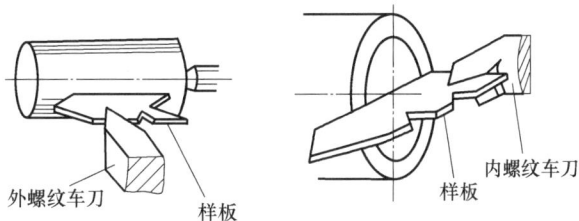

图 2-35　用样板对螺纹车刀

4. 进刀方法

在车螺纹时，不可能一次进刀就能切到全牙深，一般都要分几次吃刀才能完成，根据进刀方向不同，一般有两种进刀方法。

1）直进法。如图 2-36a 所示，用横向滑板进刀，两切削刃和刀尖同时切削。此法操作方便，所车出的牙形清晰，牙形误差小，但车刀受力大，散热差，排屑难，刀尖易磨损。一般适用于加工螺距小于 2mm 的螺纹，以及高精度螺纹的精车。

2）斜向切削法。如图 2-36b 所示，将小刀架转一角度，使车刀沿平行于所车螺纹右侧方向进刀，这样使得两切削刃中基本上只有一个切削刃切削。此法车刀受力小，散热和排屑条件较好，切削用量可大些，生产效率较高，但不易车出清晰的牙型，牙型误差也较大，一般适用于较大螺距螺纹的粗车。

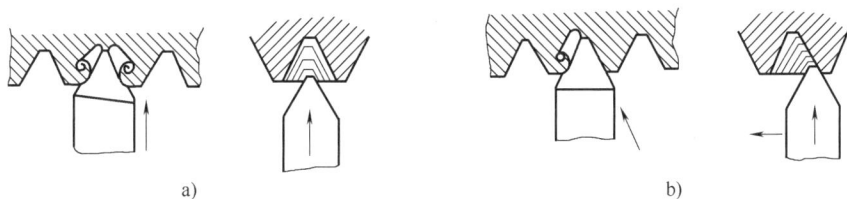

图 2-36　车螺纹进刀方法
a）直进法　b）斜向切削法

5. 避免"乱扣"

车螺纹时，车刀的移动是靠开合螺母与丝杠的啮合来带动的，一条螺纹槽要经过多次进刀才能完成。在多次重复的切削过程中，必须保证车刀总是落在已切出的螺纹槽内，否则，刀尖会偏左或偏右，车坏螺纹，工件即报废。这种现象叫作"乱扣"。

车螺纹时是否会发生"乱扣"，主要取决于车床丝杠螺距 $P_\text{丝}$ 与工件螺距 P_T 的比值是否为整数，如为整数，就不会发生"乱扣"。若不是整数，说明车床丝杠转过一转时，工件不是转过整数转，故车刀不再切入工件原来的槽中，这就会发生"乱扣"。为了避免"乱扣"现象的发生，切削一次以后，不打开开合螺母，只退出车刀，开倒车工件反转，使车刀回到起始位置。然后调节车刀的背吃刀量，再继续开顺车，主轴正转，进行下一次切削。

2.8 其他车床简介

1. 立式车床

立式车床用于加工径向尺寸大、轴向尺寸较小、形状比较复杂的大型零件，如各种机架、壳体等。立式车床是汽轮机、重型电机、矿山冶金等重型机械制造厂不可缺少的加工设备，在一般机械厂使用也很普遍。立式车床在结构布局上的主要特点是主轴垂直布置，并有一个直径很大的圆形工作台，供安装工件使用。工作台台面处于水平位置，因而笨重工件的装夹和找正比较方便。由于工作台及工件的重力由床身导轨和推力轴承承受，大大减轻了主轴及其轴承的载荷，因此较易保证加工精度。立式车床分单柱式与双柱式两种，具体如图2-37所示。前者加工直径一般小于1600mm，后者加工直径一般大于2000mm，甚至可达8000～10000mm。

单柱立式车床如图2-37a所示，它有一个箱形立柱，与底座连接成一个整体，构成机床的支撑骨架，工作台装在底座的环形导轨上，带动工件绕垂直轴线转动，以完成主运动，在立柱的垂直导轨上，装有侧刀架和横梁；横梁的水平导轨上装有一个垂直刀架，用于完成车内外圆柱面、车内外圆锥面、切端面及切沟槽等工序。垂直刀架上通常带有一个五角形的转塔刀架，除了可安装各种车刀以完成上述工序外，还可安装各种孔加工刀具以进行钻孔、扩孔、铰孔等工序。侧刀架可完成车外圆、切端面、切外沟槽等工序。垂直刀架和侧刀架在进给运动方向上都能快速移动。横梁连同垂直刀架一起可沿立柱导轨上下移动，以满足加工不同高度工件的需要。横梁移至所需位置后，可手动或自动夹紧在立柱上。

双柱立式车床如图2-37b所示，它有两个立柱，通过底座和上面的顶梁连成一个封闭式

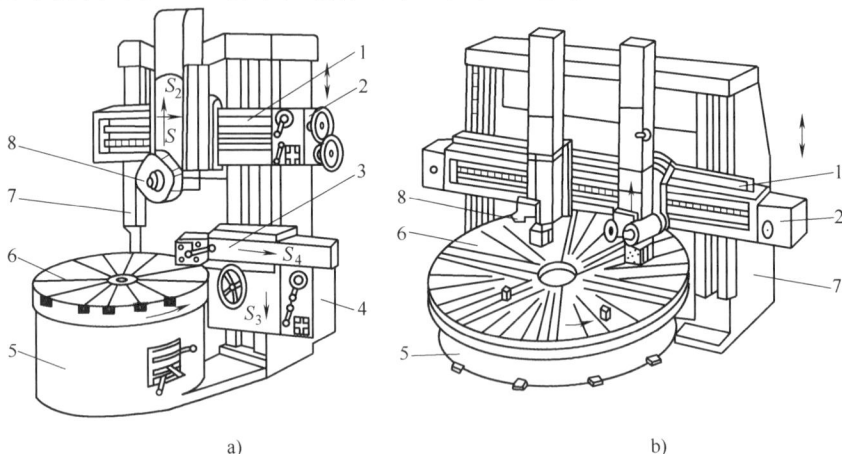

图 2-37 立式车床

a）单柱立式车床 b）双柱立式车床

1—横梁 2—垂直刀架进给箱 3—侧刀架 4—侧刀架进给箱 5—底座 6—工作台 7—立柱 8—垂直刀架

框架。横梁上通常装有两个垂直刀架。中等尺寸的立式车床上，其中一个刀架往往也带有转塔刀架。双柱立式车床有一个侧刀架装在右立柱的垂直导轨上。

2. 转塔车床

转塔车床如图 2-38 所示。它一般用于加工形状复杂的成批小型零件。转塔车床的特点是没有尾座，而有一个可转动的转塔刀架，上面能同时按加工顺序安装钻头、铰刀、板牙及装在特殊刀架上的车刀等。转塔刀架每转 60° 便换一种或一组刀具进行工作，转塔刀架只能纵向进给，机床上有定程装置，可控制尺寸。前刀架上的刀具也可以同时进行工作。工件的装夹由送料夹紧机构实现，操作方便迅速，因此转塔车床加工的生产率较高。转塔车床上没有丝杠，螺纹是用丝锥、板牙加工的。图 2-39 为转塔车床加工示例，被加工的毛坯为圆棒料。

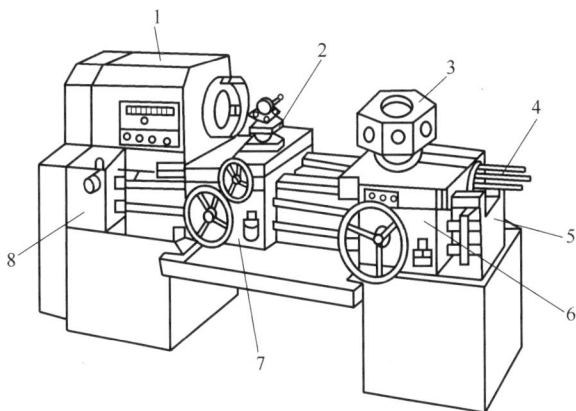

图 2-38　转塔车床
1—主轴箱　2—前刀架　3—转塔刀架　4—定程装置　5—床身
6—转塔刀架溜板箱　7—横刀架溜板箱　8—进给箱

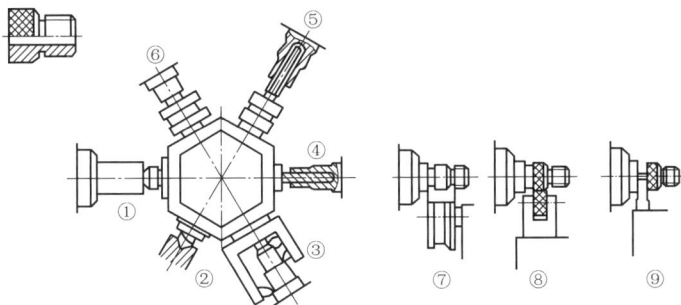

图 2-39　转塔车床加工示例

转塔车床加工过程如下：①挡料，将棒料送出，顶在送料挡块上；②中心打孔；③车外圆、倒角及钻孔；④钻孔；⑤铰孔；⑥套外螺纹；⑦成形车削（用前刀架上的车刀）；⑧滚花（用前刀架上的滚花刀）；⑨榔头手柄加工。

1）图样分析。榔头手柄图样如图 2-40 所示。

2）准备工作。

加工机械：车床。

材料：$\phi14\times190$mm 圆钢。

工量具：垫刀片，带柄钻夹头，顶尖，卡盘扳手，刀架扳手，0~25mm 千分尺，125mm 游标卡尺，60° 螺纹对刀样板，M8 螺纹环规，R6 圆弧规，R1.75 圆弧规。

刀具：45° 端面刀，90° 外圆刀，2mm 切槽刀，尖头刀，60° 外螺纹刀，1mm 网纹滚花刀，B2 中心钻，成形刀。

技术要求：M8 螺纹与榔头达到配合要求，未注倒角 C0.5。

$\sqrt{}$ $\dfrac{Ra\ 3.2}{}$ ($\sqrt{}$)

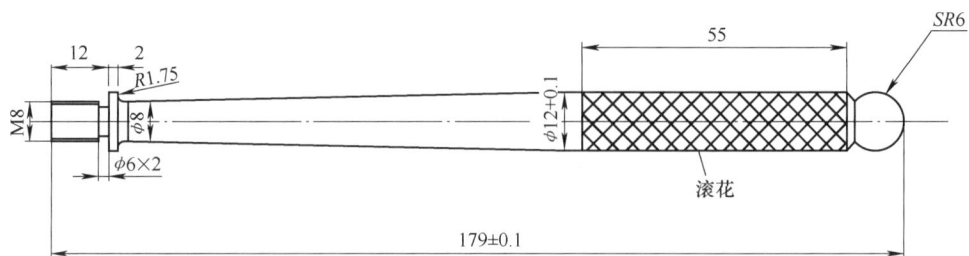

图 2-40　榔头手柄图样

3）榔头手柄加工工艺。

第一工步：夹一端车端面，钻中心孔 B2。

第二工步：调头车另一端面保证总长 187mm，车夹位 φ12×20（定位基准）。

第三工步：夹持 φ12×20 车另一端外圆 φ12mm，滚花 φ12×74。

第四工步：调头车 M8×12mm，车退刀槽 φ6×2。

第五工步：用软爪夹持 M8×12 车圆锥面大端 φ12mm，小端 φ8mm，车 R1.75 圆角。

第六工步：定总长 179mm 达要求，车 SR6mm 达要求。

第3章 铣削加工

机械加工中的加工方法很多，除了车削加工，还有铣削加工、刨削加工和磨削加工等加工方法，不同的加工方法有不同的特点，以加工不同种类的工件。它们所使用的机床分别为铣床、刨床和磨床等。选用不同的加工方法和机床，对节约成本、降低劳动强度和提高成产率有重要的意义。

3.1 实习目的和要求

1）了解铣削加工的工艺特点及加工范围、加工精度和表面粗糙度。
2）了解铣床的种类、组成及其作用，铣床的运动方式。
3）了解铣削加工方法及所用刀具种类、用途和安装方法，以及工件装夹方法。
4）了解常用附件的大致结构、用途及其使用方法。
5）了解铣削加工安全技术。
6）了解铣刀的安装和使用，量具的正确使用，会使用分度头进行简单分度。
7）掌握平面、台阶、斜面、沟槽等普通的铣削操作。

3.2 实习安全操作规程

1）工作前，必须穿好工作服（军训服），女生须戴好工作帽，发辫不得外露，工作时，必须戴防护眼镜。

2）工作前认真查看机床有无异常，在规定部位加注润滑油和冷却液。

3）开始加工前先安装好刀具，再装夹好工件，装夹必须牢固可靠。

4）主轴变速必须停车，变速时先打开变速操作手柄，再选择转速，最后以适当快慢的速度将操作手柄复位。复位时速度过快，冲动开关难动作；太慢未达起动状态，易于损坏啮合中的齿轮。

5）铣削加工前，刀具必须离开工件，并应查看铣刀旋转方向与工件相对位置是顺铣还是逆铣，通常不采用顺铣，而采用逆铣。若有必要采用顺铣，则应事先调整工作台的丝杠螺母间隙到合适程度方可铣削加工，否则将引起"扎刀"或"打刀"。

6）加工中，若自动进给，必须注意行程的极限位置；必须密切注意铣刀与工件夹具间的相对位置，以防过铣、撞铣夹具而损坏刀具和夹具。

7）加工中，严禁将多余的工件、夹具、刀具、量具等摆在工作台上，以防碰撞、跌落而发生人身、设备事故。

8）机床在运行中不得擅离岗位或委托他人看管，不准闲谈、打闹或开玩笑。

9）两人或多人共同操作一台机床时，必须严格分工，分段操作，严禁同时操作一台机床。

10）中途停车测量工件，不得用手强行刹住惯性转动的铣刀主轴。

11）铣后工件取出后，应及时去毛刺，防止拉伤手指或划伤堆放的其他工件。

12）发生事故时，应立即切断电源，保护现场，参与事故分析，承担事故应负的责任。

13）工作结束时应认真清扫机床、加油，并将工作台移向立柱附近。

14）打扫工作场地，将切屑倒入规定地点。

15）收拾好所用的工、夹、量具，摆放于工具箱中，工件交检。

3.3　铣削加工概述

在铣床上用铣刀加工工件的工艺过程称为铣削加工，简称铣工。铣削是金属切削加工中常用的方法之一。铣削时，铣刀做旋转的主运动，工件做缓慢直线的进给运动。

1. 铣削的特点

1）铣刀是一种多齿刀具，铣削时，铣刀的每个刀齿不像车刀和钻头那样连续地进行切削，而是间歇地进行切削，刀具的散热和冷却条件好，铣刀的耐用度高，切削速度可以提高。

2）铣削经常是多齿切削，可采用较大的切削用量，与刨削相比，铣削有较高的生产率，在成批及大量生产中，铣削几乎已全部代替了刨削。

3）由于铣刀刀齿的不断切入、切出，铣削力不断变化，故铣削容易产生振动。

2. 铣削的应用

铣削的加工范围比较广，是金属切削加工中常用的方法之一，铣床的工作量仅次于车床，在成批大量生产中，除加工狭长的平面，铣削几乎代替了刨削。在铣床上可以借助各种附件并选用不同的铣刀，进行铣平面、铣台阶面、铣直角槽、切断、铣凹圆弧面、铣凸圆弧面、铣齿轮、铣V形槽、铣燕尾槽、铣T形槽、铣半圆键槽、铣螺旋槽等工作，如图 3-1 所示，而且还可以进行钻孔、扩孔、铰孔、镗孔等工作。

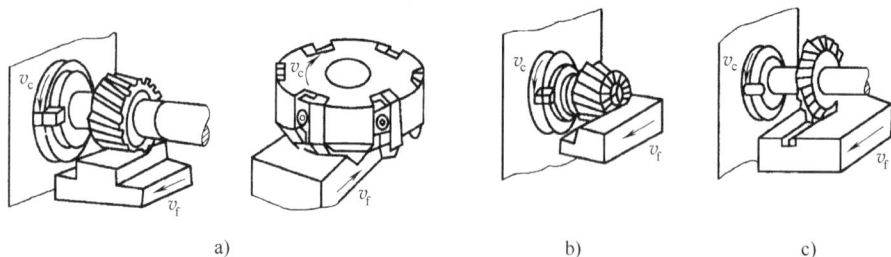

图 3-1　铣削加工的应用范围
a）铣平面　b）铣台阶面　c）铣直角槽

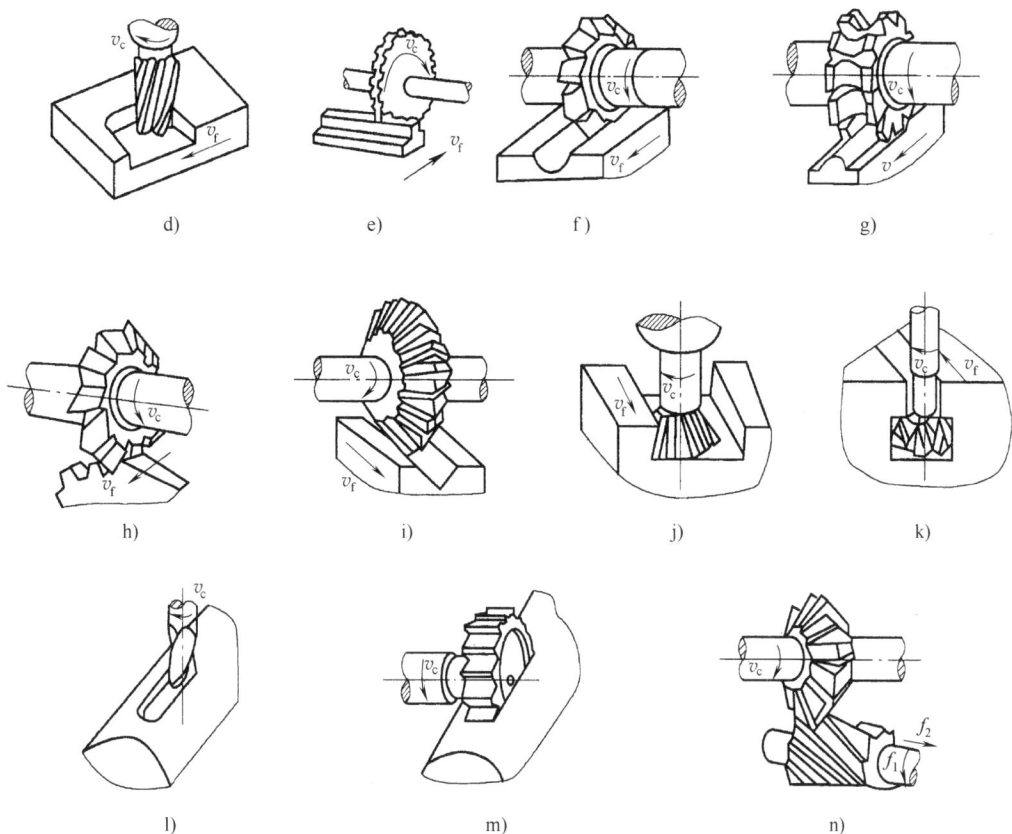

图 3-1 铣削加工的应用范围（续）

d）铣凹平面 e）切断 f）铣凹圆弧面 g）铣凸圆弧面 h）铣齿轮 i）铣 V 形槽
j）铣燕尾槽 k）铣 T 形槽 l）铣键槽 m）铣半圆键槽 n）铣螺旋槽

一般铣削加工的尺寸公差等级为 IT8～IT7，表面粗糙度值 Ra 为 12.5～1.6μm，若以高速切削，小的背吃刀量，则表面粗糙度值 Ra 可达到 0.8μm。

3.4 铣床

3.4.1 铣床的种类

铣床的种类很多，常用的有卧式铣床、立式铣床、龙门铣床、数控铣床及铣镗加工中心等。在一般工厂中，卧式铣床和立式铣床的应用最广，其中，卧式万能升降台铣床（简称万能铣床）应用最多，下面加以介绍。

3.4.2 铣床的型号及其结构组成

1. 卧式万能升降台铣床

卧式万能升降台铣床，简称万能铣床，图 3-2 所示为 X6132 型卧式万能升降台铣床，它是铣床中应用最多的一种，其主轴水平放置，与工作台平行。其型号由机床类别代号、通用特性及结构特性代号、组/型代号及主参数或设计序号组成，下面以 X6132 型卧式万能升降台铣床为例来介绍其型号、主要组成部分和作用。

（1）铣床型号　在型号 X6132 中，X 为机床的类别代号，表示铣床，读作"铣"；6 为机床的组别代号，表示卧式升降台铣床；1 为机床的型别代号，表示万能升降台铣床；32 为主参数代号，表示工作台工作面宽度的 1/10，即工作台工作面宽度为 320mm。

（2）铣床的结构

1）床身。铣床的主体用来安装和支撑其他部件。床身内部装有主电动机、主轴、主轴变速机构、电气控制设备及润滑油泵等部件。顶部有供横梁移动用的水平导轨，下部与底座相连接。前面有燕尾形的直导轨，供升降台上下移动用。

2）横梁。位于床身顶部，装有吊架，用来支撑刀杆的外端，以增加铣刀装夹强度。横梁伸出长度可根据刀杆长度进行调节。

3）主轴。主轴用来安装铣刀刀杆并带动铣刀（主要是带孔铣刀）进行旋转。主轴是一根空心轴，前端有精密锥孔，其作用是安装铣刀刀杆锥柄。

4）纵向工作台。利用 T 形槽安装夹具和工件。通过工作台的下部分传动，丝杠可带动工件做纵向进给运动。

5）横向工作台。支撑纵向工作台，并带动纵向工作台沿升降台水平方向的导轨横向运动，从而带动工件做横向进给运动，在对刀时调节工件和铣刀的横向位置。

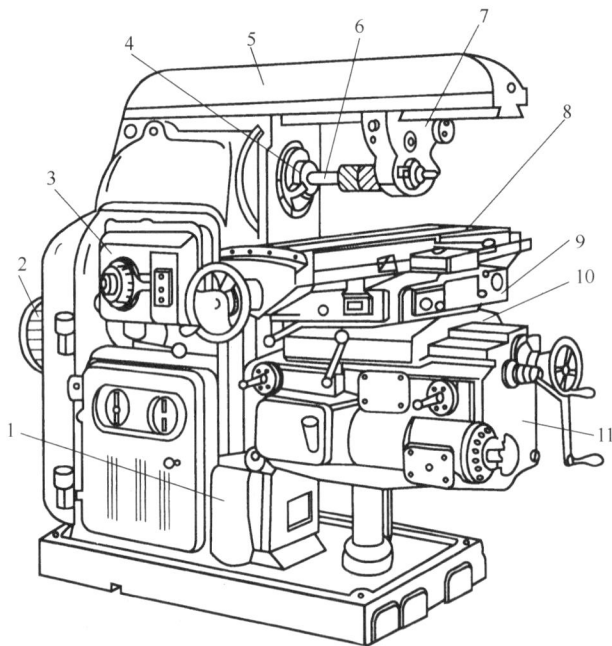

图 3-2　X6132 型卧式万能升降台铣床

1—床身　2—电动机　3—主轴变速机构　4—主轴　5—横梁　6—刀杆

7—吊架　8—纵向工作台　9—转台　10—横向工作台　11—升降台

6）升降台。支撑工作台，带动工作台沿床身垂直导轨移动，从而带动工件做垂直方向的进给运动。在对刀时用于调整台面到铣刀间的距离，升降台内装进给电动机和传动系统。

7）转台。转台位于横向工作台中间，能使纵向工作台沿水平方向转动±45°。

8）底座。用来支撑整个机床和盛装切削液。

此外还有重要的两个机构，分别为主轴变速机构和进给变速机构两种。

1）主轴变速机构。调整变换主轴转速，使主轴获得 30～1500r/mm 的 18 级不同的转速。

2）进给变速机构。调整变换工作台进给速度，使工作台获得 12～1000mm/min 的 18 级不同的进给速度。

2. 立式升降台铣床

立式升降台铣床简称立式铣床，图 3-3 所示为 X5032 型立式升降台铣床，立式铣床与卧式铣床的主要区别是主轴与工作台台面相互垂直。有时根据加工需要，可将立铣头（包括主轴）左右扳转一定的角度，以便加工斜面。另外，立式铣床操作时方便观察、检查和调整铣刀位置，又便于装夹硬质合金端铣刀进行高速铣削，生产效率高，故应用很广泛。

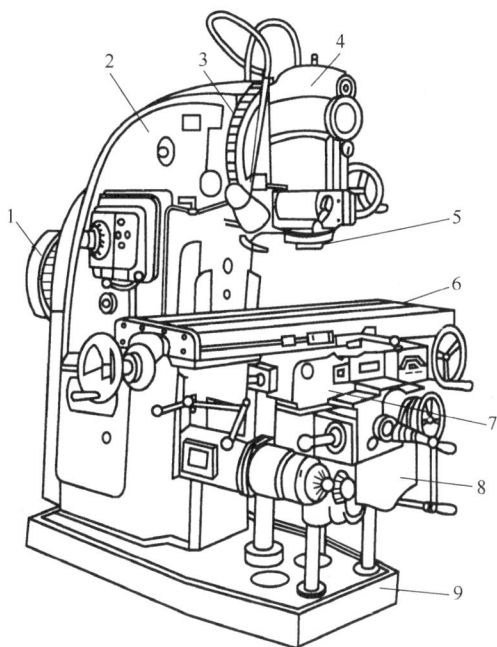

图 3-3　X5032 型立式升降台铣床
1—电动机　2—床身　3—主轴头架旋转刻度
4—主轴头架　5—主轴　6—工作台　7—横向
工作台　8—升降台　9—底座

3.5　铣刀

铣刀是一种多切削刃刀具，每个刀齿相当于一把车刀，因此利于散热，生产率高。制造铣刀的材料一般是高速钢和硬质合金。

3.5.1　铣刀的分类

按照铣刀刀齿在刀体上的分布，铣刀可以分为圆柱铣刀和端铣刀。圆柱铣刀的刀齿均匀分布在铣刀刀体的圆周面上，端铣刀的刀齿均匀分布在刀体的端面上。根据安装方法和结构的不同，铣刀可分为带孔铣刀和带柄铣刀（又分直柄铣刀和锥柄铣刀），带柄铣刀多用在立式铣床上，带孔铣刀多用在卧式铣床上。

1. 带孔铣刀

1）圆柱铣刀。如图 3-4a 所示，其刀齿分布在圆柱表面上，常分为直齿和斜齿两种，主要用于铣削平面。由于斜齿圆柱铣刀的每个刀齿是逐渐切入和切离工件的，故工作较平稳，加工表面粗糙度值小，但会有轴向切削力产生。

2）圆盘铣刀。即为三面刃铣刀（图 3-4b）、锯片铣刀（图 3-4c）等。三面刃铣刀主要用于铣削台阶面、直角沟槽。锯片铣刀用于铣削窄槽或切断。

3）角度铣刀。分为单角铣刀（图 3-4e）和双角铣刀（图 3-4f），其具有各种不同的角度，用于加工各种角度的沟槽及斜面等。

4）成形铣刀。其切削刃呈齿槽形、内凹圆弧、外凸圆弧等，主要用于加工与切削刃形状相对的成形面，如图 3-4d、g、h 所示。

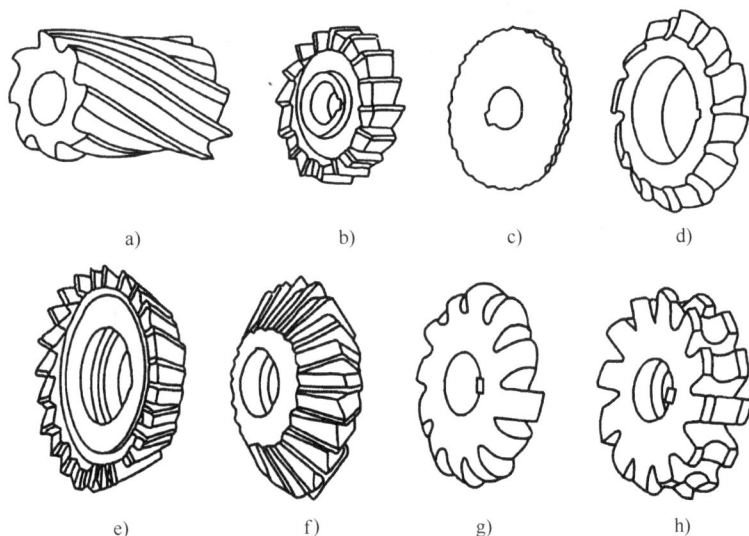

图 3-4　带孔铣刀

a）圆柱铣刀　b）三面刃铣刀　c）锯片铣刀　d）模数铣刀

e）单角铣刀　f）双角铣刀　g）凹圆弧铣刀　h）凸圆弧铣刀

2. 带柄铣刀

1）镶齿面铣刀。如图 3-5a 所示，其主要用于加工大平面，由于刀盘上装有硬质合金刀片，可以高速铣削，工作效率很高。

2）立铣刀。如图 3-5b 所示，由于其端面有 3 个以上的切削刃，主要用于加工直角沟槽、小平面和曲面。

3）键槽铣刀。如图 3-5c 所示，只有两条切削刃，其圆周和端面上的切削刃可作为主

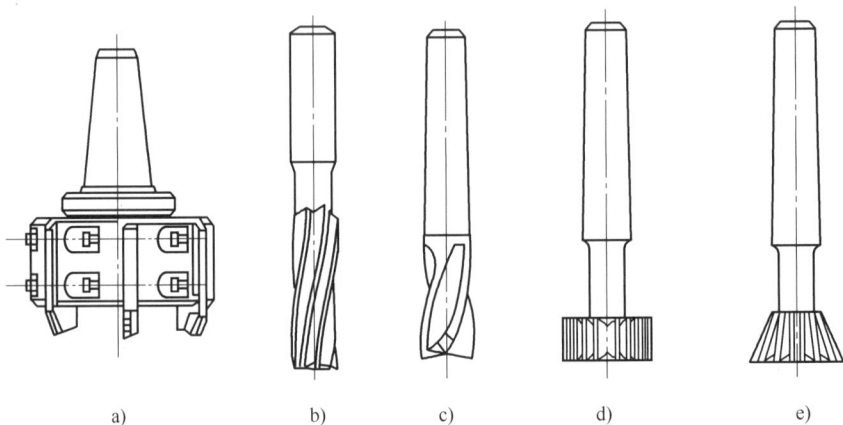

图 3-5　带柄铣刀

a）镶齿面铣刀　b）立铣刀　c）键槽铣刀　d）T 形槽铣刀　e）燕尾槽铣刀

切削刃，用于铣削轴上的封闭键槽，使用时先轴向进给切入工件，然后沿键槽方向铣出全槽。

4）T形槽铣刀。如图3-5d所示，专门用于加工T形槽。

5）燕尾槽铣刀。如图3-5e所示，专门用于加工燕尾槽。

3.5.2 铣刀的安装

1. 带柄铣刀的装夹

带柄铣刀多用于立式铣床，按刀柄形状的不同，可分为直柄和锥柄两种。其装夹如图3-6所示。直柄铣刀的直径一般小于20mm，直柄铣刀须用弹簧夹头安装，收紧轴向螺母，压紧弹簧夹头端面，使其弹簧套的外锥面受压而使孔径缩小，即可夹紧铣刀。弹簧套上有3个开口，故受力时能收缩。弹簧夹头有多种孔径，以适应不同直径的直柄铣刀，夹头体后端的锥柄可以安装在铣床主轴孔内，当锥孔不适合时，可加变径套。铣床的主轴通常采用锥度为7：24的内锥孔。锥柄铣刀的直径一般为10~50mm，锥柄铣刀安装时先选用合适的过渡锥套，然后用拉杆将铣刀及过渡锥套一起拉紧在主轴端部的锥孔内。

2. 带孔铣刀的装夹

带孔铣刀一般用于卧式铣床，安装时须用长刀拉杆安装，如图3-7所示，拉杆用于拉紧刀杆，保证刀杆外锥面与主轴锥孔紧密配合。然后将铣刀和套筒的端面擦拭干净，以减少铣刀端面的跳动，套筒用于调整带孔铣刀的位置，拧紧刀杆压缩螺母之前，必须先装好吊架，用来增大刀杆的强度。在允许加工的前提下，尽量使铣刀靠近主轴的前端，以减少刀杆的弯曲变形。

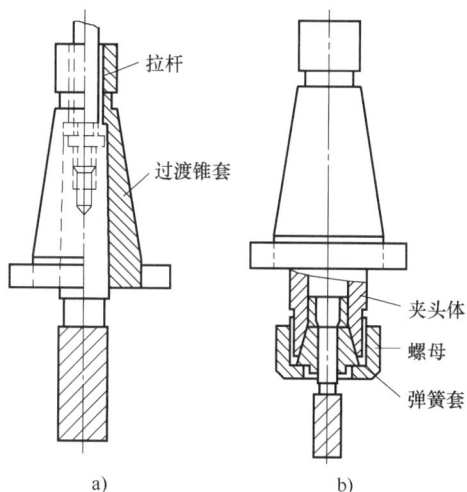

图3-6 带柄铣刀的装夹
a）锥柄铣刀的装夹 b）直柄铣刀的装夹

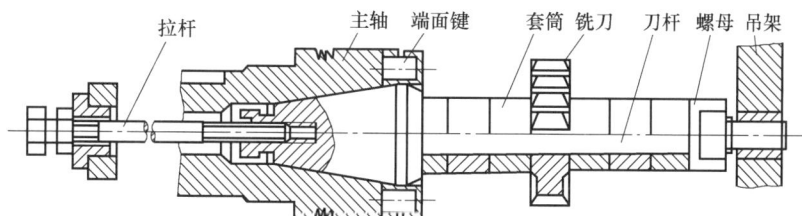

图3-7 带孔铣刀的装夹

3. 端铣刀的装夹

端铣刀属于带孔铣刀的一种，安装时，先将铣刀装在短刀轴上，再将刀轴装入机床的主轴并用螺钉拧紧。对于大直径的端铣刀，则直接安装在铣床前端面，用螺栓拉紧，如图3-8所示。

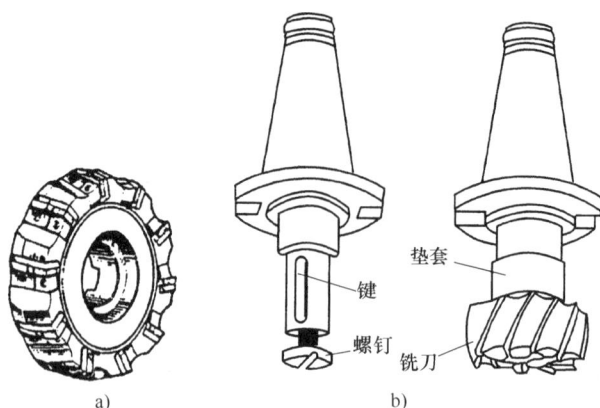

图 3-8　端铣刀的装夹

a）端铣刀　b）端铣刀的装夹

3.6　铣床附件及工件的装夹

3.6.1　铣床附件

铣床常用的附件主要有平口钳、回转工作台和分度头等。

1. 平口钳

平口钳又称机用虎钳，是铣床上常用装夹工件的工具。图 3-9 所示为带转台的机用平口钳，它由底座、钳身、固定钳口、钳口铁、活动钳口、螺杆等零件组成，是通过丝杠、螺母的传动，带动活动钳口而夹紧工件，主要用来安装轴类、板块、盘套和套筒等零件，其构造简单、夹紧牢固、使用方便。

2. 回转工作台

回转工作台又称转盘、圆形工作台等，可分为手动和机动，图 3-10 所示为回转工作台，其主要功能是配合铣床加工圆弧曲线的外表面和具有分度要求的零件，回转工作台中央有个

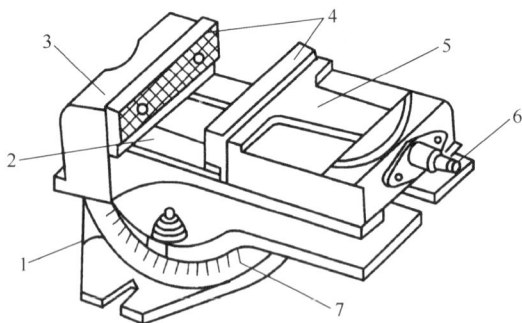

图 3-9　平口钳

1—底座　2—钳身　3—固定钳口　4—钳
口铁　5—活动钳口　6—螺杆　7—刻度

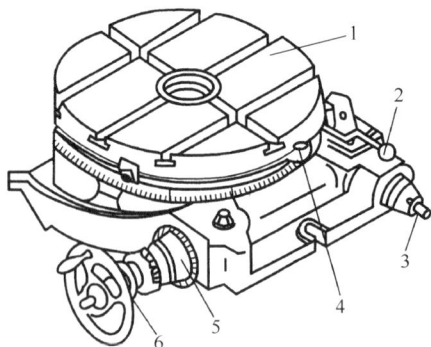

图 3-10　回转工作台

1—回转台　2—离合器手柄　3—传动轴
4—挡铁　5—刻度盘　6—手柄

基准孔，利用它便于确定工件的回转中心。转台周围有 0°~360° 的刻度线，可用于观察和确定转台位置。

3. 分度头

分度头是铣床上重要的精密附件，用来完成铣削等分面、齿轮等工作，在生产中最常用。铣削加工中，常会遇到铣六角、齿轮、划线等工作，这时，工件每铣过一面或一个槽之后，就需转过一个角度，这种工作就叫分度。

分度头就是根据加工需要，对工件在水平、垂直和倾斜位置进行分度的机构。其中，在生产中最常见的是万能分度头，下面简单介绍万能分度头的结构组成、工作原理及分度方法。

（1）结构组成　万能分度头的结构如图 3-11 所示，它由基座、分度叉、分度盘、手柄、回转体、主轴、蜗轮、蜗杆、自定心卡盘等组成。主轴前端安装自定心卡盘或顶尖，在它的基座上装有回转体，分度头的主轴可以随回转体在垂直平面内转动。分度时可摇动分度手柄，通过蜗杆蜗轮带动主轴旋转，

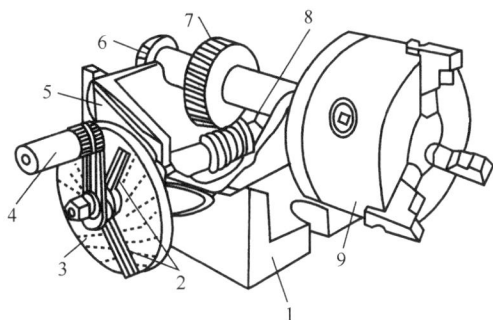

图 3-11　万能分度头的结构
1—基座　2—分度叉　3—分度盘　4—手柄　5—回转体
6—主轴　7—蜗轮　8—蜗杆　9—自定心卡盘

对工件进行分度。分度过程中，主要利用分度手柄、分度盘、分度叉和定位插销配合完成分度。

（2）工作原理　分度头的传动系统如图 3-12 所示，分度头中蜗杆和蜗轮的传动比 $I=$ 蜗杆的头数/蜗轮的齿数 $=1/40$，即分度手柄转过 40 圈，主轴转一圈，"40" 就叫分度头的定数。

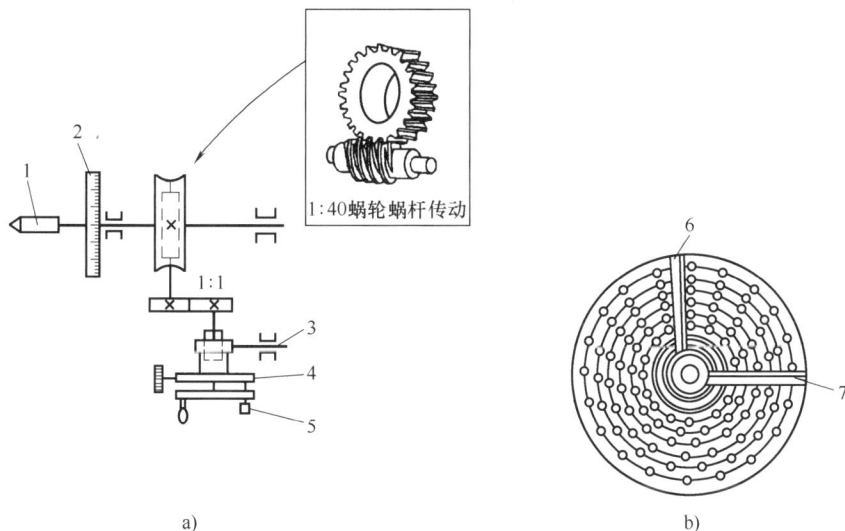

1:40蜗轮蜗杆传动

a)

b)

图 3-12　分度头的传动系统
a）传动示意图　b）分度盘
1—主轴　2—刻度环　3—挂轮轴　4—分度盘　5—定位销　6、7—分度叉

当手柄转一圈时，通过齿数比为 $1：1$ 的直齿圆柱齿轮副传动，使单头蜗杆也转一圈，相应地使蜗轮带动主轴旋转 1/40 圈。可见，若工件在整个圆周上需要等分数为 Z，则每一次等分时，分度手柄所需转过的圈数 n 可由下列比例关系式求得

$$1：40 = \frac{1}{Z}：n$$

即

$$n = \frac{40}{Z}$$

式中，n 为手柄转数；Z 为工件等分数；40 为分度头定数。

（3）分度方法 分度头分度的方法有直接分度法、简单分度法、角度分度法和差动分度法等，这里仅介绍最常用的简单分度法。

分度头一般备有两块分度盘。分度盘的两面各钻有许多圈孔，各圈的孔数不相同，然而同一圈上各孔的孔距是相等的。第一块分度盘正面各圈的孔数依次为 24、25、28、30、34、37，反面各圈的孔数依次为 38、39、41、42、43。第二块分度盘正面各圈的孔数依次为 46、47、49、52、53、54，反面各圈的孔数依次为 57、58、59、62、66。

例如，铣削 $Z = 32$ 的齿轮，手柄的转数 $n = \frac{40}{Z} = \frac{40}{32} = 1\frac{1}{4}$ 圈，即每铣一齿，手柄需转过

$1\frac{1}{4}$ 圈。当 $n = 1\frac{1}{4}$ 圈时，先将分度盘固定，再将分度手柄的定位销调整到孔数为 4 的倍数的孔圈上，若在孔数为 28 的孔圈上，此时手柄转过一圈后，在沿孔数为 28 的孔圈上转 7 个孔距。

3.6.2 工件的安装

1. 用附件装夹

在铣床上加工工件，一般是采用平口钳装夹工件或在铣床工作台面上直接用螺栓压板装夹工件进行铣削加工，如果是圆形工件且有分度要求，则一般采用分度头装夹工件进行铣削加工，如果是要铣一些圆形的工件或一些圆弧曲线的形状，则可以使用铣床专用的回转工作台进行装夹，然后把工件压在上面进行铣削加工，如图 3-13 所示。

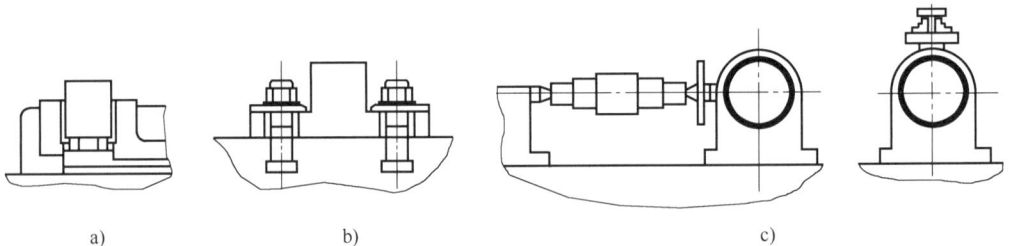

图 3-13 工件在铣床上的常用装夹方法
a）平口钳装夹工件 b）螺栓压板装夹工件 c）分度头装夹工件

2. 用专用夹具装夹

为了保证零件的加工质量，常用各种专业夹具装夹工件。专用夹具就是根据工件的几何

形状及加工方式特别设计的工艺设备，不仅可以保证加工质量、提高劳动生产率、减轻劳动强度，而且可以使用通用机床加工形状复杂的工件。

3. 用组合夹具装夹

组合夹具是由一套预先准备好的各种不同形状、不同规格尺寸的标准原件所组成的。可以根据工件形状和工序要求，装配成各种夹具。每个夹具用完后便可拆开，并经清理、油封后存放起来，需要时再重新组成其他夹具，这种方法给生产带来极大的方便。

3.7　铣削操作

在操作铣床之前，必须由实习指导教师现场示范讲解后再进行操作，因此，此处须介绍铣床基本操作的相关内容。

1. 铣床基本操作练习

铣床基本操作练习包括以下几项。

1）主轴变速操作。主要是利用主轴变速机构变换主轴的转速。

2）进给变速操作。主要是利用进给变速机构变换工作台的自动进给速度。

3）进给方向操作。练习工作台纵向、横向、垂直方向的进给，分为自动手柄操作和手动手柄操作。

2. 平面铣削

铣削平面可以在卧式铣床上用圆柱铣刀或端铣刀铣削，还可以在立式铣床上用立铣刀或端铣刀铣削。用端铣刀铣削时，工作平稳，铣削精度比圆柱铣刀高；立铣刀主要铣削较小的平面或台阶。

现以在 X6132 铣床上加工平面为例，其步骤如下。

1）安装刀具，选用圆柱铣刀。

2）工件安装，夹具选择平口钳，安装时注意基准面的选择，在平口钳的底部放置专用的垫块，用来正确定位工件，以保证工件的位置精度。

3）根据加工要求，选择合理的切削用量。

4）铣水平面时，开机对刀，调整纵向、横向工作台，将铣刀置于工件表面最高点上方，缓慢上升万能升降台，铣刀与工件表面微微相切后调整刻度至零位，如图 3-14a 所示；转动纵向工作台将工件退至铣刀一侧，如图 3-14b 所示；转动升降台手柄上升铣削厚度，如图 3-14c 所示；用纵向自动进给进行铣削，如图 3-14d 所示；等工件完全铣出后，停机退出工件，如图 3-14e 所示；用游标卡尺进行测量并观察表面粗糙度，根据测量所得尺寸重复铣削到规定要求，铣削完毕后，停机退出工件并卸下工件，如图 3 14f 所示。

铣削过程中应注意：铣削前应充分浇注冷却液；铣削时，紧固横向工作台，减小振动；精铣时，中途不能停止进给；每次退出工件时，必须下降万能升降台。

3. 斜面铣削

工件上具有斜面的结构很常见，铣斜面的方法也很多，下面介绍常用的几种方法。

1）用倾斜垫铁铣斜面。其方法如图 3-15a 所示。在零件设计基准下面垫一块倾斜垫铁，则铣出的平面就与设计基准面成倾斜位置，改变倾斜垫铁的角度，即可加工不同角度的斜面。

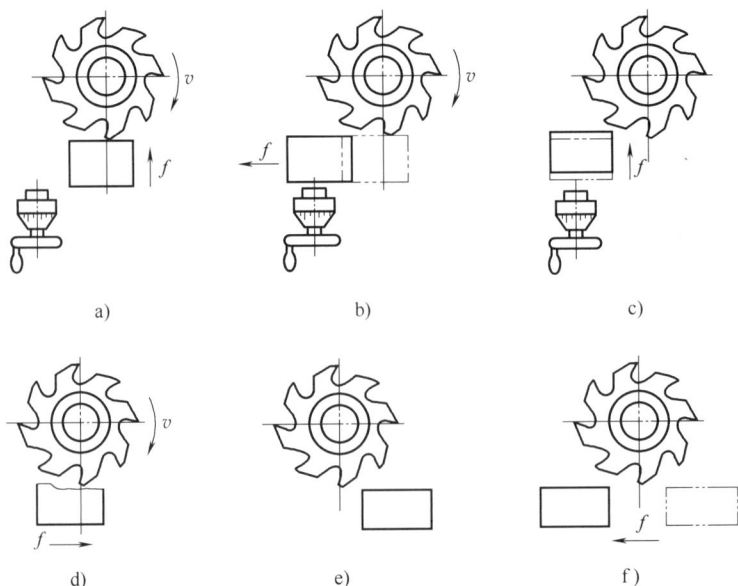

图 3-14　铣水平面的步骤

a）开机对刀　b）工件退至铣刀一侧　c）转动升降台手柄

d）纵向自动进给　e）停机退出工件　f）测量后卸下工件

2）用万能立铣头铣斜面。其方法如图 3-15b 所示。由于万能立铣头能方便地改变刀轴在空间的位置，因此可以转动铣头使刀具相对工作台倾斜一个角度来铣斜面。

3）用角度铣刀铣斜面。其方法如图 3-15c 所示。较小的斜面可用适合的角度铣刀加工。当加工零件批量较大时，则常用专用夹具铣斜面。

4）用分度头铣斜面。其方法如图 3-15d 所示。在一些圆柱形和特殊形状的零件上加工斜面时，可利用分度头将工件转成所需位置而铣出斜面。

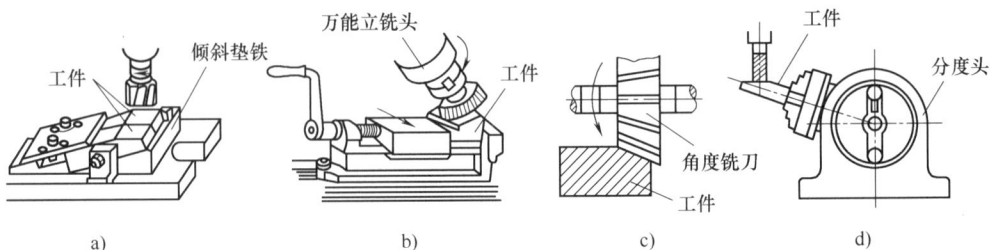

图 3-15　铣斜面的几种方法

a）用倾斜垫铁铣斜面　b）用万能立铣头铣斜面　c）用角度铣刀铣斜面　d）用分度头铣斜面

4. 台阶面铣削

在铣床上铣台阶面时，可以用三面刃铣刀或立铣刀铣削，成批生产中，也可以用组合铣刀同时铣削几个台阶面，如图 3-16 所示。

5. 沟槽铣削

在铣床上可以铣削各种沟槽。封闭式键槽大多在立式铣床上用键槽铣刀来铣削，如图 3-17a 所示。键槽铣刀的端面有切削刃，可以直接向下进刀，但进给量应小些。图 3-17b

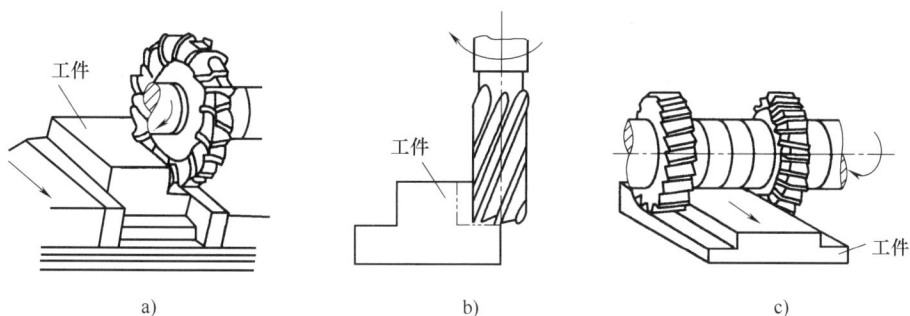

图 3-16　铣台阶面的几种方法
a）三面刃铣刀　b）立铣刀　c）组合铣刀

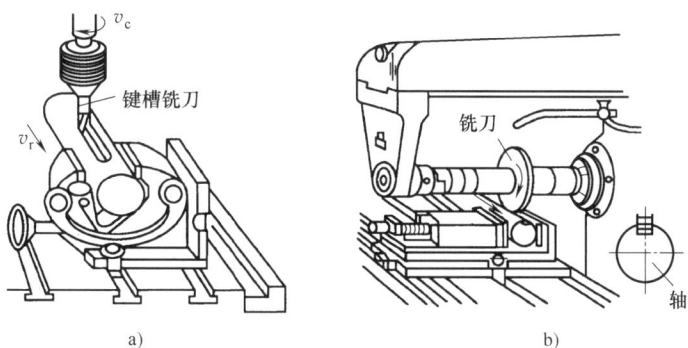

图 3-17　铣键槽
a）在立式铣床上铣封闭式键槽　b）在卧式铣床上铣敞开式键槽

所示为在卧式铣床上铣敞开式键槽的情况。此时采用三面刃铣刀，铣刀的宽度应根据键槽宽度选择。铣刀必须安装准确，不应左右摆动，否则铣出的槽宽将不准确。

铣成形槽及燕尾槽如图 3-18 所示。铣成形槽时，应采用相应的槽铣刀铣削。由于切削条件差，排屑困难，故切削用量应取得小些，并加冷却液冷却。

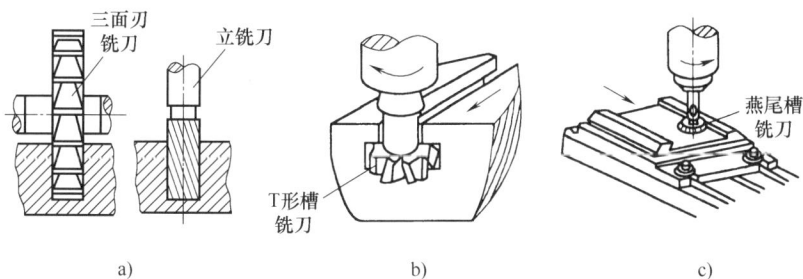

图 3-18　铣成形槽及燕尾槽
a）铣直槽　b）铣 T 形槽　c）铣燕尾槽

6. 成形面铣削

各种成形面的铣削常在铣床上用与工件成形面形状相吻合的成形铣刀来加工，如

图 3-19a 所示，铣削圆弧面是把工件装在回转工作台上进行的。一些曲面的加工也可用划线法和靠模法在铣床上加工，具体如图 3-19b、c 所示。

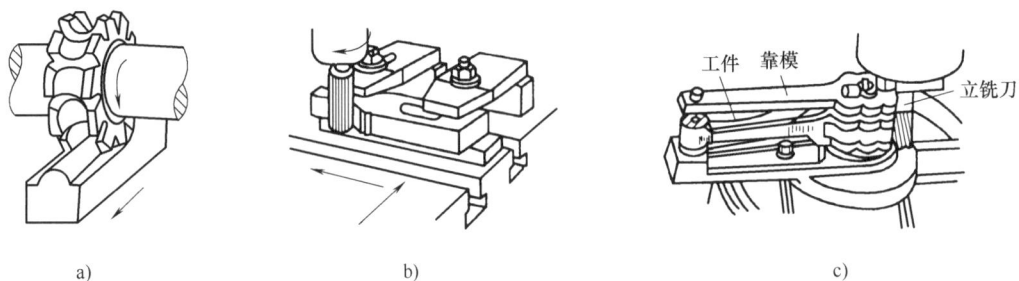

图 3-19 铣成形面

a）用成形铣刀铣成形面 b）用划线法铣曲面 c）用靠模法铣曲面

第4章 钳 工

钳工实习是机械类专业通用的一门基础技能实训课，是培养学生掌握钳工基本操作技能、熟悉钳工基本知识的重要教学环节。该实习要求学生掌握工具、量具的正确使用，以及划线、锯削、锉削、錾削、钻孔、攻螺纹、刮削、装配测量等基本技能，并且逐步养成安全文明的操作习惯。

本实习围绕中级钳工的训练要求，结合考核零件的加工工艺，进行钳工各技能训练，使学生基本达到钳工中级技能水平，在此基础上，要求学生能独立完成零件工艺分析和编写，完成零件的加工和装配，做到理论联系实际。进而提高学生钳工技术理论水平和操作技能、技巧，为进一步学习更高级的操作技能打下良好的基础。

4.1 实习目的和要求

1) 了解钳工在机械制造、装配及维修中的作用。
2) 掌握钳工常用工具、夹具及量具的使用方法。
3) 掌握划线、锯削、锉削、钻孔、攻螺纹及套螺纹等钳工基本操作技能。
4) 掌握台钻等钳工常用设备的操作方法。
5) 掌握钳工实习作业件（榔头）的制作方法。

4.2 实习安全操作规程

1) 进入车间实习时，要穿好工作服，大袖口要扎紧，衬衫要系入裤内。女同学要戴安全帽，并将发辫纳入帽内。不得穿凉鞋、拖鞋、高跟鞋、背心、裙子和戴围巾进入车间。

2) 保持良好的操作实训环境，钳工工具、零件、材料应摆放整齐，安放稳当，所有工具、量具要规范使用，不得挪作他用。实习时应使用指定的设备、工具进行实训操作。未经允许，其他机床、工具或电气开关等均不得乱动。

3) 用台虎钳装夹工件时要注意夹牢，工件应尽量放在虎钳中间位置。夹小工件时，手指要离开钳口少许，以免夹伤手指；夹大工件时，站立位置要适当，以防工件落地砸伤脚。

4) 夹紧工件时，一般只允许依靠手的力量来扳动手柄，不能用手锤敲击手柄或随意套上长管子来扳手柄，以免丝杠、螺母、工件或钳身损坏。

5）用手锯时，锯条要上正拉紧。锯削时用力要均匀，不能重压或强扭，返回方向要在一条直线上，以防折断锯条，并尽量让所有锯齿均工作。工件快要切断时，须用小力轻轻推锯，以防滑出碰手或使锯条断裂。

6）锉削时，工件表面要高于钳口面。不能用钳口面作基准面来加工工件，防止损坏锉刀和虎钳。不准用锉刀撬、砸、敲打其他物品，防止锉刀折断伤人，也不能把锉刀与锉刀叠放或锉刀与量具叠放。清扫铁屑必须使用工具，禁止用嘴吹锉屑、用手擦拭锉刀和工件表面，以免锉屑吹入眼中、锉刀打滑等现象发生。

7）使用带手柄的工具时，要检查手柄是否牢固、完整。不可使用无手柄或手柄松动的刮刀和锉刀工作，以免伤人，手锤必须有楔子，抡锤方向要掌握适当，避免敲击时伤人。

8）錾削时要注意观察周围环境，錾子和手锤不能正面对人。錾削操作中握锤的手不准戴手套，以免手锤滑落伤人。錾削接近尽头时用力要轻，錾子头部不准淬火，不准有毛刺，不能沾油。

9）使用扳手和起子等工具时，不可用力过猛，以免打滑伤人或擦伤手部。

10）钻孔时工件必须夹于虎钳，严禁用手握住工件进行加工，钻孔将要穿透时，应十分小心，不可用力过猛。

11）攻螺纹和铰孔时，用力要适当，以免损坏丝锥和铰刀。加工时加注适当的润滑油，减小切削阻力，降低工件的表面粗糙度值，提高加工质量。

12）工作结束，整理好工作场地，钳台上下、地面应保持整齐清洁，清点并及时保养工具、量具，指导教师验收后方可离开。

4.3　钳工概述

4.3.1　钳工的工作范围及基本操作内容

钳工加工是机械行业重要的加工方法之一，一般情况下利用手工工具来完成零件的加工、机器的装配及修理等。钳工所使用的设备价格低廉，工具简单，操作多样、灵活，适应性强，尤其是在机械设备的维修工作中，钳工可获得满意的效果。技术熟练的钳工可制造出比现代化机床加工的零件还要精密光洁、形状复杂的产品，如高精度量具样板、复杂的模具等。

随着机械工业的日益发展，生产效率的不断提高，钳工技术也日益复杂。一般，钳工分为普通钳工、工具钳工和机修钳工。但是，每个钳工都必须掌握划线、锯削、锉削、钻孔、錾削、攻螺纹和套螺纹、刮削及装配等基本操作技能。

4.3.2　钳工的工作场地及设备

钳工的工作场地是一人或多人工作的固定地点。在工作场地内，设备应合理布置，毛坯和工件应分开放置，工量具应摆放整齐，工作场地常保持整洁，这是安全文明生产的要求，同时也是提高劳动生产率和产品质量的重要保证。

钳工常用的设备有钳工台、台虎钳、砂轮机和钻床等。

1. 钳工台

钳工台又称钳桌，如图 4-1 所示，上面装有台虎钳。钳工主要在钳工台上进行，其主要用木材或钢材制成，高度为 800~900mm，长度和宽度可随工作需要而变化，钳工台一般有几个抽屉，用于收藏工具。

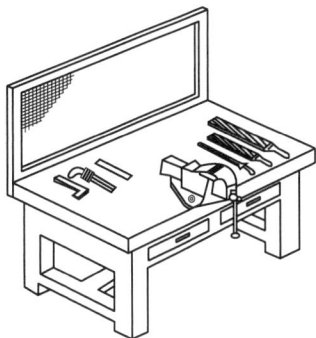

2. 台虎钳

台虎钳装在钳工台上，用于夹持工件。其规格用钳口的宽度表示，有 100mm、125mm、150mm 等规格。台虎钳一般有固定式和回转式两种，如图 4-2 所示。

台虎钳在使用时，应注意以下几个问题。

1）夹持工具时，只能通过手的力量扳动手柄进行紧固，不可用手锤敲击手柄，避免螺母、丝杠损坏。

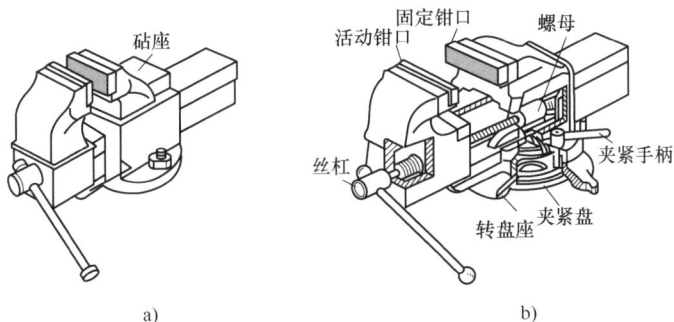

图 4-1　钳工台

图 4-2　台虎钳
a）固定式　b）回转式

2）螺母、丝杠等处要经常加注润滑油并保持清洁，防止锈蚀和铁屑进入。

3）钳口夹持工件不宜过长，当超长时应另附支架来支持，否则容易损坏钳身。

3. 砂轮机

砂轮机用于刃磨錾子、钻头、刮刀、样冲、划针等工具，也可磨去工件或材料上的毛刺、锐边等。使用砂轮机时，操作者不要站立在砂轮机的正对面，而应站在砂轮机的侧面或斜对面。起动后，待砂轮机转速正常后再进行磨削，磨削时不要对砂轮进行剧烈撞击或施加过大的压力。

4.4　划线

划线是根据图样的尺寸要求，用划线工具在毛坯或半成品上划出待加工部位的轮廓（或称加工界限）或作为基准的点、线的一种操作方法。划线的精度一般为 0.25~0.5mm。

4.4.1　划线的作用及种类

1. 划线的作用

1）所划的轮廓线即为毛坯或半成品的加工界限和依据，所划的基准点或线是工件安装时的标记或校正线。

2）单件或小批量生产中，用划线来检查毛坯或半成品的形状和尺寸，合理分配各加工表面的余量，及早发现不合格品，避免后续加工工时的浪费。

3）在板料上划线下料，可做到正确下料，使材料合理利用。

划线是一项复杂、细致的重要工作，如果划错，就会造成加工工件的报废，所以划线直接关系到产品的质量。因此，划线工作应做到尺寸准确、位置正确、线条清晰、冲眼均匀。

2. 划线的种类

划线分平面划线和立体划线两种。

（1）平面划线　在毛坯或已加工工件的一个表面及几个平行表面上划线，能明确表示加工界限的称为平面划线，它与平面作图法类似，如图 4-3a 所示。

（2）立体划线　只有在毛坯上几个相互垂直或不同角度的平面上进行划线称为立体划线，即在长、宽、高 3 个方向上划线，如图 4-3b 所示。

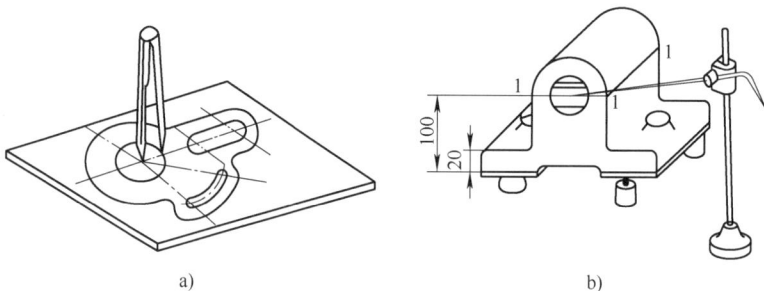

a)　　　　　　　　　　　　　b)

图 4-3　划线种类

a）平面划线　b）立体划线

4.4.2　划线工具及其用法

根据用途的不同，划线工具可分为基准工具、夹持工具、直接绘划工具和量具等。

1. 基准工具

划线平板由铸铁制成，图 4-4 所示划线平板的工作面（上表面）是划线的基准平面，要求非常平直和光洁。

划线平板在使用时要注意以下几点。

1）安放时要平稳牢固、上平面应保持水平。

2）平板不准碰撞和用锤敲击，以免使精度降低。

3）长期不用时，应涂油防锈，并加盖保护。

2. 夹持工具

（1）方箱　方箱是铸铁制成的空心立方体，各相邻的两个面均互相垂直。方箱用于夹持、支撑尺寸较小而加工面较多的工件。通过翻转方箱，可在工件表面上划出互相垂直的线条，如图 4-5 所示。

（2）千斤顶　千斤顶是在平板上支撑较大或不规则工件时使用的，其高度可以调整，如图 4-6 所示。通常用 3 个千斤顶支撑工件，且 3 个支撑点要尽量远离工件重心，防止千斤顶滑移，工件倾倒，发生事故。

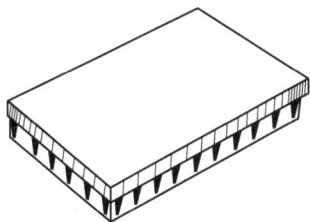

图 4-4　划线平板

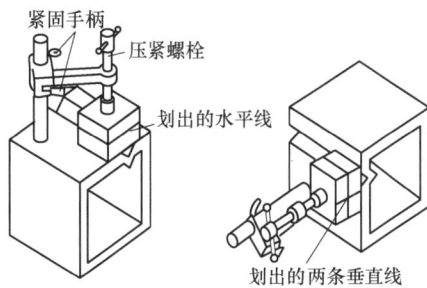

图 4-5　方箱

（3）V 形铁　V 形铁用于支撑圆柱形工件，使工件轴线与底板平行。V 形槽的角度通常为 90°或 120°，如图 4-7 所示。夹持较长工件时，应使用成对的 V 形铁。

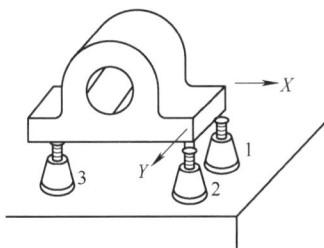

图 4-6　千斤顶

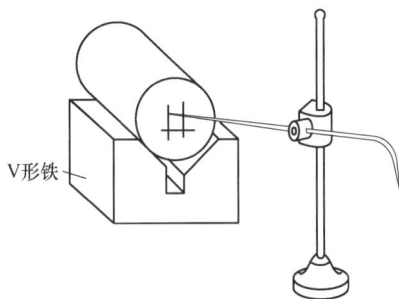

图 4-7　V 形铁

3. 直接绘划工具

（1）划针　划针是在工件表面划线用的工具，常用的划针用工具钢或弹簧钢制成（有的划针在其尖端部位焊有硬质合金），直径为 3~6mm，如图 4-8 所示。

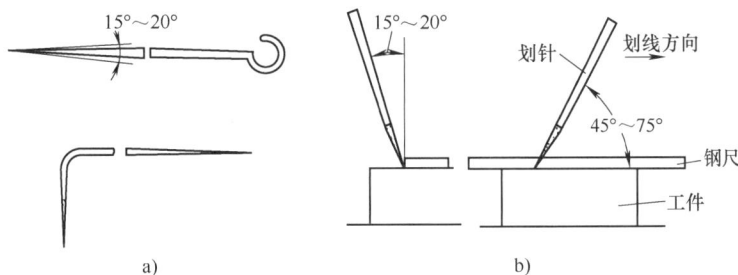

图 4-8　划针

a）划针种类　b）使用划针划线的方法

（2）划规　划规是划圆或弧线、等分线段及量取尺寸等用的工具，如图 4-9 所示。它的用法与制图用的圆规相似。

（3）划卡　划卡又称单脚划规，主要用于确定轴和孔的中心位置，如图 4-10 所示。

（4）划线盘　划线盘主要用于立体划线和校正工件的位置，如图 4-11 所示。它由底座、立杆、划针和锁紧装置等组成。

（5）样冲　用于在工件划线点上打出样冲眼，以备所划线模糊后仍能找到原划线的位

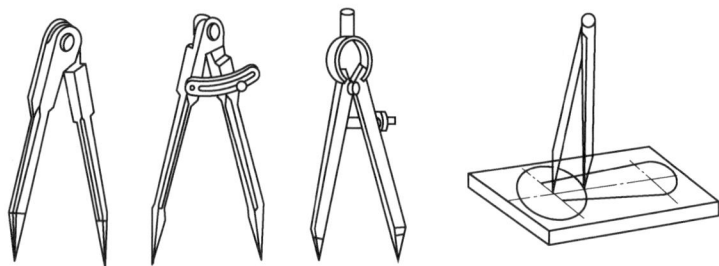

图 4-9 划规

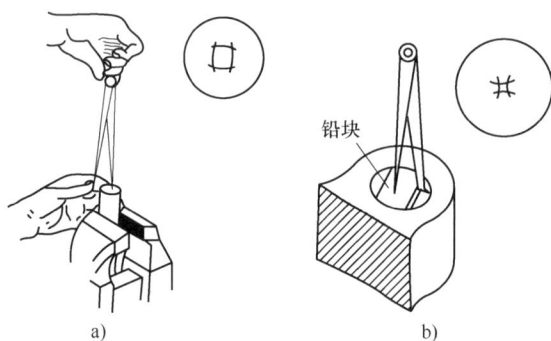

a)   b)

图 4-10 划卡

a）定轴线 b）定中心孔

置；在划圆和钻孔前应在其中心打样冲眼，以便定心，如图 4-12 所示。

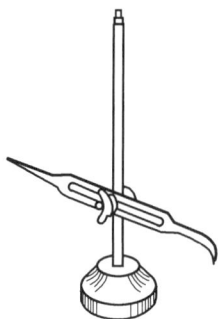

图 4-11 划线盘

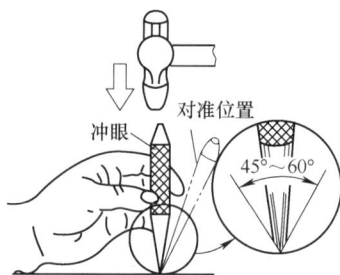

图 4-12 样冲

4. 量具

高度游标卡尺是高度尺和划线盘的结合，测量工件的高度，还可对半成品划线，其读数精度一般为 0.02mm。它只能半成品划线，不允许用于毛坯划线，主要是为了防止碰坏硬质合金划线脚。

4.4.3 划线操作

1. 划线前的准备工作

准备工作主要包括对毛坯进行清理、检查和表面涂色，按工件图样的要求选择所需工具，并对其进行检查和校验。

2. 划线基准

用划线盘划各种水平线时，应选定某一基准作为依据，并以此来调节每次划针的高度，这个基准称为划线基准。一般划线基准与设计基准应一致。若工件上个别平面已加工过，则以加工过的平面为划线基准。划线时常以两个相互垂直的平面、以一个平面和一条与平面垂直的中心线、两条互相垂直的中心线为基准。

3. 划线操作时的注意事项

看懂图样，分析零件的加工顺序和加工方法；工件夹持或支撑要稳妥，以防滑倒或移动；一次支撑中应将要划出的平行线全部划全，以免再次支撑补划，造成误差；正确使用划线工具，划出的线条要准确、清晰；划线完成后，要反复核对尺寸，才能进行机械加工。

4.5 锯削

利用锯条锯断金属材料（或工件）或在工件上进行切槽的操作称为锯削。虽然当前各种自动化、机械化的切割设备已广泛使用，但手工锯削还是常见的，它具有方便、简单和灵活的特点，在单件小批生产，在临时工地以及切削异形工件、开槽、修整等场合应用较广。因此手工锯削是钳工需掌握的基本操作之一。

锯削工作范围包括：分割各种材料及半成品；锯掉工件上多余部分；在工件上锯槽。

4.5.1 锯削的工具

手锯由锯弓和锯条两部分组成。

1. 锯弓的种类及构造

锯弓是夹持和拉紧锯条的工具，有固定式和可调式两种。固定式锯弓的弓架是整体的，只能装一种长度规格的锯条。可调式锯弓的弓架分成前后两段，由于前段在后段套内可以伸缩，因此可以安装几种长度规格的锯条，故目前广泛使用的是可调式，如图 4-13 所示。

2. 锯条及锯路

（1）锯条的材料与结构　锯条是用碳素工具钢（如 T10 或 T12）或合金工具钢经热处理制成的。锯条的规格以锯条两端安装孔间的距离来表示（长度有 150~300mm）。钳工常用的锯条是长 300mm、宽 12mm、厚 0.8mm。锯的切削部分由许多锯齿组成，每个齿相当于一把錾子，起切削作用。常用锯条的前角 γ 为 0°、后角 α 为 40°~45°、楔角 β 为 45°~50°，如图 4-14 所示。

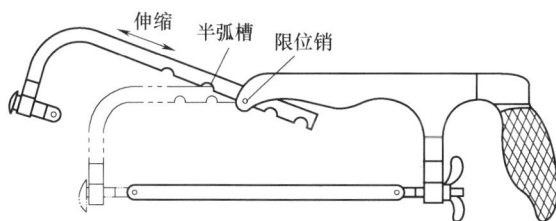

图 4-13　可调式锯弓

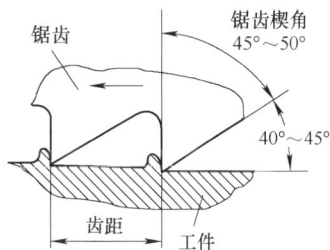

图 4-14　锯条

锯条的锯齿按一定形状左右错开，排列成一定形状，称为锯路。锯路有交叉、波浪等不同排列形状，如图4-15所示。锯路的作用是使锯缝宽度大于锯条背部的厚度，防止锯削时锯条卡在锯缝中，并减少锯条与锯缝的摩擦阻力，使排屑顺利，锯削省力。

（2）锯条粗细的选择　锯齿的粗细是用锯条上每25mm长度内的齿数表示的。14～18齿为粗齿，22～24齿为中齿，32齿为细齿。锯条的粗细应根据加工材料的硬度、厚薄来选择。

锯削软的材料（如铜、铝合金等）或厚材料时，应选用粗齿锯条，因为锯屑较多，要求有较大的容屑空间。锯削硬材料（如合金钢等）或薄板、薄管时，应选用细齿锯条，因为材料硬，锯齿不易切入，锯屑量少，不需要大的容屑空间。锯削薄材料时，锯齿易被工件钩住而崩断，需要同时工作的齿数多，使锯齿承受的力量减少。锯削中等硬度材料（如普通钢、铸铁等）和中等硬度的工件时，一般选用中齿锯条。

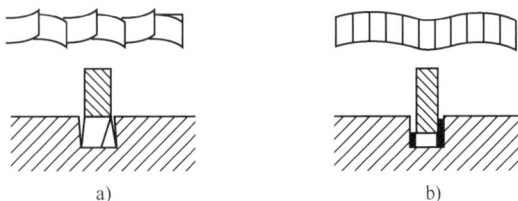

图4-15　锯齿排列
a）交叉排列　b）波浪排列

3. 锯条的安装

手锯是向前推时进行切削，向后返回时不起切削作用，因此安装锯条时应锯齿向前；锯条松紧要适当，太紧会失去应有的弹性，锯条容易崩断；太松会使锯条扭曲，锯缝歪斜，锯条也容易崩断，锯条安装方式如图4-16所示。

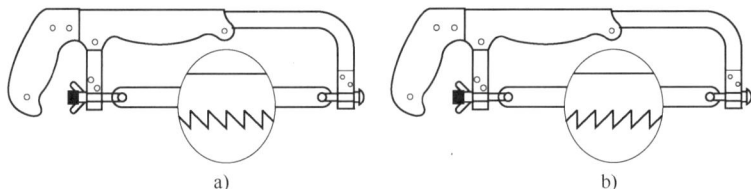

图4-16　锯条的安装方式
a）正确　b）错误

4.5.2　锯削的操作及示例

1. 工件的夹持

工件的夹持要牢固，以防锯削时工件移动而使锯条折断。同时也要防止夹坏已加工表面和工件变形。工件尽可能夹持在虎钳的左面，以方便操作；锯削线应与钳口垂直，以防锯斜；锯削线离钳口不应太远，以防锯削时产生抖动。

2. 起锯方式

起锯方式有远边起锯和近边起锯两种，如图4-17所示。一般情况下采用远边起锯，因为此时锯齿是逐步切入材料的，不易卡住，起锯比较方便。起锯角 α 以15°左右为宜，为了起锯的位置正确和平稳，可用左手大拇指挡住锯条来定位。起锯时压力要小，往返行程要短、速度要慢，这样可使起锯平稳。

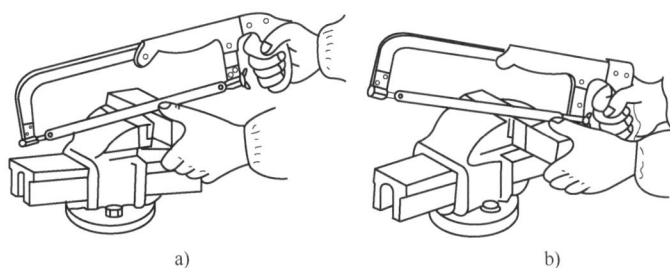

图 4-17 起锯方式

a）远边起锯 b）近边起锯

3. 正常锯削

锯削时，手握锯弓要舒展自然，右手握住手柄向前施加压力，左手轻扶在弓架前端，稍加压力。人体重量均匀分布在两腿上，如图 4-18 所示。锯削时速度不宜过快，以 20~40 次/min 为宜，锯削的行程应不低于锯条全长的 2/3，以免锯条中间部分迅速磨钝。锯削到材料快断时，用力要轻，以防碰伤手臂或折断锯条。

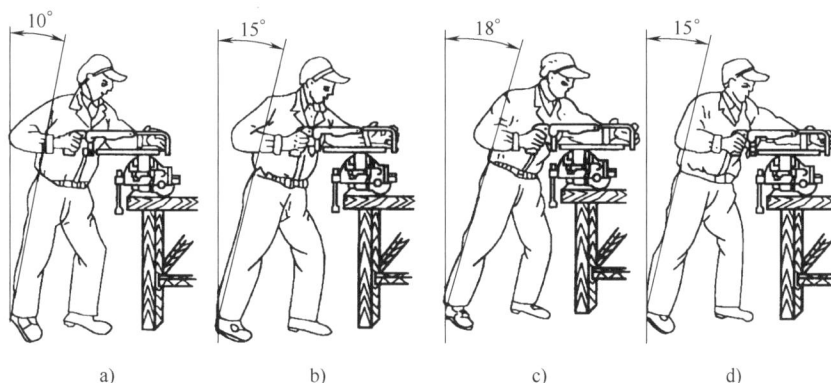

图 4-18 锯割姿势

4. 锯削示例

锯削圆钢时，为了得到整齐的锯缝，应从起锯开始以一个方向锯到结束。如果对断面要求不高，可逐渐变更起锯方向，以减少抗力，便于切入。

锯削圆管时，一般把圆管水平夹持在虎钳内，对于薄管或精加工过的管子，应夹在木垫之间。锯削管子不宜从一个方向锯到底，应该锯到管子内壁时停止，然后把管子向推锯方向稍旋转，仍按原有锯缝锯下去，这样不断转锯，直到锯断，如图 4-19 所示。

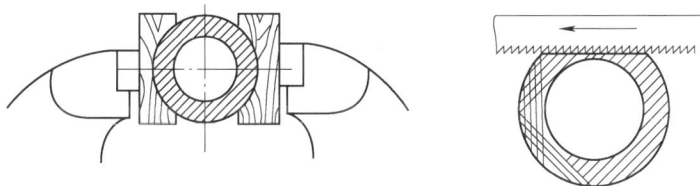

图 4-19 锯削圆管方法

锯削薄板时，为了防止工件振动和变形，可用木板夹住薄板两侧进行锯削，如图 4-20 所示。

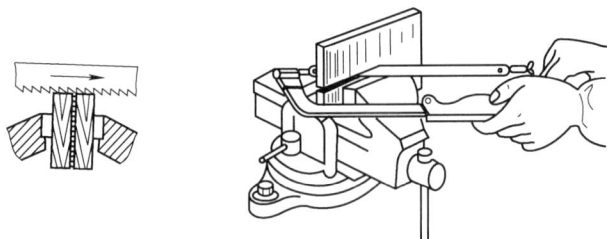

图 4-20　锯削薄板方法

锯深缝时，若锯切部分厚度超过锯弓高度，如图 4-21a 所示，应将锯条在锯弓上旋转 90°，安装后进行锯削，如图 4-21b 所示。若锯缝和锯切部分宽度超过锯弓高度，锯条可转过 180°，安装后进行锯削，如图 4-21c 所示。

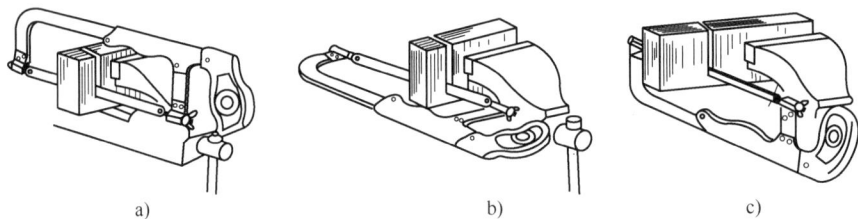

a)　　　　　　　　　　　　b)　　　　　　　　　　　　c)

图 4-21　锯深缝

a）锯切部分厚度超过锯弓高度　b）将锯条旋转 90°安装　c）将锯条旋转 180°安装

4.6　锉削

用锉刀对工件表面进行切削加工，使工件达到零件图样要求的形状、尺寸和表面粗糙度，这种加工方法称为锉削。锉削加工简便，工作范围广，多用于錾削、锯削之后，锉削可对工件上的平面、曲面、内外圆弧、沟槽及其他复杂表面进行加工，锉削的最高精度可达 IT8～IT7，表面粗糙度值可达 $Ra1.6～0.8\mu m$。锉削可用于成形样板、模具型腔及部件、机器装配时的工件修整，是钳工主要操作方法之一。

4.6.1　锉削工具

1. 锉刀的材料及构造

锉刀常用碳素工具钢 T12、T13 制成，热处理淬硬到 62～67HRC。锉刀由锉齿、锉刀面、锉刀边、锉刀尾、木柄、锉刀舌等组成，如图 4-22 所示。

2. 锉刀的种类

按用途的不同锉刀可分为普通锉（或称钳工锉）、特种锉和整形锉 3 类。其中，普通锉使用最多。

普通锉按截面形状的不同可分为平锉、方锉、圆锉、半圆锉和三角锉 5 种；按其长度的不同，可分为 100、200、250、300、350、400mm 等；按其齿纹的不同可分为单齿纹、双齿纹（大多用双齿纹）；按其齿纹疏密的不同可分为粗齿、细齿和油光锉等（锉刀的粗细用每10mm齿面上的锉齿齿数来表示，粗锉为 4~12 齿，中齿为 13~24 齿，细齿为 30~40 齿，油光锉为 50~60 齿）。

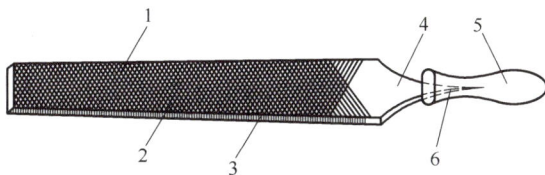

图 4-22　锉刀的结构

1—锉齿　2—锉刀面　3—锉刀边　4—锉刀尾　5—木柄　6—锉刀舌

3. 锉刀的选用

合理选用锉刀，对保证加工质量、提高工作效率和延长锉刀使用寿命都有很大的影响。一般选择锉刀的原则如下。

1）根据工件形状和加工面的大小选择锉刀的形状和规格。

2）根据加工材料软硬、加工余量、精度和表面粗糙度值的要求选择锉刀的粗细。粗锉刀的齿距大，不易堵塞，适宜粗加工（即加工余量大、精度等级和表面质量要求低）及铜、铝等软金属的锉削；细锉刀适宜钢、铸铁及表面质量要求高的工件的锉削；油光锉只用于修光已加工表面，锉刀越细，锉出的工件表面越光，但生产率越低。

4.6.2　锉削操作

1. 装夹工件

工件必须牢固夹在虎钳钳口的中部，需锉削的表面略高于钳口，不能高得太多，夹持已加工表面时，应在钳口与工件之间垫以铜片或铝片。

2. 锉刀的握法

正确握持锉刀有助于提高锉削质量。

（1）大锉刀的握法　右手心抵着锉刀木柄的端头，大拇指放在锉刀木柄的上方，其余四指弯在木柄的下方，配合大拇指捏住锉刀木柄，左手则根据锉刀的大小和用力的轻重，可有多种姿势，如图 4-23 所示。

（2）中锉刀的握法　右手握法和大锉刀握法大致相同，左手用大拇指和食指捏住锉刀前端，如图 4-24 所示。

（3）小锉刀的握法　右手食指伸直，拇指放在锉刀木柄上方，食指靠在锉刀刀边，左手几个手指压在锉刀中部，如图 4-25 所示。

（4）整形锉的握法　一般只用右手拿着锉刀，食指放在锉刀上方，拇指放在锉刀左侧，如图 4-26 所示。

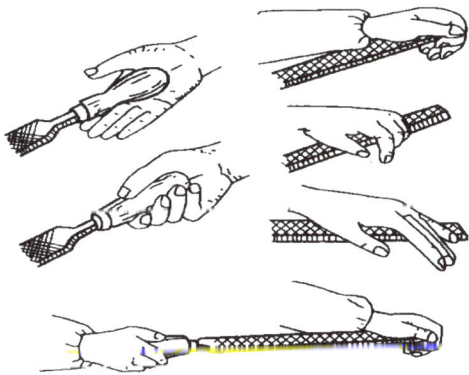

图 4-23　大锉刀的握法

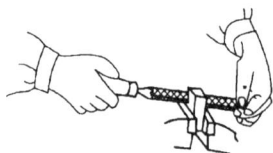

图 4-24　中锉刀的握法　　　　图 4-25　小锉刀的握法　　　　图 4-26　整形锉的握法

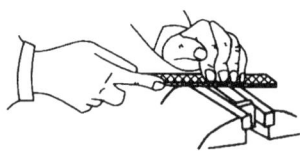

3. 锉削的姿势

正确的锉削姿势能够减轻疲劳，提高锉削质量和效率。人的站立姿势为：左腿在前弯曲，右腿伸直在后，身体向前倾斜（10°左右），重心落在左腿上。锉削时，两腿站稳不动，靠左膝的屈伸使身体做往复运动，手臂和身体的运动要相互配合，并要使锉刀全长充分利用。

4. 锉削刀的运用

锉削时锉刀的平直运动是锉削的关键。锉削力有水平推力和垂直压力两种。推动主要由右手控制，其推力大小必须大于锉削阻力才能锉去切屑，压力是用两个手控制的，其作用是使锉齿深入金属表面。

由于锉刀两端伸出工件的长度随时都在变化，因此两手的压力大小必须也随之变化，使两手的压力对工件的力矩相等，这是保证锉刀平直运动的关键。锉刀运动不平直，工件中间就会凸起或产生鼓形面。

锉削速度一般为 30～60 次/min。若太快，操作者容易疲劳，且锉齿易磨钝；若太慢，切削效率会低。

4.6.3　平面的锉削方法及锉削质量检验

1. 平面锉削

平面锉削是最基本的锉削，常有以下 3 种加工方式。

（1）顺向锉　锉刀沿工件表面横向或纵向移动，如图 4-27 所示。锉削平面可得到正直的锉痕，比较美观。适用于工件锉光、锉平或锉顺锉纹。

（2）交叉锉　以交叉的两个方向顺序地对工件进行锉削。由于锉痕是交叉的，容易判断锉削表面的不平程度，因此也容易把表面锉平。交叉锉去屑较快，适用于平面的粗锉，如图 4-28 所示。

（3）推锉　两手对称地握着锉刀，用两个大拇指推锉刀进行锉削，如图 4-29 所示。

这种方式适用于较窄表面且已锉平、加工余量较小的情况，主要用于修正和减小表面粗糙度值。

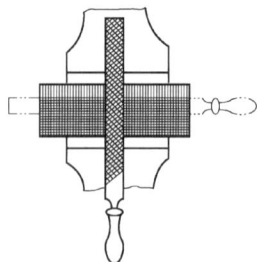

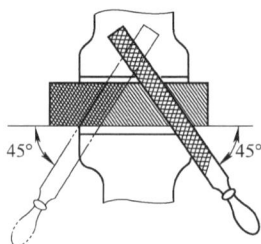

图 4-27　顺向锉法　　　　　图 4-28　交叉锉法　　　　　图 4-29　推锉法

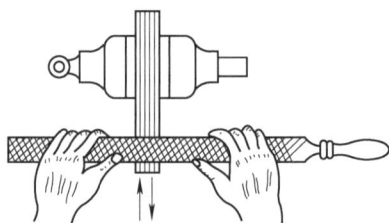

2. 锉削平面质量的检查

（1）检查平面的直线度和平面度　用刀口尺或直角尺以透光法来检查，要多检查几个部位并进行对角线检查，如图 4-30 所示。平面度误差的确定可以用塞尺检查。

（2）检查垂直度　用直角尺以透光法检查，应选择基准面，然后对其他面进行检查，如图 4-31 所示。

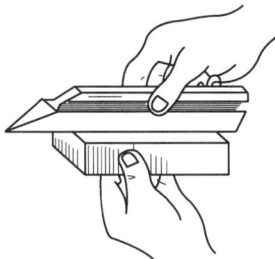

图 4-30　直线度检测　　　　　　　　　图 4-31　垂直度检测

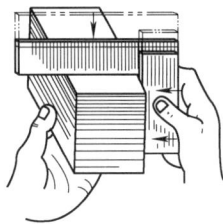

（3）检查尺寸　根据尺寸精度，用钢直尺和游标尺在不同尺寸位置上多测量几次，也可以用外卡钳进行比较测量。

4.7　孔的加工

钳工加工孔的方法一般是指钻孔、扩孔和铰孔。

用钻头在实体材料上加工孔，称为钻孔。在钻床上钻孔时，一般情况下，钻头应同时完成两个运动：主运动，即钻头绕轴线的旋转运动（切削运动）；辅助运动，即钻头沿轴线方向对工件的直线运动（进给运动）。钻孔时，由于钻头结构上存在的缺点影响加工质量，加工精度一般在 IT10 级以下，表面粗糙度值为 $Ra12.5\mu m$ 左右，属粗加工。

4.7.1　钻床

常用的钻床有台式钻床、立式钻床和摇臂钻床 3 种，如图 4-32 所示。

1. 台式钻床

台式钻床简称台钻，是一种在工作台上作用的小型钻床，其钻孔直径一般在 13mm 以下。台钻型号示例 Z4012，主参数最大钻孔直径为 12mm。

由于加工孔径较小，故台钻的主轴转速一般较高，最高转速可高达近万转/min，最低也在 400 转/min 左右。主轴转速可用改变三角胶带在带轮上的位置来调节。台钻的主轴进给由转动进给手柄实现。钻孔前，需根据工件高低调整好工作台与主轴架间的距离，并锁紧固定。台钻小巧灵活，使用方便，结构简单，主要用于加工小型工件上的各种小孔。它在仪表制造、钳工和装配中用得较多。

2. 立式钻床

立式钻床简称立钻。立式钻床最大的钻孔直径有 25mm、35mm、40mm、50mm 几种。与台钻相比，立钻有自动钻削机构、刚性好、功率大，因而允许钻削较大的孔，生产率较高，加工精度也较高。立钻适用于单件、小批量生产中加工中、小型零件，能够进行钻孔、锪孔、铰孔和攻螺纹等加工。

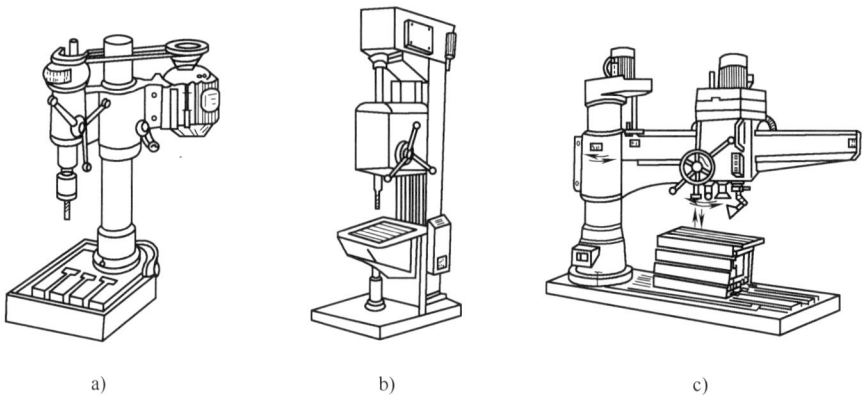

图 4-32 钻床种类

a）台式钻床 b）立式钻床 c）摇臂钻床

3. 摇臂钻床

摇臂钻床有一个能绕立柱旋转的摇臂，摇臂带着主轴箱可沿立柱垂直移动，同时主轴箱还能在摇臂上做横向移动，因此操作时能很方便地调整刀具的位置，以对准被加工孔的中心，而无须移动工件来加工。摇臂钻床适用于一些笨重的大工件及多孔工件的加工。

4.7.2 钻孔工具

1. 刀具

钻头是钻孔用的工具，常用高速钢制造，工作部分经热处理淬硬至 62~65HRC，切削温度在 600℃ 以下不会丧失其硬度。一般钻头由柄部、颈部及工作部分组成，如图 4-33 所示。

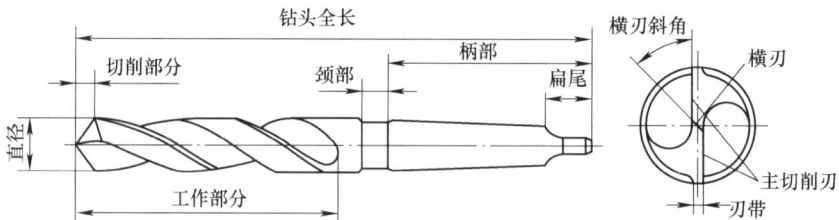

图 4-33 钻头结构

（1）柄部 钻头的夹持部分起传递动力的作用，柄部有直柄和锥柄两种，直柄传递转矩较小，一般用在直径小于 12mm 的钻头；锥柄可传递较大转矩（主要是靠柄的扁尾部分），用在直径大于 12mm 的钻头。

（2）颈部 砂轮磨削钻头时退刀用的，钻头的直径、大小等一般应刻在颈部。

（3）工作部分 它包括导向部分和切削部分。导向部分有两条狭长、螺纹形状的刃带（棱边也即副切削刃）和螺旋槽。棱边的作用是引导钻头和修光孔壁；两条对称螺旋槽的作用是排除切屑和输送切削液（冷却液）。切削部分结构如图 4-33 所示，它有两条主切削刃和一条横刃。两条主切削刃之间夹角通常为 118°±2°，称为顶角。横刃的存在使钻削时轴向力增加。

2. 钻头夹具

钻头夹具常用的是钻夹头和钻套。

（1）钻夹头　钻夹头适用于装夹直柄钻头。钻夹头柄部是圆锥面，可与钻床主轴锥孔配合安装；头部3个爪可通过紧固扳手转动使其同时张开或合拢，如图4-34所示。

（2）钻套　钻套又称过渡套筒，当锥柄号小于钻床主轴时，用于装夹锥柄钻头。钻套一端内锥孔安装钻头，另一端外锥面连接钻床主轴内锥孔，如图4-35所示。

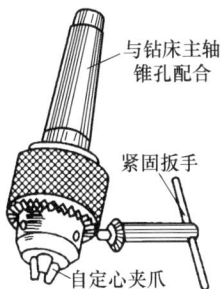

图 4-34　钻夹头

与钻床主轴锥孔配合

紧固扳手

自定心夹爪

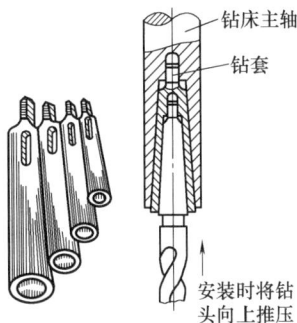

图 4-35　钻套

钻床主轴

钻套

安装时将钻头向上推压

3. 工件夹具

常用夹具有手虎钳、平口钳、V形铁和压板等。装夹工件要牢固可靠，但又不准将工件夹得过紧而损伤工件，或使工件变形影响钻孔质量（特别是薄壁工件和小工件）。

4.7.3　钻孔操作

1. 划线

钻孔前一般先划线，以确定孔的中心，在孔中心先用冲头打出较大中心眼，以便钻孔时钻头横刃能落入冲眼内，钻头不易偏离钻孔中心。

2. 试钻

钻孔前必须先试钻，使钻头横刃对准孔中心样冲眼钻出一浅坑，然后目测该浅坑位置是否正确，并不断纠偏，使浅坑与检验圆同轴。如果偏离较小，可在起钻的同时用力将工件向偏离的反方向推移，达到逐步校正的效果。

值得注意的是，钻削过程中，特别是钻深孔时，要经常退出钻头以排出切屑和进行冷却，否则可能使切屑堵塞或钻头过热磨损甚至折断，并影响加工质量。钻通孔时，当孔将被钻透时，进刀量要减小，避免损伤钻头，甚至发生事故。钻削大于$\phi30mm$的孔应分两次钻，第一次先钻一个直径较小的孔（为加工孔径的50%～70%）；第二次用钻头将孔扩大到所要求的直径。钻削时的冷却润滑：钻削钢件时常用机油或乳化液；钻削铝件时常用乳化液或煤油；钻削铸铁时则用煤油。

4.7.4　铰孔及锪孔

1. 铰孔及铰孔的工具

为了提高孔的精度和减小孔壁的表面粗糙度值，常用铰刀对孔进行精加工，从而切除微量金属层。铰孔是应用较普遍的孔的精加工方法之一。其加工精度可达 IT7 ~ IT6 级，表面粗糙度值 $Ra = 0.8 \sim 0.4 \mu m$。

铰刀是多刃切削刀具，如图 4-36 所示，有 6 ~ 12 个切削刃和较小顶角。铰孔时导向性好。铰刀刀齿的齿槽很宽，铰刀的横截面大，因此刚性好。铰孔时因为余量很小，每个切削刃上的负荷显著小于扩孔钻，所以铰削实际上是修刮过程。特别是手工铰孔时，切削速度很低，不会受到切削热和振动的影响，因此孔加工的质量较高。

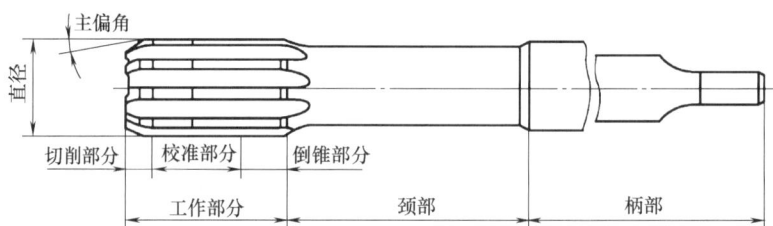

图 4-36 铰刀结构

铰刀有手用铰刀和机用铰刀两种。手用铰刀的顶角比机用铰刀小，其柄为直柄（机用铰刀为锥柄）。铰刀的工作部分由切削部分和修光部分所组成。

铰孔时铰刀不能倒转，否则会卡在孔壁和切削刃之间，而使孔壁划伤或切削刃崩裂。

铰孔时常用适当的冷却液来降低刀具和工件的温度；防止产生积屑瘤；并减少切屑细末黏附在铰刀和孔壁上，从而提高孔的质量。

2. 锪孔及锪孔的工具

锪孔是一种金属加工方法，是指在已加工的孔上加工圆柱形沉头孔、锥形沉头孔和凸台断面等，如图 4-37 所示。锪孔方法和钻孔方法基本相同，只是在刃具上有所不同，锪孔时使用的刀具称为锪钻，为多切削刃刀具，一般用高速钢制造而成。

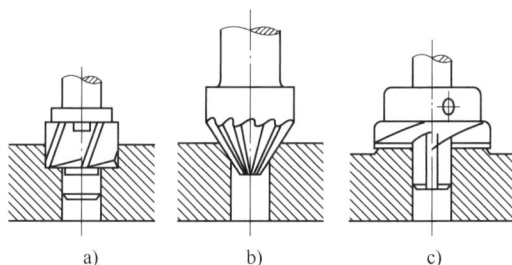

图 4-37 锪孔

a) 锪沉孔　b) 锪锥孔　c) 锪平面孔

4.8 錾削和刮削

4.8.1 錾削

用手锤打击錾子对金属进行切削加工的操作方法称为錾削。錾削的作用是錾掉或錾断金属，使其达到要求的形状和尺寸。錾削主要用于不便机械加工的场合，如去除凸缘、毛刺、分割薄板料、錾油槽等。这种方法目前应用较少。

1. 錾子

（1）切削部分的几何角度　錾子由切削部分、斜面、柄部和头部 4 部分组成，其长度约 170mm，直径为 18 ~ 24mm。錾子的切削部分包括两个表面（前刀面和后刀面）和一条切削刃（锋口）。切削部分要求较高硬度（大于工件材料的硬度），且前面和后面之间形成一定楔角 β。

楔角大小应根据材料的硬度及切削量大小来选择。楔角大，则切削部分强度大，但切削阻力大。在保证足够强度下，应尽量取小的楔角，一般取楔角 $\beta = 60°$，如图4-38所示。

（2）錾子的种类及用途 根据加工需要，錾子主要有以下几种，如图4-39所示。

1）扁錾的切削部分扁平，用于錾削大平面、薄板料、清理毛刺等。

2）狭錾的切削刃较窄，用于錾槽和分割曲线板料。

3）油槽錾的切削刃很短，呈圆弧状，用于錾削轴瓦和机床平面上的油槽等。

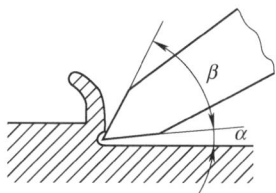

图4-38 楔角

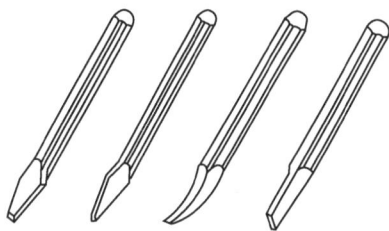

图4-39 錾子

2. 錾削操作

起錾时，錾子尽可能向右斜45°左右。从工件边缘尖角处开始，使錾子从尖角处向下倾斜30°左右，轻打錾子，可较容易切入材料。起錾后按正常方法錾削。当錾削到工件尽头时，要防止工件材料边缘崩裂，脆性材料尤其需要注意。因此，錾到尽头10mm左右时，必须调头錾去其余部分。

4.8.2 刮削

用刮刀在工件已加工表面刮去一层很薄金属的操作称为刮削。刮削时，刮刀对工件既有切削作用，又有压光作用。刮削是一种精加工方法。

通过刮削后的工件表面，不仅能获得很高的几何精度、尺寸精度，而且能使工件的表面组织紧密，具有小的表面粗糙度值，还能形成比较均匀的微浅坑，创造良好的存油条件，减小摩擦阻力。所以刮削常用于零件上互相配合的重要滑动面，如机床导轨面、滑动轴承等，并且在工具、量具制造或修理中占有重要地位。但刮削的缺点是生产率低、劳动强度大。

1. 刮削工具及显示剂

（1）刮刀 刮刀是刮削的重要工具，如图4-40所示，要求刀头部分有足够的硬度和锋利刃口。常用T10A、T12A和GCr15钢制成，也可在刮刀头部焊上硬质合金，以刮削硬金属。

刮刀可分为平面刮刀和曲面刮刀两种。平面刮刀用于刮削平面，可分为粗刮刀、细刮刀和精刮刀3种；曲面刮刀用于刮削曲面，曲面刮刀有多种形状，常用三角刮刀。

（2）校准工具 校准工具的用途：①与刮削表面磨合，以接触点数的多少和疏密程度来显示刮削平面的平面度，为刮削提供依据；②检验刮削表面的精度与准确性。刮削平面的校准工具有校准平板、校正尺和角度直尺3种。

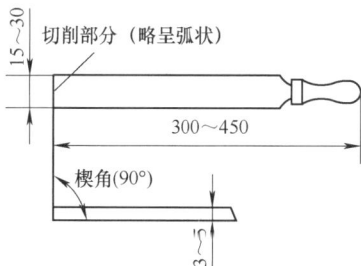

图4-40 刮刀的结构

（3）显示剂　显示剂是显示被刮削表面误差大小的。它放在校准工具表面与刮削表面之间，当校准工具与刮削表面合在一起后，凸起部分就被显示出来。这种刮削时所用的辅助涂料称为显示剂。

常用的显示剂有红丹粉（加机油和牛油调成）和兰油（普鲁士蓝加蓖麻油调成）。

2. 刮削精度的检查

刮削精度的检查常用刮削研点（接触点）的数目来检查。用在边长为 25mm 的正方形面积内研点的数目来表示（数目越多，精度越高）。一级平面：5~16 点/25×25；精密平面：16~25 点/25×25；超精密平面：大于 25 点/25×25。

3. 平面刮削

平面刮削有手刮法和挺刮法两种，刮削步骤如下。

（1）粗刮　用粗刮刀在刮削平面上均匀铲去一层金属，以快速除去刀痕、锈斑或过多的余量。当工件表面研点为 4~6 点/25×25，并且有一定细刮余量时为止。

（2）细刮　用细刮刀在经粗刮的表面上刮去稀疏的大块高研点，进一步改善不平现象。细刮时要朝一个方向刮，第二遍刮削时要用 45°或 65°的交叉刮网纹。当平均研点为 10~14 点/25×25 时停止。

（3）精刮　用小刮刀或带圆弧的精刮刀进行刮削，使研点达 20~25 点/25×25。精刮时常用点刮法（刀痕长为 5mm），且落刀要轻，起刀要快。

（4）刮花　刮花的目的主要是美观和积存润滑油。常见花纹有斜纹花纹、鱼鳞花纹和燕形花纹等。

4.9　攻螺纹和套螺纹

螺纹加工除采用机械加工外，还可以用钳加工方法中的攻螺纹和套螺纹。攻螺纹是用丝锥在工件内圆柱面上加工出内螺纹；套螺纹是用板牙在圆柱杆上加工出外螺纹。

4.9.1　攻螺纹

1. 丝锥及铰杠

（1）丝锥　丝锥是加工较小直径内螺纹的成形刀具，一般选用合金工具钢 9SiCr，并经热处理制成。通常 M6~M24 的丝锥一套为两支，称为头锥和二锥；M6 以下及 M24 以上一套有 3 支，即头锥、二锥和三锥。

每个丝锥都由工作部分和柄部组成。工作部分由切削部分和校准部分组成。轴向有几条（一般是 3 条或 4 条）容屑槽，相应地形成几瓣切削刃和前角。切削部分（即不完整的齿部分）是切削螺纹的重要部分，常磨成圆锥形，以使切削负荷分配在几个刀齿上。头锥的锥角小些，有 5~7 个牙；二锥的锥角大些，有 3~4 个牙。校准部分具有完整的齿，用于修光螺纹和引导丝锥沿轴向运动。柄部有方头，其作用是与铰杠相配合并传递转矩，如图 4-41 所示。

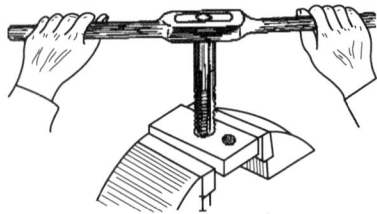

图 4-41　攻螺纹

（2）铰杠　铰杠是夹持丝锥的工具，常用的是可调式铰杠。旋转手柄即可调节方孔的大小，以便夹持不同尺寸的丝锥。铰杠长度应根据丝锥的尺寸大小进行选择，以便控制攻螺纹时的转矩，防止丝锥因施力不当而扭断。

2. 底孔直径、钻孔深度及孔口倒角

（1）底孔直径的确定 丝锥在攻螺纹的过程中，切削刃的作用主要是切削金属，但还有挤压金属的作用，因而使金属凸起并向牙尖流动，所以攻螺纹前，钻削的孔径（底孔）应大于螺纹内径。底孔直径可查手册或按下面的经验公式计算。

脆性材料（铸铁、青铜等）：底孔直径 $d_0 = d$（螺纹外径）$- 1.1p$（螺距）

塑性材料（钢、纯铜等）：底孔直径 $d_0 = d$（螺纹外径）$- p$（螺距）

（2）钻孔深度的确定 攻不通孔的螺纹时，因丝锥不能攻到底，所以孔的深度要大于螺纹的长度，不通孔的深度可按下面的公式计算

$$孔的深度 = 所需螺纹的深度 + 0.7d$$

（3）孔口倒角 攻螺纹前要在钻孔孔口进行倒角，以利于丝锥的定位和切入。倒角深度应大于螺纹螺距。

3. 攻螺纹的操作要点及注意事项

1）根据工件上螺纹孔的规格，正确选择丝锥，先头锥后二锥，不可颠倒使用。

2）工件装夹时，要使孔中心垂直于钳口，防止螺纹攻歪。

3）用头锥攻螺纹时，先旋入 1~2 圈，要检查丝锥是否与孔端面垂直（可目测或用直角尺在互相垂直的两个方向检查）。当切削部分已切入工件后，每转 1~2 圈应反转 1/4 圈，使切屑断落；同时不能再施加压力（即只转动不加压），以免丝锥崩牙或攻出的螺纹齿较瘦。

4）攻钢件上的内螺纹，要加机油润滑，可使螺纹光洁、省力和延长丝锥使用寿命；攻铸铁上的内螺纹，可不加润滑剂，或者加煤油；攻铝及铝合金、纯铜上的内螺纹，可加乳化液。

5）不要用嘴直接吹切屑，以防切屑飞入眼内。

4.9.2 套螺纹

1. 板牙和板牙架

（1）板牙 板牙是加工外螺纹的刀具，用合金工具钢 9SiCr 制成，并经热处理淬硬。其外形像一个圆螺母，只是上面钻有 3~4 个排屑孔，并形成切削刃。

板牙由切屑部分、定位部分和排屑孔组成。圆板牙螺孔的两端有 40° 的锥度部分，是板牙的切削部分。定位部分起修光作用。板牙外圆有 1 条深槽和 4 个锥坑，锥坑用于定位和紧固板牙。

（2）板牙架 板牙架是夹持板牙、传递转矩的工具。不同外径的板牙应选用不同的板牙架。

2. 套螺纹前圆杆直径的确定和圆杆端部的倒角

（1）圆杆直径的确定 与攻螺纹相同，套螺纹时有切削作用，也有挤压金属的作用，故套螺纹前必须检查圆杆直径。圆杆直径应稍小于螺纹的公称尺寸，圆杆直径可查表或按经验公式计算。

经验公式：圆杆直径 $= d$（螺纹外径）$-(0.13 \sim 0.2)p$（螺距）

（2）圆杆端部的倒角 套螺纹如图 4-42 所示，前圆杆端部应倒角，使板牙容易对准工

件中心，同时也容易切入。倒角长度应大于一个螺距，斜角为 15°~30°。

3. 套螺纹的操作要点和注意事项

1）每次套螺纹前，应将板牙排屑槽内及螺纹内的切屑清除干净。

2）套螺纹前，要检查圆杆直径大小和端部倒角。

3）套螺纹时切削转矩很大，易损坏圆杆的已加工面，所以应使用硬木制的 V 形槽衬垫或用厚铜板作保护片来夹持工件。工件伸出钳口的长度，在不影响螺纹要求长度的前提下，应尽量短。

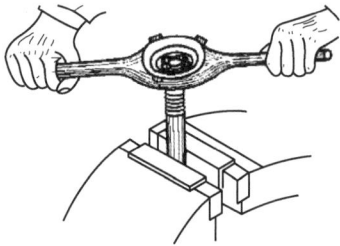

图 4-42　套螺纹

4）套螺纹时，板牙端面应与圆杆垂直，操作时用力要均匀。开始转动板牙时，要稍加压力，套入 3~4 牙后，可只转动而不加压，并经常反转，以便断屑。

5）在钢制圆杆上套螺纹时，要加机油润滑。

4.10　装配方法

任何一台机器设备都是由许多零件组成的，将若干合格的零件按规定的技术要求组合成部件，或将若干零件和部件组合成机器设备，并经调整、试验等成为合格产品的工艺过程，称为装配。例如，一辆自行车由几十个零件组成，前轮和后轮就是部件。

装配是机器制造中的最后一道工序，因此它是保证机器达到各项技术要求的关键。装配工作的好坏，对产品质量起着重要的作用。

4.10.1　装配的工艺过程

1. 装配前的准备工作

1）研究和熟悉装配图的技术条件，了解产品结构和零件作用，以及连接关系。

2）确定装配的方法、程序和所需的工具。

3）领取和清洗零件。

2. 装配

装配有组件装配、部件装配和总装配之分，整个装配过程要按次序进行。

（1）组件装配　将若干零件安装在一个基础零件上而构成组件。如减速器中的一根传动轴，就是由轴、齿轮、键等零件装配而成。

（2）部件装配　将若干零件、组件安装在另一个基础零件上而构成部件（独立机构）。如车床的床头箱、进给箱、尾架等。

（3）总装配　将若干零件、组件、部件组合成整台机器的操作过程称为总装配。例如，车床就是由几个箱体等部件、组件、零件组合而成。

3. 装配工作要求

1）装配时，应检查零件与装配有关的几何精度是否合格，检查有无变形、损坏等，并应注意零件上的各种标记，防止错装。

2）固定连接的零、部件，不允许有间隙。活动的零件能在正常的间隙下，灵活均匀地按规定方向运动，不应有跳动。

3）各运动部件（或零件）的接触表面，必须保证有足够的润滑剂，若有油路，必须畅通。

4）各种管道和密封部位，装配后不得有渗漏现象。

5）试车前，应检查各部件连接的可靠性和运动的灵活性，检查各操纵手柄是否灵活和手柄位置是否在合适的位置；试车前，应从低速到高速逐步进行。

4.10.2 典型组件装配方法

1. 螺钉、螺母的装配

螺钉、螺母的装配是用螺纹的连接装配，它在机器制造中广泛使用。具有装拆、更换方便，易于多次装拆等优点。螺钉、螺母装配中的注意事项如下。

1）螺纹配合应做到用手能自由旋入，过紧会咬坏螺纹，过松则受力后螺纹会断裂。

2）螺母端面应与螺纹轴线垂直，以受力均匀。

3）装配成组螺钉、螺母时，为保证零件贴合面受力均匀，应采用对角顺序拧紧。

4）对于在变载荷和振动载荷下工作的螺纹连接，必须采用防松保险装置。

2. 滚动轴承的装配

滚动轴承的装配多数为较小的过盈配合，装配时常用手锤或压力机压装。轴承装配到轴上时，应通过垫套施力于内圈端面；轴承装配到机体孔内时，则应施力于外圈端面；若同时压到轴上和机体孔中时，则内、外圈端面应同时加压。

如果没有专用垫套，也可用手锤、铜棒沿轴承端面四周对称均匀地敲入，用力不能太大。

如果轴承与轴是较大过盈配合，可将轴承吊放到 80~90℃ 的热油中加热，然后趁热装配。

4.11 钳工实习操作实例

錾口榔头的制作是典型的钳工技能综合练习作品，通过操作，可进一步巩固钳工基本操作技能，主要学习钳工的识图、下毛坯料、划线、锯削、锉削、钻孔、攻螺纹、套螺纹、量具的使用、钻床的使用等基本操作技能，提高对各种零件加工工艺的分析能力及检测方法，并养成良好的文明生产习惯。

1. 图样分析

熟悉图样是工作的第一步，只有看懂图样、了解图形、明确要求，才能根据具体的要求制订加工步骤和加工工艺，以确保加工出来的工件达到图样要求。錾口榔头图样分析如图 4-43 所示。

錾口榔头的加工，要求榔头四边互相垂直；垂直度平行度达到 0.05mm；C3 棱边尺寸准确，未注倒角 C0.5；其他尺寸精度见图样；热处理后榔头两端的硬度为 35~40HRC。

2. 加工准备

（1）工、量具准备

1）工具。钢锯、锉刀、V形铁、手锤、样冲、划针、ϕ6.8mm 麻花钻、M8 丝锥、砂布、铜丝刷等。

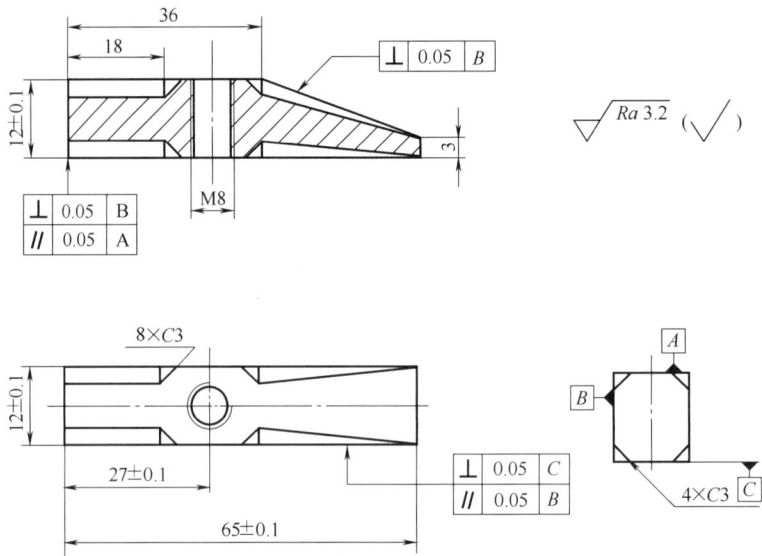

图 4-43 錾口榔头图样分析

2）量具。钢直尺、刀口直尺、宽座角尺、0～150mm 游标卡尺、高度游标卡尺、外径千分尺、百分表等。

（2）毛坯料准备 对毛坯料去毛刺，用钢直尺测量尺寸，确保尺寸为 $\phi18\times67$mm，保证达到工件的加工要求。

3. 加工步骤

1）将 $\phi18$ 圆钢放置在 V 形铁上，用高度游标卡尺测量最高点，然后下降 3mm，四周均划线，如图 4-44 所示。

2）沿所划线条进行锉削，并留有 0.3～0.5mm 精加工余量。

3）完成第 1 个面的锉削后，将第 1 个面放置在划线平板上，用高度游标卡尺对第 2 个面进行划线及锉削，如图 4-45a 所示，完成第 2 个面的锉削后，将工件放置在 V 形铁上，结合宽座角尺和游标卡尺对第 3 个面进行划线（方法同第 1 个面），如图 4-45b 所示，保证第 3 个面与第 1、2 个面基本垂直，最后进行锉削。

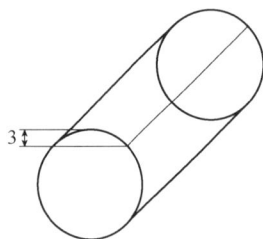

图 4-44 划线

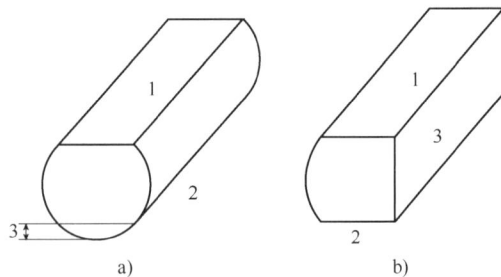

图 4-45 划线和锉削
a）划线及锉削 b）保证垂直

4）利用第 3 个面作为基准面，放置在划线平板进行划线，划出第 4 个面的加工线，并对第 4 个面进行加工，如图 4-46 所示。

5）锯削、锉削斜面。加工方头端面和1、2、3、4端面互相垂直，然后按图样尺寸进行划线，如图4-47所示。

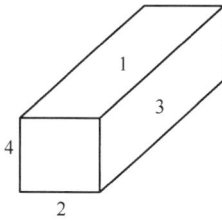

图4-46 划线

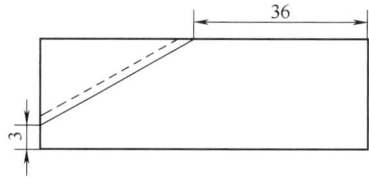

图4-47 锯削、锉削斜面

由于端面未完全加工，所以总长尺寸必须留有0.3~0.5mm精加工余量。对舌头进行加工，沿所划线条（线外、虚线处）锯削斜面，然后用平板锉对斜面进行粗、精锉加工。

6）锉削端面。锉削方头端面必须与方头四面保持垂直，中间可略微凸起；锉削斜面端部，保证舌端平直，并与1、2、3面垂直，控制总长为65mm。

7）按照图样尺寸要求对中心孔、棱边及倒角进行划线和加工，划线完毕后用钻床加工螺纹底孔（攻M8螺纹可选用φ6.8mm麻花钻），完成底孔加工后用M8丝锥进行攻螺纹。

8）对各个平面进行精加工、抛光，达到图样技术要求。

第5章 数控加工

数控加工是指使用计算机数字化控制机床进行的加工，数控机床可以按照技术人员事先编好的程序自动对任何产品和零部件直接进行加工。即"数控加工"，数控（Numerical Control）简称"NC"。数控加工广泛应用于机械加工的任何领域，更是模具加工的发展趋势和必要的技术手段。

当前，由于控制部分采用了计算机，因此数控也常称为"CNC"，是英文 Computerized Numerical Control（计算机数字化控制）的缩写。

数控机床的特点是按照事先编好的加工程序，自动地对被加工零件进行加工。我们把零件的加工工艺路线、工艺参数、刀具的运动轨迹、位移量、切削参数（主轴转数、进给量、背吃刀量等）及辅助功能（换刀，主轴正转、反转，切削液开、关等），按照数控机床规定的指令代码及程序格式编写成加工程序单，再把程序单中的内容记录在控制介质上（如穿孔纸带、磁带、磁盘、磁泡存储器），然后再输入数控机床的数控装置中，从而指挥机床加工零件。数控机床集现代机械制造技术、计算机技术、网络技术、通信技术、控制技术、液压气动技术、光电技术于一体，具有高效率、高精度、高自动化和高柔性化的特点。

数控机床与普通机床加工零件的区别：数控机床按照程序自动加工零件，而普通机床要由人来操作，只要改变控制机床动作的程序，就可以达到加工不同零件的目的。因此，数控机床特别适用加工小批量且形状复杂、精度要求高的零件。

5.1 实习目的和要求

1）了解数控机床的操作安全规程和日常维护措施。

2）了解数控机床的作用与特点，了解零件加工全过程。

3）了解数控机床的基本结构和组成。

4）掌握数控机床的运动方式。

5.2 实习安全操作规程

1）学生进入实习（训练）场地要听从指导教师安排，穿好工作服，扎紧袖口，戴好工作帽；认真听讲，仔细观摩，严禁嬉戏打闹，要保持场地干净整洁。

2）学生必须在掌握相关设备和工具的正确使用方法后，才能进行操作。

3）数控机床为贵重精密设备，必须严格按照机床操作规程进行操作。

4）严禁将未经指导教师验证的程序输入数控装置进行零件加工。

5）数控机床上严禁堆放工件、夹具、刀具、量具等物品。加工前必须认真检查工件、刀具安装是否牢固、正确。

6）机床加工时必须关上防护门，加工过程中不得随意开启，不得擅自离开工作岗位。

7）严禁私自修改、删除数控系统中的内容和参数。

8）为防止电脑病毒，禁止使用移动存储类物品，如软盘、U盘、移动硬盘等。

9）操作时必须明确系统当前状态，并按各状态的操作流程操作。

10）加工过程中出现异常或系统报警时，应及时停机并报告指导教师，待一切处理正常后方可继续操作。

11）发生事故时，应立即切断电源，保护现场，并向指导教师报告事故经过。

12）实习（训练）结束后关闭电源，整理好工具，擦净机床并做好机床的维护保养工作，将场地清扫干净。

5.3 数控机床

5.3.1 数控机床的组成

简单地说，数控机床就是安装了数控系统的机床。数控系统是采用数控技术的自动控制系统，它能够自动识别并处理使用规定的数字和文字编码的程序，从而控制机床完成预定的加工操作。

数控机床由数控系统和机床本体两大部分组成，而数控系统又由输入/输出设备、数控装置、伺服系统、辅助控制装置等部分组成，图5-1所示为数控机床的组成示意图。

1. 输入/输出设备

输入/输出设备的功能是输入程序、显示命令与图形、打印数据等。

控制介质是用于记载零件加工过程中所需的各种加工信息的信息载体，是实现操作者和设备之间联系的媒介物。常用的控制介质的形式有穿孔纸带和磁盘等。

根据控制介质形式的不同，有不同的输入设备，如光电阅读机、软盘驱动器等。现代数控机床可用操作板上的键盘直接将程序和数据输入，还可通过通信接口从其他计算机获取加工信息。

随着计算机辅助设计与制造（CAD/CAM）技术的发展，有些数控机床可利用CAD/CAM软件在通用计算机上编程，然后通过计算机与数控机床之间的通信，将程序与数据直接传送给数控装置。

2. 数控装置

数控装置是数控机床的"指挥中心"。现代的数控机床一般采用微型计算机作为数控装置，这种数控装置称为计算机数控（CNC）装置。

数控装置的功能是接收外部输入的加工程序和各种控制命令，识别这些程序和命令并进行运算处理，然后输出控制命令。在这些控制命令中，除了包括送给伺服系统的速度和位移指令外，还有送给辅助控制装置的机床辅助动作指令。

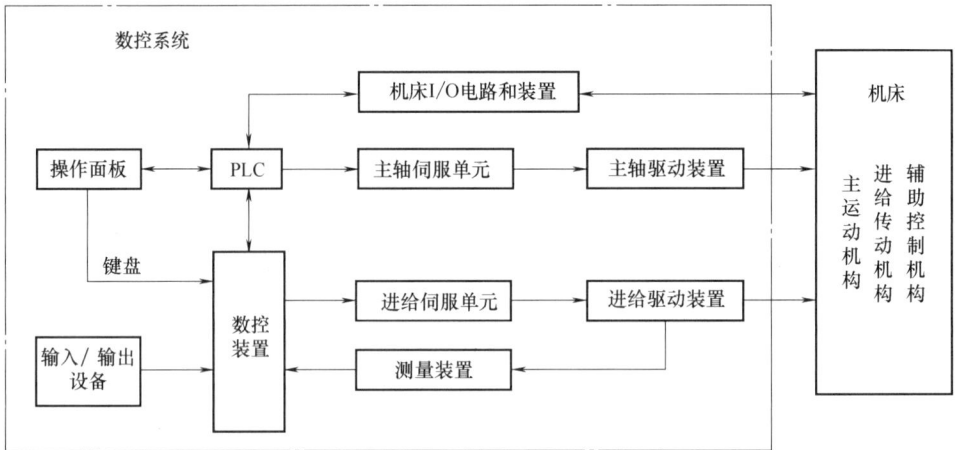

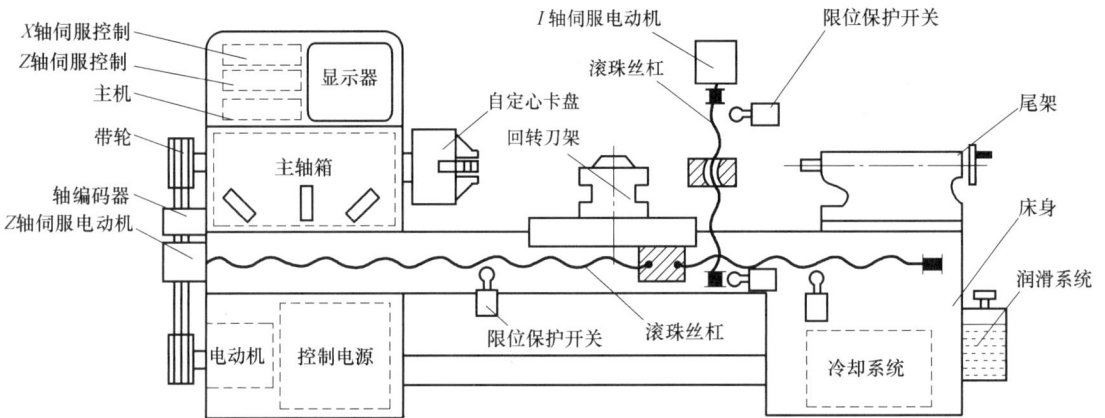

图 5-1 数控机床的组成示意图

3. 伺服系统

数控机床的伺服系统分为主轴伺服系统和进给伺服系统。主轴伺服系统用于控制机床主轴的旋转运动，并为机床主轴提供驱动功率和所需的切削力。进给伺服系统是用于机床工作台或刀架坐标的控制系统，控制机床各坐标轴的切削进给运动，并提供切削过程所需的转矩。

每一个坐标轴方向的进给运动部件都配备一套进给伺服系统。相对数控装置发出的每个脉冲信号，机床的进给运动部件都有一个相应的位移量，此位移量称为脉冲当量，也称为最小设定单位，其值越小，加工精度越高。

数控装置可以用足够高的速度进行计算并发出足够小的脉冲信号，其关键在于伺服系统能有多高的速度和精度去响应并执行指令。因此，伺服系统的动态响应和伺服精度是影响数控机床加工精度和生产率的重要因素。

4. 辅助控制装置

数控机床除对各坐标轴方向的进给运动部件进行速度和位置控制，还要完成程序中的

M、S、T等辅助功能所规定的动作，如主轴电动机的起动、停止、变速，刀具的选择和交换，冷却泵的开关，工件的装夹，分度工作台的转位等。另外，还要对机床状态进行监测，如监测是否超行程、电动机是否过热等，以及要对操作面板的操作开关、按键和按钮的状态进行扫描。这些工作通常与机床的强电部分有关，控制对象是继电器、交流接触器、电磁阀等执行元件。

完成以上控制任务的装置称为辅助控制装置。由于可编程序控制器（PLC）具有响应快、性能可靠、易编程和修改等优点，并可直接驱动机床电器，目前已普遍用于辅助控制装置。

5. 机床本体

机床本体即为数控机床的机械部分，除了主传动装置、进给传动装置、床身、工作台，以及辅助部分（如液压、气动、冷却、润滑等）等一般部件外，还有特殊部件，如储备刀具的刀床、自动换刀装置（ATC）、回转工作台等。

与普通机床相比，数控机床的传动装置更为简单，但机床的静态和动态刚度、传动装置的传动精度要求更高，要求滑动面的摩擦系数要小，并要有适当的阻尼，以满足对数控机床的高定位精度和良好控制性能的要求。

5.3.2 数控系统与设备简介

1. 主要技术参数

下面以华中数控机床 CK6132H 为例进行介绍。

数控机床主要技术参数以各生产厂家的机床说明书为准，CK6132H 的主要技术参数见表 5-1。

表 5-1　CK6132H 的主要技术参数

项目名称	单位	技术参数
床身上最大回转直径	mm	320
滑板上最大回转直径	mm	180
最大工件长度	mm	500
主轴通孔直径	mm	38
主轴转速范围	r/min	150~3500
主轴转速级数		无级变速
主轴孔锥度		莫氏 5 号
主轴端部型号		A2-5
最大行程 X 轴	mm	200
最大行程 Z 轴	mm	500
最大快进速度 X 轴	mm/min	6000
最大快进速度 Z 轴	mm/min	8000
最小设定单位 X 轴	mm	0.001
最小设定单位 Z 轴	mm	0.001
主电机功率	kW	4

（续）

项目名称	单位	技术参数
卡盘动力		手动（液压、气动）
卡盘规格	mm	160
刀架形式		四方刀架
回转刀架工位数		4/6
刀方尺寸	mm×mm	20×20
导轨形式 X 轴		55°燕尾
导轨形式 Z 轴		山形硬轨
尾架动力		手动
尾架套筒锥孔		莫氏 4 号
尾架行程	mm	80
机床净重	kg	1400
机床外形尺寸	mm×mm×mm	1830×1100×1460

2. 数控系统主要性能

CK6132H 数控车床采用的数控装置是华中数控股份有限公司开发的 HNC-21T 世纪星数控装置，它采用原装进口嵌入式工业计算机，32 位高性能微处理器，7.5in 彩色 LCD，分辨率可达到 640×480；最多可控制 4 轴联动，拥有数字量、模拟量和各种脉冲伺服接口，以及其他网络接口；采用全中文界面和防静电薄膜标准机床控制面板，操作简单、实用、方便、安全。

3. 操作面板及软件功能

数控系统操作面板的主要作用是对系统的各种功能进行调整、调试机床和系统、对零件程序进行编辑、设置相关的工艺参数（如刀具、刀偏、刀补等）、选择需要运行的零件加工程序、控制和观察程序的运行等。控制面板简图如图 5-2 所示。

机床操作控制面板按键作用及使用简介如下。

（1）急停 机床运动过程中，在危险或紧急情况下按下急停按钮，CNC 即进入急停状态，伺服进给及主轴运转立即停止工作，控制柜内的进给驱动电源被切断，此时系统处于急停状态，绝大部分操作都不能进行，要进行其他动作必须解除急停状态，方法是松开急停按钮（右旋此按钮，按钮将自动跳起），CNC 进入复位状态。解除急停前，应先确认故障原因是否排除，且紧急停止结束后应重新执行回参考点操作，以确保坐标位置的正确性。

注意：在启动和退出系统之前应按下急停按钮，以保障人身财产安全。

（2）工作方式选择 机床的工作方式由手持单元和控制面板上的方式选择类按键共同决定。

1）自动运行。按"自动"按键（指示灯亮），系统处于自动运行方式，机床坐标轴的控制由 CNC 自动完成。

注意：①控制面板上选择按键互锁，即按一下其中一个（指示灯亮），其余几个会失效（指示灯灭）。②系统启动复位后，默认工作方式为手动，"手动"按键指示灯亮。③当某一方式有效时，相应按键左上角的指示灯亮。

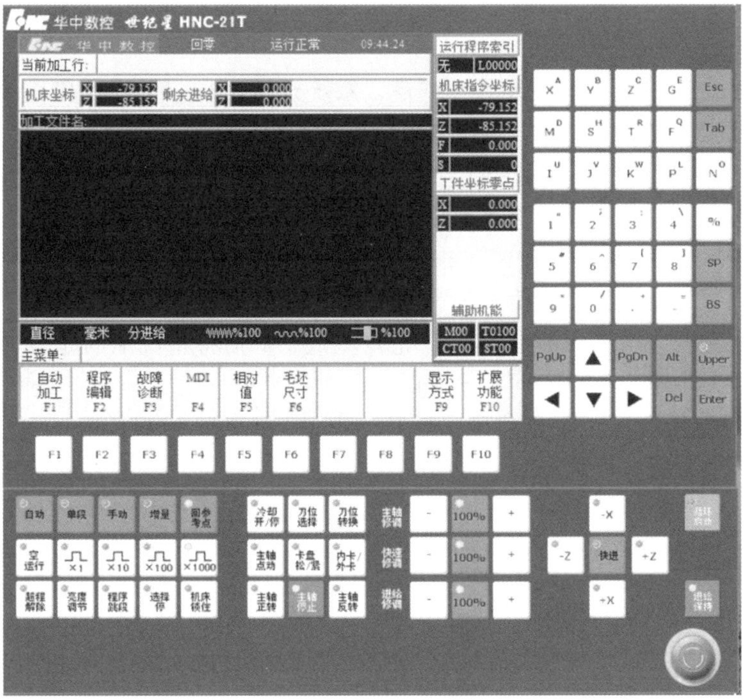

图 5-2 控制面板简图

① 自动运行——循环启动。自动运行方式下，在系统主菜单下按"F1"进入自动加工子菜单，再按"F1"选择要运行的程序，然后按"循环启动"（指示灯亮），自动加工开始。

注意：适用于自动运行方式的按键同样适用于 MDI 运行方式和单段运行方式。

② 自动运行——进给保持。自动运行方式下，按"进给保持"按键（指示灯亮），程序执行暂停，机床运动轴减速停止。暂停期间，只是进给停止（如 G01、G02、G03 指令不生效），各轴保持停止，但辅助功能 M、主轴功能 S、刀具功能 T 保持不变，即这些功能依旧生效，主轴依旧旋转，换刀命令依旧生效等。

③ 进给保持后的再启动。自动运行暂停状态下，按"循环启动"（指示灯亮），系统将重新启动，回到正常的自动加工状态。

④ 空运行。自动运行方式下，按"空运行"按键（指示灯亮），CNC 处于空运行状态，程序中制订的进给速度被忽略，坐标轴以最大速度移动。

空运行不进行实际切削，目的是确认切削路径及程序，实际切削时，应关闭此功能，否则可能造成危险，另外此功能对螺纹切削时无效。

⑤ 机床锁住。禁止机床 X、Y、Z 坐标轴动作。自动运行开始前，按"机床锁住"按键（指示灯亮），再按"循环启动"按键，此时系统继续执行程序，显示屏上的坐标轴位置信息同样根据程序命令变化，但不输出伺服轴的移动指令，机床依旧停止不动。这个功能用于校验程序。

注意：①即便是 G28、G29 功能，刀具也不运动到参考点。②机床辅助功能 M、S、T 仍然有效。③每次执行此功能后，须再次进行回参考点操作。

⑥ 单段运行。按"单段"按键，系统处于单段自动运行方式（指示灯亮），程序控制将逐段执行。

单段运行方式下，按"循环启动"按键，系统开始运行一条程序段，该程序段运行完后机床运动的轴减速停止，刀具、主轴电动机也停止运行。

再按"循环启动"按键，系统执行下面一条程序，执行完后又再次停止。

单段运行方式下，适用于自动运行的按键依然有效。

2）手动进给。按"手动"按键（指示灯亮），系统处于手动运行方式下，此时可手动移动机床坐标轴，下面以手动移动 X 轴为例说明。

按压"+X"或"-X"按键（指示灯亮）不放，X 轴将相应地向正方向或负方向连续移动。

松开按键（指示灯灭），X 轴将停止运动。

用同样的操作方法可使 Z 坐标轴向正方向或负方向连续移动。同时按下多个轴的手动按键（如+Z、-X 按键）不放，机床将同时向 Z 轴正方向、X 轴负方向连续移动。此时机床连续移动的速度为在系统参数中设定的"最高快速移动速度"的 1/3 乘以进给修调中选择的进给倍率。

手动连续进给时，若同时按下"快进"按键不放，机床将向相应轴的相应方向连续快速移动。此时移动的速度为"最高快速移动速度"乘以快速修调选择的进给倍率。

3）增量进给。若机床配有手持单元（本机床无），把手持单元的坐标轴选择波段开关置于"OFF"，按控制面板上的"增量"按键（指示灯亮），系统处于增量进给方式。下面以增量进给 X 轴为例说明。

① 增量进给方式下，按"+X"或"-X"按键（指示灯亮），X 轴将相应地向正方向或负方向移动一个增量。

② 再按一下"+X"或"-X"按键，X 轴将相应地向正方向或负方向再移动一个增量。

用同样的方法可使 Z 坐标轴向正方向或负方向移动一个增量。同时按下多个轴的手动按键（如-Z、-X 按键）不放，机床将同时向 Z 轴负方向、X 轴负方向移动一个增量。

增量进给的增量值由"×1""×10""×100""×1000"4 个增量倍率按键控制，这 4 个按键互锁。增量倍率按键和增量值的对应关系见表 5-2。

表 5-2　增量倍率按键与增量值的对应关系

增量倍率按键	×1	×10	×100	×1000
增量值/mm	0.001	0.01	0.1	1

4）回参考点。机床每次接通电源时，系统启动完后，必须首先执行返回参考点操作，然后再进入其他运行方式，以确保各坐标轴的正确性及机床程序的正常运行。机床回参考点后，用手动方式把机床工作台分别向-X、-Z 方向退回到适当位置，以免下次误操作造成机床超程。机床回参考点操作方法如下。

① 按"回零"按键（指示灯亮），此时机床处于回参考点方式下。

② 依次按"+X""+Z"按键，此时机床开始在 X、Z 轴上回参考点。

③ 机床某根轴回到参考点后，相应轴的按键指示灯亮，如若机床 X 轴回到了参考点，则"+X"按键指示灯亮。

④ 机床所有轴都回参考点后，把机床工作台退回到适当位置。

（3）速度修调

1）主轴修调。在自动加工方式或 MDI（手动数据输入）运行方式下，当 S 代码变成的主轴速度偏高或偏低时，可用主轴修调标识右侧的"100%""+""-"按键，修改程序中编制的主轴转速。

按"100%"按键（指示灯亮），主轴修调倍率被置于 100%，此时主轴实际的转动速度为程序中 S 代码确定的速度；按"+"按键，主轴修调倍率增加 5%，即实际转速升高 5%，同样按"-"按键，主轴修调倍率降低 5%。但机械齿轮换挡时主轴速度不能修调。

2）快速修调。在自动加工方式或 MDI 运行方式下，可用快速修调标识右侧的"100%""+""-"按键，修改 G00 快速移动时系统参数"最高快速移动速度"设置的速度。其操作和效果同主轴修调。

3）进给修调。在自动加工方式或 MDI 运行方式下，当 F 代码变成的进给速度偏高或偏低时，可用主轴修调标识右侧的"100%""+""-"按键，修改程序中编制的进给速度。其操作和效果同主轴修调一致。在手动连续进给方式下，此功能还可以调节手动进给速度。

（4）超程解除　每根伺服轴行程的两端各有一个极限开关，作用是防止伺服机构碰撞而损坏。每当伺服机构碰到行程开关时，就会出现超程。当某轴出现超程（"超程解除"指示灯亮，过一段时间后熄灭）时，系统处于紧急停止状态（显示屏显示系统处于急停状态，并可能出现出错警示），其他操作动作都不起效，解除超程状态的操作如下。

1）松开急停按钮，使系统处于"手动"工作方式下。

2）若系统在超程时处于其他方式，这时应先按下急停按钮，然后同时按压"超程解除"和"手动"两个按键不放，并同时松开急停按钮，使得系统处于自动方式下。

3）一直按压"超程解除"按键，同时手动使超程的轴向超程的反方向移动。

4）松开"超程解除"按键。

（5）机床动作手动控制

1）主轴制动。手动方式下，主轴停止状态，按"主轴制动"按键，主轴被锁定在当前位置。

2）主轴起动、停止及速度选择。在手动方式下，当"主轴制动"无效时（指示灯灭），可进行如下操作。

① 按"主轴正转"按键（指示灯亮），主电动机以机床参数设定的转速正转。

② 按"主轴反转"按键（指示灯亮），主电动机以机床参数设定的转速反转。

③ 按"主轴停止"按键（指示灯亮），主电动机停止运转。

这几个按键互锁。

3）主轴点动。手动方式下，按"主轴点动"按键（指示灯亮），主轴以机床参数设定的转速和时间转动一定的角度。

4）冷却开/停。手动方式下，按"冷却开/停"（指示灯亮），冷却液开（默认值为冷却液关），再按一下则为冷却液关，如此循环。

5）"主轴定向""允许换刀""刀具松/紧"，这 3 个按键由于该机床没有换刀机构，故 3 个按键无效。

（6）功能键　"F1""F2""F3""F4""F5""F6""F7""F8""F9""F10"这 10 个

功能键对应数控系统软件界面的 10 个菜单，按其中一个功能键则选择了所对应的菜单。如在数控系统主界面，此时 F1 所对应的菜单为"自动加工"，按一下"F1"，选择了"自动加工"菜单，此时系统进入自动加工界面。

（7）MDI 键盘

1）光标移动按键"▲""▼""◄""►"。这 4 个键用于控制程序编辑时光标的移动。按"▲"或"▼"，则光标相应地向上或向下移动一行；按"◄"或"►"，则光标相应地向左或向右移动一个字符。

2）翻页按键。"PgDn""PgUp"2 个按键主要用于程序编辑翻页所用。在程序编辑时，当一屏不能完全显示一个程序时，可用"PgDn""PgUp"进行翻页，按"PgDn"或"PgUp"，则系统相应显示上一屏或下一屏程序。

3）删除按键。"Del""BS"2 个按键主要用于程序编辑时字符的删除。按"Del"或"BS"，则系统相应地删除光标后面或前面的一个字符。

4）取消和确认按键。"Esc""Enter"分别用于在系统操作时，取消和确认所选项目。按"Esc"，取消当前操作或退出当前菜单界面，返回上一级菜单界面；按"Enter"，则是对当前操作的确认。

5）项目更改和快捷按键。"Tab"用于选项的更改。如在打开文件对话框中，光标处于文件列表中，此时可以按"Tab"使光标移到输入文件名的对话框中，此时可直接输入文件名打开文件。"Alt"与其他按键一起组成快捷键。

6）键盘字符选择和空格按键。"Upper"主要用于在字符输入时，对键盘上字符的选择。每个字符键盘都对应了两个字符，系统默认状态是下面较大的字符，而要输入右上角的较小的字符，则要通过"Upper"按键。如在程序编辑时要输入"XBCG"，操作如下。

① 按"X"按键，此时显示屏中输入"X"。

② 按"Upper"按键（指示灯亮），再按"Y"按键，此时显示屏中输入"B"。

③ 按"Z"按键，此时显示屏中输入"C"。

④ 按"Upper"按键（指示灯灭），再按一下"G"按键，此时显示屏中输入"G"。

"SP"按键用于在显示屏中输入一个空格。按"SP"按键，则显示屏输入了一个空格。

（8）系统软件界面 数控系统软件的主界面如图 5-3 所示。

① 形状显示窗口。可以根据需要，用功能键"F9"设置窗口显示内容。

② 菜单命令条。通过菜单命令条中的功能键"F1"~"F10"来完成系统功能的操作，每个主菜单下面均有相应的子菜单，菜单展示如图 5-4 所示，详细菜单结构如图 5-5 所示。

③ 运行程序索引。自动加工中的程序名和当前程序段行号。

④ 选定坐标系下的坐标值。

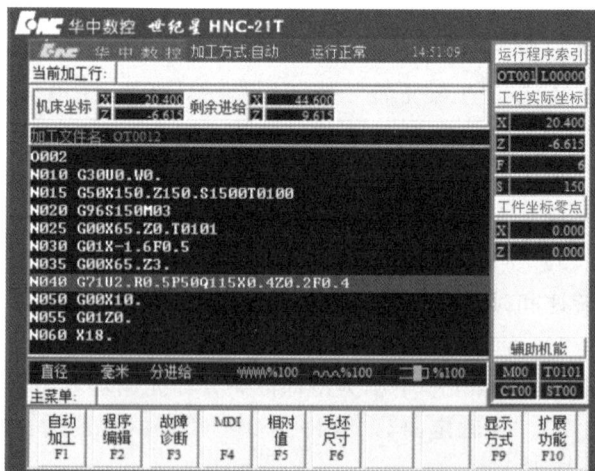

图 5-3 数控系统软件的主界面

⑤ 工件坐标零点。

⑥ 倍率修调。显示当前倍率修调的 3 种速度倍率。

⑦ 辅助机能。显示自动加工中 M、S、T 的代码。

⑧ 当前加工程序行。显示当前正在加工的程序段。

⑨ 当前加工方式、系统运行状态及当前时间。

图 5-4　菜单展示

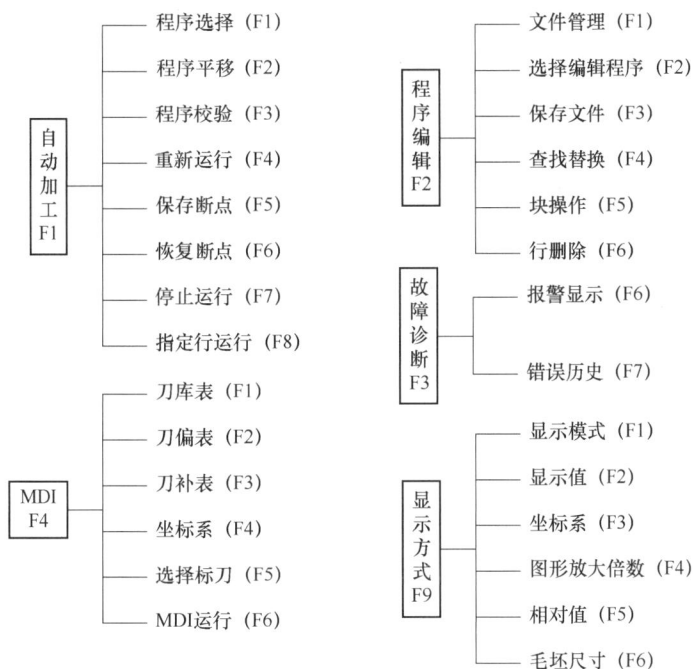

图 5-5　详细菜单结构

5.3.3　数控加工的特点

1. 加工精度高，质量稳定

数控机床的传动装置与床身结构具有很高的刚度和热稳定性，而且在传动机构中采取了减小误差的措施，并由控制系统进行补偿。所以数控机床本身的定位精度和重复定位精度都很高，同时，由于数控机床是按所编程序自动进行加工的，消除了操作者的人为误差，因此很容易保证零件尺寸的一致性。因此数控机床不仅具有较高的加工精度，而且质量稳定。

2. 生产效率高

由于数控机床加工时能在一次装夹中加工出许多待加工部位，既省去了普通机床加工中的不少中间工序（如划线），也大大缩短了生产准备时间。如果采用加工中心，可在一台机床中实现多道工序的加工，缩短了半成品的周转时间，明显提高了生产效率。

3. 对加工对象的适应性强

数控加工中，只需重新编制程序就能实现新零件的加工，一般无须重新设计制造工装，这就为单件、小批量生产及试制新产品提供了极大的方便。数控机床还能完成那些普通机床很难加工或无法加工的精密复杂零件的加工。

4. 自动化程度高，劳动强度低

数控机床的加工过程是按输入程序自动完成的，一般情况下，操作者只需做装卸工件、更换刀具、关键工序的中间检测及观察机床运行等工作，与操作普通机床相比，劳动强度大为降低。

5. 便于现代化管理

采用数控机床加工，能准确计算零件的加工工时和费用，并有效地简化检验、工夹具和模具的管理工作。数控机床及其加工技术是实现计算机辅助设计与制造（CAD/CAM）的基础，也是构成柔性制造系统（FMS）和计算机集成制造系统（CIMS）的基础。

数控机床虽然有上述优点，但其初期投资大，维修费用高，对操作及管理人员的素质要求较高。因此，应合理选择与使用数控机床，提高经济效益。

6. 数控加工的适应性

从经济角度考虑，数控机床最适用加工以下零件。

1）多品种、小批量零件。

2）形状复杂、精度要求较高，在普通机床上无法加工或难加工的零件。

3）需要多次更改设计后才能定型的零件。

4）价格昂贵，不允许报废的零件。

5）需要最小生产周期的零件。

5.4 数控车削加工

1. 对刀的概念

加工一个零件往往需要几把不同的刀具，而每把刀具在安装时是根据普通车床装刀要求安放的，它们在转换切削方式时，其刀尖所处的位置不相同。而系统要求在加工一个零件时，无论使用哪一把刀具，其刀尖在切削前应处于同一点，否则，零件加工程序很难编制。为避免零件加工程序因受刀具安装位置不同而给切削带来影响，必须在加工程序执行前，调整每把刀的刀尖位置，使刀架在转位后，每把刀尖位置都重合在同一点，这一过程称为对刀。

2. 对刀的相关操作

（1）用 G54～G59 建立工件坐标系　数控机床在编程和加工过程中，为方便编程加工，在机床坐标系的基础上，操作人员可以根据自己的需要建立方便编程加工的工件坐标系。建立工件坐标系后，编程中的绝对值坐标系统都默认是该点在工件坐标系的坐标值。利用 G54 ~G59 建立工件坐标系的方法：在 G54~G59 之间任意选择一个代码作为将要建立的工件坐标系的代号，然后找到相应代号的坐标系，最后设定好坐标系坐标原点在机床坐标系的绝对坐标值。建立工件坐标系的具体操作如下。

1）选用一把标准刀具。数控加工过程中可能会用到多把刀具，先选用一把刀具对刀建立工件坐标系。

2）开动机床使主轴转动，将刀具刀尖对到想要建立工件坐标系的坐标原点。

3）按"F9"键，弹出"显示方式"子菜单，再按"F2"键打开"显示值"下一级菜单，按"F2"键选择"实际位置"，使得坐标显示该点的实际位置。

4）按"F9"键，弹出"显示方式"子菜单，再按"F3"键打开"坐标系"下一级菜单，按"F1"键选择"机床坐标系"，使得坐标显示该点在机床坐标系的坐标值，在上一步的基础上，在窗口坐标值显示区域将显示该点的机床实际坐标值。

5）在主窗口中按"F4"键进入"MDI"窗口，再按"F4"键进入"坐标系"窗口，此时窗口默认显示的为 G54 工件坐标系。

6）按"PgDn"或"PgUp"键，选择想要的坐标系（G54~G59 任选一个作为将来工件坐标系的代号），将窗口右侧的 X、Z 坐标值输入，该点即为将来坐标系的坐标原点。

（2）用 G92 建立工件坐标系　如图 5-6 所示，假设想要建立的工件坐标系坐标原点在点 1 的位置，点 2 为对刀试切时的对刀点，点 3 为程序开始运行时的刀具起始点位置。

1）采用试切法，将刀具移到刀 2 号位置（即对刀点），记下该点在机床坐标系的坐标（X_2，Z_2），根据点 1 相对点 2 的位置可知道点 1 在机床坐标系的坐标（X_1，Z_1）。

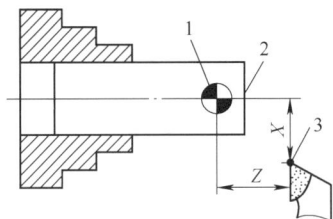

图 5-6　工件坐标系的建立
1—工件坐标系坐标原点　2—对刀点　3—刀具起始点

2）将刀具移到点 3 位置，并知道点 3 在机床坐标系的坐标（X_3，Z_3），从而知道点 3 相对点 1 的 X、Z 坐标位置，即点 3 在工件坐标系的坐标值（X、Z）。

3）在程序中输入 G92 X＊＊　Z＊＊；＊＊为点 3 在工件坐标系的坐标值，即上步求出的 X 与 Z。

（3）刀偏数据的输入　数控加工中可能用到多把刀具，由于其他刀具刀尖的位置未必能和标准刀具刀尖位置重合，所以还必须对其他刀具进行刀偏刀补的设置，详细步骤如下。

1）选择要设置刀偏的刀具。

2）按"F9"键，然后按"F3"键，再按"F2"键选择"工件坐标系"。

3）按"F9"键，然后按"F2"键，再按"F1"键选择"指令位置"。

4）在主窗口中按"F4"键进入"MDI"窗口，再按"F2"键进入"刀偏表"窗口，在窗口中选择相应的刀偏号设定 X、Z 的偏置值，具体如图 5-7 所示。

（4）试切法对刀　针对华中数控系统，本书采用斯沃数控仿真软件进行演示。

1）打开数控仿真软件，界面如图 5-8 和图 5-9 所示。

2）装夹直径 30mm、长度 100mm 的棒料，如图 5-10 所示。

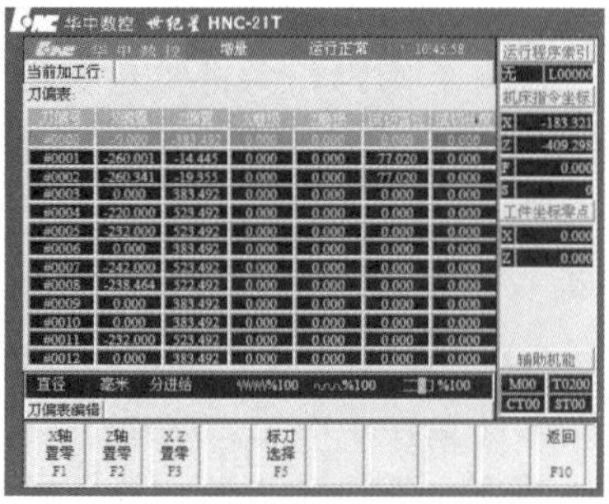

图 5-7 刀偏数据输入窗口

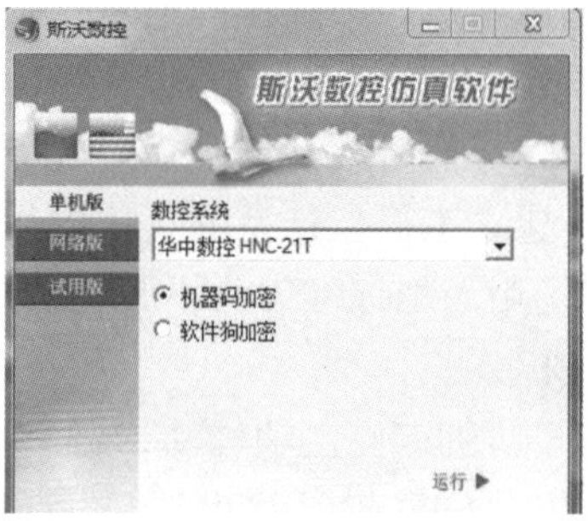

图 5-8 数控仿真软件界面一

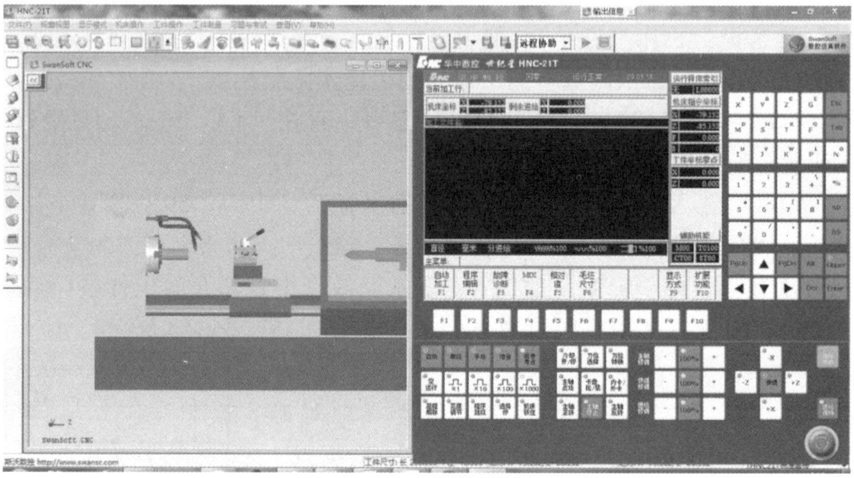

图 5-9 数控仿真软件界面二

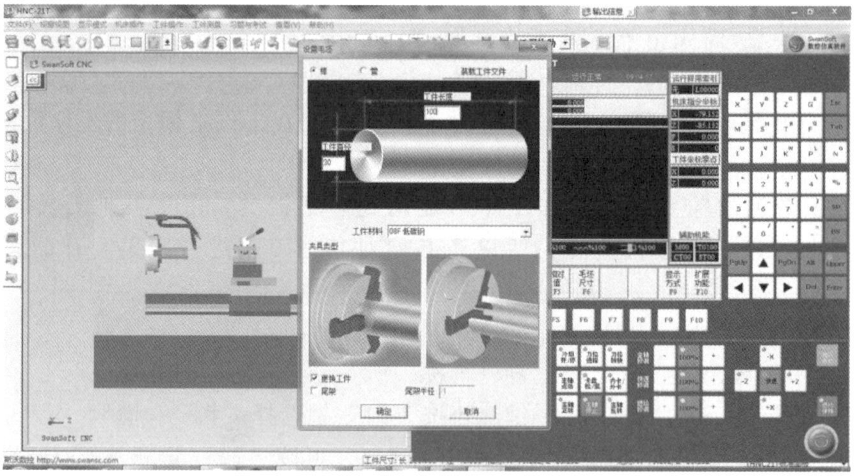

图 5-10 装夹棒料

3) 添加外圆车刀到一号刀位, 如图 5-11 所示。

4) 选择俯视图, 松开急停按钮, 回机床参考点, 如图 5-12 所示。

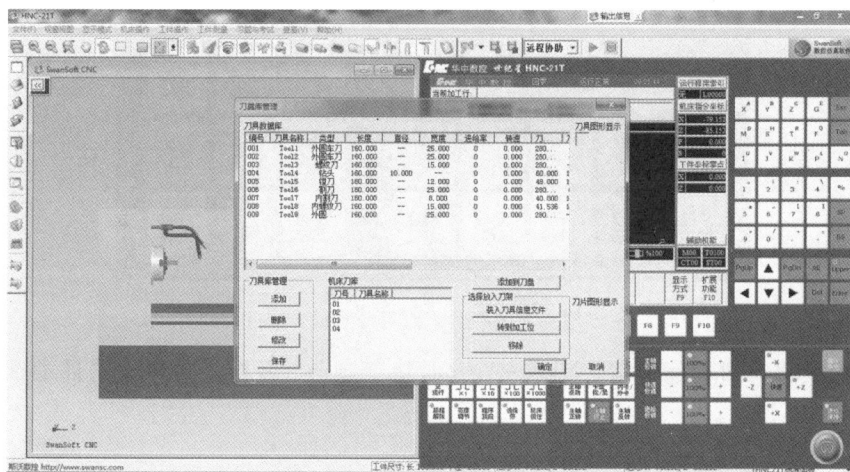

图 5-11 添加外圆车刀到一号刀位

图 5-12 俯视图

5）机床回零点之后，手动方式下工作台回到导轨中间适当位置，如图 5-13 所示。

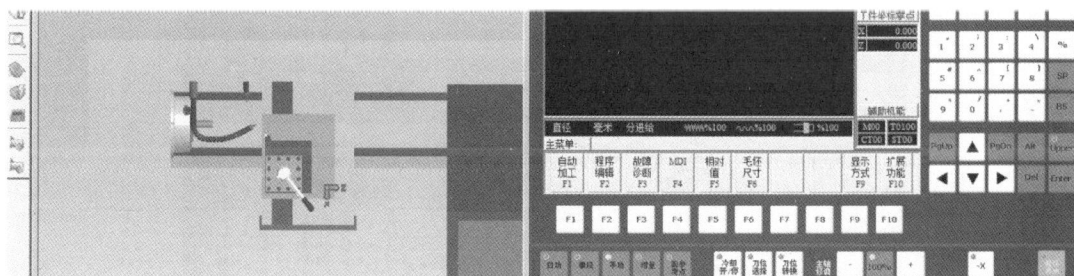

图 5-13 工作台回到导轨中间适当位置

6）手动方式下打开机床主轴正转，如图 5-14 所示。

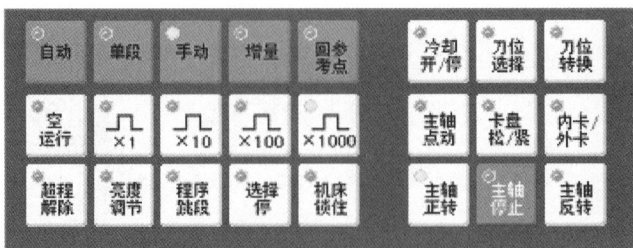

图 5-14　手动方式下打开机床主轴正转

7）把刀具移动到端面位置，沿着 +X 方向切至圆心，-X 方向退出工件端面，具体如图 5-15、图 5-16 所示。

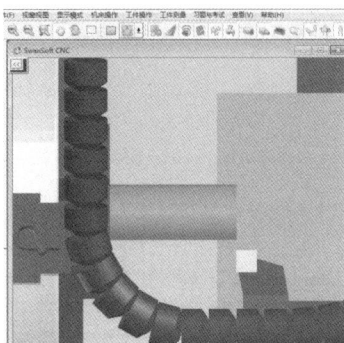

图 5-15　试切端面

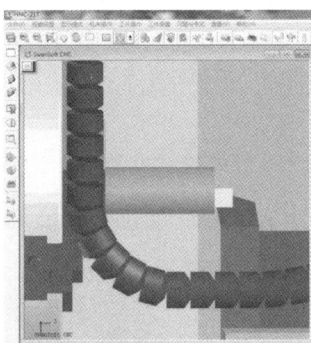

图 5-16　退出端面位置

8）在 MDI 方式下输入刀偏表一号刀试切长度值为零，如图 5-17 所示。

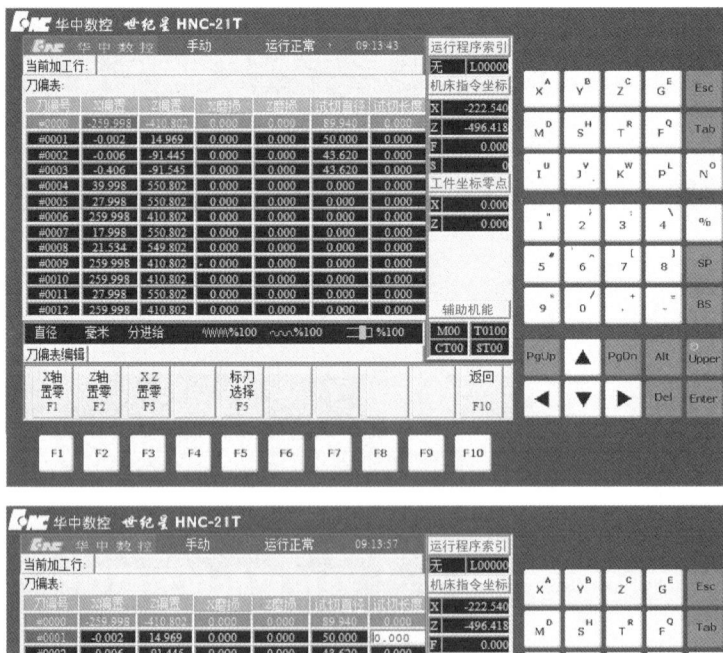

图 5-17　输入试切长度

9）沿 $-Z$ 方向切入，$+Z$ 方向退出，如图 5-18 所示。

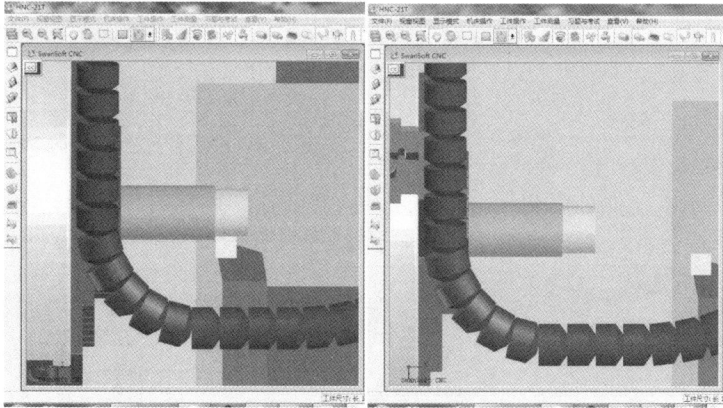

图 5-18　试切外圆

10）测量工件直径，如图 5-19 所示。

11）输入刀偏表一号刀试切直径值，如图 5-20 所示。

12）主轴停止，完成一号刀对刀，如图 5-21 所示。

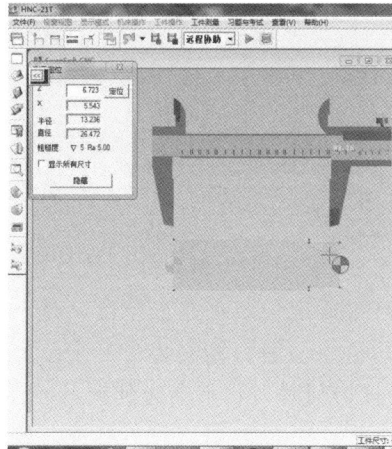

图 5-19　测量工件直径

图 5-20　输入刀偏表一号刀试切直径值

图 5-21　完成一号刀对刀

5.5　数控铣床加工

5.5.1　数控铣床的对刀操作

对刀就是设定刀具上某一点在工件坐标系中坐标值的过程，对于圆柱形铣刀，一般设定切削刃底平面的中心，对于球头铣刀，也可以设定球头的球心。实际上，对刀的过程就是在机床坐标系中建立工件坐标系的过程。

以采用华中 HNC-21M 型立式数控铣床为例，介绍数控铣床的对刀操作。

对刀之前，应先将工件毛坯准确定位装夹在工作台。对于较小的零件，一般安装在平口钳或专用夹具上，对于较大的零件，一般直接安装在工作台上。安装时要使零件的基准方向和 X、Y、Z 轴的方向一致，并且切削时刀具不会碰到夹具或工作台，然后将零件夹紧。

常用的对刀方法是手工对刀法，一般使用刀具、标准芯棒或百分表（千分表）等工具，更简便的方法是使用光电对刀仪。

5.5.2　用 G92 建立工件坐标系的对刀方法

G92 指令的功能是设定工件坐标系，执行 G92 指令时，系统将该指令后的 X、Y、Z 值设定为刀具当前位置在工件坐标系中的坐标，即通过设定刀具相对工件坐标系原点的值来确定工件坐标系的原点。

1. 方形工件的对刀步骤

如图 5-22 所示，通过对刀将图中所示方形工件的 X、Y、Z 的零点设定成工件坐标系的原点。

1）安装工件，将工件毛坯装夹在工作台上，用手动方式分别回 X 轴、Y 轴和 Z 轴到机床参考点。

采用点动进给、手轮进给或快速进给方式，分别移动 X 轴、Y 轴和 Z 轴，将主轴刀具先移到靠近工件的 X 方向的对刀基准面——工件毛坯的右侧面。

2）起动主轴，在手轮进给方式下转动手摇脉冲发生器，慢慢移动机床 X 轴，使刀具侧面接触工件 X 方向的基准面，使工件上出现一极微小的切痕，即刀具正好碰到工件侧面，如图5-22所示。

设工件长宽的实际尺寸为 $80\text{mm} \times 100\text{mm}$，使用的刀具直径为 8mm，这时刀具中心坐标相对工件 X 轴零点的位置可以通过计算得到：$80/2 + 8/2\text{mm} = 44\text{mm}$。

图 5-22 方形工件

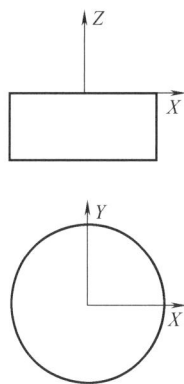

3）停止主轴，将机床工作方式转换成手动数据输入方式，按"程序"键，进入手动数据输入方式下的程序输入状态，输入 G92，按"输入"键，再输入此时刀具中心的 X 坐标值44，按"输入"键。此时已将刀具中心相对工件坐标系原点的 X 坐标值输入。

按"循环启动"按钮执行 G92 X44 这一程序，这时 X 坐标已设定好，如果按"位置"键，屏幕上显示的 X 坐标值为输入的坐标值，即当前刀具中心在工件坐标系内的坐标值。

4）按上述步骤同样再对 Y 轴进行操作，这时刀具中心相对工件 Y 轴零点的坐标为 $-100/2\text{mm} + (-8/2)\text{mm} = -54\text{mm}$。在手动数据输入方式下输入 G92 和 Y-54，并按"输入"键，这时刀具的 Y 坐标已设定好。

5）对 Z 轴进行同样操作，此时刀具中心相对工件坐标系原点的 Z 坐标系的零点已设定到图5-22所示的位置上。

2. 圆形工件的对刀操作

如果工件为圆形，以圆周作为对刀基准，用上述对刀的方法找基准面比较困难，一般使用百分表来进行对刀。如图5-23所示，通过对刀设定图中所示工件坐标系原点。

安装工件，将工作毛坯装夹在工作台夹具上。用手动方式分别回 X 轴、Y 轴和 Z 轴到机床参考点。对刀步骤如下。

1）对 X 轴和 Y 轴的原点。将百分表的安装杆装在刀柄上，或卸下刀柄，将百分表的磁性座吸在主轴套筒上，移动工作台使主轴中心轴线（刀具中心）大约移到工件的中心，调节磁性座上伸缩杆的长度和角度，使百分表的触头压住工件的外圆周，用手慢慢转动主轴，使百分表的触头沿工件的外圆周面移动，观察百分表指针的偏移情况，慢慢移动工作

图 5-23 圆形工件

台的 X 轴和 Y 轴，反复多次后，待转动主轴时百分表的指针基本指在同一个位置，这时主轴中心就是 X 轴和 Y 轴的原点。

2）将机床的工作方式转换成手动数据输入方式，输入并执行程序 G92 X0 Y0，这时主轴中心 X 轴坐标和 Y 轴坐标已设定好，此时都为零。

3）卸下百分表座，装上铣刀，用上述方法设定 Z 轴的坐标值。

注意：

① X、Y、Z 这3个轴的对刀顺序可以任意选择。

② 由于刀具实际直径可能比标称直径小，对刀时要按刀具的实际直径来计算。工件上

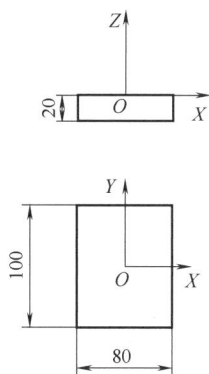

的对刀基准面要选择工件上的重要基准面。如果选择的基准面不允许产生切痕，可在刀具和基准面之间加上一块厚度准确的薄垫片。

③ 工件坐标系建立后，刀具和工件的相对位置已被系统记忆，当工件在工作台上的位置变化后或刀具在主轴上的相对高度变化后，必须重新对刀来建立工件坐标系。

④ 工件坐标系建立后，一般不能将机床锁定后测试运行程序，因为机床锁定后刀具和工件的相对位置不会发生变化，而程序运行后，系统记忆的坐标位置可能发生了变化。如果必须这样做，请确认工件坐标系是否发生了变化，发生变化后必须重新对刀建立工件坐标系。

⑤ 工件坐标系建立后，如果又执行到 G92 指令，先前建立的工件坐标系将变化，即又重新建立了新的工件坐标系。因此，如果程序开头包含 G92 指令，对刀完成后执行程序前须将机床三轴移动至程序中坐标系设定的准确起始位置，或将程序开头的 G92 指令段删除。由此可知，G92 指令可设定或改变工件坐标系，为计算和编程方便，对复杂的工件，在编程中可以用 G92 指令任意改变工件坐标系的零点。所以，用 G92 指令建立的工件坐标系是浮动的，工件坐标系的原点与机床零点（参考点）的实际距离无关。

⑥ 用 G92 的方式建立工件坐标系后，如果关机，建立的工件坐标系将丢失，重新开机后必须再对刀建立工件坐标系。

5.5.3　用 G54~G59 建立工件坐标系的对刀方法

根据上述对刀方法可知，对刀时如果用 G92 指令建立工件坐标系，关机后建立的工件坐标系将丢失，因此对于批量加工的工件，即使工件依靠夹具能在工作台上准确定位，用 G92 指令对刀和建立工件坐标系就不太方便，这时经常使用机床参考点位置相对固定的工件坐标系，分别通过 G54~G59 这 6 个指令来选择对应的工件坐标系，并依次称它们为第 1 工件坐标系、第 2 工件坐标系、……、第 6 工件坐标系。这 6 个工件坐标系是通过输入每个工件坐标系的原点到机床参考点的偏移值而建立的，并且可以为 6 个工件坐标系指定一个外部工件零点偏移位作为共同偏移值，用上述对刀方法，将图 10-21 所示工件的 X、Y、Z 的零点设定成第 1 工件坐标系的原点，用对刀来设置工件坐标系的方法如下。

1）工件安装，将工件装夹在工作台上，一般要求工件能在工作台（或夹具）上重复准确定位。

2）用手动方式分别回 X 轴、Y 轴和 Z 轴到机床参考点，使主轴刀具侧面和工件的对刀基准面——工件的右侧面正好接触。记录下此时屏幕上显示的 X 坐标值（设为 $L_1 = -432.209\text{mm}$），-432.209 只是一个假设的读数，与工件装夹在工作台上的实际位置有关。

用同样的方式将主轴刀具侧面和工件的对刀基准面——工件的前侧面正好接触时的 Y 坐标值记录下来（设为 $L_2 = -254.290\text{mm}$）。

再用同样的方式将主轴刀具下端面和工件的对刀基准面——工件的上面正好接触时的 Z 坐标值记录下来（设为 $L_3 = -105.529\text{mm}$）。

3）计算工件坐标系的原点和机床原点的距离。用上述方法得到的 X、Y、Z 这 3 个数据决定工件坐标系的原点和机床原点的相对位置。刀具直径为 8mm，则工件坐标系和机床原点的距离计算如下。

X 方向：$L_X = L_1 - 4\text{mm} - 40\text{mm} = -432.209\text{mm} - 4\text{mm} - 40\text{mm} = -476.209\text{mm}$。

Y方向：$L_Y = L_2 + 4\text{mm} + 50\text{mm} = -254.290\text{mm} + 4\text{mm} + 50\text{mm} = -200.290\text{mm}$。

Z方向：$L_Z = L_3 = -105.529\text{mm}$。

L_X、L_Y、L_Z 这 3 个值就是想设定工件坐标系的零点到机床零点的偏移值，由于机床零点在 3 个轴的正方向极限位置，偏移值一般应为负。

4）按"偏置量"键进入偏移设置页面，按"翻页"键（或软键"WORK"）使屏幕显示"工件坐标系"页面，按光标向下键移动光标到 No.01（对应 G54）处，输入 $X-$476.209，按"输入"键；输入 $Y-200.290$，按"输入"键；输入 $Z-105.529$，按"输入"键；这 3 个偏移值被输入第 1 工件坐标系的偏移值存储器中。

5）如果要输入第 4、第 5、第 6 工件坐标系的偏移值，可再按"翻页"键或按光标向下键移动光标，进入"工件坐标系"页面的第 2 页，然后进入数值输入界面。

注意：

① 用这种设定偏移值的方法设定工件坐标系后，其坐标系偏移值不会因机床断电而消失。

② 如果要使用这个坐标系进行加工，需使用 G54 指令选择这个坐标系。使用 G55、G56、G57、G58 和 G59 指令可以分别选择第 2、第 3、第 4、第 5 和第 6 工件坐标系。

③ 可以在 No.00 处设定 6 个坐标系的外部总偏移值。

④ 当第 1 工件坐标系有偏移值时，如果回机床参考点，屏幕显示机床参考点在第 1 工件坐标系内的坐标值。如果有外部总偏移值，外部总偏移值也包含在显示的坐标值内。

⑤ 偏移值设定后，如果再用 G92 指令，偏移值即被忽略。

5.6 数控加工实习操作实例

5.6.1 螺纹切削加工实例

数控车床加工螺纹多为米制三角形螺纹，螺纹加工时，车床主轴每转一转，刀具必须纵向移动一个螺距（或导程）。

1. 工艺分析及处理

（1）零件图的分析 图 5-24 所示的螺纹类零件，其 $\phi28\text{mm}$ 外圆柱面直径处加工精度较高，同时需加工 M24mm×1.5mm 的螺纹，其材料为 45 钢，选择的毛坯为 $\phi32\text{mm} \times L100\text{mm}$。

（2）加工方案及加工路线的确定 以零件右端面中心 O 作为坐标系原点，设定工件坐标系。根据零件尺寸精度及技术要求，将粗、精加工分开考虑，确定的加工工艺路线为：粗车外圆柱面为 $\phi28.5\text{mm}$→粗车螺纹外圆柱面为 $\phi24.5\text{mm}$→车削倒角 C2→精车 $\phi24\text{mm}$ 螺纹大径→精车台阶→精车 $\phi28\text{mm}$ 外圆柱面→切槽→循环车削 M24mm×1.5mm 螺纹。

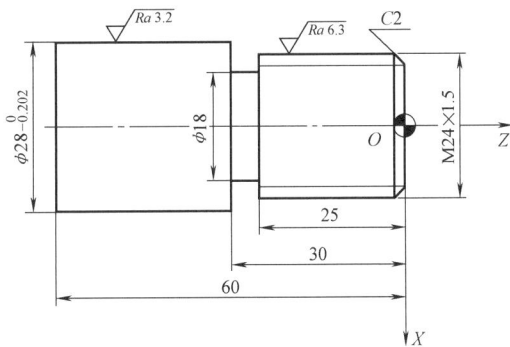

图 5-24 螺纹类零件

（3）零件的装夹及夹具的选择　采用标准卡盘，毛坯伸出自定心卡盘外 70mm 并找正夹紧。

（4）刀具和切削用量的选择

1）刀具的选择。选择 1 号刀具为 90°硬质合金机夹偏刀，用于粗、精车削加工。选择 2 号刀具为硬质合金机夹切断刀，其刀片宽度为 5mm，用于切槽、切断车削加工。选择 3 号刀具为 60°硬质合金机夹螺纹刀，用于螺纹车削加工。

2）切削用量的选择。切削用量主要考虑加工精度要求并兼顾提高刀具耐用度、机床寿命等因素。确定切削参数如下。

① 粗车外圆。主轴转速 $n = 600 \text{r/min}$，进给速度 $F = 100 \text{mm/min}$。

② 精车外圆。主轴转速 $n = 800 \text{r/min}$，进给速度 $F = 60 \text{mm/min}$。

③ 切槽。主轴转速 $n = 500 \text{r/min}$，进给速度 $F = 30 \text{mm/min}$。

④ 车螺纹。主轴转速 $n = 600 \text{r/min}$，导程 $F = 1.5 \text{mm/r}$。

2. 尺寸计算

螺纹牙型深度：$t = 0.65P = 0.65 \times 1.5 \text{mm} = 0.975 \text{mm}$。

$D_{大} = D_{公称} = 24 \text{mm}$。

$D_{小} = D_{公称} - 1.3P = 24 \text{mm} - 1.3 \times 1.5 \text{mm} = 22.05 \text{mm}$。

螺纹加工分为 4 刀。第 1 刀：$\phi23.20 \text{mm}$；第 2 刀：$\phi22.60 \text{mm}$；第 3 刀：$\phi22.20 \text{mm}$；第 4 刀：$\phi22.05 \text{mm}$。

3. 参考程序

采用绝对值编程方法编程，绝对值坐标用 X、Z 地址表示，增量值坐标用 U、W 地址表示，且坐标尺寸采用小数点编程，参考程序如下：

%1005	程序名
T0101;	粗车调用 01 号刀,刀具补偿号为 01
M03 S600 ;	主轴正转 $n = 600 \text{r/min}$
G00 X100 Z100;	快速定位
G71U1R1P1Q2X0.5Z0.05F100	粗车复合循环,每次切削深度 1mm,每次退刀量 1mm,精车路径从 N1 到 N2,X 方向精加工余量 0.5mm,Z 方向精加工余量 0.05mm,粗车进给速度 $F = 100 \text{mm/min}$
T0101	精车调用 01 号刀,刀具补偿号为 01
M03 S800	精车主轴转速 $n = 800 \text{r/min}$
N1G00 X16 Z2	循环起点,倒角切入点
G01 X24 Z-2 F60	倒角,进给速度 $F = 60 \text{mm/min}$
Z-30	车螺纹大径 $\phi24$
X28	车 $\phi28$ 外圆
N2 Z-60	循环结束点
X35	X 方向退刀
G00 X100	
Z100	快速退到刀起始点
T0202	调用 02 号刀,刀具补偿号为 02

M03 S500	主轴正转 $n = 500$r/min
G00 X30 Z−30	快速点定位
G01 X18 F30	切槽,进给速度 $F = 30$mm/min
G00 X30	退刀
X100	
Z100	快速退到刀起始点
T0303	调用 03 号刀,刀具补偿号为 03
M03 S600	主轴正转 $n = 600$r/min
G00 X26 Z2	快速点定位
G82 X23.2 Z−26 F1.5	循环车削 M24mm×1.5mm 的螺纹
X22.6 Z−26 F1.5	
X22.2 Z−26 F1.5	
X22.05 Z−26 F1.5	
G00 X100	
Z100	快速退到刀起始点
M05	主轴停止
M30	程序结束

5.6.2　数控铣床加工实例

试编写图 5-25 所示零件的内、外轮廓的精加工程序。刀具直径为 ϕ20mm。工件坐标系设在工件上表面的对称中心,内轮廓的下刀孔在工件坐标系的原点处,假设刀具的初始位置为 (0, 0, 200)。由数值计算可知:A(49.075, 85.0),B(98.15, 0)。

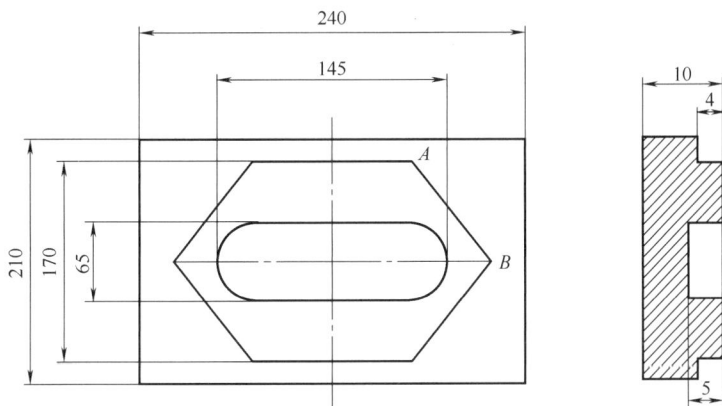

图 5-25　零件示意图

程序编制如下:

O2000	
N10 G90 G54 G00 X70.0 Y−85.0;	刀具快速平移至下刀位置的上方
N20 Z0 S500 M03 M08;	下刀至 Z0,主轴正转,切削液开
N30 G01 Z−4.0 F50;	慢速度降至背吃刀量

N40 G41 D01 X49.075 Y-85.0 F200;	刀具半径左补偿
N50 X-49.075;	切至左下顶点
N60 X-98.15;Y0;	切至左顶点
N70 X49.075 Y85.0;	切至左上顶点
N80 X49.075;	切至顶点 A
N90 X98.15 Y0;	切至顶点 B
N100 X115.47 Y-105.0;	沿边的延长线结束外轮廓切削
N110 M09;	切削液关
N120 G00 Z10.0;	抬刀
N130 G40 X0 Y0;	取消刀补,使刀具快移至内轮廓的下刀孔上方
N140 Z1.0;	快速下刀至 Z1
N150 G01 Z-5.0 F50;	工进至槽底
N160 G41 D01 X40.0 Y-32.0 F100;	进入内轮廓刀补位置
N170 G03 X40.0 Y32.0 R32.5;	圆弧插补
N180 G01 X-40.0;	直线插补
N190 G03 X-40.0 Y-32.0 R32.5;	圆弧插补
N200 G01 X40.0;	直线插补至内轮廓终点
N210 G03 X40.0 Y0 R16.25 F300;	沿弧线收刀
N220 G00 Z0.0;	抬刀
N230 G40 G00 X0 Y0;	取消刀补使刀具快移至 X0、Y0
N240 M09 Z200;	切削液关,抬刀至安全高度
N250 M05;	主轴停止
N260 M30;	程序结束

第6章　工程材料及金属热处理

材料是人类用于制造器件、构件、机器或其他产品的物质，材料的化学成分不同，其性能也不相同。目前，用于机械制造的材料有上千种，常用的也有上百种，并且还有许多新的材料不断地被开发出来。要想在众多材料中做出正确的选择，既保证其使用性能，又便于加工，就必须了解这些材料，认识这些材料。本章将重点介绍金属材料的分类、性能、用途及钢的热处理。

6.1　工程材料基础知识

常见的工程材料可分为金属材料、非金属材料、高分子材料和复合材料四大类。目前，用于机械制造的材料有上千种，常用的也有上百种，并且还有许多新的材料不断地被开发出来。要想在诸多材料中做出正确的选择，既保证其使用性能，又便于加工，就必须了解这些材料、认识这些材料。在机械制造过程中，就是利用各种工艺和设备将原材料加工成零件或产品。因此，金工实习的过程也是一个与各种工程材料打交道的过程。例如，实习中所加工的各种实习工件，所使用的刀具、量具和其他工具，所操作的机床等，都是由各种各样的工程材料制造出来的。

实习过程中，我们遇到的大多数是金属材料，而且主要是钢铁材料。金属材料是最重要的工程材料，因其具有良好的力学性能、物理性能、化学性能和工艺性能，从而成为机器零件最常用的材料，在各个领域得到了广泛的应用，是应用最广泛的工程材料。根据零件性能要求，合理选用金属材料，并按加工状况安排适当的热处理工艺，对充分发挥金属材料的性能潜力、保证工程设备的质量和使用安全起着重要的作用。

金属材料包括金属和以金属为基的合金。工业上把金属及其合金分为两大部分：①金属材料，铁和以铁为基的合金（钢、铸铁和铁合金）；②有色金属材料，黑色金属以外的所有金属及其合金。有色金属按照性能和特点可分为轻金属、易熔金属、难熔金属、贵金属、稀土金属和碱土金属。

6.1.1　金属材料的性能

金属材料的性能一般分为使用性能和工艺性能。使用性能是指零件在使用时所应具备的材料性能，包括力学性能、物理性能和化学性能，这是选材的最主要依据。对大多数零件而言，力学性能是主要的性能指标，表征力学性能的参数主要有强度极限、弹性极限、屈服强度、伸长率、断面收缩率、冲击韧度及硬度等。这些参数中，强度极限是力学性能的主要性能指标，只有在强度满足要求的情况下，才能保证零件正常工作，且经久耐用。在设计计算零件的危险截面尺寸或校核安全强度时所用的许用应力，都要根据材料强度数据推出；工艺性能是指金属材料加工过程中对所用加工方法的适应性，它的好坏决定了材料加工的难易程度。材料的加工工艺性能主要有：铸造、压力加工、切削加工、热处理和焊接等性能。其加工工艺性能的好坏直接影响零件的质量、生产率及成本。所以，材料的工艺性能也是选材的重要依据之一。

1. 金属材料的物理性能和化学性能

金属材料的物理性能包括密度、熔点、热膨胀性、导热性、导电性和磁性等。金属材料的化学性能是指它们抵抗各种介质侵蚀的能力，通常分为抗氧化性和耐蚀性。

2. 金属材料的力学性能

金属材料的力学性能是指金属抵抗外加载荷引起变形和断裂的能力。材料力学性能是设计零件及选择材料的重要依据。常用的力学性能指标有：强度、塑性、硬度、韧性等。

（1）强度　强度是指金属材料在静载荷作用下抵抗变形和断裂的能力。金属强度指标可以通过金属拉伸试验来测定，一般用单位面积所承受的载荷（应力）表示。衡量强度的主要指标有屈服强度（包括上屈服强度 R_{eH} 和下屈服强度 R_{eL}）和抗拉强度 R_m。前者表示金属开始发生明显塑性变形的抗力；后者表示金属受拉时所能承受的最大应力。两者均是机械零件和构件设计、选材的主要依据。

抗拉强度是对金属做拉伸试验时测定的。试验时，将试样装夹在拉伸试验机上，随着拉力的增大，试样相应伸长。当拉力比较小时，试样只产生弹性变形，即外力去除以后，变形消失，试样恢复为原长。当拉力增加到一定程度时，试样除产生弹性变形外，还产生塑性变形，即外力去除以后，试样不能恢复为原长，有一部分变形残留为永久变形。拉力增加越多，塑性变形量越大。当拉力增加到某一数值时，在试样某处"缩颈"，最后在缩颈处断裂。拉伸试验可测定金属的屈服强度和抗拉强度等强度指标。

（2）塑性　塑性是指金属材料在静载荷作用下产生塑性变形而不破坏的能力。塑性指标有伸长率 A 和断面收缩率 Z。A 和 Z 数值越大，表示材料的塑性越好。良好的塑性是金属材料成形加工的必要条件，也是保证零件工作安全、不发生突然脆断的必要条件。

塑性好的金属可以进行各种压力加工（如锻造、冲压等）从而获得形状复杂的零件，也能防止零件因超载而引起突然性断裂。铜、铝、铁的塑性很好；铸铁的塑性很差，A 和 Z 几乎为零，不能进行塑性变形加工。

（3）硬度　硬度是指金属材料抵抗硬物压表面的能力，它反映材料受压时对局部塑性变形的抗力。常用的硬度指标有布氏硬度（HB）和洛氏硬度（HR），它们可在相应的硬度计上进行测定。

布氏硬度符号为HBW。布氏硬度主要用于测定各种退火、正火、调质处理后的钢材、铸铁及有色金属等的硬度（硬度< 450HBW）。

洛氏硬度的测定是用顶角为120°的金刚石圆锥或直径为1.588mm的淬硬钢球作压头，以相应的载荷压入试样表面，由压痕深度确定其硬度值。压入越浅，硬度越高。洛氏硬度以

HR 表示，根据压力大小和压头不同，常用的洛氏硬度指标有 HRA、HRB、HRC 三种，洛氏硬度试验规范见表 6-1，应用最广的是 HRC。

表 6-1 洛氏硬度试验规范

符号	压 头	载荷/N	测量范围	应用范围
HRA	120°金刚石圆锥体	600	60~85	硬质合金、表面硬化钢、淬火工具钢有
HRB	1/16 英寸钢球	1000	25~100	色金属、可锻铸铁、退火或正火钢淬火
HRC	120°金刚石圆锥体	1500	20~67	钢、调质钢

洛氏硬度与布氏硬度值的关系近似为：1HRC = 10HBW。

洛氏硬度法的优点是，可直接在硬度计的刻度盘上读出硬度值，简便迅速，软硬材料均可测量，且压痕小，操作方便，可以在成品上测量，所以在热处理车间应用广泛。由于测量数据不稳定，故同一产品需测量多点，取其平均值。选择相应的洛氏硬度测试法可测定各种软硬材料：HRA 适用于测量硬质合金、表面硬化钢、淬火工具钢；HRB 适用于测量有色金属、可锻铸铁和退火或正火钢等；HRC 适用于测量淬火钢、调质钢等。

常用金属材料的硬度值范围如下：铝合金的硬度一般低于 150HBW，铜合金的硬度为 70~200HBW，退火态的低碳钢、中碳钢、高碳钢的硬度分别为 120~180HBW、180~250HBW、250~350HBW，中碳钢淬火后的硬度可达 50~58HRC，高碳钢淬火后的硬度可达 60~65HRC。

一般结构零件、工具的硬度要求是：钢质结构件的硬度为 180~250HBW，刃具、模具、量具的硬度为 60~66HRC，弹簧及弹性零件的硬度为 40~48HRC。

硬度值作为金属材料的主要性能指标，常标注在零件图的技术要求中。硬度试验设备简单，操作方便，可直接在零件或工具上测试而不破坏工件，并可根据测得的硬度值估算出近似的抗拉强度值，从而了解材料的力学性能及工艺性能，因此，硬度试验作为一种常用的检测手段，在生产中得到了广泛的应用。

（4）韧性 材料抵抗冲击载荷作用而不破坏的能力称为韧性，它常用一次摆锤冲击弯曲试验所测定的冲击吸收能量 KU（U 型缺口）和 KV（V 型缺口）作为衡量指标。冲击吸收能量值越大，材料的韧性越好。

一般将冲击吸收能量值低的材料称为脆性材料，将冲击吸收能量值高的材料称为韧性材料。脆性材料在断裂前无明显的塑性变形，断口较平整，呈晶状或瓷状，有金属光泽；韧性材料在断裂前有明显的塑性变形，断口呈纤维状，无光泽。

3. 材料的工艺性能

工艺性能是材料在加工制造过程中表现出来的性能。材料的工艺性能好，就可使加工工艺简便，并且容易保证加工质量。

（1）铸造性能 金属的铸造性能通常用金属在液态时的流动性、在凝固冷却过程中体积或尺寸的收缩性等加以综合评定。流动性好，收缩性小，则铸造性能好。一般指熔点低、结晶温度范围小的合金才具有良好的铸造性能。如，合金中共晶成分铸造性最好。

（2）锻压性能 锻压性能主要以金属的塑性和变形抗力来衡量。塑性好，变形抗力小，则锻压性能好。冷变形性能好的标志是成形良好、加工表面质量高，不易产生裂纹；而热变形性能好的标志是接受热变形的能力好，抗氧化能力强，可变形的温度范围大及热脆倾向小等。

（3）**焊接性能**　焊接性能一般用金属在焊接加工时焊接接头对产生裂纹、气孔等缺陷的倾向以及焊接接头对使用要求的适应性来衡量。

（4）**切削加工性能**　金属的切削加工性可以用切削抗力的大小、工件加工后的表面质量、刀具磨损的快慢程度等来衡量。对于一般钢材，硬度为200HBW时，具有较好的切削加工性能。

（5）**热处理性能**　热处理是指钢材在热处理过程中所表现的行为。如过热倾向、淬透性、回火脆性、氧化脱碳倾向以及变形开裂倾向等来衡量热处理工艺性能的优劣。

总之，良好的加工工艺性可以大大减少加工过程的动力、材料消耗，缩短加工周期和降低废品率等。优良的加工工艺性能是降低产品成本的重要途径。

6.1.2　钢铁材料的使用知识

1. 常用的钢铁材料

钢铁材料是钢和铸铁的总称，它们都是以铁和碳为主要成分的铁碳合金。从化学成分上看，两者的分界线在 $w_C = 2\%$ 左右，$w_C < 2.11\%$ 的称为钢，$w_C > 2.11\%$ 的称为铸铁。

按照化学成分钢铁可分为碳素钢（非合金钢）和合金钢。碳素钢的主要成分是铁和碳。在碳素钢的基础上，冶炼时有意向地向钢中加入一种或几种合金元素，就形成合金钢。

（1）**碳素钢**　碳素钢是指碳的质量分数小于2.11%，并含有少量硅、锰、硫、磷等杂质元素的铁碳合金，简称碳钢。其中锰、硅是有益元素，对钢有一定强化作用；硫、磷是有害元素，分别增加钢的热脆性和冷脆性，应严格控制。碳含量对钢的力学性能有很大的影响。随着碳含量的增加，钢的硬度不断提高，塑性和韧性不断下降。强度也是随着碳含量的增加而提高，但当碳的质量分数超过1%后，强度呈下降趋势。

碳钢根据碳含量分为低碳钢、中碳钢和高碳钢。低碳钢碳的质量分数小于0.25%，塑性和韧性高，但强度较低。中碳钢碳的质量分数为0.25%~0.6%，是制造机器零件最常用的钢材。高碳钢碳的质量分数大于0.6%，经热处理后，具有较高的硬度和较好的耐磨性，且碳钢的价格低廉、工艺性能良好，在机械制造中应用广泛，主要用于制造工具。

常用碳钢的牌号是根据其用途和质量来确定的，主要分为普通碳素结构钢、优质碳素结构钢和碳素工具钢。普通碳素结构钢牌号的表示方法是由屈服点"屈"字汉语拼音的第一个字母"Q"、屈服点数值（MPa）、质量等级符号（A、B、C、D）及脱氧方法符号（F为沸腾钢，Z为镇静钢）4部分按顺序组成。如Q235AF表示屈服强度值为235MPa、质量为A级的沸腾钢。这类钢一般轧制成各种规格，主要用于制作各种型钢、薄板、冲压件、工程结构件以及受力不大的机械零件，如螺栓、螺母、小轴、键等。

优质碳素结构钢的硫、磷含量较低，材质比普通碳钢好，广泛用于制造机械零件。其牌号以两位数字或数字与特征符号组成，如08、10、15、20、70、75等。数字表示钢中平均碳的质量分数的万分数，例如，45钢表示钢中平均碳的质量分数为0.45%。沸腾钢在牌号尾部加符号"F"，镇静钢一般不标符号。含锰量较高的优质碳素结构钢在表示平均碳的质量分数的数字后面加锰元素符号。例如碳的质量分数为0.50%、锰的质量分数为0.70%~1.00%的钢，其牌号表示为"50Mn"。高级优质碳素结构钢在牌号后加符号"A"，特级优质碳素结构钢在牌号后加符号"E"。

碳素工具钢碳的质量分数为 0.65%～13%。在退火状态的硬度为 190～210HBW，便于加工。淬火以后，其硬度高达 62HRC 以上，主要用来制造刀具、模具和量具。其牌号有 T7、T8、…、T13 等。代号"T"后面的数字表示钢中平均碳的质量分数的千分数，若牌号后加字母"A"，如 T8A、T13A 等，则表示高级优质钢。牌号中的数字越大，表示碳含量越高，则硬度越高，耐磨性越好，但脆性也越大。常用碳钢的牌号、应用及说明见表 6-2。

（2）合金钢　为了提高钢的性能，在铁碳合金中特意加入一定数量的合金元素所获得的钢，称为合金钢。常用合金元素有锰（Mn）、硅（Si）、铬（Cr）、镍（Ni）、钼（Mo）、钨（W）、钒（V）、钛（Ti）、硼（B）和稀土元素（RE）等。合金钢还具有耐低温、耐蚀、高磁性、强耐磨性等良好的特殊性能，它在工具，力学性能、工艺性能要求高的、形状复杂的大截面零件，或有特殊性能要求的零件方面，得到了广泛应用。

按用途不同，合金钢分为结构钢、工具钢和特殊性能钢 3 类。

合金结构钢的钢号由"数字+元素+数字"3 部分组成，如 45Mn2 等。前面两位数字表示平均碳的质量分数的万分数，合金元素以化学符号表示，当此元素平均的质量分数小于 1.5% 时，只标出元素符号而不标明含量，当其平均碳的质量分数不小于 1.5% 或不小于 2.5% 时，则在元素后面标出 2 或 3。合金结构钢按用途可分为机器零件用钢和工程结构用钢。机器零件用钢根据用途可分为合金渗碳钢、合金调质钢、合金弹簧钢和滚动轴承钢 4 种，常用的钢有 15Cr、20Cr、20CrMnTi、40Cr、40MnB、40MnVB 等，低碳合金钢用于制造需要渗碳的零件，中碳合金钢用于制造重要的调质零件或重要的弹簧等。常用的工程结构用钢的牌号有 Q355、Q390 等，其中 Q355 是我国产量最大、各种性能配合较好的钢材，应用最广，工程结构用钢的强度比同样碳含量的普通碳钢的强度有明显提高，而成本与普通碳钢相近，所以工程结构用钢在桥梁、船舶、高压容器、石油化工设备、农业机械中应用广泛。

合金工具钢是制造刀具、量具和模具的重要材料，经过适当的热处理后，能获得相当高的硬度、良好的耐磨性及其他性能。合金工具钢的牌号表示方法与结构钢相似，不同之处是，当合金工具钢平均碳的质量分数不小于 1% 时，碳含量不标出；当碳的质量分数小于 1% 时，钢号前的数字表示平均碳的质量分数的千分数。工具钢的最后热处理多采用淬火与低温回火，以保证硬度和耐磨性。此外，对材质要求很严，合金工具钢都是高级优质钢。由于工作条件不同，合金工具钢可分为刃具钢、模具钢和量具钢。低合金工具钢主要用于制造切削速度不高、形状较复杂的刀具（如丝锥、板牙、钻头、铰刀等），也可以制造量具和冷作模具。常用的钢有 9SiCr、9Mn2V、CrWMn 等。这类钢比碳素工具钢有更高的耐磨性和热硬性（达 250～300℃）。热硬性是指刃部受热升温仍然维持高硬度（60HRC 以上）的一种特性。低合金刃具钢的另一个优点是可以用油作淬火冷却介质，热处理开裂和变形的倾向较小，所以适于制造形状较复杂的刀具。高速钢是热硬性、耐磨性很高的高合金工具钢，热硬性可达 600℃ 左右，能长期保持刃口锋利，可在比低合金工具钢更高的切削速度下工作，最常用的钢有 W18Cr4V（钨系高速钢）和 W6Mo5Cr4V2（钨钼系高速钢）。高速钢目前广泛用于制造多种形状复杂的刀具（如成形铣刀、拉刀等）。硬质合金的硬度和耐磨性均很高，热硬性可达 850～1000℃，硬质合金刀具的切削速度可比高速钢高 4～7 倍，是很重要的刀具材料。硬质合金是一种用碳化物粉末与钴粉末混合压制后烧结而成的粉末冶金材料，性脆，韧性差，故大都是制成简单形状的刀片再焊接在刀体上，或者用机械方法夹装在刀体上。不能用它取代高速钢整体制造形状复杂的刀具，如齿轮刀具、拉刀等。目前常用的硬质合金刀片有两类：一类是钨钴类（YG 类），常用的有 YG8、YG6、YG3 等，后面数字表示钴粉的质量分数，其余为碳化钨粉末的含量；另一类是钨钛钴类（YT 类），常用的有 YT5、YT15、YT30 等，后面数字表示碳化钛粉末的含量，其余为碳化钨粉末和钴粉末的含量。YG 类硬质合金的韧性较好，适于加工铸铁、青铜等脆性材料；YT 类硬质合金的耐热性较好，适于加工钢件。

铸钢主要用于制造形状复杂，具有一定强度、塑性和韧性的零件。碳是影响铸钢性能的主要元素。随着碳质量分数的增加，屈服强度和抗拉强度均增加，而且抗拉强度比屈服强度增加得更快，但当碳的质量分数大于 0.45% 时，屈服强度增加较少，而塑性、韧性却显著下降。所以，在生产中使用最多的是 ZG230-450、ZG270-500、ZG310-570 三种。常用合金钢的牌号、性能及用途见表 6-3。

表 6-2　常用碳钢的牌号、应用及说明

名称	主要性能特点	牌号	应用举例
碳素结构钢	碳含量低，S、P 等杂质含量较多，硬度较低，有一定强度，塑性较好，价格低	Q215A	一般用于制作承受载荷不大的金属结构件，如薄板、铆钉、垫圈、地脚螺栓及焊接件等
		Q235A	用于制作金属结构件、钢板、钢筋、型钢、螺母、连杆、拉杆等，Q235C、Q235D 可用作重要的焊接结构
优质碳素结构钢	属于低碳钢。塑性、韧性好，具有优良的冷成形性能和焊接性能	08、10、15、20、25	一般用于制造受力不大的冲压件，如螺栓、螺母、垫圈等。经过渗碳处理或氧化处理可用作表面要求耐磨、耐腐蚀的机械零件，如凸轮、滑块等
	属于中碳钢。具有良好的综合力学性能和切削加工性能，具有较高的强度和塑性、韧性	30、35、40、45、50、55 等	一般用于制作强度要求较高的重要零件，如曲轴、传动轴、齿轮、连杆等
	属于高碳钢。强度、硬度较高，特别是弹性较好	60、65、70、75、80、85 等	用于制作弹簧、弹簧圈、轧辊、各种垫圈、凸轮及钢丝绳
	性能与相应正常锰含量的各种钢基本相同，强度稍高，淬透性好	40Mn、50Mn、60Mn、70Mn 等	用于制造螺栓、螺母、螺钉、杠杆、制动板；还可以制造高应力下工作的细小零件
碳素工具钢	碳含量较高（$w_C = 0.65\% \sim 1.3\%$），S、P 等含量杂质较少，热处理后可获得较高的硬度及强的耐磨性	T7、T7A、T8、T8A、T8Mn、T8MnA 等	用于制作承受冲击、韧性较好、硬度适当的工具，如扁铲、手钳、大锤、木工工具
		T9、T9A、T10、T10A、T11A 等	用于制作不受剧烈冲击、高硬度、耐磨的工具，如车刀、刨刀、丝锥、钻头、手锯条
		T12、T12A、T13、T13A	用于制作不受冲击、高硬度且要求更高耐磨性的工具，如锉刀、刮刀、丝锥、精车刀、量具

表 6-3　常用合金钢的牌号、性能及用途

种类	牌号	性能及用途
普通低合金结构钢	Q355、Q390	强度较高,塑性良好,具有焊接性和耐蚀性,用于建造桥梁、车辆、船舶、锅炉、高压容器、电视塔等
渗碳钢	20CrMnTi、20MnV、20MnTiB	心部强度较高,用于制造重要的或承受重载荷的大型渗碳零件
调质钢	40Cr、40Mn2、30CrMo、30CrMnSi	具有良好的综合力学性能(高的强度和足够的韧性),用于制造一些复杂的重要机器零件
弹簧钢	65Mn、60Si2Mn、60Si2CrV	淬透性较好,热处理后组织可得到强化,用于制造承受重载荷的弹簧
滚动轴承钢	GCr4、GCr15、GCr15SiMn	用于制造滚动轴承的滚珠、套圈

（3）铸铁　铸铁是碳的质量分数大于 2.11%，主要组成元素为铁、碳、硅，并含有较多硫、磷、锰等杂质元素的铁碳合金。由于铸铁具有良好的铸造性能、切削加工性、减振性、减磨性、低的缺口敏感性，并且成本较低，因此，在机械工业得到了广泛应用。

根据碳在铸铁中的存在形式及石墨的形态，可将铸铁分为灰铸铁、球墨铸铁、蠕墨铸铁、可锻铸铁和白口铸铁 5 类。在铸铁中加入合金元素可获得具有耐热、耐磨、耐蚀的合金铸铁。据资料表明，铸铁件的质量一般占机器总质量的 45%～90%。常用铸铁的牌号、应用及说明见表 6-4。

表 6-4　常用铸铁的牌号、应用及说明

名称	牌号	应用举例	说明
灰铸铁	HT150	用于制造端盖、泵体、轴承座、阀壳、管子及管路附件、手轮;一般机床底座、床身、滑座、工作台等	HT 为"灰铁"两字汉语拼音的字头,后面的一组数字表示 ϕ30 试样的最低抗拉强度。如 HT200 表示灰铸铁的抗拉强度为 200MPa
	HT200	用于制造承受较大载荷和较重要的零件,如汽缸、齿轮、底座、飞轮、床身等	
球墨铸铁	QT400-18 QT450-10 QT500-7 QT800-2	广泛用于机械制造业中受磨损和受冲击的零件,如曲轴(一般用 QT500-7)、齿轮(一般用 QT450-10)、气缸套、活塞环、摩擦片、中低压阀门、千斤顶座、轴承座等	"QT"是球墨铸铁的代号,它后面的数字表示抗拉强度和伸长率。如 QT500-7 即表示球墨铸铁的抗拉强度为 500MPa,伸长率为 7%
可锻铸铁	KTH300-06 KTH330-08 KTZ450-06	用于制作受冲击、振动等零件,如汽车零件、机床附件(如扳手)、各种管接头、低压阀门、农具等	"KTH""KTZ"分别是黑心和珠光体可锻铸铁的代号,它们后面的数字分别代表抗拉强度和伸长率

（4）有色金属及其合金　有色金属的种类繁多，虽然其产量和使用范围不及黑色金属，但是由于它具有某些特殊性能，已成为现代工业中不可缺少的材料。常用有色金属及其合金的牌号、应用举例及说明见表 6-5。

2. 钢的管理和鉴别

（1）常用钢材的种类与规格　常用钢材的种类有型钢、钢板、钢管和钢丝等。

型钢的种类很多，常见的有圆钢、方钢、扁钢、六角钢、八角钢、工字钢、槽钢、角钢、异形钢、盘条等。每种型钢的规格都有一定的表示方法。圆钢的规格以其直径表示，如

表 6-5　常用有色金属及其合金的牌号、应用举例及说明

名称	牌号	应用举例	说明
纯铜	T1	电线、导电螺钉、贮藏器及各种管道等	纯铜分 T1～T4 四种,T1(一号铜)铜的质量分数为 99.95%;T4 铜的质量分数为 99.50%
黄铜	H62	散热器、垫圈、弹簧、各种网、螺钉及其他零件等	"H"表示黄铜,后面数字表示铜的质量分数,如 62 表示铜的质量分数为 60.5%～63.5%
纯铝	1070A 1060 1050A	电缆、电器零件、装饰件及日常生活用品等	铝的质量分数为 98%～99.7%
铸铝合金	ZL102 (代号)	耐磨性中上等,用于制造载荷不大的薄壁零件等	"Z"表示铸,"L"表示铝,后面数字表示顺序号,如 ZL102 表示 Al-Si 系 02 号合金

圆钢 20mm；方钢的规格以"边长×边长"表示，如方钢 30mm×30mm；扁钢的规格以"边宽×边厚"表示，如扁钢 20mm×10mm；工字钢和槽钢的规格以"高×腿宽×腰厚"表示，如工字钢 100mm×55mm×4.5mm，槽钢 200mm×75mm×9mm。角钢分为等边角钢和不等边角钢两种，等边角钢的规格以"边宽×边宽×边厚"表示；不等边角钢的规格以"长边宽×短边宽×边厚"表示，如 80mm×50mm×6mm。

钢板通常按厚度分为薄板（厚度≤4mm）、厚板（厚度>4mm）和钢带。厚板经热轧制成，薄板则有热轧和冷轧两种加工工艺。薄板经热镀锌、电镀锡等处理，制成镀锌薄钢、镀锡薄钢板等，可提高耐蚀性。钢带是厚度较薄、宽度较窄、长度很长的钢板，其加工工艺分热轧和冷轧两种，大多为成卷供应。

钢管分为无缝钢管和焊接钢管两类，断面形状多为圆形，也有异形钢管。无缝钢管的规格以"外径×壁厚×长度"表示，若无长度要求，则只写"外径×壁厚"。

钢丝的种类很多，常见的有一般用途钢丝、弹簧钢丝、钢绳等，其规格以直径表示。

（2）钢材的管理和鉴别　购入钢材后，一般应复验其化学成分并核对交货状态。交货状态是指交货钢材的最终塑性变形加工或最终热处理状态。不经过热处理交货的有热轧（锻）及冷轧（拉）状态；经正火、退火、高温回火、调质和固溶等处理的均称为热处理状态交货。应将钢材按种类和规格分类入库存放，并由专人负责管理。

生产中，为了区别钢材的牌号、规格、质量等级等，通常在材料上做有一定的标记。常用的标记方法有涂色（涂在材料的端面或端部）、打（盖）印、挂牌等。金属材料的涂色标志表示钢种、钢号的颜色，涂在材料一端的端面或外侧。成捆交货的钢应涂在同一端的端面上，盘条则涂在卷的外侧。具体的涂色方法在有关标准中做了详细的规定，生产中可以根据材料的色标对钢铁材料进行鉴别。例如，Q235 钢涂红色，45 钢涂白色+棕色等。使用时可依据这些标记对钢材加以鉴别。

另外，对钢材进行现场鉴别的方法还有火花鉴别法、断口鉴别法及声响鉴别等。火花鉴别法是将钢铁材料轻轻压在旋转的砂轮上进行打磨，观察射出火花的形状和颜色，以及判断钢铁成分的方法。材料或零部件因受某些物理、化学或机械因素的影响而导致断裂所形成的自然表面称为断口。断口鉴别法是生产现场常根据断口的自然形态来断定材料的韧脆性，也

可据此判定相同热处理状态的材料碳含量的高低。若断口呈纤维状、无金属光泽、颜色发暗、无结晶颗粒，且断口边缘有明显的塑性变形特征，则表明钢材具有良好的塑性和韧性，碳含量较低；若材料断口齐平、呈银灰色，具有明显的金属光泽和结晶颗粒，则表明材料金属脆性断裂；而过共析钢或合金钢经淬火及低温回火后，断口常呈亮灰色，具有绸缎光泽，类似细瓷器断口特征。生产现场有时也采用敲击辨声来区分材料。例如，当原材料钢中混入铸铁材料时，由于铸铁的减振性较好，敲击时声音较低沉，而钢材敲击时则发出较清脆的声音。可根据钢铁敲击声音的不同，对其进行初步鉴别，但有时准确性不高。而当钢铁之间发生混淆时，因其声音比较接近，常采用其他鉴别方法进行判别。

如果要准确地鉴别钢材的化学成分或内部组织，需要在以上几种鉴别的基础上，进行化学分析、光谱分析或金相分析等。

6.1.3　常用的非金属材料

1. 塑料

塑料是指以天然或合成树脂为主要成分，在一定温度、压力条件下经塑制成型，并在常温下能保持形状不变的高分子工程材料。塑料一般常用注射、挤压、模压、吹塑等方法成型。

按受热后表现的行为不同塑料可分为热固性塑料和热塑性塑料两类。热固性塑料是指加热后会固化或有不熔融（溶解）特性的塑料。这类塑料耐热性强，受压不易变形，价格低廉，但生产率低，机械强度一般不太好。热塑性塑料是指加热后会熔化，可流动到模具内冷却成型，再加热后又会熔化的塑料，即可通过加热使之软化，降低温度使之硬化的塑料。这类塑料加工成型简便，具有较高的力学性能，但耐热性和刚度较差。

塑料具有一定的耐热性、耐寒性及良好的力学、电气、化学等综合性能，可以替代非铁金属及其合金。作为结构材料用来制造机器零件或工程结构的塑料，以其质轻、耐蚀、电绝缘，具有自好的耐磨性和减摩性，良好的成型工艺性等特性，以及丰富的资源而成为应用广泛的高分子材料，在工农业、交通运输业、国防工业及日常生活中均得到广泛应用。

2. 橡胶

橡胶是指以生胶为原料，加入适量配合剂，经过硫化后所组成的高分子弹性体。生胶按原料来源可分为天然橡胶和合成橡胶。配合剂是指为改善生胶的性能而添加的各种物质，包括硫化剂、促进剂、软化剂、填充剂、防老化剂和着色剂等。硫化剂相当于热固性塑料中的固化剂，硫化剂能使分子链相互交联成网状结构，橡胶的交联过程称为"硫化"。促进剂能缩短硫化时间，降低硫化温度，提高制品的经济性。软化剂能增加橡胶的塑性，改善黏附力，并降低橡胶的硬度和提高耐寒性。填充剂能增加橡胶的强度、降低成本及改善工艺性能。橡胶在长期存放或使用过程中因环境因素逐渐被氧化而变黏变脆，这种现象称为橡胶的老化。防老化剂可防止橡胶的氧化，延长老化过程。着色剂能使橡胶制品具有各种不同的颜色。橡胶具有高弹性、一定的耐磨性及缓冲减振性。

材料按照用途橡胶可分为通用橡胶和特种橡胶两类。通用橡胶有丁苯橡胶（SBR）、氯丁橡胶（CR 称为"万能橡胶"）等，一般具有较好的耐磨性、耐热性、耐老化性等性能，主要用于一般条件下工作的传动及减振，可作为密封件。特种橡胶有丁腈橡胶（NBR）、聚氨酯橡胶（UR）等，由于其特有的优势，广泛应用于军工、航空、石油、化工、机械等各个领域。

3. 陶瓷材料

陶瓷由天然或人工合成的粉状矿物原料和化工原料组成，经过成形和高温烧结制成的，是由金属和非金属元素反应生成的多晶体固体材料。陶瓷的弹性模量一般都较高，极不容易变形。陶瓷的硬度很高，绝大多数陶瓷的硬度高于金属。陶瓷的耐磨性好，是制造各种特殊要求的易损零部件的好材料。陶瓷的抗拉强度低，但抗弯强度较高，抗压强度更高。陶瓷材料的高温强度一般优于金属，在 1000℃ 以上的高温下陶瓷仍能保持其室温下的强度，而且高温抗蠕变能力强，是工程上常用的耐高温材料。

4. 复合材料

复合材料是由两种或两种以上的组分材料通过适当的工艺复合在一起的新材料，其既保留了原组分材料的特性，又具有原单一组分材料所无法获得的或更优异的特性。

复合材料为多相体系，全部相可分为两类，一类相为基体，起黏结剂的作用；另一类为增强相，起提高强度或韧性的作用。其基体可以是金属，也可以是非金属。而增强材料亦可以是金属或非金属。即不同的非金属材料可以相互复合；不同金属材料可以相互复合；各种非金属材料也可与各种金属材料复合。复合材料按结构特点可分为纤维复合材料（纤维和基体组成）、层叠复合材料（两种或多种材料组合而成）和颗粒复合材料（颗粒和基体组成）3 种。

6.2 金属热处理

热处理是机械制造工艺中的重要工艺，通过生产实践和科学研究发现，将钢铁材料在固态下加热到某一适当的温度，保温后以一定的冷却速度将其冷至室温，就可以使其内部的组织结构和性能发生变化；如果改变加热和冷却的条件，则钢铁材料的性能也可以随之发生改变。利用加热和冷却的方法来使钢铁材料获得所需性能的工艺过程，达到最大限度地发挥钢铁材料的潜能，提高机械产品的质量和使用寿命，这就是钢铁材料的热处理。除了钢铁材料，还有不少金属材料也能通过热处理来改变其性能。由此可见，热处理与铸造、锻压、焊接和切削加工等生产不同，它的目的在于改变工件材料的性能，一般不会改变工件尺寸形状和整体的化学成分。

6.2.1 热处理实习安全操作规程

1）了解热处理车间的设施与设备，熟悉安全操作规程，避免违章作业，随时注意避免可能发生的事故。

2）进入实习场地务必按要求穿戴防护用品，长发者须戴工作帽并将头发挽入帽内。操作时必须穿戴好防护用品，防止碰伤和烫伤。

3）热处理前要检查设备、仪表、工具是否完好，要检查电阻炉加热元件及炉壳接地线，清除炉内氧化皮。

4）实习工件应正确捆绑，钳子大小要正确选用，以免工件在操作时掉落。

5）使用热处理电阻炉时，工件转炉、出炉应先断电源，以防触电。

6）热处理车间内的工件、夹具、设备等不要轻易用手触摸，以防烫伤。

7）热处理车间内的酸、碱、盐等化学试剂、药品和易燃易爆物品，要派专人管理，不要随意接触，防止意外发生。

8）从热处理炉中夹持工件时，不要全部围在炉门旁，要依据排好的顺序夹取工件，以免操作中相互碰撞或烫伤。

9）工件进电阻炉、出电阻炉时应先切断电源，以防触电，工件、工具不许触碰加热元件，以免加热元件损坏。

10）热处理设备的电源线、热电偶、控制仪表等不得随便触动，以免事故发生。

11）使用高频感应淬火设备时，要确保机壳接地，机内及感应圈必须先通水，且保证水源清洁，以免阻塞冷却管道。

12）要注意高频感应淬火设备感应圈设计的合理性，防止工件与感应圈接触引起感应圈短路或感应圈匝间接触造成短路。

13）实习完毕后，要认真清理实习场地；收拾工具，关闭电源，经指导教师同意后方可离开。

6.2.2　热处理概述

金属热处理是将金属工件放在一定的介质中加热到适宜的温度，并在此温度中保持一定时间后，又以不同速度冷却的一种工艺，是通过改变工件内部的显微组织，或改变工件表面的化学成分，赋予或改善工件的使用性能。金属热处理是机械制造中的重要工艺之一，许多机器零件和工模具在制造过程中，往往需安排多次热处理。在冷热加工工序之间进行的热处理通常称为预备热处理，其目的是消除上道工序产生的缺陷，为下道工序的进行创造良好的条件。在工件的加工成形基本完成之后再进行的热处理通常称为最终热处理。其特点是改善工件的内在质量，而这一般是肉眼所不能看到的。

为使金属工件具有所需要的力学性能、物理性能和化学性能，除合理选用材料和各种成形工艺外，热处理工艺往往是必不可少的。钢铁是机械工业中应用最广的材料，钢铁显微组织复杂，可通过热处理予以控制，所以钢铁的热处理是金属热处理的主要内容。另外，铝、铜、镁、钛等及其合金也都可以通过热处理改变其力学、物理和化学性能，以获得不同的使用性能。

20世纪以来，金属物理的发展和其他新技术的移植应用，使金属热处理工艺得到了更大发展。一个显著的进展是1901—1925年，在工业生产中应用转筒炉进行气体渗碳；20世纪30年代出现露点电位差计，使炉内气氛的碳势可控，以后又研究出用二氧化碳红外仪、氧探头等进一步控制炉内气氛碳势的方法；20世纪60年代，热处理技术运用了等离子场的作用，发展了离子渗氮、渗碳工艺；激光、电子束技术的应用，又使金属获得了新的表面热处理和化学热处理方法。表面热处理和化学热处理都是仅对工件表层进行的热处理，其作用主要是强化零件的表面。一方面，有不少机械零件如齿轮、冲头等，它们在工作时表面要承受与心部不同类型载荷的作用，或者表面比心部受到更多破坏性因素的影响，因而就要求表面必须具有与心部不同的特殊性能。另一方面，生产实践和科学研究也表明，机械产品和工程结构在使用过程中所发生的破坏或失效，大多并非来自材料整体或内部的破坏，而是来自材料的表面损伤，如磨损、腐蚀和表面疲劳裂纹等。由此可见，如何有效地改善材料的表面性能或为材料表面提供有效的保护，这对于更好地提高产品使用性能，显著延长其使用寿命有着极大的意义。

6.2.3 常用热处理设备

热处理设备可分为主要设备和辅助设备两大类。主要设备包括热处理炉、测量和控制仪表、冷却设备等。辅助设备包括检测设备、校正设备和消防安全设施等。

1. 主要设备

（1）热处理炉　常用的热处理炉有箱式电阻炉、井式电阻炉、盐浴炉和其他热处理炉等。

1）箱式电阻炉。电阻炉一般由炉壳、炉衬、炉门、电热元件和温控部分等组成，利用电流通过布置在炉膛内的电热元件（电阻丝）发热，通过对流和辐射对零件加热，如图6-1所示。箱式电阻炉是热处理车间应用很广泛的加热设备，适用于钢铁材料和非钢铁材料（有色金属）的退火、正火、淬火、回火及固体渗碳等的加热，具有操作简单、控温准确、可通入保护性气体防止零件加热时的氧化、劳动条件好等优点。炉内装料一般不超过炉膛体积的1/3，否则将对工件的加热质量产生较大的影响。

2）井式电阻炉。炉体呈圆筒状，炉口向上并安有炉盖。一般将炉体部分或大部分置于地坑，仅露出地面600～700mm，以方便工件的进炉和出炉，如图6-2所示。井式电阻炉的工作原理与箱式电阻炉相同，其炉口向上，形如井状。常用的有中温井式炉、低温井式炉和气体渗碳炉3种，井式电阻炉采用起重机起吊零件，能减轻劳动强度，故应用较广。

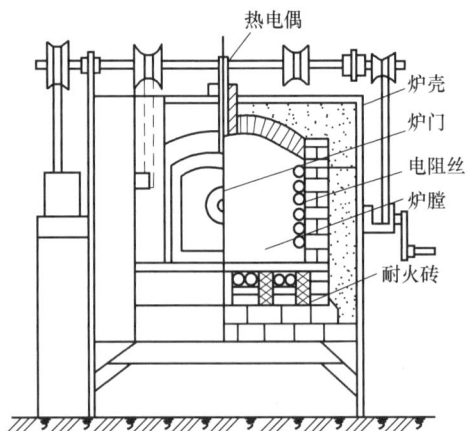

图 6-1　箱式电阻炉

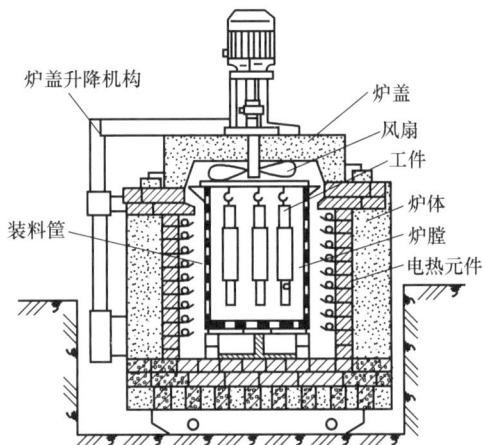

图 6-2　井式电阻炉

中温井式炉主要应用于长形零件的淬火、退火和正火等热处理，其最高温度为950℃，井式电阻炉与箱式电阻炉相比，井式电阻炉热量传递较好，炉顶可装风扇，以加强炉气循环，使温度分布较为均匀，特别适用于细长零件垂直放置，可克服零件水平放置时因自重引起的弯曲变形。

气体渗碳或渗氮等的井式电阻炉内，有一炉罐用于放置工件，炉盖上安装有渗剂滴入装置。炉罐与炉盖之间等处都有密封装置，以防止漏气。

3）盐浴炉。盐浴炉是利用熔融盐作为加热介质的热处理加热设备。最常用的是插入式电极盐浴炉，如图6-3所示，它是在池状炉膛内插入或在炉壁中埋入电极，通以低电压、大电流的交流电，通过炉内的熔融盐液形成回路，借助熔盐的电阻发热，使熔盐达到要求的温度，从而以对流和传导的方式对浸在熔盐中的工件进行加热。盐浴炉的优点是结构简单，制造方便，费用低，加热质量好，加热速度快，工件不易氧化、脱碳，并且便于局部加热，因而应用较广。但在盐浴炉加热时，有零件的扎绑、夹持等工序，使操作复杂，劳动强度大，工作条件差，同时在开始使用电极盐浴炉时，须用辅助电极将盐熔化，再用主电极进行通电加热，盐浴在使用中还须定期脱氧。因此，盐浴炉广泛应用于中、小型零件（尤其是合金钢的工、模具零件）的正火和淬火加热以及多种化学热处理。

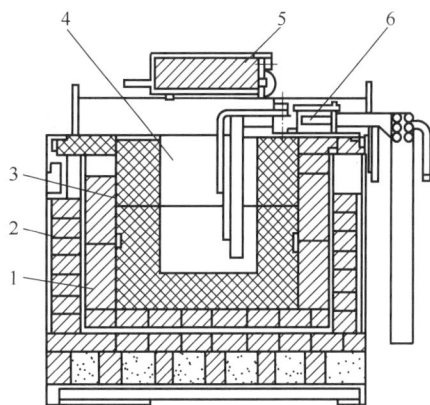

图 6-3　插入式电极盐浴炉
1—保温层　2—炉壳　3—炉衬
4—炉膛　5—炉盖　6—电极

4）其他热处理炉。其他热处理炉还有燃料炉（如燃煤炉、燃油炉和燃气炉等）、流动粒子炉、可控气氛加热炉、真空热处理炉、高频感应淬火设备等。

（2）测量与控制仪表　加热炉的温度测量和控制主要是利用热电偶和测量温度控制仪表及开关器件进行的。热电偶是将温度转变成热电势，温度控制仪是将热电偶产生的热电势转变成温度的数字显示或指针偏转角度显示。热电偶应放在能代表零件温度的位置，温控仪应放在便于观察又避免热源、磁场等影响的位置。

（3）冷却设备　常用的冷却设备有水槽、油槽、浴炉、缓冷坑、吹风机等。水槽的基本结构有正方体、长方体等，主要由钢板和角钢焊接而成。水槽应具有循环功能，以保证淬火冷却介质温度均匀。淬火冷却介质分别有盐水、碱水、矿物油、有机化合物溶液等，介质的选择一般要根据零件的材质、性能要求和形状来确定。

2. 辅助设备

热处理辅助设备主要包括：用于清除工件表面氧化皮的清理设备，如清理滚筒、喷砂机、酸洗槽等；用于清洗工件表面黏附的盐、油等污物的清洗设备，如清洗槽、清洗机等；用于校正热处理工件变形的校正设备，如手动压力机、液压校正机等；用于搬运工件的起重运输设备等。

6.2.4　热处理方法

钢的热处理是建立在固态下纯铁能够产生同素异构转变的基础之上的。纯铁的同素异构转变（即在一定的温度下其晶体结构会发生改变）将导致铁碳合金在加热或冷却过程中内部的组织结构发生变化。对于碳素钢，加热时，开始发生这种组织结构变化的温度（称为临界温度或相变温度）约为 727℃，称为 Ac_1 温度。如果把加热到 Ac_1 以上适当温度的钢件保温一段时间后，以不同的冷却速度冷至室温，则会使其组织结构和性能发生不同的变化。因此，加热温度和冷却速度的不同，构成了不同的热处理工艺。不同的热处理工艺适用于不同的条件和目的，因此，在制订热处理工艺和操作之前，必须对所要热处理的工件的材料和性能要求等做到心中有数。

热处理工艺曲线是工件进行热处理的主要依据，主要内容包括加热温度、保温时间和冷却方式三个方面，如图 6-4 所示。其中，纵坐标表示加热温度，横坐标表示加热、保温和冷却所用的时间。热处理工艺曲线一般由专业技术人员根据合金状态制订。需要指出的是，热处理工艺曲线中的加热温度、加热时间和冷却速度等工艺指标主要取决于工件材料的特性、零件形状、变形大小及所要求的力学性能等。

热处理的工艺方法很多，按照国家标准，可以将它们分为以下三类。

图 6-4　钢的热处理工艺曲线

1）整体热处理。如退火、正火、淬火、回火等。

2）表面热处理。如表面淬火（感应淬火、火焰淬火、接触电阻加热淬火等）、表面气相沉积等。

3）化学热处理。如渗碳、渗氮、渗硼、渗金属等。

1. 整体热处理

整体热处理是指通过加热使工件在达到加热温度时"里外熟透"，经冷却后实现改善工件整体组织和性能的目的。根据加热和冷却方法的不同，整体热处理包括退火、正火、淬火和回火。

（1）退火　退火是指将工件加热到一定温度，保持一定时间，然后缓慢冷却（一般是随炉冷却）的热处理工艺。退火的目的主要是降低硬度，提高塑性，改善切削加工性能；细化晶粒，调整组织，改善工件力学性能；消除铸、锻、焊、轧、冷加工等工序所产生的内应力。常用的退火工艺有以下几种。

1）完全退火。主要用于低碳钢和中碳钢工件。一般是把工件加热到 750～900℃，如图 6-4 所示，保温一段时间后，随炉缓慢冷却到室温，也可随炉冷却到 500℃ 以下出炉空冷。

2）球化退火。对于 $w_C \geq 0.8\%$ 的高碳钢，完全退火难以获得比较理想的均匀组织，硬度也往往偏高，不利于切削加工。因此，对它们要采用球化退火，其方法是将工件加热到 Ac_1 以上 20～30℃，适当保温后随炉缓慢冷却下来。球化退火后的钢一般处于最软化的状态，组织也比较均匀。高碳工具钢经球化退火后，也有较好的可加工性。

3）去应力退火。其目的只是为了消除工件中的内应力。它是将工件加热到 500～600℃，保温一定时间，然后随炉冷却。去应力退火时的加热温度是各种退火工艺中最低的，故又称低温退火。

（2）正火　正火是将钢件加热到临界温度（Ac_3 或 Ac_{cm}）以上 30～50℃，保温一定时间，然后在静止的空气中冷却的热处理工艺。正火的主要目的是细化组织、增加强度和韧性、减少内应力、改善切削加工性能。具体钢种的正火温度与碳含量有关，具体如图 6-5 所示。

正火的作用与退火相似，不同的是正火的冷却速度较快，因而得到的组织结构较细，力学性能也有所提高。另外，正火比退火的生产周期短，设备利用率高，能耗小，成本低。因此，正火是一种方便且经济的热处理方法。由于低碳钢工件退火后硬度偏低，可加工性反而不好，因此通常用正火而不用退火。中碳钢工件的预备热处理采用正火或退火，一般在满足

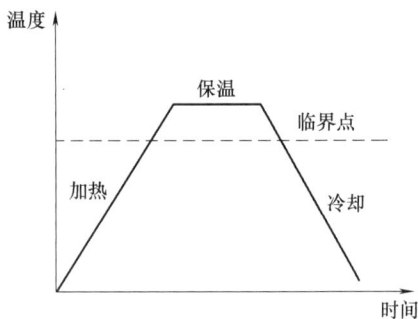

工件性能要求的情况下，优先选用正火。对于力学性能要求不高的零件，也可用正火作为最终热处理。

（3）淬火　淬火是指将钢件加热到临界温度（Ac_3 或 Ac_{cm}）以上 $30 \sim 50℃$，保温一定时间，然后以适当的冷却速度（大于临界冷却速度）冷却，以获得马氏体或贝氏体组织的热处理工艺。淬火的目的是获得马氏体或贝氏体组织，与回火配合获得不同的性能，淬火主要用于提高工件的硬度、强度和耐磨性。

临界温度是钢材热处理的重要依据，不同的钢材其临界温度各不相同，它主要取决于钢的化学成分。对于 $w_C < 0.8\%$ 的碳素钢，碳含量越低，其淬火加热温度越高。例如，30 钢的淬火温度为 860℃，45 钢的淬火温度为 840℃，55 钢的淬火温度为 820℃。$w_C \geq 0.8\%$ 的高碳钢，其淬火加热温度为 $Ac_1 + （30 \sim 50）℃$，即 $760 \sim 780℃$。

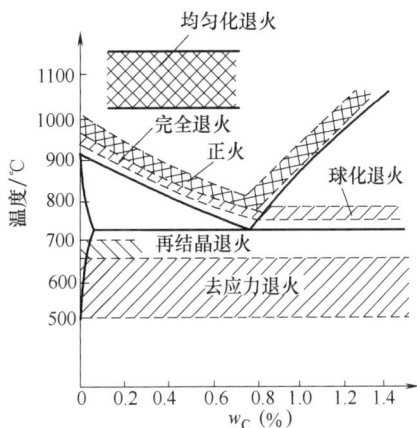

图 6-5　碳素钢退火和正火的加热温度范围

淬火用的淬火冷却介质也称为冷却介质。碳素钢工件的淬火，大多采用水作为淬火冷却介质，因为水最便宜而且具有很大的冷却能力，但很容易引起工件变形与开裂，这是水冷的最大缺点，但目前仍是碳钢最常用的淬火冷却介质。合金钢工件淬火时，一般选用冷却能力较低的油作为淬火冷却介质，这有利于减少工件的变形。为了减少工件淬火时的变形，也可采用盐浴作为淬火冷却介质，如熔化的 $NaNO_3$、KNO_3 等，主要用于贝氏体等温淬火、马氏体分级淬火。其特点是沸点高，冷却能力介于水与油之间，常用于处理形状复杂、尺寸较小和变形要求严格的工件。

（4）回火　回火是指将淬火后的钢件重新加热到 Ac_1 以下某一温度，保温一定时间，然后取出在空气中冷却的热处理工艺。回火的主要目的是降低淬火工件的脆性、调整硬度、提高塑性和韧性、消除内应力。

工件回火后的性能主要取决于回火温度的高低，因此，回火操作主要是控制回火温度。回火后通常在空气中冷却，少数情况下，须用油冷或水冷。随着回火温度的升高，钢件力学性能变化的基本趋势是强度、硬度下降，塑性、韧性提高，同时内应力减小。根据回火温度的不同，可将回火分为下列 3 类。

1）低温回火。回火温度为 $150 \sim 250℃$，其目的是减小工件淬火后的内应力和脆性，但仍然使之保持高的硬度（56 ~ 64HRC）。低温回火主要用于刀具、量具、冷作模具、滚动轴承、经表面淬火或渗碳的工件等。

2）中温回火。回火温度为 $350 \sim 500℃$，可使工件具有高的弹性极限、屈服强度以及一定的韧性，硬度为 35 ~ 50HRC。中温回火主要用于各种弹簧和热锻模等。

3）高温回火。回火温度为 $500 \sim 650℃$，工件可获得强度、塑性和韧性都较好的综合力学性能，硬度为 200 ~ 300HBW。通常将淬火和高温回火两道热处理工序合称为调质处理，主要用于重要的机械零件，如轴、齿轮、连杆、高强度螺栓等。

2. 表面热处理

表面热处理是指仅对零件需要硬化的表面部分进行加热淬火的淬火工艺。经表面淬火的零件不仅提高了其表面的硬度和耐磨性，而且与经过适当预备热处理的心部组织相配合，可以使零件获得较高的疲劳强度和强韧性。表面淬火可以通过对零件表面进行感应淬火、火焰淬火等方式实现。

（1）感应淬火　感应淬火时，首先应将工件放在空心钢管绕成的感应线圈中，线圈中通入一定频率的交流电，使工件表面产生感应电流，利用感应电流的热效应，在极短的时间内使工件表面加热到淬火温度，然后立即快速冷却（如喷冷水），使工件表面形成硬化层，感应淬火主要用于中碳钢和合金钢制造的工件。淬火时工件表面加热深度主要取决于电流频率。实践生产过程中主要是通过选择不同的电流频率，来达到不同要求的硬化层深度。感应淬火后，为了使工件减少脆性，降低内应力，需进行低温回火。生产中有时采用自行回火法，即当淬火冷至200℃左右时，停止喷水，利用工件内部余热达到回火的目的。

（2）火焰淬火　火焰淬火是利用乙炔-氧火焰或煤气-氧火焰，喷射到工件表面上，使其快速加热到淬火温度，然后迅速喷水冷却，从而获得预期硬度和淬硬层深度的一种表面淬火方法。火焰淬火的淬硬层深度一般为2~6mm，若淬硬层过深，容易引起工件表面产生严重过热，造成变形与裂纹。火焰淬火操作简便，不需要特殊设备，成本低，但生产率低，工件表面容易过热，质量较难控制，火焰淬火主要用于单件或小批量生产的齿轮、轴、轧辊等零件。

3. 化学热处理

钢的化学热处理是将工件置于一定温度的活性介质中保温，使一种或几种化学元素渗入钢的表层，以改变其化学成分、组织和性能的热处理工艺。这种热处理与表面淬火相比，其特点是表层不仅有组织的变化，而且还有成分的变化。目前，在机械制造中，最常用的化学热处理是渗碳和渗氮。

（1）渗碳　为了增加钢件表层碳的质量分数和一定的碳浓度梯度，将钢件在渗碳介质中加热并保温，使碳原子渗入钢件表层的化学热处理工艺，称为渗碳。渗碳层深度为0.3~2.5mm，渗碳层碳的质量分数最好为0.85%~1.05%。渗碳用钢碳的质量分数一般为0.15%~0.25%的低碳钢和低碳合金钢，如15、20、20Cr、20CrMnTi等钢。渗碳后的工件，都要进行淬火和低温回火，使工件表面获得高的硬度、耐磨性和疲劳强度，其表面硬度可达58~64HRC，而心部仍保持一定强度和良好的韧性。因此，渗碳广泛应用于要求表面硬而心部韧的工件，如齿轮、凸轮轴、活塞销、针阀等零件。

根据渗碳时介质物理状态的不同，渗碳方法可分为气体渗碳、固体渗碳和液体渗碳3种，其中，气体渗碳应用最广。

气体渗碳是工件在气体渗碳介质中进行的渗碳工艺，它是将工件放入密封的加热炉中（如井式气体渗碳炉），通入气体渗碳剂进行渗碳，常用气体渗碳剂有煤油、苯、丙酮、甲烷、煤气等。渗碳时在炉内高温下分解出的活性碳原子被工件表面吸收，通过碳原子的扩散，在工件表面形成一定的渗碳层。

气体渗碳温度一般为920~930℃。渗碳时间根据工件所要求的渗碳层深度来确定。一般按渗0.25mm/h的速度进行估算。实际生产中常用检验试棒来确定渗碳的时间。气体渗碳具有劳动条件好，生产率高，渗碳质量稳定，容易控制，适合于大批量生产的优点。

（2）渗氮　渗氮是在一定的温度下（一般在Ac_1温度下）使活性氮原子渗入工件表面的化学热处理工艺。目前广泛应用的是气体渗氮。渗氮层深度一般不超过0.6~0.7mm，渗氮处理时工件变形很小。

渗氮的目的是提高工件的表面硬度、耐磨性和疲劳强度。此外，渗氮层还具有较高的耐蚀性和抗咬合性，而且工件渗氮后无须淬火就可以达到高硬度。最常见的渗氮用钢是38CrMoAl。渗氮工艺广泛用于精密齿轮、高精度机床主轴、交变载荷下要求较高疲劳强度的精密零件等。

热处理操作实习或参观实习时，应注意了解所接触到的各类热处理零件的名称材料、热处理的目的、加热温度、冷却方式等，比较工件在热处理前后的硬度变化，同时还要对所用到或见到的热处理设备的名称、型号和用途等加以了解。

6.2.5 热处理基本操作

1. 热处理工艺的制订

机械生产中，零件的加工工序一般分为：铸造或锻造→预备热处理→机械加工（粗加工、半精加工）→最终热处理→机械加工（精加工）。

其中，预备热处理一般是指退火后正火调质，其目的是消除铸造或锻造过程中产生的内应力，调整硬度，以利于机械加工；最终热处理主要是指淬火+回火、调质+表面淬火+回火、化学热处理+其他热处理等，它可以调整工件的强度、硬度和其他力学性能，使其达到所要求的范围。退火温度根据退火类型而定，对于退火要求不十分严格的工件，可按淬火温度进行，如果要求较高，则按工件的退火工艺要求进行。

2. 热处理工艺的操作

（1）加热 形状简单的碳素钢、低碳合金钢工件加热时，可在炉温达到规定温度时，装炉快速加热，对于形状复杂、中高碳合金钢工件加热时，如果加热速度过快，工件内部会产生较大的应力，因此，一般采用低温装炉，限速加热，加热炉中装入工件时，工件之间要保持一定的间隙，以免影响加热质量，高碳钢加热时，工件周围还应放置木炭、铸铁屑等进行保护，以防工件表面发生严重的氧化及脱碳现象。

（2）保温时间 保温时间是指炉温达到预定温度，保持这一温度持续加热，使得工件内部组织得以充分转变的时间。对于碳素钢工件，可根据工件的有效直径，按 1min/mm 计算保温时间，合金钢工件可按 1.5min/mm 计算保温时间。

（3）冷却 退火的冷却方式一般是随炉冷却，正火的冷却方式是在空气中冷却，淬火的冷却是在冷却槽中进行，而且冷却介质要根据工件材质和力学性能要求的不同来选择。

碳素钢工件淬火冷却时，一般在水溶性介质（如盐水）中冷却，合金钢工件一般在油中冷却，某些中等淬透性的碳素工具钢则采用"双液"冷却，即先在水中冷却一段时间，然后再放入油中冷却。冷却时为防止冷却不均匀，工件要在冷却介质中不断摇动，必要时冷却介质还要进行循环流动，工件浸入冷却介质中的方式对热处理的质量也有较大的影响，如可能会引起工件翘曲变形、硬度偏低及开裂等现象，因此，工件淬火时浸入冷却介质中的正确方式应为细长的工件应竖直浸入；薄平的工件应竖直浸入；厚薄悬殊的工件应厚处向下浸入；有凹槽的工件应槽口向上浸入；对于一些形状复杂的工件，淬火冷却时还要进行固定。

（4）质量检验 工件热处理后，必须进行质量检验，其质量检验内容包括以下几项。

1）金相组织检验。热处理后的金相组织要由专业人员借助检验设备，并参照有关技术要求，对热处理后的组织转变情况做出准确鉴定，最终对工件热处理后的金相组织质量是否合格做出科学评定。

2）变形检验。主要是检查热处理后工件的变形是否在所要求的尺寸范围内，如果部分工件的尺寸变形超过规定的范围，一方面可通过机械调整，另一方面主要是通过制订更合理的热处理工艺来进行调整和控制。

3）裂纹检验。工件在加热和冷却过程中，由于表面和心部的冷却速度不一致，形成温差，导致工件表面和心部体积胀缩不均，会产生内应力，这种内应力称为热应力。而热处理过程中，由于工件各部位组织转变先后不一致而引起的应力，称为组织应力。在淬火时工件热应力和组织应力同时存在，这两种应力总称为淬火应力。当淬火应力大于钢的抗拉强度时，工件就会开裂，当淬火应力大于钢的屈服点时，工件就产生变形。工件表面裂纹一般可以用肉眼看到，而内部裂纹则需专用设备（如磁粉探伤、超声波探伤仪、X射线等）检测。

4）氧化及脱碳检验。钢在加热时，介质中的 O_2、CO、H_2O 与工件表面反应生成氧化物的过程称为氧化。加热时由于气体介质与钢表层碳的作用，使钢表层碳的质量分数降低的现象称为脱碳。氧化程度可通过工件外观观察进行检验，而脱碳则需要借助金相观察法对试样进行检验。工件表面的氧化和脱碳可通过涂敷防氧化层加以保护，或利用保护气体实现防氧化和无脱碳处理，也可适当加大精加工余量，而在机械切削时加以消除。

5）硬度检验。硬度检验一般要用硬度计来进行，对于要求不高的工件，也可利用锉刀锉削工件表面，根据其打滑程度来粗略估计其硬度。

3. 典型工件的热处理实例

小手锤的外形，其技术要求如下。

1）小手锤材料：45钢。

2）小手锤硬度要求：小手锤两头锤击部分的硬度为49～51HRC，并且淬火深度为10mm，中部不淬火。

3）小手锤热处理方法如下。

① 整体加热淬火法。将工件在电阻炉中（或手锻炉中）加热至800～860℃，保温15min，取出后在冷水中连续调头淬火，浸入水中15～20mm深度。待工件发黑后全部浸入水中。淬火结束后回火，其回火的温度为250～270℃，保温90min。

② 局部加热淬火法。距小手锤小端约15mm处，用氧气-乙炔火焰，将小手锤小端加热至淡樱红色，然后淬入水中。取出后掉头，小端仍浸入水中，大端朝上露出水面15～20mm，再用氧气-乙炔火焰，将小手锤大端加热至樱红色，然后将其迅速下浸至水中。取出小手锤后，在回火炉中对其进行回火，其回火温度为250～270℃，保温90min。

4）小手锤热处理质量检验。利用硬度计检查小手锤两端的硬度是否符合要求。若没有硬度计，可用新的细锉刀，锉刀的硬度大约在60HRC以上。锉动时手的感觉与小手锤硬度值的关系见表6-1。

表6-6　锉动时手的感觉与小手锤硬度值的关系

锉时手的感觉	硬度（HRC）	锉时手的感觉	硬度（HRC）
很容易吃紧,锉屑多	30以下	用力仅能锉动一点	55～60
稍用力即可锉动	30～40	锉刀打滑	60以上
锉刀已不太容易锉动	50～55		

第7章 铸造

铸造是用液态合金形成产品的方法，首先熔炼金属，制造铸型，再将熔融金属浇入铸型，凝固后获得一定形状、尺寸和性能的铸件。铸造出的金属制品称为铸件，绝大多数铸件用作毛坯，需要机械加工后才能成为各种机械零件；少数铸件当达到使用的尺寸精度和表面粗糙度值要求时，可作为成品或零件而直接使用。

随着铸造合金、铸造工艺技术的发展，特别是精密铸造的发展和新型铸造合金的成功应用，使铸件的表面质量、力学性能都有显著提高，铸件的应用范围日益扩大，所以铸造在国民经济中占有极其重要的地位。

7.1 实习目的和要求

1）了解铸造生产的工艺过程、特点和应用范围。

2）了解型砂、芯砂等造型材料的组成、性能及制备过程。

3）掌握分型面的选择原则及浇注系统的合理应用原则。

4）掌握工厂常用的手工造型方法、特点和应用范围。

5）了解机器造型的特点和应用范围。

6）了解铸造生产过程中的熔炼过程及设备，以及浇注、落砂、清砂等过程。

7）了解常见的铸造缺陷。

8）了解常见的几种特种铸造的特点和应用范围。

9）了解铸造生产的安全技术、环境保护，并能进行简单的经济分析。

10）了解砂型的结构，分清零件和铸件之间的差别。

7.2 实习安全操作规程

1）进入铸工车间实习，必须进行安全文明生产和机床操作规程的学习。按规定穿戴好劳动防护用品后，才能进行操作。

2）工作前必须认真检查所有工具，不得使用有损伤的工具；穿好规定的防护用品。

3）造型操作前要注意工作场地布置，砂箱、工具等安放位置，砂箱叠放高度要低于1.2m。

4）砂舂应横放于地上，舂砂时不得将手放于边上，以免碰伤。

5）禁止用嘴吹分型砂，使用手风器时，要选择无人的方向吹，以免砂尘吹入旁人的眼睛，更不得用手风器玩闹。

6）起模针及气孔针应放于工具箱内，在造型场地内走动时应注意脚下，以免踏坏做好的砂型、型芯或热铸件。

7）熔化和浇注时，要按规定戴好防护用具。

8）观看熔炉及熔化过程时，应站在一定的安全距离外，避免金属液飞溅而烫伤。

9）倒金属液前要把浇包预热，浇包不干不准使用；撇渣棒一定要预热，不准用铁管代替铁棍；撇渣及引火工作务求彻底，以防熔液流入型中，引起爆炸。铁液面上只能覆盖干的稻草灰，不得用草包等其他易燃物。

10）接金属液时不要过满，防止走动时洒出来，造成烫伤事故。

11）浇注金属液时，抬包要稳，勿使金属液流出伤人。严禁和他人谈话或并排行走，以免发生危险。

12）浇注速度要适当，浇注时人不能站在金属液正面，且严禁在冒口顶部观察金属液。

13）已浇注砂型，未经许可不得触动，以免损坏铸件。清理时对已清理的铸件要注意其温度，以防烫伤。

14）落完箱的垫砂，未经冷却时，不准在上面行走。

15）工作场所及通行道路必须保持清洁与宽敞，做到文明生产。实习完毕，要全面进行场地清扫（清理干净型砂，保养好设备，收拾好砂箱等工具，值日生应切断一切电源，关好门窗）。

7.3 砂型铸造

砂型铸造是应用最为广泛的铸造方法，基本的砂型铸造过程如图7-1所示。砂型铸造适用于各种金属材料，能生产各种形状和大小的铸件。但一个砂型只能使用一次，需耗费大量的造型工时，因此，造型是砂型铸造生产过程中的主要工序，也是铸造实习的主要任务。

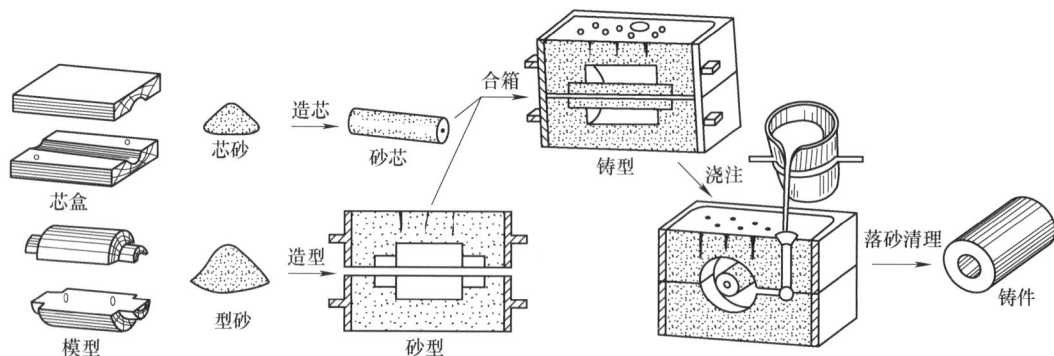

图 7-1　基本的砂型铸造过程

7.3.1 型砂及芯砂

每生产1t合格铸件需约5t型（芯）砂，因此型（芯）砂质量直接影响铸件质量和成本，必须有效控制型（芯）砂物料的组成、制备工艺和性能指标。

1. 型（芯）砂的组成

型（芯）砂主要由砂、黏结剂和水组成，砂的主要成分是石英（SiO_2），它的熔点高达1700℃。砂中SiO_2含量越高，其耐火性越好。铸造用砂根据合金要求，对石英含量、砂粒形状和大小都有不同要求。一般砂粒越大，耐火性和透气性越好。常用黏结剂是黏土，对于要求高的芯砂可采用有机黏结剂，如合脂或树脂等。作为黏结剂的黏土只有被水润湿后，其黏性才能发挥作用。水分的多少，直接影响型砂的性能，如强度和透气性等。其中，黏土约为9%，水约为6%，其余为原砂。为改善型（芯）砂的某些性能，常加入一些附加物，如加煤粉来防止黏砂；加木屑来减小铸件内应力，以防止变形和开裂。紧实后的型砂结构如图7-2所示。

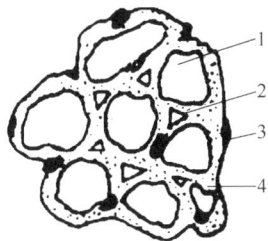

图 7-2 紧实后的型砂结构
1—砂粒 2—空隙
3—附加物 4—黏土膜

由于需求量少，芯砂一般用手工配制。型芯所处的环境恶劣，所以芯砂性能要求比型砂高，同时芯砂的黏结剂（黏土、油类等）比型砂中黏结剂的比重要大一些，所以其透气性不及型砂，制芯时要做出透气道（孔）；为改善型芯的退让性，要加入木屑等附加物。有些要求高的小型铸件往往采用油砂芯铸造（桐油+砂子，经烘烤至黄褐色而成）。

2. 型砂的性能

型砂质量直接影响铸件的质量，型砂质量差，会使铸件产生气孔、砂眼、黏砂、夹砂等缺陷。良好的型砂应具备下列性能。

1）透气性。型砂能让气体透过的性能称为透气性。高温金属液浇入铸型后，型内充满大量气体，这些气体必须由铸型内顺利排出去，否则将使铸件产生气孔、浇不足等缺陷。

铸型的透气性受砂的粒度、黏土含量、水分含量及砂型紧实度等因素的影响。砂的粒度越细，黏土及水分含量越高，砂型紧实度越高，透气性则越差。

2）强度。型砂抵抗外力破坏的能力称为强度。型砂必须具备足够高的强度，才能在造型、搬运、合箱过程中不引起塌陷，浇注时也不会破坏铸型表面。型砂强度也不宜过高，否则会因透气性、退让性的下降使铸件产生缺陷。

3）耐火性。型砂抵抗高温热作用的能力称为耐火性。耐火性差，铸件易产生黏砂。型砂中SiO_2含量越多，型砂颗粒就越大，耐火性越好。

4）可塑性。型砂在外力作用下变形，去除外力后能完整保持已有形状的能力称为可塑性。可塑性好，造型操作方便，制成的砂型形状准确、轮廓清晰。

5）退让性。铸件在冷凝时，型砂可被压缩的能力称为退让性。退让性不好，铸件易产生内应力或开裂。型砂越紧实，退让性越差。在型砂中加入木屑等物可以提高退让性。

此外，型砂还要具有较好的耐用性、溃散性和韧性等。

上述性能是最基本的，有时又是互相矛盾的。例如，强度高、可塑性好时，透气性便可能降低；退让性好，可塑性就会差一些。因此，要求型砂具有良好的综合性能，应根据铸造金属种类、铸件大小、造型材料的来源和成分，合理决定和严格控制型砂的配制成分。

3. 混砂过程

型砂的组成物按一定比例配制，以保证其性能。型砂的性能好坏不仅决定于其配比，还与配砂的工艺操作有关，如加料次序、混碾时间等。混碾时间越长的型砂性能越好，但时间太长会影响生产。

目前工厂一般采用碾轮式混砂机（图 7-3）进行混砂。混砂工艺过程是先将新砂、黏土和旧砂依次加入混砂机中，先干混 5min，混拌均匀后加一定量的水湿混，约 10 min，即可打开混砂机碾盘上的出砂口出砂。

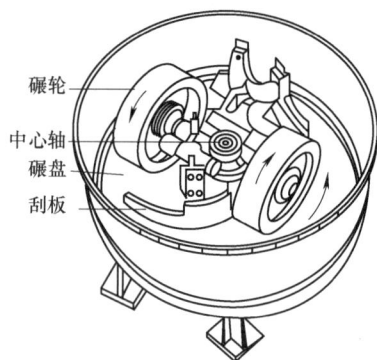

图 7-3　碾轮式混砂机

已配好的型砂必须通过性能检验后才能使用。产量大的铸造车间常用型砂试验仪检验，小批量生产的车间多用手捏砂团的办法检验。手捏砂团检验是在型砂混好后用手抓一把，捏成砂团。当手放开后砂团可见清晰手纹。把砂团折断，断面比较平整，同时有一定的强度，这样型砂就可以使用了，如图 7-4 所示。

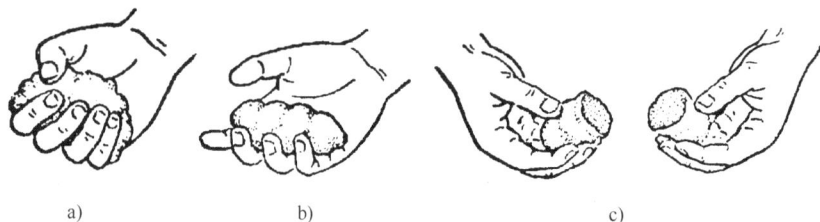

a)　　　　　　　　　b)　　　　　　　　　c)

图 7-4　手捏法检验型砂

a）型砂湿度适当时，可用手捏成砂团　b）手放开后可看出，
清晰的手纹　c）折断时断面没有碎裂状，同时有足够的强度

7.3.2　铸型的组成

铸型用于浇注金属液，以获得形状、尺寸和质量符合要求的铸件。以最常用的两箱砂型造型为例，铸型的组成如图 7-5 所示，它主要由上砂箱、下砂箱、浇注系统、型腔、型芯和出气孔组成。上、下砂箱之间的接触面，称为分型面。

铸型各组成部分的作用如下：砂箱是造型时填充型砂的容器，分上、中、下砂箱；铸型通过造型获得具有型腔的工艺组元，分上、中、下铸型；分型面是各铸型组元间的结合面，每一对铸型间都有一个分型面；浇注系统是金属液流入型腔的通道；冒口是补缩金属用的，有些冒口还起观察、排气和集渣的作用；型腔是铸型中

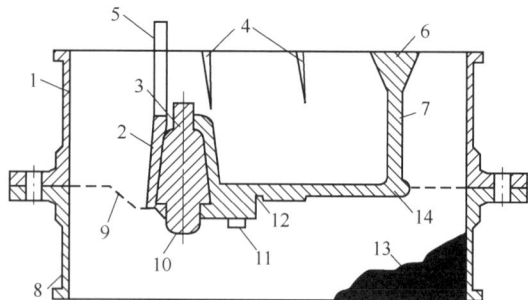

图 7-5　铸型的组成

1—上砂箱　2—型腔（铸件）　3—上型芯头　4—出气孔
5—冒口　6—外浇口　7—直浇道　8—下砂箱　9—分型面
10—下型芯头　11—冷铁　12—内浇道　13—型砂　14—横浇道

由造型材料包围的空腔部分，也是形成铸件的主要空间；型芯是为获得铸件内腔或局部外形，用芯砂制成安放在铸型内部的组元；出气孔是在铸型或型芯上，用针扎出的出气孔，用于排气；出气口是在铸型或型芯中，为排除浇注时形成的气体而设置的沟槽或孔道；冷铁是为加快铸件局部冷却，在铸型、型芯中安放的金属物。

7.3.3　模样和芯盒

模样、芯盒是砂型铸造造型时使用的主要工艺装备。

1. 模样

模样是根据零件形状设计制作，用于在造型中形成铸型型腔的工艺装备。设计模样要考虑铸造工艺参数，如铸件最小壁厚、加工余量、铸造收缩率、起模斜度、铸造圆角、芯头等。

（1）铸件最小壁厚　铸件最小壁厚是指在一定的铸造条件下，铸造合金能充满铸型的最小厚度。铸件设计壁厚若小于铸件工艺允许最小壁厚，则易产生浇不足和冷隔等缺陷。

（2）加工余量　加工余量是为保证铸件加工面尺寸和零件精度，铸件设计时预先增加的金属层厚度，该厚度在铸件机械加工成零件的过程中去除。

（3）铸造收缩率　铸件浇注后，在凝固冷却过程中，会产生尺寸收缩，其中以固态收缩阶段产生的尺寸缩小对铸件形状和尺寸精度的影响最大，此时的收缩率又称为线收缩率。

（4）起模斜度　当零件本身没有足够的结构斜度时，为保证造型时容易起模，避免损坏砂型，应在铸件设计时给出铸件的起模斜度。

（5）铸造圆角　铸件各表面的转折处，都要做成过渡性圆角，以利于造型及保证铸件质量。

（6）芯头　有砂芯的砂型，必须在模样上做出相应的芯头，以便砂芯能稳固安放在铸型中，图7-6所示为零件与模样关系示意图。

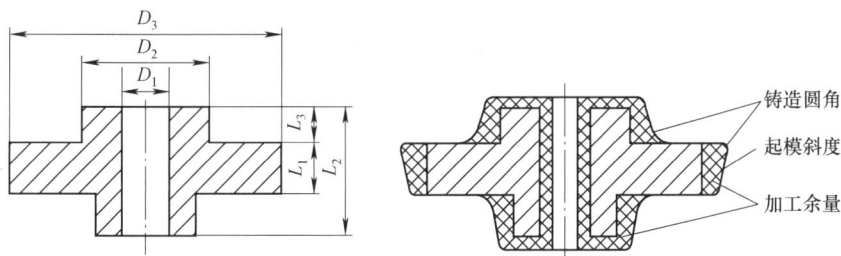

图 7-6　零件与模样关系示意图

2. 芯盒

芯盒是制造型芯的工艺装备。按制造材料的不同，可分为金属芯盒、木质芯盒、塑料芯盒和金木结构芯盒4类。大量生产中，为了提高砂芯精度和芯盒耐用性，多采用金属芯盒。按芯盒结构的不同，又可分为敞开整体式、对开式、敞开脱落式和多向开盒式多种。

7.3.4　浇冒口系统

1. 浇注系统

浇注系统是为了将金属液导入型腔，而在铸型中做出各种通道，以便于引流金属液。对浇注系统的要求如下。

1）能将金属液平稳导入并充填型腔，避免冲坏铸型。

2）防止熔渣、砂粒或其他杂质进入型腔。

3）能调节铸件的凝固顺序。

选择浇注系统各部分的形状、尺寸和位置，对于获得合格铸件、减少金属的消耗具有重要意义。浇注系统设计得不合理，铸件便易产生冲砂、浇不足、气孔等缺陷。如图7-7所示，典型的浇注系统应包括外浇口、直浇道、横浇道、内浇道和冒口几个部分。

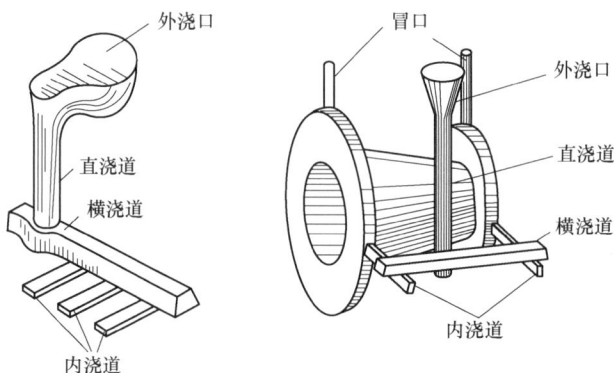

图 7-7 浇注系统的组成

（1）外浇口 外浇口又称为浇口杯，形状多为漏斗形。它的作用是接收从浇包倒出来的金属液，减轻金属液流的冲击，使金属液平稳流入直浇道。

（2）直浇道 直浇道是断面为圆形且有一定锥度的垂直通道。利用直浇道的高度产生一定的静压力，使金属液产生填充压力，利于金属液填充型腔的细薄部分。

（3）横浇道 横浇道是开在分型面上型部分的水平通道，断面形状多为梯形。它的作用是分配金属流入内浇道，起挡渣作用。为便于集渣，横浇道必须开在内浇道上面。横浇道还能减缓金属液流的速度，使金属液平稳流入内浇道。

（4）内浇道 内浇道是金属液直接流入型腔的通道，其断面多为扁梯形或三角形。它的作用是控制液体金属流入型腔的方向和速度，调节铸件各部分的冷却速度。对于壁厚相差不大的铸件，浇道多开在铸件薄壁处，以使铸件各处冷却均匀；对于壁厚差别大的铸件，内浇道多开在铸件厚壁处；对大平面的薄壁体，应多开几个内浇道，以利于金属液快速充满型腔。铸件的重要加工面和定位基准面最好不要开浇口，内浇道的方向不要正对砂型或型芯，以避免冲坏铸型。

2. 浇注系统的主要类型

（1）顶注式 内浇道开设于型腔顶部，金属液自上而下流入型腔，有利于填充型腔和设置冒口补缩，但易对型腔壁直接冲刷，引起金属液飞溅，产生铸造缺陷，该类系统比较适用于高度较小、形状简单的中小型铸件。

（2）底注式 内浇道开设于型腔底部，金属液自上而下流入型腔，利于排出气体平稳充型，不会造成铸件损坏，但补缩效果差，薄壁型腔充型困难，产生浇不足等缺陷，适用于高度和壁厚较大、形状复杂的大中型铸件，以及易氧化的合金铸件。

（3）中注式 内浇道开设于型腔中部，金属液从中间流入型腔，兼有顶注式与底注式的优点，有利于内浇道的开设，适用于中型铸件。

（4）阶梯式 内浇道开设于型腔的不同高度，金属液自上而下、逐层依次流入型腔，兼有以上各种类型的优点，有利于减轻铸型的局部过热，但操作比较复杂，适用于高度较高、形状复杂的大型铸件，浇注系统的主要类型如图7-8所示。

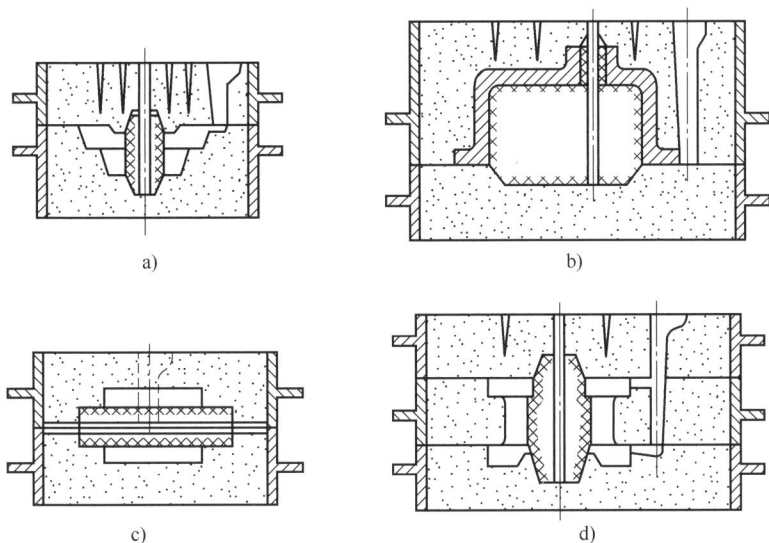

图7-8 浇注系统的主要类型
a）顶注式 b）底注式 c）中注式 d）阶梯式

3. 冒口

常见的缩孔、缩松等缺陷是由于铸件冷却凝固时体积收缩而产生的。为防止缩孔和缩松，往往在铸件的顶部或厚实部位设置冒口。冒口是指在铸型内用以储存补缩金属液所设置的空腔。冒口中的金属液可不断地补充铸件的收缩，从而使铸件避免出现缩孔、缩松现象，如图7-9所示。冒口形状有圆柱形或球形等多种。冒口按在铸件上设置位置的不同分为明冒口和暗冒口，如图7-10所示。上口露在铸型外的称为明冒口，一般设置在铸型顶部。设置在铸型内部的冒口称为暗冒口。冒口是多余部分，清理时要切除掉。冒口除了有补缩作用外，还有排气和集渣的作用。

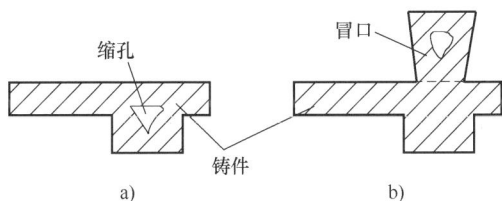

图7-9 冒口的补缩
a）较厚部位产生缩孔 b）设置冒口补缩

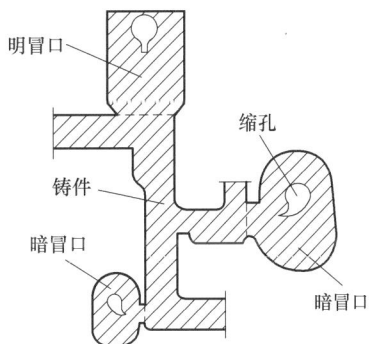

图7-10 明冒口和暗冒口

4. 冷铁

为了增加铸件局部的冷却速度，在型腔的相应部位或型芯内设置的激冷金属块称为冷铁，由铸铁、铸钢、非铁金属等制成，有内冷铁和外冷铁两类。

冷铁的作用是加快铸件较厚部位的冷却速度，调节铸件凝固顺序；消除冒口难以补缩部位的缩孔、缩松，扩大冒口的有效补缩距离，减少和降低冒口的数量和尺寸。

7.3.5 浇注位置的选择

浇注时，铸件在铸型中所处的位置称为浇注位置。浇注位置选择正确与否，对铸件质量、造型方法都有重要的影响。浇注位置的选择主要考虑以下 3 个原则。

1）铸件上重要的加工面、受力面和基准面，浇注时应尽量朝下。图 7-11 所示为车床床身铸件及合型图。浇注时，导轨面应置于铸件下方。

2）铸件薄壁部位应朝下，图 7-12 所示为一箱盖铸件，由于薄壁部位冷却较快，为保证金属液能充满型腔的薄壁部位，将薄壁部位置于下方。

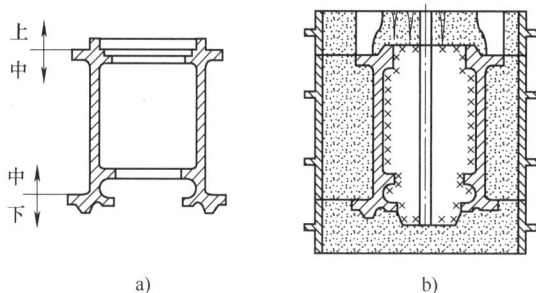

图 7-11 车床床身铸件及合型图

a）床身铸件图 b）床身铸件浇注位置

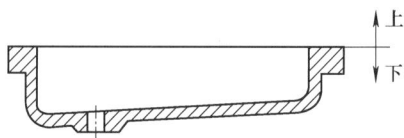

图 7-12 薄壁铸件的浇注位置

3）铸件易产生缩孔的厚实部分，为便于设置冒口，应朝上。

7.3.6 分型面的选择

分型面是铸造砂型的上型与下型之间的分界面，一般位于模样的最大截面处。分型面的作用是可使铸型分开，以便取出模样和安放型芯。选择分型面时应注意以下几个方面。

1）选择的分型面必须使模样能够从砂型中取出。为了能方便地把模样从砂型中取出来，分型面的位置必须通过模样的最大截面处，如图 7-13 所示。

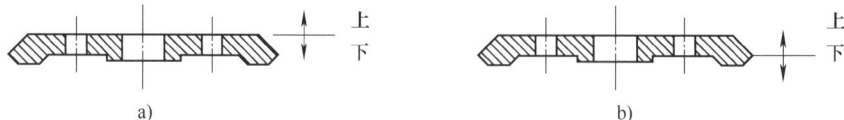

图 7-13 分型面的确定

a）错误 b）正确

2）应尽量减少分型面的数目，成批量生产时应避免采用三箱造型。

3）应使铸件中重要的机械加工面朝下或垂直于分型面，便于保证铸件的质量。因为，浇注时液体金属中的渣子、气泡总是浮在上面，铸件的上表面缺陷较多，铸件的下表面和侧面质量较好，如图7-14所示。

4）应使铸件全部或大部分在同一砂型内，以减少错箱、飞边和毛刺，提高铸件的精度。

7.3.7 造型的基本操作

1. 造型模样

用木材、金属或其他材料制成的铸件原形统称为模样，用于形成铸型的型腔。用木材制作的模样称为木模，用金属或塑料制成的模样称为金属模或塑料模。目前大多工厂使用的是木模。模样的外形与铸件的外形相似，不同的是铸件上如有孔穴，在模样上不仅实心无孔，而且要在相应位置制作出芯头。

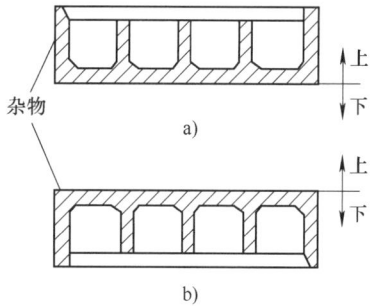

图 7-14　分型面方向的影响
a）合理　b）不合理

2. 造型前的准备工作

1）准备造型工具，选择平整的底板和大小适应的砂箱。砂箱选择过大，不仅会消耗过多的型砂，而且会浪费舂砂工时。砂箱选择过小，则木模周围的型砂舂不紧，浇注时金属液容易从分型面即交界面间流出。通常，木模与砂箱内壁及顶部之间须留有 30～100mm 的距离，此距离称为吃砂量。吃砂量的具体数值视木模大小而定。

2）擦净木模，以免造型时型砂黏在木模上，起模时损坏型腔。

3）安放木模时，应注意木模上的斜度方向，不要把它放错。

3. 舂砂

1）舂砂时必须分次加入型砂。对小砂箱每次加砂厚 50～70mm。加砂过多舂不紧，而加砂过少又费用工时。第一次加砂时须用手将木模周围的型砂按紧，以免木模在砂箱内的位置移动。用舂砂锤的尖头分次舂紧，最后改用舂砂锤的平头舂紧型砂的最上层。

2）舂砂应按一定的路线进行。切不可东一下、西一下乱舂，以免各部分松紧不一。

3）舂砂用力大小应该适当，不要过大或过小。用力过大，砂型太紧，浇注时型腔内的气体跑不出来。用力过小，砂型太松易塌箱。同一砂型各部分的松紧不同，靠近砂箱内壁应舂紧，以免塌箱。靠近型腔部分，砂型应稍紧些，以承受液体金属的压力。远离型腔的砂层应适当松些，以利透气。

4）舂砂时应避免舂砂锤撞击木模。一般舂砂锤与木模相距 20～40mm，否则易损坏木模。

4. 撒分型砂

造上砂型之前，应在分型面上撒一层细粒无黏土的干砂（即分型砂），以防止上、下砂箱黏在一起开不了箱。撒分型砂时，手应距砂箱稍高，一边转圈、一边摆动，使分型砂经指缝缓慢而均匀地散落，薄薄地覆盖在分型面上。最后应将木模上的分型砂吹掉，以免在造上砂型时，分型砂黏到上砂型表面，而在浇注时被液体金属冲下来落入铸件中，使其产生缺陷。

5. 扎通气孔

除了保证型砂有良好的透气性，还要在已舂紧和刮平的型砂上，用通气针扎出通气孔，以便浇注时气体易于逸出。通气孔要垂直且均匀分布。

6. 开外浇口

外浇口应挖成60°的锥形,大端直径为60~80mm。浇口面应修光,与直浇道连接处应修成圆弧过渡,以引导液体金属平稳地流入砂型。若外浇口挖得太浅而成碟形,则浇注液体金属时会四处飞溅而伤人。

7. 做合箱线

若上、下砂箱没有定位销,则应在上、下砂型打开之前,在砂箱壁上做出合箱线。最简单的方法是在箱壁上涂粉笔灰,然后用划针画出细线。需进炉烘烤的砂箱,则用砂泥粘在砂箱壁上,用镘刀抹平后,再刻出线条,称为打泥号。合箱线应位于砂箱壁上两直角边最远处,以保证 X 轴和 Y 轴方向均能定位,并可限制砂型转动。两处合箱线的线数应不相等,以免合箱时弄错。做线完毕即可开箱起模。

8. 起模

1)起模前要用水笔沾些水,刷在木模周围的型砂上,防止起模时损坏砂型型腔。刷水时应一刷而过,不要使水笔停留在某一处,以免局部水分过多而在浇注时产生大量水蒸气,使铸件产生气孔缺陷。

2)起模针位置要尽量与木模的重心铅锤线重合。起模前,要用小锤轻轻敲打起模针的下部,使木模松动,便于起模。

3)起模时,将木模慢慢垂直提起,待木模即将全部取出时,然后快速取出。起模时注意不要偏斜和摆动。

9. 修型

起模后,型腔如有损坏,应根据型腔形状和损坏程度,正确使用各种修型工具进行修补。如果型腔损坏较大,可将木模重新放入型腔进行修补,然后再取出。

10. 合箱

合箱是造型的最后一道工序,它对砂型质量起着重要的作用。合箱前,应仔细检查砂型有无损坏和散砂,浇口是否修光等。型芯应烘干后再使用,此外还要检查型芯有无破损及通气孔是否堵塞等。型芯在砂型中的位置应准确稳固,以免影响铸件的准确度,并应避免浇注时被液体金属冲偏。合箱时应注意使上砂箱保持水平下降,并对准合箱线,防止错箱。合箱后最好用纸或木片盖住浇口,以免砂子或杂物落入浇口。

7.3.8 造型

造型是指用型砂、芯砂及模样等工艺装备制造铸型的过程。这种铸型又称为砂型,由上、下砂型和型腔、砂芯、浇注系统、砂箱等组成。造型是铸造生产中最主要的工序之一,对保证铸件质量有重要的作用。按照造型的手段,造型方法可分为手工造型和机器造型两大类。

1. 手工造型

造型时使用造型、修型工具(图7-15)进行填砂、舂砂、起模和修型工序。填砂是将型砂填充到已放置好模样的砂箱内,舂砂则是把砂箱内的型砂紧实,起模是把形成型腔的模样从砂型中取出,修型是起模后对砂型损伤处进行修理的过程。手工完成这些工序的操作方式即手工造型。

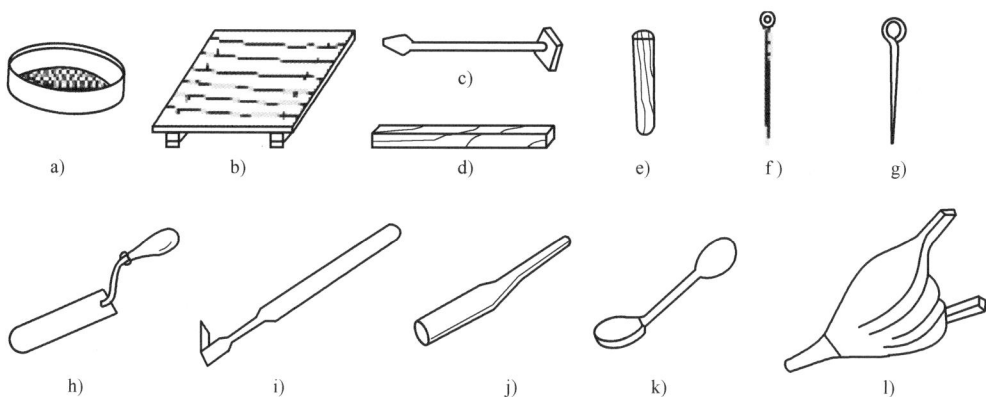

图 7-15　造型、修型工具

a）筛子　b）底板　c）砂舂　d）刮砂板　e）浇口棒　f）通气针

g）起模针　h）镘刀　i）砂勾　j）半圆　k）秋叶　l）手风器

手工造型的方法很多，按模样特征分为整模造型、分模造型、挖砂造型、活块造型、刮板造型等。按砂箱特征又可分为两箱造型、三箱造型、脱箱造型、地坑造型、组芯造型。下面就介绍其中几种常用的手工造型方法。

（1）整模造型　将模样做成与铸件形状相同的整体结构，用两个砂箱制造铸件的过程称为整模造型，具体如图 7-16 所示。其特点有：模样制造和造型较简单；整体模样置于一个砂箱内，且型腔一般在下箱；分型面为模样一端的最大平面；操作简便，可避免错箱，从而保证了铸件的尺寸和形状。适用于形状简单、一端有较大平面的铸件生产。

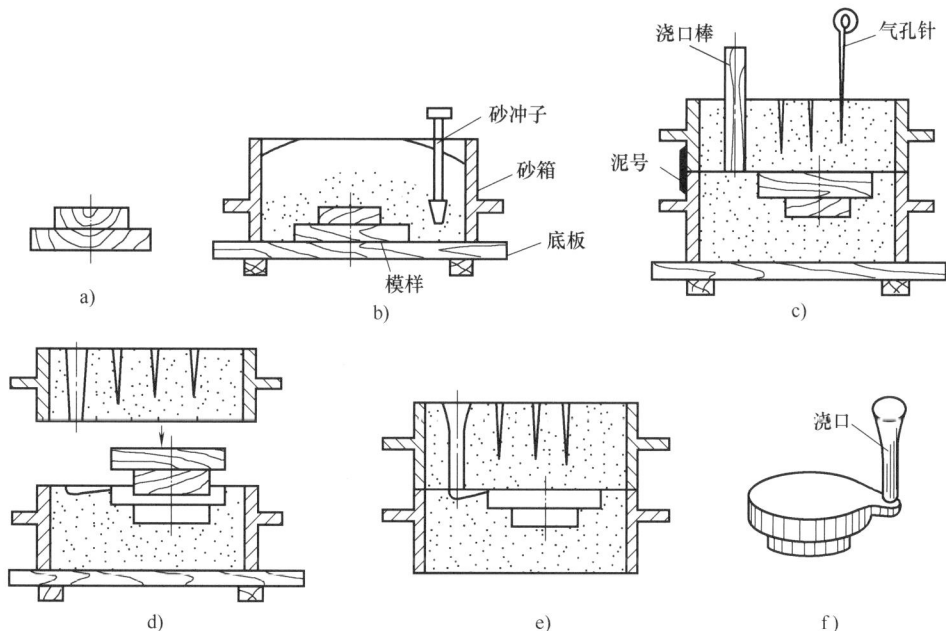

图 7-16　整模两箱造型过程

a）模样　b）造下砂型　c）造上砂型（扎气孔，做泥号）

d）开外浇口起出模样　e）合箱待浇注　f）落砂后带浇口的铸件

（2）分模造型 当铸件最大截面不在端面，或不宜用整模造型时，一般以模样最大截面为分型面，分成两半，并用销钉定位，型腔被置于上、下砂箱内，采用分模两箱造型，具体如图7-17所示。分模造型方法简便、应用广泛，适用于形状较复杂的套筒、阀等铸件的生产。

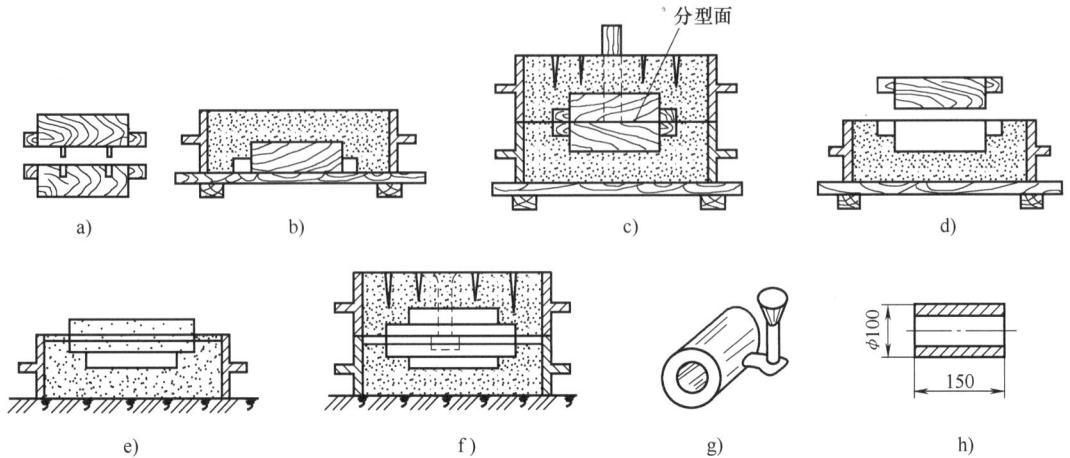

图 7-17 分模两箱造型过程

a）模样 b）造下砂型 c）造上砂型 d）敞箱、起模 e）开浇口下芯
f）合型待浇注 g）带浇口的铸件 h）零件图

（3）挖砂造型 根据铸件结构应采用分模造型，但由于分型面是复杂曲面、模样太薄等造成的制模困难而只能做成整模时，为了起模方便，下型分型面需挖成不平分型面（曲面、非平面）的方法，称为挖砂造型，手轮的挖砂造型过程如图7-18所示。挖砂造型的操作技术要求较高，生产率低，适用于形状较复杂的单件生产。

当铸件生产批量较大时，为避免每次造型就要挖砂一次，提高铸件产量，可采用假箱造型代替挖砂造型。假箱造型是用预先制备好的半个铸型简化造型操作的方法。此半型称为假箱，其上承托模样，可供造另半型，但不用来组成铸型。假箱造型过程如图7-19所示。当

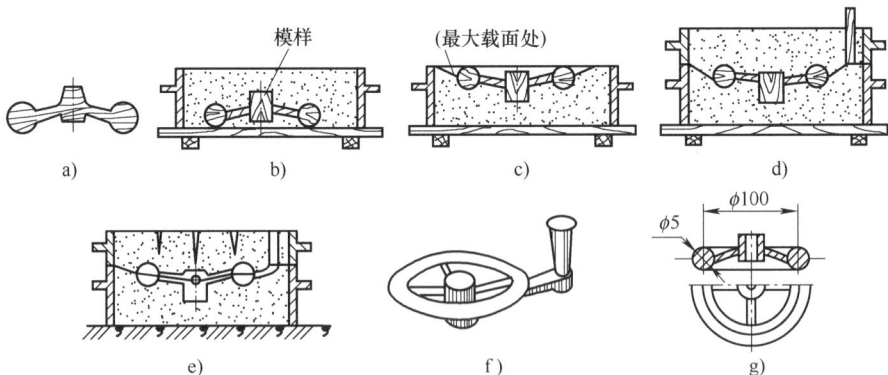

图 7-18 手轮的挖砂造型过程

a）模样 b）造下砂型 c）翻下砂型，挖修分型面 d）造上砂型，
敞箱、起模 e）合型 f）带浇口的铸件 g）零件图

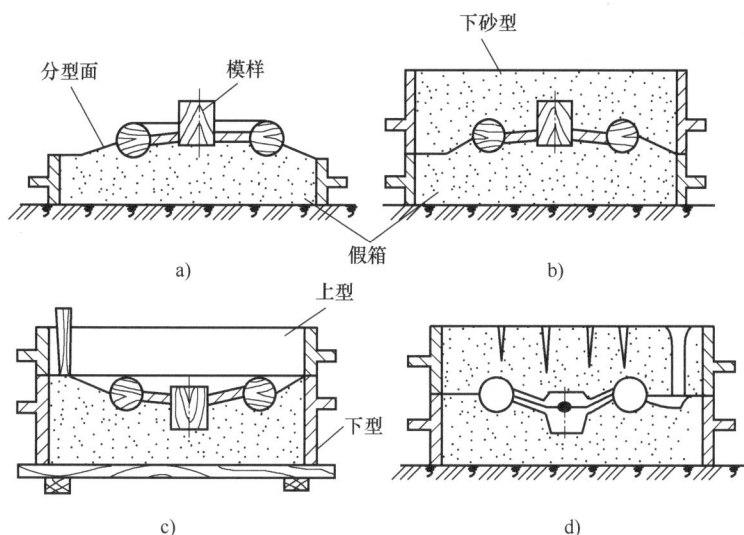

图 7-19 假箱造型过程

a) 造假箱 b) 造下砂型 c) 翻下砂型造上砂型 d) 合型

铸件生产批量很大时,为提高铸件质量和生产率,可采用成形底板代替假箱造型。

(4) 活块造型 活块是模样上可拆卸或能活动的部分。整体模或芯盒有侧向伸出部分时,常做成活块。所谓活块造型,即将铸件上妨碍起模的部分做成活块,起模时,先取主体模,再用适当方法将铸型内的活块取出的造型方法,如图 7-20 所示。

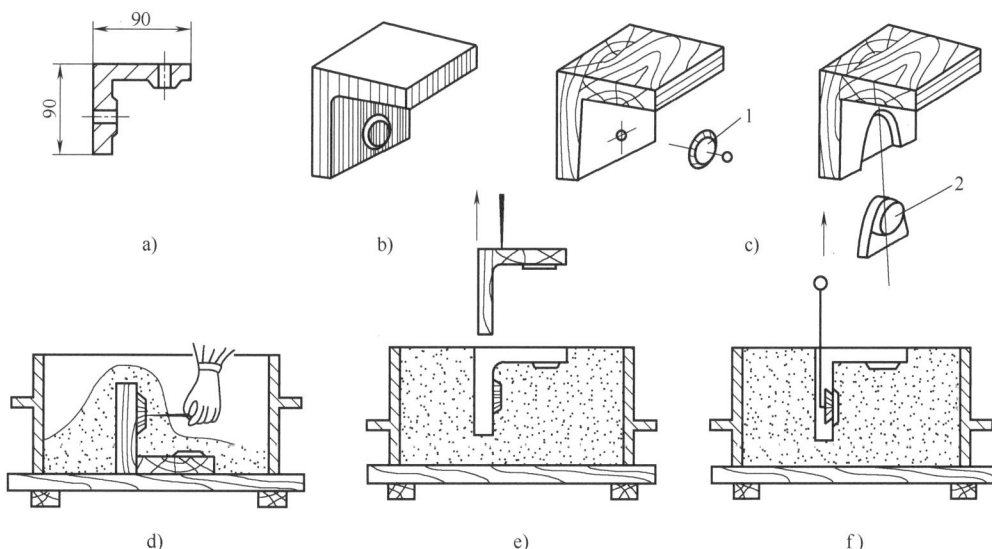

图 7-20 活块造型过程

a) 零件图 b) 铸件 c) 模样 d) 造下型、拔出钉子 e) 取出模样主体 f) 取出活块

活块造型技术的难度较高,生产率较低,主要用于单件、小批量生产。在成批生产或机器造型时,可用外型芯简化活块造型。

(5) 刮板造型 刮板造型是指不用模样而用刮板操作的造型和制芯方法。根据砂型型腔和砂芯的表面形状，引导刮板做旋转、直线或曲线运动。刮板是一块与铸件截面形状相适应的木板，造型时刮板绕转轴旋转，便可在砂型中刮制出所需的型腔，如图 7-21 所示。刮板造型可节省模样材料及加工工时，造型操作较复杂，生产率较低，多适用于中、大型旋转体铸件的单件、小批生产。

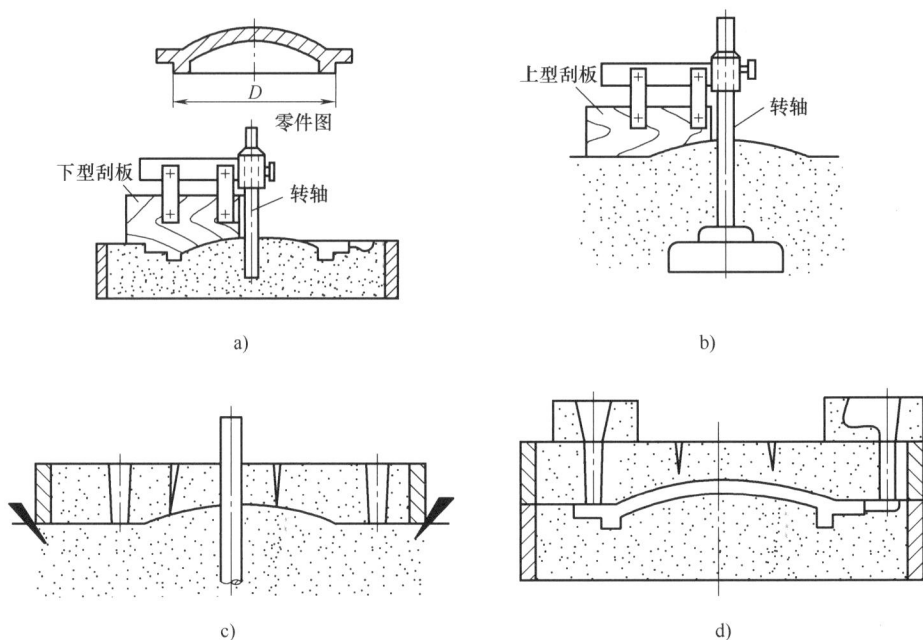

图 7-21　刮板造型过程

a）刮制下砂型　b）刮成形砂堆　c）造上砂型　d）合箱

（6）三箱造型　用三个砂箱制造铸型的过程称为三箱造型。三箱造型过程如图 7-22 所

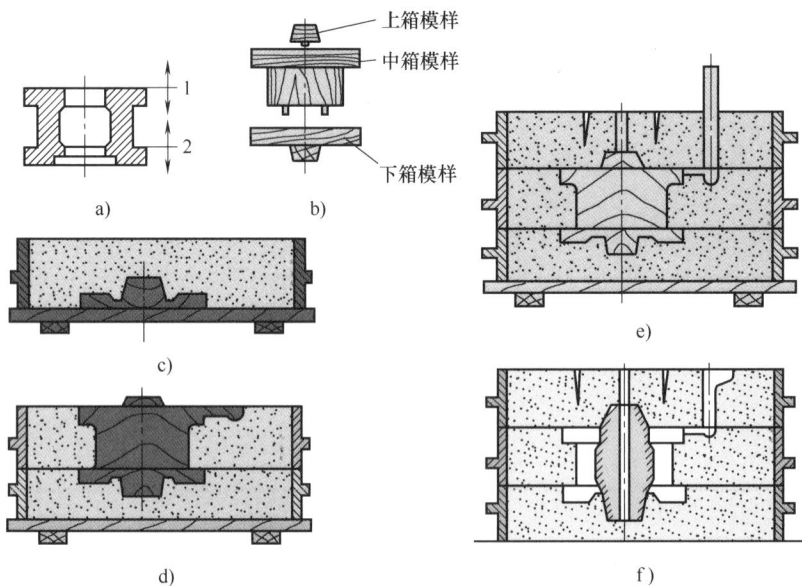

图 7-22　三箱造型过程

a）铸件　b）模样　c）造下型　d）造中型　e）造上型　f）起模、放砂芯、合型

示。三箱造型的特点是模样必须沿最小截面处分开；中箱上下两面为分型面，且取在铸件的两个最大截面上，以便起模；要求中箱的高度与模样的高度一致；铸件高度尺寸精度较低；造型操作较复杂，生产率较低，容易错箱。三箱造型适用于两端截面大、中间截面小、形状较复杂、难用两箱造型的单件、小批铸件的生产。

（7）地坑造型和组芯造型 地坑造型是指在地平面以下的砂坑或特制的地坑中进行下型造型的造型方法。铸造大型铸件时，常用焦炭垫底，再插入管子，便于排出气体。地坑造型可节省下砂箱，但造型较复杂，费时，主要用于中、大型铸件的单件、小批量生产。

组芯造型是指用若干块砂芯组合成铸型的造型方法。其特点是只用芯盒不用模样，完全用型芯构成铸件外形和内腔，不需要砂箱；可以提高铸件精度；造型成本较高。它主要用于形状复杂、难以找出合适分型面铸件的大批量生产。

2. 机器造型

随着现代化大生产的发展，机器造型已代替大部分的手工造型，机器造型不但生产率高，质量稳定，是成批大量生产铸件的主要方法。机器造型的实质是用机器进行紧实和起模，根据紧实和起模方式的不同，有各种不同种类的造型机。

（1）气动微震压实造型机造型 气动微震压实造型机是采用震击（频率 150～500 次/min，震幅 25～80mm）→压实→微震（频率 700～1000 次/min，震幅 5～10mm）紧实型砂的。这种造型机噪声较小，型砂紧实度均匀，生产率高。气动微震压实造型机紧实原理图如图7-23 所示。

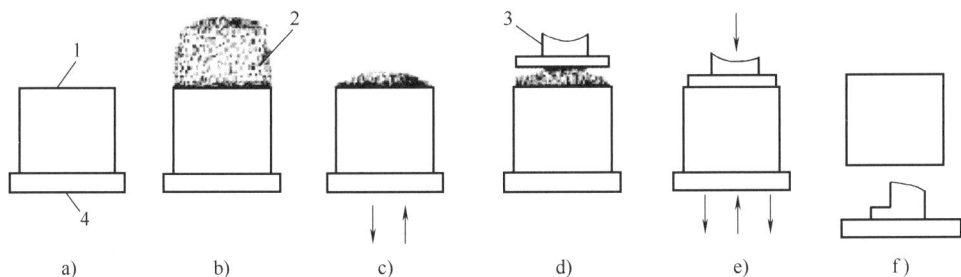

图 7-23 气动微震压实造型机紧实原理图

a）砂箱复位 b）加砂 c）震实 d）压头进入 e）震压 f）起模

1—砂箱 2—型砂 3—压头 4—单面模板

（2）垂直分型无箱射压造型 在造型、下芯、合型及浇注过程中，铸型的分型面呈垂直状态（垂直于地面）的无箱射压造型法称为垂直分型无箱射压造型，其工艺过程如图 7-24 所示。它主要适用于中小铸件的大批量生产。垂直分型无箱射压造型工艺的优点如下。

1）采用射砂填砂又经高压压实，砂型硬度高且均匀，铸件尺寸精确，表面粗糙度值低。

2）不需要砂箱，从而节约了有关砂箱的一切费用。

3）一块砂型两面成形，既节约型砂，生产率又高。

4）可使造型、浇注、冷却、落砂等设备组成简单的直线流水线，节省占地。

其主要缺点如下。

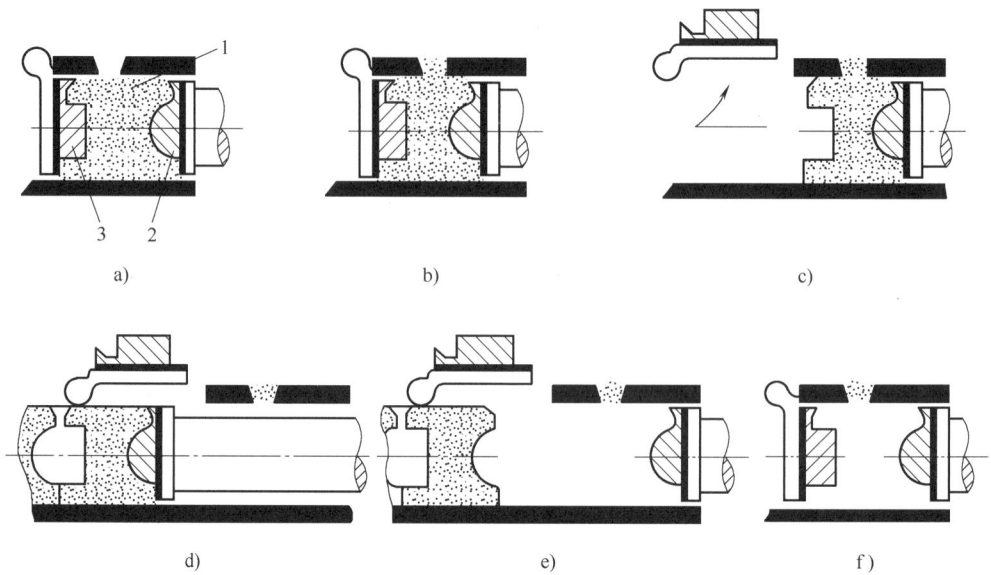

图 7-24　垂直分型无箱射压造型机工艺过程

a）正反压模板组成造型室，射砂　b）正压模板压实型砂　c）反压模板退出，完成起模Ⅰ

d）正压模板将砂型推出，合型　e）正压模板退回，完成起模Ⅱ　f）反压模板复位，关闭造型室

1—射砂板　2—压实模板　3—反压模板

1）下芯不如水平分型时方便，下芯时间不允许超过 7~8s，否则将严重降低造型机的生产率。

2）模板、芯盒及下芯框等工装费用高。

（3）多触头高压造型　高压造型的压实比压大于 0.7MPa，砂型紧实度高，铸件尺寸精度较高，铸件表面粗糙度值低，铸件致密性好，与脱箱或无箱射压造型相比，高压造型辅机多，砂箱数量大，造价高，需配套造型流水线使用，比较适用于像汽车制造这类生产批量大、质量要求高的现代化生产。

多触头由许多可单独动作的触头组成，可分为主动伸缩的主动式触头和浮动式触头。使用较多的是弹簧复位浮动式多触头，多触头高压造型工作原理如图 7-25 所示。当压实活塞 1 向上推动时，高压触头 4 将型砂从余砂框 3 压入砂箱 2，而自身在多触头箱体 5 的相互连通的油腔内浮动，以适应不同形状的模样，使整个型砂得到均匀的紧实度。多触头高压造型通常也配备气动微震装置，以便增强工作适应能力。

（4）真空密封造型　真空密封造型主要用于生产汽油机缸体、缸盖及铁路机车配件等。真空密封造型是一种全新的物理造型方法，其基本原理是在特制的砂箱内，填入无水无黏结剂的铸

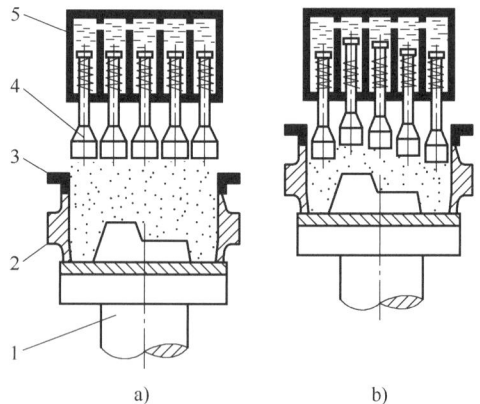

图 7-25　多触头高压造型工作原理

a）原始位置　b）压实位置

1—压实活塞　2—砂箱　3—余砂框

4—高压触头　5—多触头箱体

造用硅砂，用塑料薄膜将砂箱密封后抽成真空，借助铸型内外的压力差（约 40kPa）使型砂紧实和成形。真空密封造型又称为真空薄膜造型、减压造型、负压造型或 V 法，适用于生产薄壁、面积大、形状不太复杂的扁平铸件。该法的优点如下。

1）铸件尺寸精确，能浇出 2~3mm 的薄壁部分。

2）铸件缺陷少，废品率可控制到 1.5% 以下。

3）砂型成本低、损耗少，回用率在 95% 以上。

4）噪声小，粉尘少，工作环境比较好，劳动强度低。

缺点是对形状复杂、比较高的铸件覆膜成形困难，工艺装备较复杂，造型生产率比较低。真空密封造型过程（图 7-26）如下。

1）通过抽气箱抽气，将预先加热好的塑料薄膜吸贴到模样表面。

2）放置砂箱，充填型砂，微震紧实。

3）刮平，覆背膜，抽真空，使砂型保持一定的真空度。

4）在负压状态下起模、下芯、合型浇注。铸件凝固后恢复常压，型砂自行溃散，取出铸件。

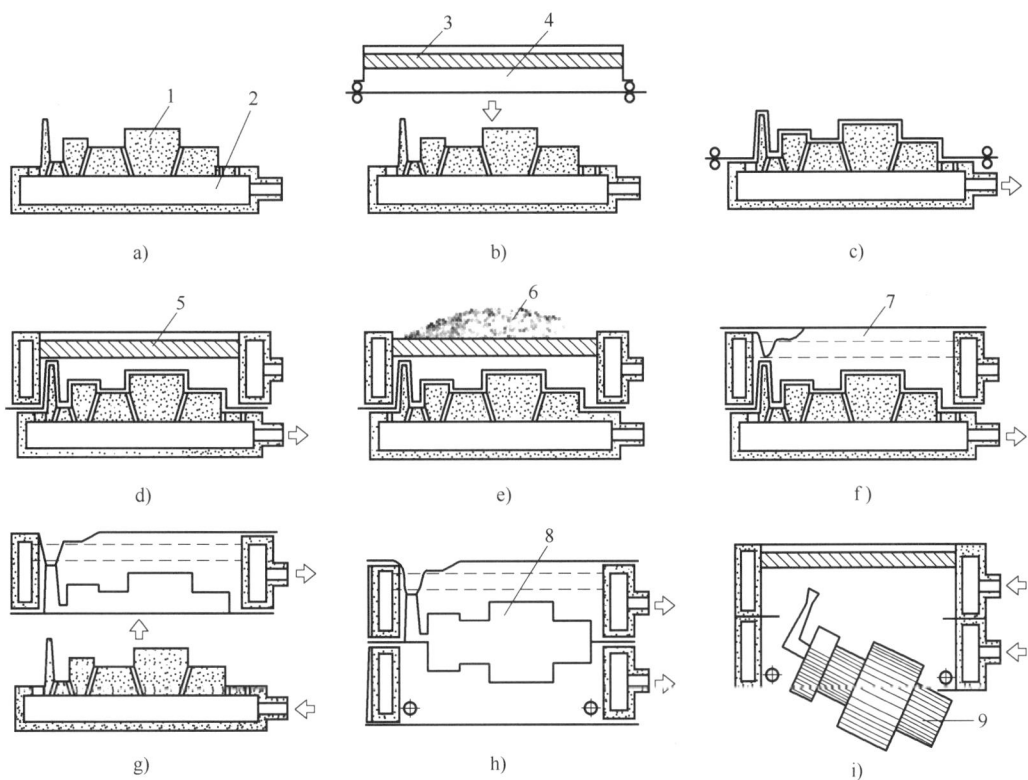

图 7-26 真空密封造型过程示意图

a）模板 b）加热薄膜 c）覆膜、抽真空 d）放砂箱 e）填砂 f）紧实 g）起模 h）合型浇注 i）落砂
1—模板 2—抽气箱 3—发热元件 4—塑料薄膜 5—砂箱 6—型砂 7—背膜 8—型腔 9—铸件

（5）其他机器造型 其他机器造型有：抛砂造型、射砂造型、气冲造型、冷冻造型等，其中，气冲造型和冷冻造型属于现代造型方法。

7.3.9 制芯

1. 型芯的技术要求

制芯过程中，应采取以下措施。

（1）型芯通气孔　为提高型芯的通气能力，型芯内部必须做通气孔，各部分的通气孔需相互连通，并通到型芯头的端部。形状复杂的型芯，可在两半型芯上挖出通气槽；形状弯曲的型芯可用蜡线埋在型芯里，并在型芯头两端留出线头，待型芯烘干，蜡熔化或烧掉后，在型芯中形成任意形状的通气道，具体如图 7-27 所示。

（2）型芯芯骨　芯骨的作用是加强型芯的强度，以保证型芯在吊运、安装及浇注过程中不致弯曲和损坏。小型芯的芯骨是用铁丝、铁钉制成的，如图 7-28a 所示；中、大型芯的芯骨则须用铸铁浇注成骨架，如图 7-28b 所示。芯骨的尺寸和型芯应大致相同，并伸入型芯头中。但芯骨不能露出型芯表面，一般要距表面 20~50mm，以免阻碍铸件收缩。

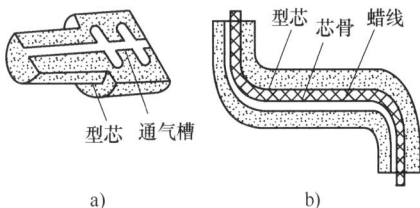

图 7-27　型芯通气道
a）挖通气槽　b）埋蜡线做通气道

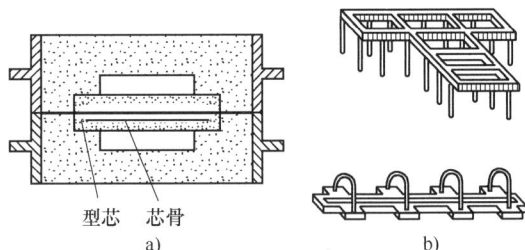

图 7-28　铸件的芯骨
a）铁丝芯骨　b）铸铁芯骨

（3）刷涂料　刷涂料的作用是降低铸件的表面粗糙度值，减少铸件黏砂、夹砂等缺陷。一般中、小铸钢件和部分铸铁件可用硅粉涂料，大型铸钢件用刚玉粉涂料，石墨粉涂料常用于铸铁件生产。

（4）烘干　砂芯烘干后可以提高强度并增加透气性。烘干时采用低温进炉、合理控温、缓慢冷却的烘干工艺。烘干温度：黏土砂芯为 250~350℃，油砂芯为 200~220℃，合脂砂芯为 200~240℃，烘干时间为 1~3h。

2. 型芯的制作

制作型芯分手工制芯和机器制芯两大类。

（1）手工制芯　手工制芯可分为芯盒制芯和刮板制芯。芯盒制芯是应用较广的一种方法，按芯盒结构的不同，又可分为分式芯盒制芯、整体式芯盒制芯及脱落式芯盒制芯。

1）分式芯盒制芯。其过程如图 7-29 所示。也可以采用两半芯盒分别填砂制芯，然后组合使两半砂芯黏合后取出砂芯的方法。

2）整体式芯盒制芯。对于形状简单且有一个较大平面的砂芯，可采用这种方法。图 7-30 所示为整体式芯盒制芯过程。

3）脱落式芯盒制芯。其操作方式和分式芯盒制芯类似，如图 7-31 所示，不同的是把妨碍砂芯取出的芯盒部分做成活块，取芯时，从不同方向分别取下各个活块。

4）刮板制芯。对于具有回转体形的砂芯可采用刮板制芯方式，和刮板造型一样，它也要求操作者有较高的技术水平，其生产率低，所以刮板制芯适用于单件、小批量生产砂芯。刮板制芯过程如图 7-32 所示。

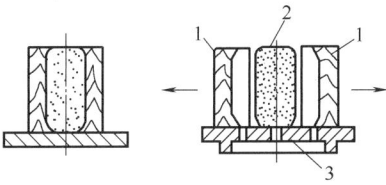

图 7-29　分式芯盒制芯过程
1—芯盒　2—砂芯　3—烘干板

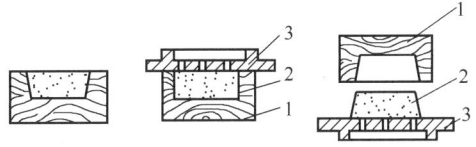

图 7-30　整体式芯盒制芯过程
1—芯盒　2—砂芯　3—烘干板

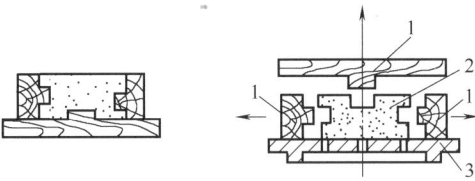

图 7-31　脱落式芯盒制芯过程
1—芯盒　2—砂芯　3—烘干板

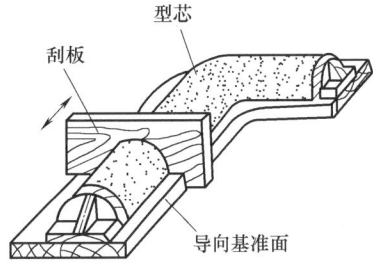

图 7-32　刮板制芯过程

（2）机器制芯　机器制芯与机器造型原理相同，也有震实式、微震压实式和射芯式等多种方法。机器制芯生产率高、芯型紧实度均匀、质量好，但安放龙骨、取出活块或开气道等工序有时仍需手工完成。

3. 型芯的固定

为使型芯在铸型中具有正确的位置，型芯在安放时必须定位准确并稳定可靠。图 7-33

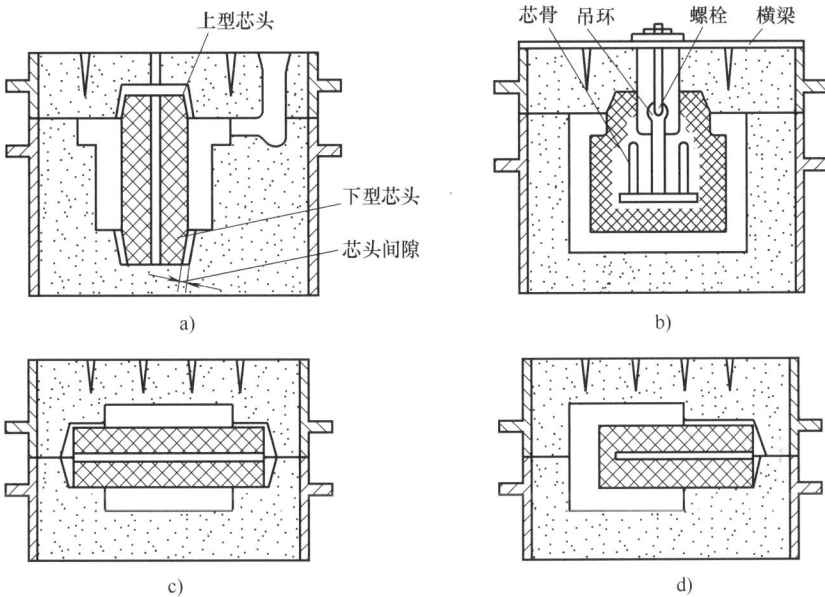

图 7-33　常用的几种型芯固定方式
a）垂直型芯　b）吊芯　c）水平型芯　d）悬臂型芯

所示为生产中常用的几种型芯固定方式。若铸件形状特殊，单靠芯头不能使砂芯牢固固定时，还可用型芯撑加以固定。

7.3.10 合箱

将上型、下型、型芯、外浇口等组合成一个完整铸型的操作过程称为合型，又称合箱。合型是制造铸型的最后一道工序，直接关系到铸件的质量。即使铸型和型芯的质量很好，若合型操作不当，也会引起气孔、砂眼、错箱、偏芯、飞边和跑火等缺陷。合型工作包括以下两步。

1. 铸型的检验和装配

下芯前，应先清除型腔、浇注系统和型芯表面的浮砂，并检查其形状、尺寸和排气道是否通畅。下芯应平稳、准确。然后导通砂芯和砂型的排气道；检查型腔主要尺寸；固定型芯；在芯头与砂型芯座的间隙处填满泥条或干砂，防止浇注时金属液钻入芯头而堵死排气道。最后对准上下型定位线或定位销，平稳、准确地合上上下型。

2. 铸型的紧固

为避免由于金属液作用于上砂箱引发抬箱力而造成的缺陷，装配好的铸型需要紧固。单件小批生产时，多使用压铁压箱，压铁重量一般为铸件重量的 3~5 倍。成批、大量生产时，可使用压铁、卡子或螺栓紧固铸型。紧固铸型时应注意用力均匀、对称；先紧固铸型，再拔合型定位销；压铁应压在砂箱箱壁上。铸型紧固后即可浇注，铸件冷凝后，清除浇冒口便可获得铸件。

7.3.11 落砂、清理和检验

1. 落砂

落砂是将浇注成形后的铸件从型砂和砂箱中分离出来的工序，它分为出箱和清砂两个过程，有手工落砂和机械落砂两种方法。

铸件出箱的温度一般不高于 500℃，以免铸件产生内应力或开裂。清砂是清除型砂和砂芯的过程，有水力清砂和水爆清砂两种方法。

2. 清理

清理是去除浇口、冒口、飞边、毛刺及表面黏砂的工序。去除表面黏砂的方法有滚筒清理、喷射清理和抛丸清理等方法。

3. 检验

检验的任务是确定铸件是否合格，要去除有缺陷的铸件。常见的检验方法主要有外观检测、无损探伤检测、理化性能检测等多种。

1）外观检测。外观检测是指具有一定经验的人员，通过目测或使用简单的工具、量具来检测铸造缺陷的方法。如气孔、砂眼、夹砂、粘砂、浇不足、冷隔、错箱、偏芯等铸造缺陷，大多位于铸件外表面，可直接目测观察；内部裂纹等表皮下缺陷，可以用小锤敲击，听声音是否清脆进行检测；铸件尺寸是否符合图样要求，可以用量具进行检测。外观检测法简单方便、灵活快速，一般适用于普通铸件的检测。

2）无损探伤检测。无损探伤是指利用声、光、电、磁等物理方法和相关仪器来检测铸件质量的检测方法，常用方法有磁力探伤、超声波探伤、射线探伤等。无损探伤不会损坏铸件，也不影响其使用性能，但设备投入大，检测费用高，一般适用于重要铸件的检测。

3）理化性能检测。理化性能检测是利用各种技术和仪器对铸件化学成分、力学性能、金相组织等进行检测的检验方法。如利用化学分析和光谱分析法检验铸件材质是否符合要求；制取试样，利用专用设备检测铸件强度、硬度、塑性等力学性能是否符合要求；制取试样，利用金相显微镜检测金相组织，判断力学性能是否符合要求。

7.4 合金的熔炼及浇注

在浇注之前要熔炼金属。根据不同的金属材料采用不同的熔炼设备。对于铸铁件，常采用冲天炉进行熔炼，对于一些合金铸铁，则采用工频炉或中频炉熔炼。对于铸钢，一般采用三相电弧炉进行熔炼，一些中小型工厂近年来也采用工频炉或中频炉进行熔炼。对于铜、铝等有色金属，一般采用坩埚炉或中频感应炉进行熔炼。铸造实习时，熔化的铝合金就是采用坩埚炉熔化的。不管采用什么样的炉子熔炼金属材料，都要保证金属材料的化学成分和温度符合要求，这样才能获得合格的铸件。

7.4.1 铝合金熔炼

铸铝合金是工业生产中应用最广的铸造有色合金之一。由于铝合金的熔点低，熔炼时极易氧化、吸气，合金中的低沸点元素（如镁、锌等）极易蒸发烧损。故铝合金的熔炼应在与燃料和燃气隔离的状态下进行。

1. 铝合金的熔炼设备

（1）重油坩埚炉 燃料为重油，具有熔化效率高、烧损小、操作方便、温度调节灵活等优点，但耗油量大、炉衬寿命短。

（2）电阻坩埚炉 电阻坩埚炉是利用电热体加热熔化铝合金，其构造如图7-34所示。电阻坩埚炉具有炉温控制较准、操作简便、铝液不会强烈氧化、铝液成分容易控制、烧损小等优点，但生产率低、耗电多。

2. 铝合金的熔炼

1）根据牌号要求进行配料计算和备料。据经验，以铝锭重量为计算依据（因铝锭不好锯切加工），再反求其他化学成分。如新料成分占大部分，可按化学成分的上限值配料，一般减去烧损后仍能达标。注意，所有炉料均要烘干后再投入坩埚内，尤其是湿度大时，以免铝液含气量大，否则通过除气工序也很难除净。

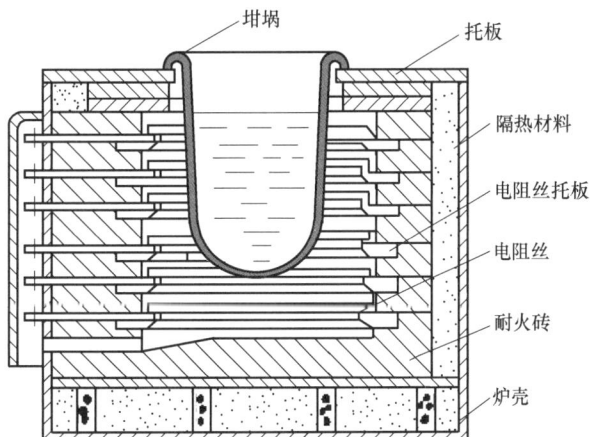

图7-34 电阻坩埚炉的构造

2）空坩埚预热到暗红后投金属料并加入烘干后的覆盖剂（以熔融后刚刚能覆盖住铝液表面为宜），快速升温熔化。铝开始熔成液体后，在非阳光直射时观察，若铝液表面呈微暗红色（温度为 680~720℃），可以除气。

3）精炼。常使用六氯乙烷（C_2Cl_6）精炼。用钟罩（状如反转的漏勺）压入为炉料总量 0.2%~0.3% 的六氯乙烷（C_2Cl_6）（最好压成块状），钟罩压入深度距坩埚底部 100~150mm，并进行水平缓慢移动，此时，因 C_2Cl_6 和铝液发生反应，形成大量气泡，将铝液中的 H_2 及 Al_2O_3 夹杂物带到液面，使合金得到净化。使用时应注意通风良好，因为 C_2Cl_6 预热分解的 Cl_2 和 C_2Cl_4 均为强刺激性气体。除气精炼后立刻除去熔渣，静置 5~10min。

再检查铝液的含气量。常用如下办法检测：用小铁勺舀少量铝液，稍降温片刻后，用废钢锯片在液面拨动，如没有针尖突起的气泡，则证明除气效果好，如仍有为数不少的气泡，应再进行一次除气操作。

4）变质。对要求提高力学性能的铸件，还应在精炼后，在 730~750℃ 条件下，用钟罩压入为炉料总量 1%~2% 的变质剂。常用变质剂配方为：NaCl 35%+NaF 65%。

5）获得优质铝液的主要措施是隔离（隔绝合金液与炉气接触）、除气、除渣、尽量少搅拌、严格控制工艺过程。

7.4.2 铸铁的熔炼

铸铁的熔炼应满足下列要求：铁液温度高；铁液化学成分稳定在所要求的范围内；生产率高、成本低。

1. 熔炼设备

（1）感应电炉 工频感应电炉具有热效率高、金属烧损小、铁液质量稳定、工作环境好等优点。其构造如图 7-35 所示。当工频电流通过感应线圈时，炉内的金属料或铁液在交变磁场的作用下产生感应电流，由于炉料本身具有电阻，形成涡流而被加热、熔化，达到所需的温度。

（2）冲天炉 冲天炉是圆柱形竖式炉，炉型虽多，但主要结构基本相同。图 7-36 所示为直筒型冲天炉的构造。炉身是由炉壳（钢板）和炉衬（耐火砖）构成的。炉身上部有加料口、烟囱，下部有风带。

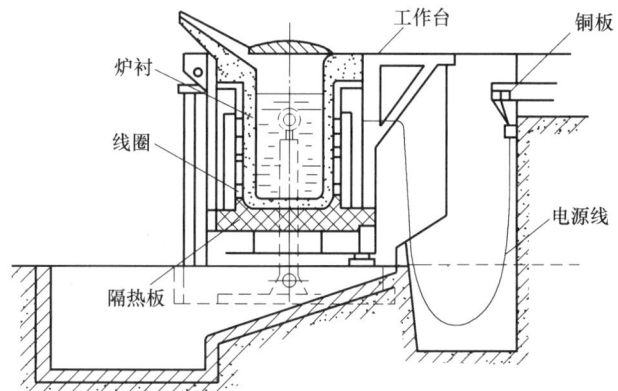

图 7-35 工频感应电炉的构造

风带通过风口与炉内相通。风口沿炉高度方向有若干排，最下面一排称为主风口，其他各排为辅助风口。鼓风机鼓出的风经风管、风带和风口进入炉内，供焦炭燃烧用。风口以下部分为炉缸，熔化的铁液经炉缸流入前炉。前炉的作用是存储铁液。前炉下部有一出铁口，侧上方有一出渣口。炉体一般装设在炉底板上，炉底板用 4 根炉脚支撑。炉底板装有炉底门，炉底门关闭后，用炉底支撑住。冲天炉的大小是以每小时能熔化多少吨铁液来表示。常用的冲天炉为 1.5~10t/h。

在冲天炉熔炼过程中，炉料从加料口加入，自上而下运动，被上升的高温炉气预热，温度升高；鼓风机鼓入炉内的空气使底焦燃烧，产生大量的热。当炉料下落到底焦顶面时，开始熔化。铁液在下落过程中被高温炉气和灼热焦炭进一步加热（过热），过热的铁液温度可达 1600℃ 左右，然后经过过桥流入前炉。此后铁液温度稍有下降，最后出铁温度为 1380～1430℃。

冲天炉内铸铁熔炼的过程并不是金属炉料简单重熔，而是包含一系列物理、化学变化的复杂过程。熔炼后的铁液成分与金属炉料相比较，碳含量有所增加；硅、锰等合金元素含量因烧损会降低；硫含量升高，这是焦炭中的硫进入铁液中所引起的。

冲天炉炉料由金属料、燃料和熔剂等组成。

1）金属料。金属料主要是生铁、废钢、回炉铁和铁合金。生铁是指高炉生铁；回炉铁是指浇冒口、废铸件等；废钢是指废钢头、废钢件和钢屑等；铁合金包括硅铁、锰铁、铬铁和稀土合金。各种金属料的加入量是根据铸件的化学成分要求及熔炼时各元素的烧损量计算出来的。金属料使用前应除去污锈并破碎，块料最大尺寸不应超过炉径的 1/3，质量不应超过批料质量的 1/20～1/10。铁合金的块度以 40～80mm 为宜。

2）燃料。冲天炉所用燃料有焦炭、重油、煤粉、天然气等，其中以焦炭应用最为广泛。焦炭的质量和块度大小对熔炼质量有很大影响。焦炭中的固定碳含量越高，发热量越大，铁液温度越高，同时熔炼过程中由灰分形成的渣量相应减少。焦炭应具有一定的强度及块料尺寸，以保持料柱的透气性，维持炉子正常熔化的过程。层焦的块度为 40～120mm，底焦块度大于层焦。焦炭用量为金属炉料的 1/10～1/8，这一数据称为焦铁比。

3）熔剂。冲天炉用熔剂有石灰石、萤石等，其作用是在高温下分解，与炉衬的侵蚀物、焦炭的灰分、炉料中的杂质、金属元素烧损所形成的氧化物等反应生成低熔点复杂化合物，即炉渣；并提高炉渣的流动性，从而顺利地使炉渣与铁液分离，从出渣口排出炉外。熔剂的块度一般为 20～50mm，用量为焦炭用量的 30% 左右。

冲天炉熔炼的主要操作过程如下：

1）修炉与烘炉。冲天炉每一次开炉前都要对上次开炉后炉衬的侵蚀和损坏进行修理，用耐火材料修补好炉壁，然后用干柴或烘干器慢火充分烘干前、后炉。

2）点火与加底焦。烘炉后，加入干柴，引火点燃，然后分 3 次加入底焦，使底焦燃烧，调整底焦加入量至规定高度。这里，底焦是指金属料加入以前的全部焦炭量，底焦高度则是从第一排风口中心线至底焦顶面为止的高度，不包括炉缸内的底焦高度。

3）装料。加完底焦后，加入 2 倍批料量的石灰石，然后加入一批金属料，以后依次加入批料中的焦炭、熔剂、废钢、新生铁、铁合金、回炉铁。加入层焦的作用是补充底焦的消耗，批料中熔剂的加入量为层焦重量的 20%～30%。批料应一直加到加料口下缘为止。

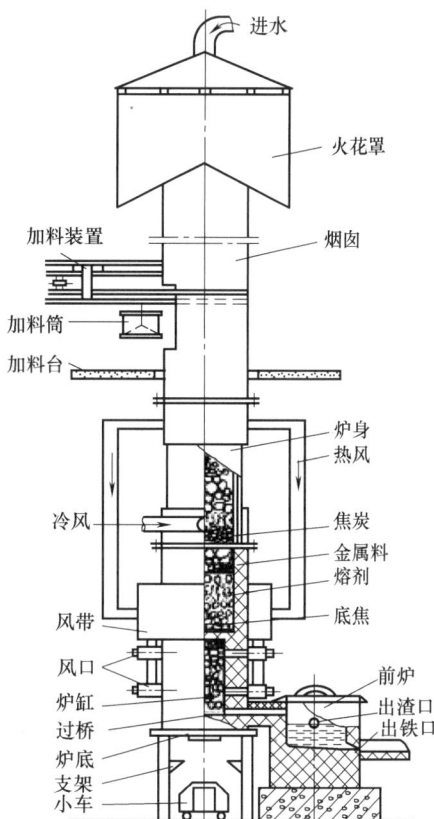

图 7-36　直筒型冲天炉的构造

4）开风熔炼。装料完毕后，自然通风30min左右，即可开风熔炼。在熔炼过程中，应严格控制风量、风压、底焦高度，注意铁水温度、化学成分，保证熔炼正常进行。熔炼过程中，金属料被熔化，铁液滴穿过底焦缝隙下落到炉缸，再经过通道流入前炉，而生成的渣液则漂浮在铁水表面。此时可打开前炉出铁口排出铁水用于铸件浇注，同时每隔30~50min打开出渣口出渣。在熔炼过程中，正常投入批料，使料柱保持规定高度，最低不得比规定料位低二批料。

5）停风打炉。停风前在正常加料后加二批打炉料（大块料）。停料后，适当降低风量、风压，以保证最后几批料的熔化质量。当前炉有足够的铁液量时即可停风，待炉内铁液排完后进行打炉，即打开炉底门，用铁棒将底焦和未熔炉料捅下，并喷水熄灭。

2. 合金浇注

（1）浇注工具 浇注常用工具有浇包（图7-37）、挡渣钩等。浇注前应根据铸件大小、批量选择合适的浇包，并对浇包和挡渣钩等工具进行烘干，以免降低金属液温度及引起液体金属的飞溅。

（2）浇注工艺

1）浇注温度。金属液浇注温度的高低应根据铸件材质、大小及形状来确定。浇注温度过低时，铁液的流动性差，易产生浇不足、冷隔、气孔等缺陷；而浇注温度偏高时，铸件收缩大，易产生缩孔、裂纹、晶粒粗大及粘砂等缺陷。铸铁件的浇注温度一般为1250~1360℃。对形状复杂的薄壁铸件，浇注温度应高些，厚壁简单铸件浇注温度可低些。

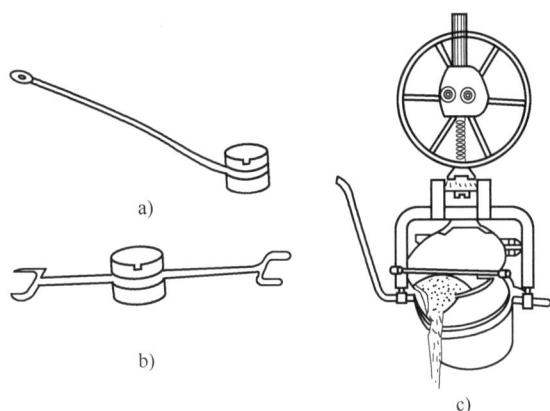

图 7-37　浇包
a）端包　b）抬包　c）吊包

2）浇注速度。浇注速度要适中，太慢会使金属液降温过多，易产生浇不足、冷隔、夹渣等缺陷；浇注速度太快，金属液充型过程中气体来不及逸出易产生气孔，同时金属液的动压力增大，易冲坏砂型或产生抬箱、跑火等缺陷。浇注速度应根据铸件的大小、形状决定。浇注开始时，浇注速度应慢些，利于减小金属液对型腔的冲击和气体从型腔排出；随后浇注速度加快，以提高生产速度，并避免缺陷产生；结束阶段再降低浇注速度，防止抬箱现象发生。

（3）浇注注意事项

1）浇注是高温操作，必须注意安全，必须穿着白帆布工作服和工作皮鞋。

2）浇注前，必须清理浇注时行走的通道，预防意外跌撞。

3）必须烘干烘透浇包，检查砂型是否紧固。

4）浇包中的金属液不能盛装太满，吊包液面应低于包口100mm左右，抬包和端包液面应低于包口60mm左右。

（4）浇注操作

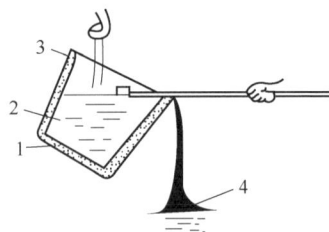

图 7-38　在浇包中正确的扒渣操作
1—浇包　2—金属液
3—浇包嘴　4—熔渣

1）扒渣。扒渣为清除金属液表面熔渣的操作过程，以免熔渣进入型腔，产生夹渣等缺陷。扒渣操作要迅速，以免扒渣时间过长，导致金属液温度下降。扒渣时，应从浇包后面或侧面扒出，不可经过浇包嘴，以免将包嘴上的涂料损坏，影响浇注工作进行。正确的扒渣操作如图 7-38 所示。

2）引火。在砂型出气冒口和出气孔处，引火燃烧，使气体快速排出，减少铸件气孔等缺陷。

3）浇注。将浇包口或底注口靠近浇口杯，开始浇注和将近结束时都应以细流状注入；在整个浇注过程中，应使浇口杯保持充满状态，以免熔渣卷入型腔，浇注过程如图 7-39 所示。

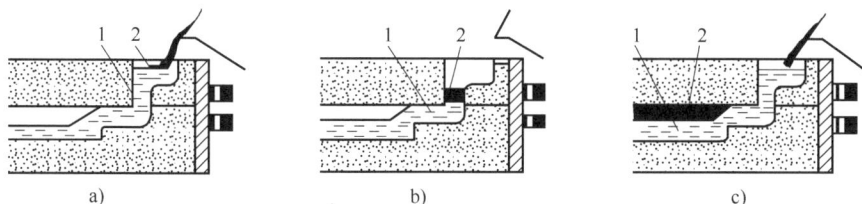

图 7-39　浇注过程
a）浇口杯充满金属液　b）浇注中断　c）中断后再浇注
1—金属液　2—熔渣

4）若发现跑火，应立即采取抢救措施，同时，还要保持细流浇注，不能中断。

5）在浇满的浇冒口上面，加盖干砂、稻草灰或其他保温材料，既可阻止光辐射，又可以保温。

铸件凝固后，进入固态收缩阶段时，应及时卸去压铁，使铸件自由收缩，防止铸件变形或裂纹等缺陷。

7.5　铸造缺陷

铸件浇注后，要经过落砂、清理，然后进行质量检验。符合质量要求的铸件才能进入下一道零件加工工序，在技术上和经济上的可行性酌情修补次品，废品则应重新回炉。由于铸造生产程序繁多，所用原、辅材料种类多，铸件缺陷的种类很多，形成原因十分复杂，总体来说是由生产程序失控，操作不当和原、辅材料差错 3 方面引起的。国家标准 GB/T 5611—2017《铸造 术语》中将铸件缺陷分为八大类 50 余种，常见的铸造缺陷见表 7-1。

表 7-1　常见的铸造缺陷

名称与特征	示意图	出现原因	预防措施
气孔针孔:铸件内部或表面出现呈圆形、梨形、椭圆形的光滑孔洞。存在于铸件表层针头状小孔(成群分布)的缺陷	气孔	炉料不净或不干；熔炼工艺不当；使金属液含气量过高；型砂、芯砂含水分太多,透气性差,排气不良；浇注温度过低	控制炉料的成分和干净程度；控制型砂、芯砂中的水分,使砂型、砂芯排气畅通；控制浇注温度和浇注速度

（续）

名称与特征	示意图	出现原因	预防措施
缩孔:铸件凝固时没有得到有效补缩,造成形状不规则、内壁粗糙的孔洞,常位于铸件最后凝固部位的缺陷		浇注温度过高; 浇口、冒口、冷铁设置不当; 铸件设计不合理	合理设计铸件结构及浇口、冒口、冷铁系统; 控制定向凝固,提高补缩效果; 控制铁液成分及浇注温度
冷裂:铸件凝固后,冷却过程中因铸造应力大于金属强度而产生的穿透或不穿透性裂纹,裂纹呈直线或折线状,开裂处有金属光泽		铸件结构不合理,如壁厚差别大,冷却收缩受阻; 浇注系统开设不当,导致铸件各部分收缩不均; 砂型、砂芯退让性差	生产过程中合理设计铸件结构,力求壁厚均匀; 合理设置浇注系统,实现同时凝固; 改善型砂、芯砂的退让性; 控制合金中硫、磷的含量
热裂:铸件凝固末期或凝固后不久,因铸件固态收缩受阻而引起的穿透或不穿透性裂纹。裂纹呈曲线状,开裂处金属表皮氧化			
冷隔:铸件表面似乎已熔合,但并未熔透,有浇坑或接缝缺陷		浇注温度及速度偏低; 铸件壁厚太薄,浇口太小或位置不当; 合金流动性差; 浇注不当	提高浇注温度及速度; 增大浇口横截面积及多开内浇口;限制最小壁厚
粘砂:铸件表面粘着一层金属与砂粒的机械混合物,常发生在厚大断面、内角或凹槽部位		浇注速度太快、压力过大、温度过高; 型砂太粗,耐火度差; 涂料不易脱落	选用合适的浇注温度和速度; 选用耐火度好及粗细合适的型砂;均匀刷涂料
夹砂结疤:铸件表面有疤片状金属突起物,疤片与铸件间夹有一层型砂		型砂膨胀率大,强度低,水分过多,透气性差; 铸型排气不良; 浇注温度过高; 浇注时间过长	提高型砂质量及铸型强度; 降低浇注温度,缩短浇注时间; 提高透气性

（续）

名称与特征	示意图	出现原因	预防措施
浇不足:铸件一部分残缺或边角处圆滑光亮,常产生于远离浇口部位		合金流动性差、浇注温度太低或浇注速度太慢;铸件壁太薄或浇注系统设计不合理	合理设计浇注系统;合理设计铸件,限制最小壁厚;提高浇注温度及浇注速度
夹渣:渣与液态金属一起进入型腔。造成非金属夹杂物以不规则形态存在于铸件表面或内部		浇注时挡渣不良;浇注系统设计不合理	注意浇注的操作,加强挡渣;提高浇注温度;合理设置浇冒口
砂眼:铸件表面或内部存在包含有砂粒的小孔洞		砂型强度不足,合箱时砂松落或浇注时被金属液冲垮;浇注系统设计不合理;浇注速度过快	提高砂型表面强度;合箱前吹净散砂;合理设计浇注系统;控制浇注速度
错箱:铸件沿分型面有相对位置错移		两半模样定位不良,造型时有错移;合箱时,操作不当,使上下型错位	模样应定期检修,保证二半模样定位准确;生产过程中要严格按定位标记、定位销合箱;搬运、传送砂箱时,防止碰撞
偏芯:铸件内孔位置偏错,铸件形状和尺寸同图样不符		下型芯时型芯下偏了;型芯本身弯曲变形;型芯尺寸不对;浇口位置不当,金属液将型芯冲歪	控制浇注温度和速度;制芯时控制紧实度和精度;及时修复工装模具;控制下芯精度

7.6 特种铸造

随着科学技术的发展和生产水平的提高,对铸件质量、劳动生产率、劳动条件和生产成本有了进一步的要求,因而铸造方法有了长足的发展。所谓特种铸造,是指有别于砂型铸造的其他铸造工艺。目前特种铸造已发展到几十种,常用的有熔模铸造、金属型铸造、压力铸造、离心铸造、低压铸造、陶瓷型铸造,另外还有实型铸造、磁型铸造、石墨型铸造和反压铸造等。特种铸造能获得如此迅速的发展,主要是由于这些方法一般都能提高铸件的尺寸精度和表面质量,或提高铸件的物理及力学性能;此外,大多能提高金属的利用率(工艺出品率),减少原砂消耗量;有些方法更适宜于高熔点、低流动性、易氧化合金铸件的铸造;有些能明显改善劳动条件,并便于实现机械化和自动化生产而提高生产率。下面介绍几种常见的特种铸造。

1. 熔模铸造

熔模铸造又称失蜡铸造，是用易熔材料制成精确的模样，在其上涂挂耐火材料制成型壳，熔去模样得到中空的耐火型壳，型壳经焙烧后将熔融金属浇入，金属冷凝后敲掉型壳而获得铸件的一种铸造方法，其主要工艺过程如图 7-40 所示。熔模铸造的优点是熔模铸造的铸型无分型面，蜡模尺寸精确、表面光洁，所以铸件的尺寸精度较高，是一种少无切屑加工的铸造方法，适于铸造高熔点、形状复杂及难以切削加工的零件。熔模铸造适于单件小批生产，也可适用于成批大量生产。目前，它在机械、动力、航空、汽车、拖拉机及仪表等领域有广泛的应用。熔模铸造也存在不足：其工序较多，生产周期长，成本较高，还不适于生产大型铸件，铸件质量一般不超过 25kg。

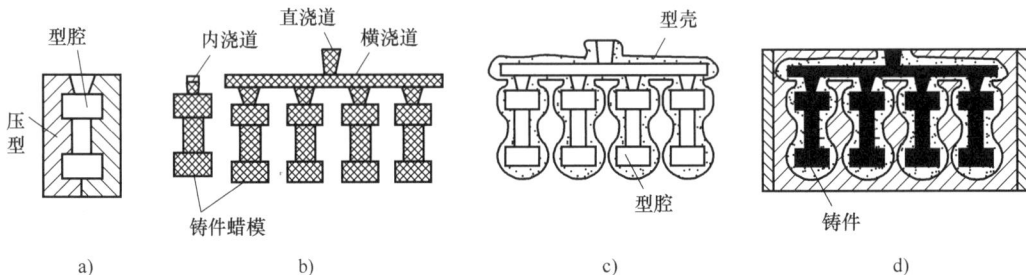

图 7-40　熔模铸造的主要工艺过程

a）压制蜡模　b）组合蜡模　c）制壳、脱蜡、焙烧　d）填砂，浇注

2. 金属型铸造

金属型铸造是将熔融金属在重力作用下浇入金属铸型内，以获得铸件的一种铸造方法。金属型一般是用铸铁或耐热钢制成，可反复使用，所以又称永久型。图 7-41 所示为常用的金属型结构示意图。由于熔融金属在金属型中冷凝成形，铸件的晶粒细小，力学性能得到了提高，尺寸也较精确，减少了加工余量，可节约金属材料和加工工时，并且金属型能反复使用，节约了造型工时。但金属型铸造周期长，成本较高，且铸件的壁厚、形状都受到了一定

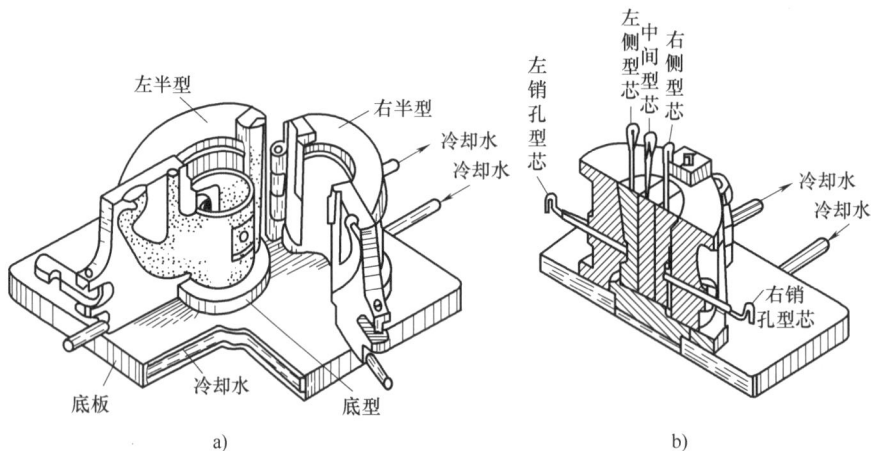

图 7-41　常用的金属型结构示意图

a）铰链开合式金属型　b）组合式金属型

的限制。

3. 压力铸造

压力铸造是将熔融金属在高压作用下高速充填金属铸型，并在压力下凝固形成铸件的一种铸造方法，简称压铸。它常用的压强为 5～70MPa，甚至高达 200MPa，充型速度为 5～100m/s，充型时间仅为 0.1～0.5s。

压铸机的种类很多，工作原理基本相同，图 7-42 所示为卧式冷压室压铸机的工作示意图。

压铸是一种高效率的铸造方法，特别适用于生产形状复杂的薄壁铸件，可直接铸出齿形、小孔及螺纹。铸件组织细密、尺寸精度高且表面光洁，铸件上的许多面无须切削加工，主要用于有色金属铸件的成批大量生产。它不但在机械、汽车和航空工业中应用很普遍，而且在无线电、电器、仪表和轻工业部门也得到了广泛的应用。

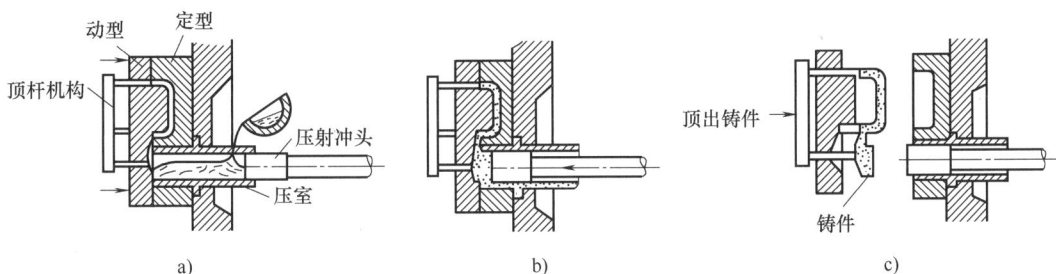

图 7-42　卧式冷压室压铸机的工作示意图
a）合型，向压室注入金属液　b）将金属液压入铸型　c）压型分开，推出铸件

4. 离心铸造

将金属液浇入高速旋转的铸型中，使金属在离心力作用下凝固成形的方法称离心铸造，如图 7-43 所示。离心铸造适用于金属型和砂型，可浇中空回转体铸件。离心铸造的铸件内部晶粒组织致密，无缩孔、气孔和夹渣等缺陷，力学性能好。对于管形件金属利用率高。还可铸造"双金属"铸件，如钢套内镶铜轴承等，但铸件内孔尺寸精度低，内表面粗糙。

离心铸造广泛用于制造水管、汽缸套、铜轴套、刀具、泵轮、铜蜗轮等。

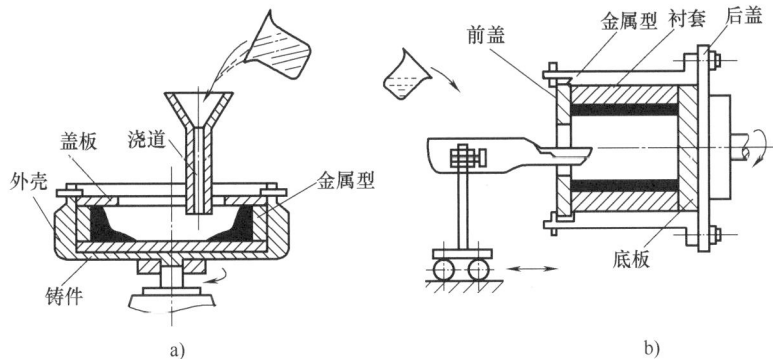

图 7-43　离心铸造示意图
a）立式　b）卧式

5. 低压铸造

低压铸造是介于重力铸造和压力铸造之间的一种铸造方法，如图 7-44 所示。浇注时压

力和速度可人为控制，故适用于各种不同的铸型；充型压力及时间易于控制，所以充型平稳；铸件在压力下结晶，自上而下定向凝固，所以铸件致密，力学性能好，金属利用率高，铸件合格率高。适合生产要求致密性较好的有色合金铸件，如汽油机缸体、气缸盖、叶片等。

6. 实型铸造

实型铸造是使用泡沫聚苯乙烯塑料制造模样（包括浇注系统），浇注时，迅速将模样燃烧气化直到消失，金属液填充了原来模样的位置，冷却凝固后而形成铸件的铸造方法。其工艺过程如图 7-45 所示。

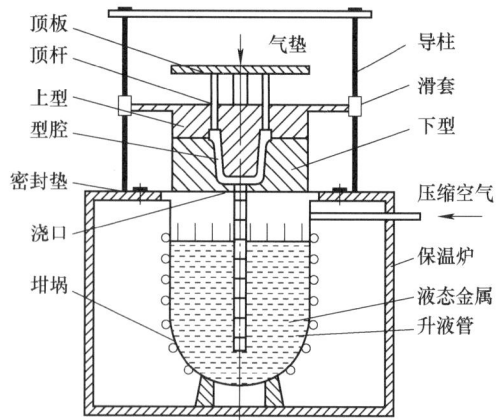

图 7-44　低压铸造示意图

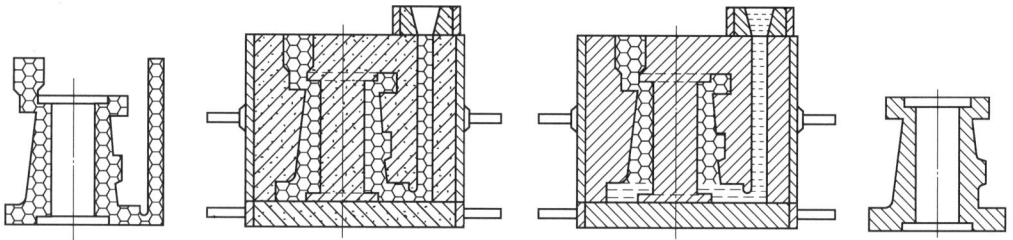

图 7-45　实型铸造的工艺过程

7.7　智能铸造

1. 铸造工艺计算机辅助设计

目前计算机辅助设计技术（CAD）在凝固成形领域的应用重点是零件的结构设计和工艺设计。铸造结构设计是应用结构参数，如最小壁厚、最小铸孔、筋的合理布置等应用 CAD 软件出铸造图。铸造工艺设计是铸件凝固数值模拟、铸造工艺计算机分析和数据库技术的综合，主要功能是实现铸造工艺的快速准确设计，自动形成铸造工艺图及工艺装备图。

铸造数值模拟技术可以利用专门的软件在计算机里对所设计的铸造工艺过程进行仿真模拟，对可能产生的缺陷进行分析预测，从而实现设计与分析的统一，为优化工艺方案提供指导，从而大大缩短设计周期，降低设计成本，提高设计可靠性。铸造数值模拟主要研究合金的充型凝固过程及其对铸件组织和性能的影响，目前大致有以下几方面。

（1）充型过程模拟　通过计算金属液体充型过程中流体流动得出的充型过程模拟，它可得出在给定条件下，金属液在浇注系统中及在型内的流动情况，包括流量及流速的分布以及由此形成的铸件温度场。可预测气孔夹渣、冷隔浇不足及缩孔等缺陷的产生。

（2）凝固过程模拟　计算温度场的温度梯度、凝固时间等，可预测铸件凝固过程中产生的缩孔缩松的部位和大小，通过这种预测可对所制订的铸造工艺方案进行修改和验证。

（3）铸造应力场模拟　利用力学原理，分析铸件应力分布。其结果有助于预测和分析铸件裂纹、变形及残余应力的形成与分布，为提高铸件尺寸精度及稳定性提供科学依据。

（4）铸件微观组织模拟 通过模拟可预测铸件微观组织形成，进而预测其力学性能。铸造CAD技术是人机交互设计的过程，其设计流程通常表现为"二维零件图样→CAD工艺设计→数值模拟模拟→工艺文件"，主要包括以下内容。

1）根据铸件技术要求、生产条件和生产批量，进行工艺性分析，确定铸造工艺方案。

2）利用CAD进行工艺参数设计。

3）利用CAD设计浇注系统、冒口、冷铁。

4）利用CAD设计模样、模板、芯盒、砂箱等。

5）利用数值模拟软件模拟铸造过程，预测铸造缺陷，优化铸造工艺设计。

6）利用CAD绘制铸造工艺图、铸造工装模具图、工艺卡。

2. 铸造生产过程自动化

砂型铸造自动生产线通常由主机和辅助机械组成。通常是以1~2台造型机为主体，配合各种相应的辅助机械（如翻箱机、合型机、浇注机、落砂机及机器人等），并将它们按照铸造工艺流程用运输设备联系起来，通过计算机系统对铸造生产线、型砂处理和合金熔炼等加以统一管理和控制，可实现砂型铸造生产的自动化；下级计算机负责各工序的检测、控制和调整，上级计算机则负责物流的组织和物料的跟踪。通过各系统之间的数据通信，不仅可以保证整个生产线的运转，而且会自动考虑最优化的经济效果和生产组织方案。

3. 无模铸造技术

传统的砂型铸造需要先制作模样和芯盒等铸造专用模具，再用这些模具去制造铸型和砂芯，因而又叫作有模铸造。由于铸造模具制造周期长、成本高，尤其当铸件结构发生修改时，就需要重新设计和制造模具而造成资源的重复浪费。此外，造型时的起模操作易影响型腔尺寸，降低铸件精度；对于复杂铸件，经常会碰到起模难度大等问题。因此，有模铸造生产周期长、柔性差，难以满足单件、小批量、复杂铸件的快速、经济的生产要求。目前，已开发出多种无模铸造技术，其中比较有代表性的就是将3D打印技术［如选择性激光烧结（SLS）技术］应用于铸造生产中砂型和砂芯的制作。它通过计算机中的三维CAD模型直接驱动铸型制造，以树脂覆膜砂为造型材料，利用激光扫描逐层烧结覆在原砂表面的热塑性树脂并逐层堆积成形，在不使用模样和芯盒的情况下制出复杂的砂型和砂芯，实现数字化无模铸造。这种方法在技术上突破了传统工艺的许多局限（如铸型-型芯一体化成形，没有起模过程，不需要起模斜度等），使设计、制造的约束条件大大减少，使砂型和砂芯的制造过程高度智能化、柔性化，适用于汽车、通用机械、机床、重大装备中关键零部件的单件、小批量制造。

第8章 锻压

锻压是在外力作用下，金属材料产生塑性变形，并获得具有一定形状和尺寸及一定力学性能的毛坯或零件的加工方法，属于金属塑性加工。锻压包括锻造和冲压。

锻造是在加压设备及工（模）具的作用下，使金属坯料产生局部或全部的塑性变形，以获得具有一定几何形状、尺寸、质量及力学性能锻件的加工方法。板料经分离或变形而得到制件的工艺方法统称冲压。冲压通常在常温（低于冲压材料的再结晶温度）下进行，因此又称冷冲压，只有板料厚度超过 5~10mm 时，才用热冲压。

金属塑性加工的基本方法除了锻造和冲压之外，还有轧制、挤压、拉拔等。其中，轧制主要用于生产板材、型材和无缝管材等原材料；挤压主要用于生产低碳钢、非铁金属及合金的型材或零件；拉拔主要用于生产低碳钢、非铁金属及合金的细线材、薄壁管或特殊截面形状的型材等。

8.1 实习目的和要求

1）了解锻压实习的意义、内容、安排、要求和安全技术。
2）了解锻压生产的种类、生产工艺过程、特点和应用，熟悉锻压生产场地。
3）了解锻造时常用的工具、设备名称及作用，能正确使用自由锻的常用工具。
4）了解模锻和胎模锻的工艺特点及应用，完成简单锻件自由锻工艺的基本操作。
5）了解冲压基本工序和冲模的结构，能拆装简单的冲压模具，绘制模具装配图。
6）了解锻件和冲压件的常见缺陷及其产生的原因。
7）了解锻压生产安全技术及简单经济分析。
8）能掌握冲压的安装和冲压基本操作。

8.2 实习安全操作规程

1. 锻造实习安全知识

1）实习前，要穿好工作服，戴好安全帽，工作服应很好地遮蔽身体，以防烫伤。
2）检查所用的工具、模具是否牢固、良好、齐备；锤头、锤杆有无裂纹，锤头与锤是否松动。

3）操作时，钳柄应在人体两侧，不要将钳柄对准人体的腹部或其他部位，以免锻打时钳子突然飞出，造成伤害。

4）掌钳时不要把手指放在钳柄之间，也不要把钳口放在锤头行程下面，以防钳口裂开，挤压手指。

5）不得锻打冷料或过烧的坯料，以防飞裂伤人。

6）操作时，严禁将手伸入锤的下方取、放锻件。不得用手或脚直接清除铁砧上的氧化皮或传送锻打的工件。

7）锻打完的锻件不得随意扔放，应放在指定冷却区。

8）严格遵守七不打的操作规程：

①工件放不正不打；②拿不平不打；③夹不准不打；④冷铁不打；⑤冲子和剁刀背上有油不打；⑥空锤不打；⑦看不准不打。

2. 冲压实习安全知识

（1）劳保用品 开始工作前，操作者应穿戴好劳动防护用品，如手套、护袖、工作服、劳保鞋、护目镜、口罩等。女员工须把头发盘起，头发不准露出安全帽，避免头发卷入设备。

（2）安全意识 冲压车间内危险区域含工作区、模具区、行车经过区、叉车经过区、地坑等，必须时刻小心、避免危险。

（3）设备检查 检查设备的电、气、传动系统、离合器、按钮、光栅、润滑油位等；确认完好后，方可开机。

（4）双手操作 多人操作必须分工明确，由机台长操作机床、设定参数。必须使用双手按钮（严禁专人按按钮）。从冲模内取、送零件，未退出时，不准开动机床。开动机床必须用清楚的语言信号，不要用手势信号。

（5）工作方式 机床工作方式不准选用连续；装模时，禁止选用单次（机械压力机要注意装模高度调节量），拆模具时，回程必须先打调整，待全部螺栓确定拆完方可选用单次。

（6）专注工作 操作时思想必须高度集中，严禁边说边干、打闹说笑，不许串岗和在实习场地内吸烟。工作期间，手禁止放入机床工作区域及传送带上，禁止站在正在工作的人后面，避免受伤；走动时要尽量避开他人工作区域。要注意上料、下料方式，避免划伤割伤。若来不及送、取零件，要立即停车，绝对禁止抢取零件，更不准在滑块运行中调整冲模内的零件。工作中发现劳保用品不能使用，应及时找上级换新的。

（7）设备、模具故障处理办法 当设备、模具和其他有关装置发生故障时，必须停机检查，并马上报告实习指导教师。模具需要维修时，需要关机，推上安全栓；机床需要维修时，挂上设备维修牌，在机修工指示下才能行动，不准擅自开动机床。

在生产作业期间，发生下列情况时应立即停机：①滑块停点不准，或停止后自动下滑；②设备发生不正常声响；③冲压件出现不允许的毛刺或其他质量问题；④冲压件或废料卡在模具内；⑤控制装置失灵。

（8）工作完毕后清扫 工作完毕，应将模具清理干净、落靠，切断电源、气源，并认真收拾所用工具并清理现场。

8.3 锻造

锻造后的金属组织致密、晶粒细化，还具有一定的金属流线，从而使金属的力学性能得以提高。因此，凡承受重载荷的机械零件，如机床主轴、航空发动机曲轴、连杆、起重机吊钩等多以锻件为毛坯。用于锻造的金属必须具有良好的塑性，以便锻造时不破裂。常用的锻造材料有钢、铜、铝及其合金。铸铁塑性很差，不能进行锻造。

各种零件的加工都制订有合适的工艺过程。根据零件具体的生产要求，工艺过程有简单的，也有比较复杂的。但是对于同一种加工方法，一些工艺过程是必不可少的。对于锻造，必需的工艺过程是下料→加热→锻造→冷却→热处理→清理→检验→锻件。

8.3.1 自由锻

只用简单的通用性工具，或在锻造设备的上、下砧间经多次锻打和逐步变形而获得所需几何形状及内部质量的锻件，这种方法称为自由锻。自由锻又有手工自由锻和机器自由锻之分，机器自由锻是自由锻的主要方法。

自由锻使用的工具简单，操作灵活，但锻件的精度低，生产率不高，劳动强度大，故只适用于单件、小批和大件、巨型锻件的生产。

1. 自由锻工具

（1）手工自由锻工具　图 8-1 所示为手工自由锻的常用工具。

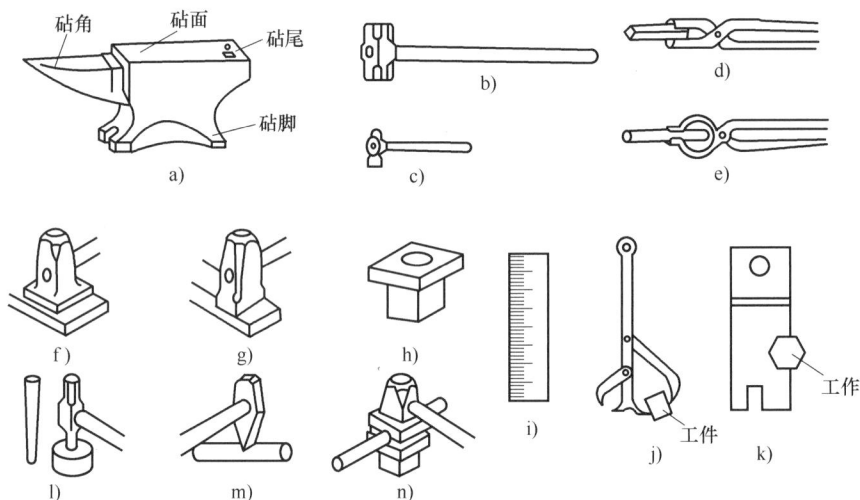

图 8-1　手工自由锻的常用工具

a）羊角砧　b）大锤　c）手锤　d）方口钳　e）圆口钳　f）方平锤　g）窄平锤

h）漏盘　i）钢直尺　j）卡钳　k）样板　l）冲子、带柄冲子　m）剁刀　n）型锤

1）支撑工具即各种砧铁，用于放置锻件坯料和固定成形工具，由铸钢或铸铁制成，有羊角砧、双角砧、球面砧和花砧等类型。

2）夹持工具即各种夹钳（又称为手钳），用于夹持锻件，一般由 45 钢制成，有尖嘴钳、圆口钳、方口钳、扁口钳和圆钳等类型。

3) 锻打工具即各种手锤和大锤。手锤用于指示大锤打击的落点和轻重，由 60、70 或 T7、T8 等钢制成，有圆头、直头和横头等类型，圆头最为常用，质量一般为 1~2kg。大锤用于金属坯料的直接变形，也是由 60、70 或 T7、T8 等钢制成，有直头、横头和平头等类型，质量一般为 4~7kg。

4) 成形工具即各种型锤、平锤、摔锤、冲子等，由 60、70 或 T7、T8 等钢制成。型锤主要用于对锻件进行压肩、压槽，有时也用于加快增宽或拔长，分为上、下两个部分，上型锤带柄，供握持用，下型锤带方形尾部，可插入砧面上的方孔，以便于固定。

平锤用于对锻件进行压肩或修整锻件的平面，平面边长为 30~40mm，有方平锤、窄平锤和小平锤等类型。摔锤用于摔圆和修光锻件的表面，分为上、下两个部分，其使用方法与型锤相同。冲子用于在坯料上冲出通孔或不通孔，按照截面形状的不同，有圆形、方形或扁形等多种类型。冲子的外形一般为圆锥形。

5) 切割工具即各种剁刀（又称錾子），用于切割坯料和锻件，或者在坯料上切割出缺口，为下一道工序做准备。

6) 测量工具即钢直尺、卡钳、样板等，用于测量锻件或坯料的尺寸或形状。

（2）机器自由锻工具 图 8-2 所示为机器自由锻的常用工具。

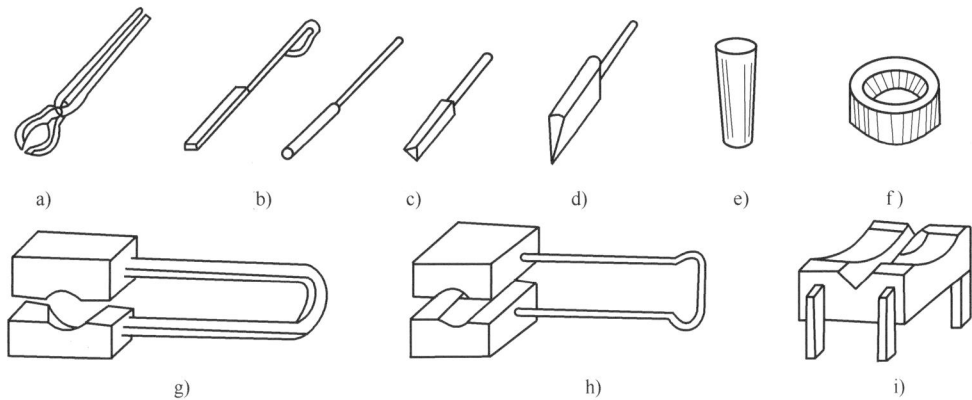

图 8-2 机器自由锻的常用工具

a) 夹钳 b) 刻棍 c) 压铁 d) 剁刀 e) 冲子 f) 漏盘 g) 压肩摔子 h) 拔长摔子 i) 剁垫

1) 夹持工具，如圆口钳、方口钳、槽钳、抱钳、尖嘴钳、专用型钳等。
2) 切割工具，如剁刀、剁垫、刻棍等。
3) 变形工具，如压铁、压肩摔子、拔长摔子、冲子、漏盘等。

2. 自由锻设备

自由锻常用的设备有锻锤和液压机两大类，锻锤是以冲击力使金属坯料产生塑性变形的自由锻设备，如空气锤、蒸汽-空气锤等，但由于锻压能力有限，适用于中、小型锻件。液压机是以静压力使金属坯料产生塑性变形的自由锻设备，如水压机，其可以产生很大的压力，能够生产大型和巨型锻件。

（1）空气锤 空气锤是自由锻常用的设备之一，其特点是操作灵活、投资较小但操作强度较大，设备在运转时会产生很大的噪声，对人的听力产生很大的影响，且加工零件的精度较低，生产效率也较低，因此不宜大力发展。

1）空气锤的结构与原理。空气锤主要由 4 个部分组成，传动部分、工作部分、机身及操纵部分，图 8-3 所示为空气锤的结构原理示意图。

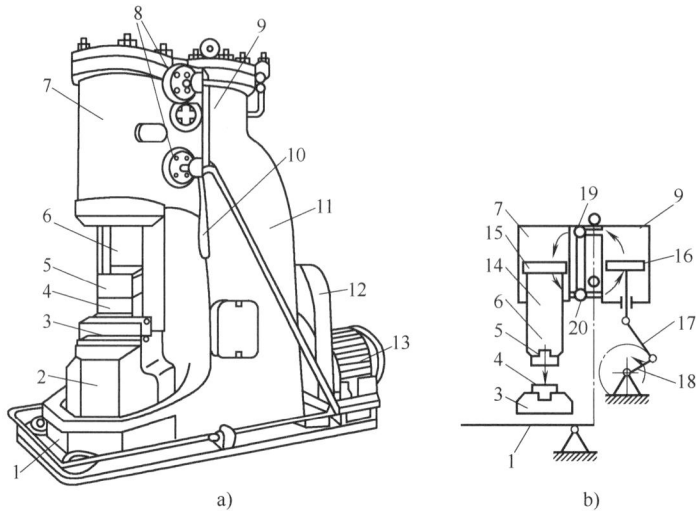

图 8-3　空气锤的结构原理示意图

a）主要结构　b）工作原理

1—踏杆　2—砧座　3—砧垫　4—下砧铁　5—上砧铁　6—锤头　7—工作缸　8,19,20—旋阀
9—压缩缸　10—手柄　11—锤身　12—减速机构　13—电动机　14—锤耳
15—工作活塞　16—压缩活塞　17—连杆　18—曲柄

锻造实习时，可选用 65kg 空气锤，65kg 的含义为上砧铁、锤杆、工作活塞的质量总和。设备的型号为 C41-65，各代码的含义：C 代表锤类设备，4 代表组别，1 代表型别，65 代表规格。

电动机通过传动机构带动压缩气缸中的压缩活塞上下运动，由于压缩气缸与工作气缸的上下腔相互连通，因此压缩活塞就可以带动工作活塞运动。通过控制踏杆或者操纵手柄，可以控制压缩缸中的气体进入工作缸中上（下）腔的流向及流量，从而控制落锤打击的状态和击打时产生的能量。

2）空气锤的工作状态。目前，空气锤的空气分配阀主要有两种形式：两阀式和三阀式。通过控制空气锤的操纵机构，可以实现空转、提锤、压锤、连续打击和单次打击 5 种工作状态，具体如下：

① 空转。转动手柄和上、下旋阀的位置，使压缩缸的上下腔都与大气相通，压缩气体不进入工作缸，而是排入大气，工作活塞不工作，锤头静止。

② 提锤。上旋阀使工作缸和压缩缸的上气道都与大气相通，压缩活塞向上运动时，压缩气体排入大气，而压缩活塞向下运动时，压缩空气经由下旋阀，冲开一个防止压缩空气倒流的逆止阀，进入工作缸下腔，使锤头悬空。

③ 压锤。上、下旋阀会使压缩缸的上气道和工作缸的下气道都同大气相通，当压缩活塞向上运动时，压缩空气排入大气，而当压缩活塞向下运动时，下腔气体通过下旋阀并冲开逆止阀，转而进入上下旋阀连通道内，经由上旋阀进入工作缸上腔，使锤头向下压紧锻件。与此同时，工作缸下腔的空气经由下旋阀排入大气。

④ 连续打击。上、下旋阀会使压缩缸和工作缸都与大气隔绝，逆止阀不起作用。当压缩活塞上下往复运动时，将压缩空气不断压入工作缸的上下腔，推动锤头上下运动，进行连续打击。

⑤ 单次打击。单次打击其实是连续打击的一种特殊状态，即在连续打击的状态下，锤头击打一次之后操纵手柄迅速返回至悬空位置。因此，单次打击不易掌握，初学者为了人身安全，应谨慎对待。

（2）蒸汽-空气锤　蒸汽-空气锤是以蒸汽或压缩空气为介质，通过滑阀配气机构和气缸驱动落下部分做上、下往复运动的锻锤。蒸汽-空气锤也是自由锻的设备之一，不过规格相比于自由锻较大，设备重量一般为 0.5～5t。

1）蒸汽-空气锤的结构。蒸汽-空气锤的结构示意图如图 8-4 所示，主要由以下几部分组成。

① 锤身。锤身是气缸的支撑部分，锤头的导向物、锤身导轨是可调节的。

② 落下部分。落下部分是锤的工作部分，也是区分锤规格的依据。

③ 气缸。缸体内一般镶有缸套，以便磨损后修理或更换。气缸顶部装有保险杠，起气压缓冲作用，避免锤杆折断、操纵机构损坏或操纵不当时，活塞猛烈向上撞击缸盖而造成严重的设备事故和人身安全事故。

④ 砧座。砧座一般放置在混凝土基座上，用螺栓固定在基座。

⑤ 配气-操纵机构。由节气阀、滑阀及操纵系统组成。

2）蒸汽-空气锤的工作原理。踩脚踏板的同时控制节气阀和滑阀，从而控制进气压力和进气量，保证不同工艺所需的不同打击能量，松开脚踏板时，锤头在行程上方往复摆动，代替空气锤的悬空状态。

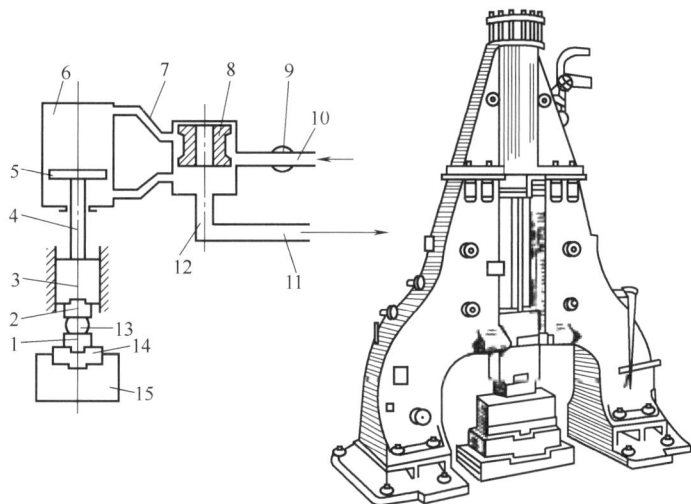

图 8-4　蒸汽-空气锤结构示意图

1—下砧铁　2—上砧铁　3—锤头　4—锤杆　5—工作活塞　6—工作缸　7—上气道　8—滑阀
9—节气阀　10—进气管　11—排气管　12—下气道　13—坯料　14—砧垫　15—砧座

（3）水压机　水压机的工作介质为液态，它具有可变最大工作行程、工作平稳、能产生较大的锻造力、适宜加工大型零件的特点。水压机由于可以产生较大的压力（15～

40MPa），常用于锻造和冲压生产。水压机的规格由水压机产生静压力的数值来表示。

1）水压机的结构。水压机主要由固定系统和活动系统两部分组成。广泛采用三梁四柱式传动结构，并带有活动工作台。固定系统由上横梁、下横梁、工作缸、回程缸和四根立柱组成。工作缸和回程缸固定在上横梁上，下横梁上面装有下砧。上下横梁和四根立柱组成一个封闭的刚性机架，工作时，机架承受全部工作载荷。活动系统由工作柱塞、活动横梁、回程柱塞和拉杆组成。活动横梁下面装有上砧，其典型结构如图8-5所示。

2）水压机的工作原理。当高压水沿管道进入工作缸时，工作柱塞带动活动横梁沿立柱下行，对坯料进行锻压。当高压水沿管道进入回程缸下部时，则推动回程柱塞上行，通过回程横梁和拉杆将活动横梁提升离开坯料，从而完成锻压与回程的一个工作循环。

水压机的特点是工作时以无冲击的静压力作用在坯料上，因此工作时振动小，无须笨重的砧座；锻件变形速度低，变形均匀，易将锻件锻透，使整个截面呈细晶粒组织，从而改善

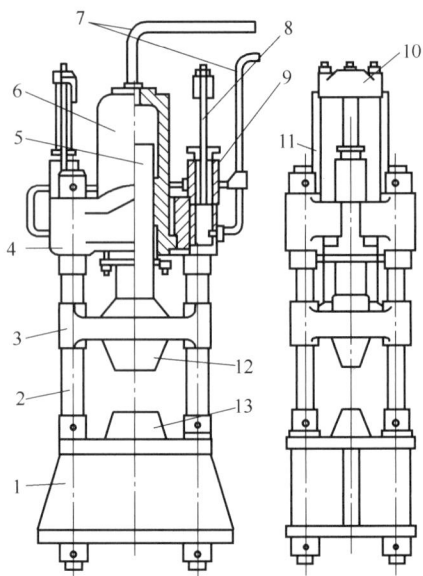

图8-5 水压机典型结构

1—下横梁 2—立柱 3—活动横梁 4—上横梁
5—工作柱塞 6—工作缸 7—管道 8—回程
柱塞 9—回程缸 10—回程横梁
11—拉杆 12—上砧 13—下砧

和提高了锻件的力学性能；容易获得大的工作行程，并能在行程的任何位置锻压，劳动条件较好。但由于水压机主体庞大，并需配备供水和操纵系统，故造价较高。

3. 下料

锻件在加工出来之前需根据其大小和工艺要求准备好合适的坯料。锻造下料的方法有许多，包括剪切、锯削、气割、砂轮切割、冷折法等。

1）剪切主要用到的是冲压设备中的剪床，坯料剪切如图8-6所示。依靠剪床的上下切削刃，在力的作用下使材料上下部分先出现裂纹，再使裂纹扩展，最终将上下部分都出现裂纹的金属材料拉断。

2）锯削需用到锯床，常用的锯有圆片锯、带锯、弓锯等。锯床是下料最普遍的方法，具有尺寸精确、端面平整的优点，而且锯床适宜锯削各种金属材料。但是效率低、锯片磨损严重。

3）气割适宜切割大面积的坯料，它是利用焊接中气焊的割炬，通过燃烧合适比例的氧气和乙炔来切割金属。气割设备简单，不受过多地理环境的限制，适宜切割各种截面工件，缺点是切割面不平整、精度差、生产率低。

4）砂轮是利用高速旋转的薄片砂轮对材料进行切割。特点是设备简单、生产率较高、断口整齐、尺寸精确，但砂轮片易磨损、易崩裂，而且在切割时噪声大，易形成粉尘。

5）冷折法是利用材料中预先开出的缺口，在受力时产生应力集中从而引起脆断的方法。冷折法示意图如图8-7所示，具有高的生产率且所需工具简单，但是需要先切出缺口，此外其形成坯料的尺寸稍差。

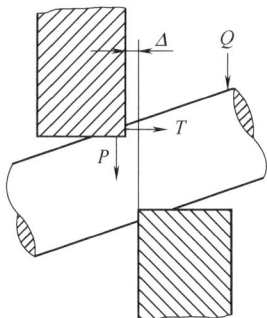

图 8-6 坯料剪切示意图
P—剪切力 T—水平阻力 Q—压板阻力

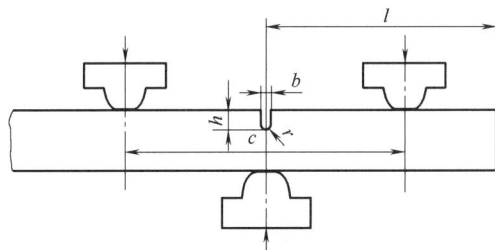

图 8-7 冷折法示意图

4. 锻件加热

坯料在锻造之前通常需加热。加热的目的是提高材料的塑性，并降低它的变形抗力。根据热源不同，用来加热金属坯料的设备可以分为火焰炉和电炉两大类，前者使用煤和重油等作为燃料燃烧时放出的热量作为热源加热坯料，后者利用电能转化的热量加热坯料。

（1）加热设备

1）火焰炉。火焰炉利用燃料燃烧所放出的热量加热金属。火焰炉燃料来源方便，炉子修造较容易，费用较低，加热的适应性强，应用广泛。缺点是劳动条件差，加热速度较慢，加热质量较难控制。火焰炉分为手锻炉、反射炉、油炉和煤气炉等。

① 手锻炉。最简单的火焰炉是手锻炉，手锻炉的结构简单，体积小，升温快，生火、停炉方便。但炉膛不密封，热量损失大，氧化烧损严重。热效率低，炉温不易调节，且不稳定，加热温度不均匀，常用于单件小批生产锻造小坯料或维修工作。

② 反射炉。反射炉是以煤为原料的火焰加热炉，其结构示意图如图 8-8 所示。燃烧室中产生的火焰和炉气越过火墙进入炉膛加热坯料，其温度可达 1350℃。废气经烟道排出，坯料从炉门装入或取出。使用反射炉，金属坯料不与固体燃料直接接触，加热均匀，且可以避免坯料受固体燃料的污染，同时炉

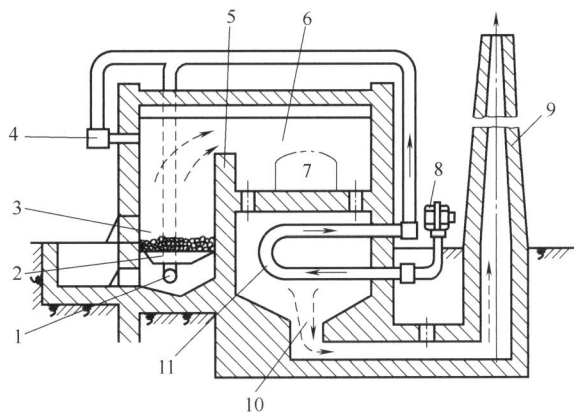

图 8-8 反射炉结构示意图
1——次送风管 2—水平炉栅 3—燃烧室 4—二次送风管
5—火墙 6—加热室（炉膛） 7—进出料炉门
8—鼓风机 9—烟囱 10—烟道 11—换热器

膛封闭，热效率高，适合中、小批量生产的锻造车间使用。

③ 油炉和煤气炉。油炉和煤气炉是由喷嘴将油（或煤气）与空气喷射到加热室进行燃烧，直接对金属进行加热的炉子。其结构简单、紧凑，操作方便，热效率高，对环境污染小，被广泛使用，室式油炉结构如图 8-9 所示。

2）电炉

① 电阻炉。电阻炉利用电流通过炉内电热体时产生的热量来加热金属，图 8-10 所示为

箱式电阻炉构造示意图。常用的电热体有铁铬丝和硅碳棒。与其他加热方法相比，电阻炉的热效率和加热速度较低，但对坯料形状和尺寸的适用范围广。

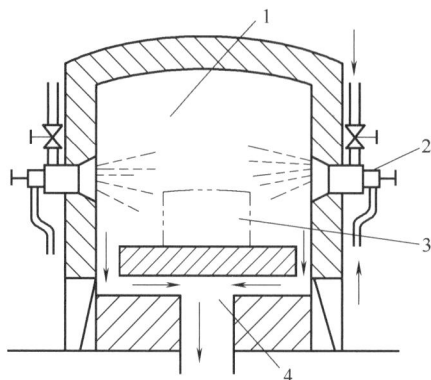

图 8-9　室式油炉结构

1—炉膛　2—喷嘴　3—炉膛　4—烟道

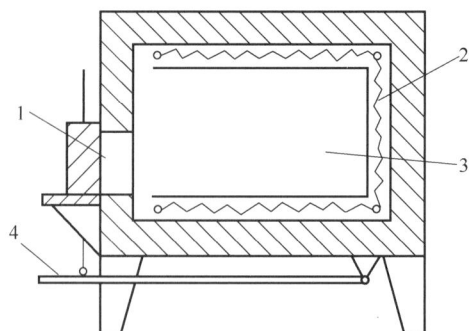

图 8-10　箱式电阻炉构造示意图

1—炉口　2—电阻体　3—炉膛
4—脚踏传动装置（升、降炉门）

② 接触电加热装置。接触电加热装置是将坯料夹紧在设备的两个触头上，当电流通过坯料时，由于坯料自身具有一定的电阻，从而产生热量给自身加热，接触电加热原理图如图 8-11 所示，它具有热效能高、操作简单、成本低等优点。适宜加热细棒料，但要求坯料表面光洁、形状规则、端面平整。

③ 感应电加热装置。感应电加热装置是将交流电通入设备的感应圈中，从而在感应圈中产生交变磁场，置于感应圈中的金属材料内部产生交变电势并形成涡流，材料表层温度迅速上升，感应电加热原理图如图 8-12 所示。感应电加热升温速度快、加热质量稳定，便于机械自动化，但是投资大、耗电量大，加热坯料的尺寸受到很大限制且设备结构复杂，一旦损坏，将给维修带来很大麻烦。

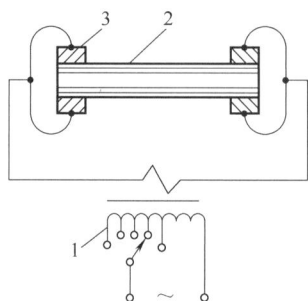

图 8-11　接触电加热原理图

1—变压器　2—坯料　3—触头

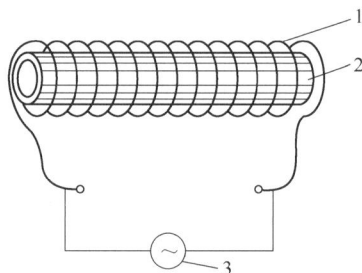

图 8-12　感应电加热原理图

1—感应器　2—坯料　3—电源

（2）锻造温度范围　锻造温度范围是指金属开始锻造的温度（始锻温度）到锻造终止的温度（终锻温度）之间的温度间隔。

1）始锻温度的确定原则。加热过程中，在金属不产生过热、过烧缺陷的前提下，始锻温度应尽可能高一些。这样可以扩大锻造温度间隔，以便有充足的时间进行锻造，减少加热次数，提高生产效率。

2）终锻温度的确定原则。在保证金属停锻前有足够塑性的前提下，终锻温度应取低一些，以便停锻后能获得较细密的内部组织，从而获得具有较好力学性能的锻件。但终锻温度过低，金属难以继续变形，易出现锻裂或损伤锻造设备。

常见的合金材料的锻造温度范围见表8-1。

表 8-1　常见的合金材料的锻造温度范围

合金种类	牌号举例	始锻温度/℃	终锻温度/℃
普通碳素结构钢	Q195、Q215、Q235	1280	700
优质碳素结构钢	40、45、60	1200	800
合金结构钢	30CrMnSiA、20CrMnTi	1180	800
不锈钢	12Cr13、06Cr18Ni9	1150	850
铝合金	3A21、5A02、2A50	480	380
镁合金	AZ61M	400	280
钛合金	TC4	950	800
铜合金	H62	820	650

锻造时测量温度的方法有观火法和仪表测量法，其中观火法可根据钢在高温下火色与温度的关系来判断。表8-2是碳钢的加热温度与火色的对应关系。

表 8-2　碳钢的加热温度与火色的对应关系

加热温度/℃	1300	1200	1100	900	800	700	≤600
火色	黄白	淡黄	黄	淡红	樱红	暗红	赤褐

（3）加热缺陷及防范措施　金属在加热过程中可能产生的缺陷有氧化、脱碳、过热、过烧和裂纹等。

1）氧化。高温下，工件的表层金属与炉气中的氧化性气体（O_2、SO_2 和水蒸气）等发生化学反应而生成氧化皮，造成金属烧损，烧损量占总质量的 2%~3%。下料时，应考虑烧损量。严重氧化会造成锻件表面质量下降，减少氧化的措施是在保证加热质量的前提下，尽量采用快速加热并避免金属在高温下停留时间过长；还应控制炉气中的氧化性气体，严格控制送风量或采用中性、还原性气氛加热。

2）脱碳。在高温下金属长时间与氧化性炉气接触而发生化学反应，使表层中碳元素的烧损而降低金属表层碳的含量，这种现象称为脱碳。脱碳后，金属表层的硬度和强度会明显降低，从而影响锻件质量。减少脱碳的方法与减少氧化的措施相同。

3）过热。当金属加热温度过高或高温下停留时间过长时，其内部组织会迅速长大变粗，这种现象称为过热。过热的金属在锻造时容易产生裂纹，力学性能变差。如果锻后发现过热组织，可用热处理（如正火或调质）方法将其消除，使内部组织细化、均匀。

4）过烧。当金属加热温度接近熔化温度时，其内部晶粒间的结合力将完全失去。经锻造就会碎裂，这种现象称为过烧。过烧的缺陷无法挽救，只有报废。避免金属过烧的方法是注意加热温度和保温时间，并控制炉气成分。

5）裂纹。对于导热性差的金属材料，如果加热过快，坯料内、外温差较大，膨胀不一致，会产生内应力，严重时会产生裂纹。为防止裂纹产生，应制订和遵守正确的加热规范，包括入炉温度、加热速度和保温时间等。

5. 自由锻基本工序

根据锻件变形时变形的性质和变形的程度不同，通常把自由锻分为基本工序、辅助工序及整形工序。基本工序是指使坯料变形，并使之逐步接近锻件最终形状和尺寸的工序，主要包括拔长、镦粗、冲孔、弯曲、扭转、错移、切割、锻接等。辅助工序是指为了完成基本工序而使坯料预先产生少量变形的工序，如压钳口、压痕等。整形工序是使锻件最终表面平滑、形状平整等所做的工序，如滚圆、弯曲校直、端面平整等。

（1）拔长 拔长是指使坯料横截面减小而长度增加的锻造工序，拔长一般用于锻造轴类、杆类和长筒类零件。

拔长时要控制以下几点：锻打时，要控制好送进量，坯料沿下砧铁的宽度方向送进，每次的送进量 L 应为下砧铁宽度 B 的 30%~70%（图 8-13a）。当送进量太大（$L/B>0.7$）时，锻件拔长效率更低且容易形成单鼓形，从而引起表面横向裂纹和角裂（图 8-13b）。当送进量太小时（$L/B<0.3$），锻件容易形成双鼓形，产生夹层，从而产生内部横向裂纹（图 8-13c）。

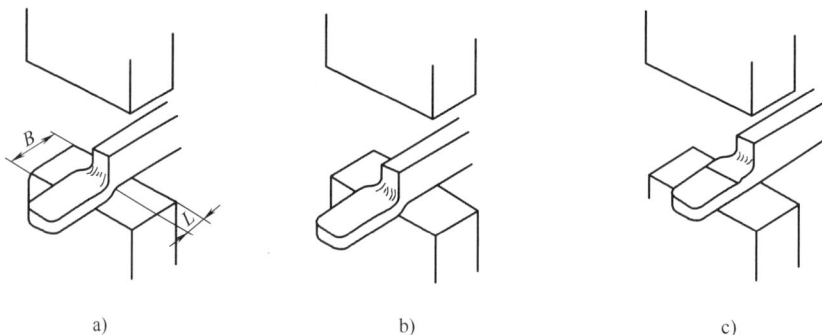

图 8-13 送进方向和送进量

a）送进量合适 b）送进量太大，拔长效率低 c）送进量太小，产生夹层

圆截面坯料拔长成直径较小的圆截面锻件时，必须先将坯料打成正方形截面，再进行拔长，直到接近锻件直径，再锻成八边形，最后滚打成圆形（图 8-14）。

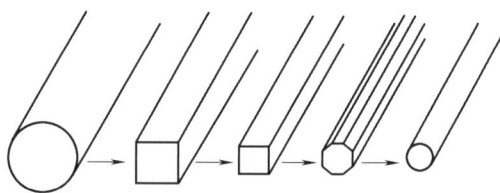

图 8-14 圆截面坯料拔长横截面变化

拔长时要不断翻转坯料，塑性较好的材料拔长可在沿轴向送进的同时将毛坯反转 90°（图 8-15a）。塑性较低的材料拔长可在沿轴向送进的同时将毛坯沿一个方向做 90°螺旋式翻转（图 8-15b）。由于毛坯各面都接触下砧面，因而可使各部分温度保持均匀。对于大件的锻造拔长，可将毛坯沿整个长度方向锻打一遍后再翻转 90°，采取同样依次锻打的操作方法，翻转顺序如图 8-15b 所示，但工件的宽度与厚度之比值不应超过 2.5，否则再次翻转后继续拔长容易形成夹层。

局部拔长锻造台阶轴时，拔长前应先在截面分界处压出凹槽（称为压肩），以便做出平整和垂直拔长的过渡部分。正方形截面锻件与圆形截面锻件的压肩方法及其所用的工具有所不同（图 8-16）。圆形截面的锻件可用窄平锤或压肩摔子进行压肩操作。

锻件拔长后需要修整，使表面工整光滑，尺寸准确。正方形或矩形截面的锻件先用平锤

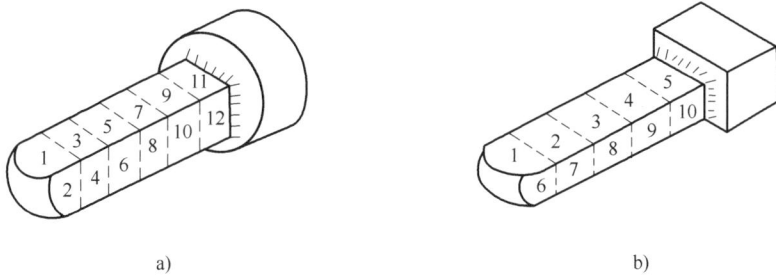

图 8-15　拔长时坯料翻转方法

a）毛坯反转 90°　b）螺旋式翻转

修整，如图 8-17 所示。修整时，应将工件沿下砧长度方向送进，以增加锻件与砧铁间的接触长度。圆形截面的锻件用型锤或摔子修整。

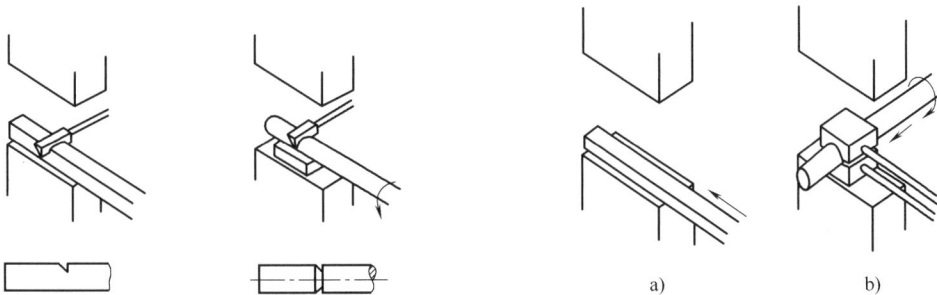

图 8-16　坯料压肩图

图 8-17　拔长后的修整

a）方形截面锻件的修整　b）用摔子修整圆形截面锻件

（2）镦粗　使坯料高度减小、横截面增大的锻造工序称为镦粗。镦粗的主要方法包括平砧镦粗、垫环镦粗和局部镦粗，如图 8-18 所示。只是局部长度镦粗，则称为局部镦粗。局部镦粗可以锻造凸肩直径和高度较大的饼块锻件。

在上下平砧间或镦粗平板间进行的镦粗称为平砧镦粗。镦粗中常用镦粗比来表示镦粗的变形程度。镦粗圆柱坯料时，坯料的侧面将变成鼓形，随着镦粗的不断进行，鼓形也随之不断变化。实验表明，镦粗开始阶段鼓形逐渐增大，达到最大值后又逐渐减小。

坯料在单个垫环或在两个垫环间进行镦粗称为垫环镦粗。垫环镦粗常用于锻造带有单边

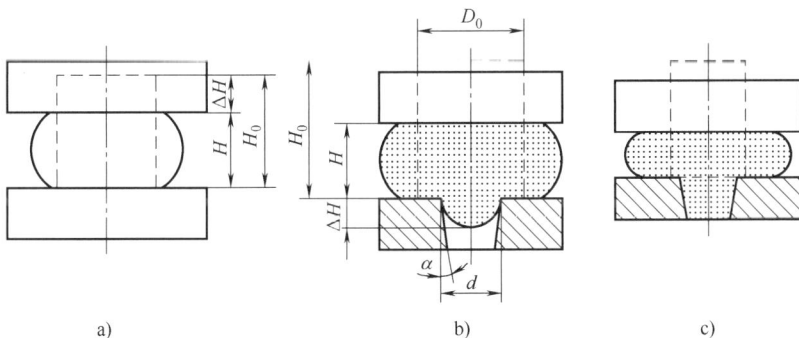

图 8-18　镦粗变形的分类

a）平砧镦粗　b）垫环镦粗　c）局部镦粗

或双边凸肩的饼块锻件。由于锻件凸肩直径和高度较小，采用的坯料直径要大于环孔直径，因此，垫环镦粗本质上属于镦挤。

镦粗操作时应注意：坯料不能太长，镦粗部分的原长度 H_0 与原直径 D_0 之比值应小于2.5，否则容易镦弯；镦粗前应使坯料的端面平整并与轴线垂直，否则会镦歪。镦粗力要足够，否则会产生细腰形，若不及时纠正，继续镦粗就会产生夹层。

（3）冲孔　在坯料上冲出通孔或不通孔的工序称为冲孔。冲孔主要用于锻造圆环、套筒、空心轴等带孔的锻件。常用的冲孔方法有实心冲子冲孔、空心冲子冲孔和在垫环上冲孔3种，如图8-19所示。而实心冲孔分双面冲孔和单面冲孔。单面冲孔适用于坯料较薄的零件，双面冲孔比较适合加工坯料较厚的锻件。当冲孔孔径较大时（一般大于 $\phi 400mm$），需要用空心冲子冲孔。当生产高径比 $H/D < 0.125$ 的薄饼类锻件时需在垫环上冲孔，坯料形状变化很小。

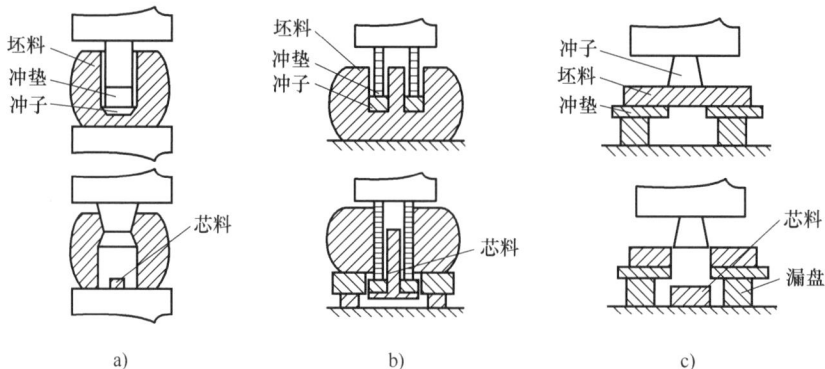

图 8-19　冲孔方法

a）实心冲子冲孔　b）空心冲子冲孔　c）在垫环上冲孔

冲孔操作注意事项：冲孔前，坯料应先镦粗，以尽量减小冲孔深度。为保证孔位正确，应先试冲，即用冲子轻轻压出凹痕，如有偏差，可加以修正。冲孔过程中应保证冲子的轴线与锤杆中心线（即锤击方向）平行，以防将孔冲歪。一般锻件的通孔采用双面冲孔法冲出，即先从一面将孔冲至坯料厚度 3/4～2/3 的深度再取出冲子，翻转坯料，从反面将孔冲透。为防止冲孔过程中坯料开裂，一般冲孔孔径要小于坯料直径的 1/3。大于坯料直径 1/3 的孔，要先冲出一较小的孔。然后采用扩孔的方法达到所要求的孔径尺寸。

常用的扩孔方法有冲子扩孔和心轴扩孔。冲子扩孔（图8-20a）利用扩孔冲子锥面产生的径向胀力将孔扩大。扩孔时，坯料内产生较大的切向拉应力，容易冲裂，故每次扩孔量不能太大；心轴扩孔（图8-20b）是将带孔坯料套在心轴上，沿圆周方向对坯料进行锤击拔长，每锤击1～2次，旋转送进坯料。经过多次圆周锤击后，坯料壁厚减小，内、外径增大。心轴扩孔的扩孔量几乎不受限制，该法可以锻制大孔径的圆环件。

（4）弯曲　弯曲是使坯料弯成一定角度或形状的锻造工序。弯曲用于锻造吊钩、链环、弯板等锻件。弯曲时最好只限于加热被弯曲一段的那部分坯料，加热必须均匀。在空气锤上弯曲时，将坯料夹在上下砧铁间，使欲弯曲的部分露出，用手锤或大锤将坯料打弯（图8-21a），也可借助于成形垫铁、成形压铁等辅助工具，使其产生成形弯曲（图8-21b）。

（5）扭转　扭转是将坯料的一部分相对另一部分绕其轴线旋转一定角度的锻造工序，

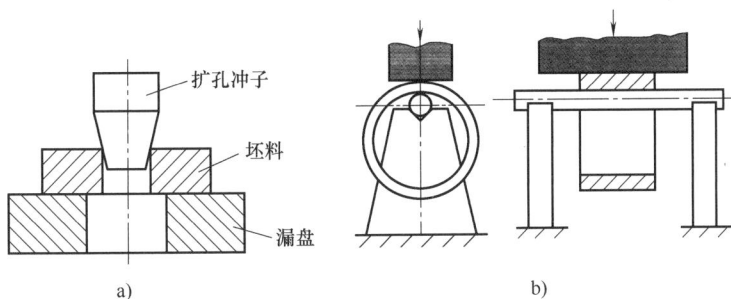

图 8-20 扩孔

a）冲子扩孔 b）心轴扩孔

如图 8-22 所示。锻造多拐曲轴、连杆、麻花钻等锻件和校直锻件时常采用这种工序。扭转前，应将整个坯料先在一个平面内锻造成形，并使受扭曲部分表面光滑。扭转时金属变形剧烈，要求受扭部分加热到始锻温度，且均匀热透。扭转后要注意缓慢冷却，以防出现扭裂。

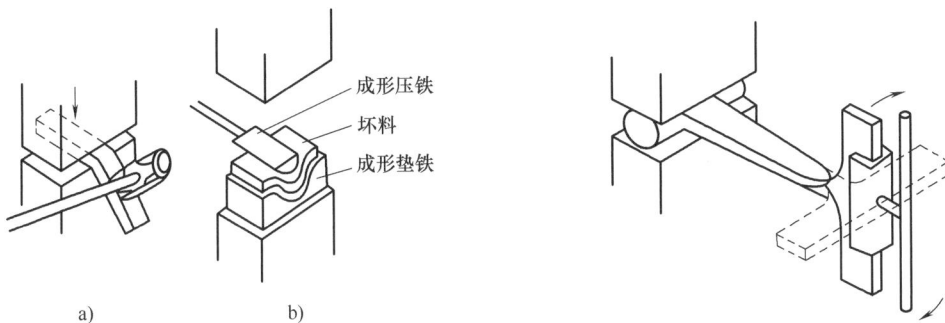

图 8-21 弯曲

a）角度弯曲 b）成形弯曲

图 8-22 扭转

（6）切割 切割是分割坯料或切除锻件余料的工序。切割正方形截面工件时如图 8-23a 所示，先将剁刀垂直切入工件，将要断开时将工件翻转，再用剁刀或刻棍截断。切割圆形截面工件时，要将工件放在带有凹槽的剁垫中，边切割，边旋转，如图 8-23b 所示。

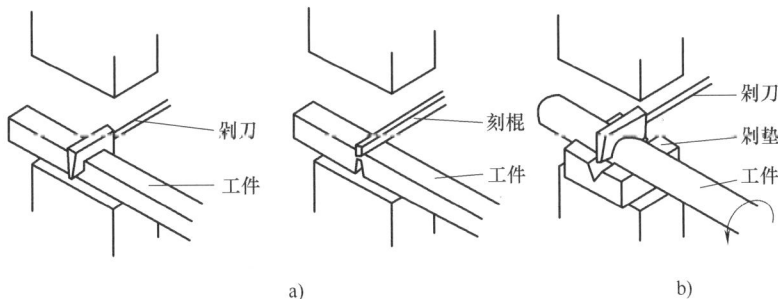

图 8-23 切割

a）切割正方形截面工件 b）切割圆形截面工件

6. 锻件的冷却

锻件温度从终锻温度降至室温的过程称为锻件的冷却。不同的冷却方法在锻件内部易形成不同的缺陷，如裂纹、白点、网状碳化物等。常见的冷却方法有 3 种：空冷、坑冷和炉冷。

1）空冷是指将锻后的锻件置于干燥空气的地面上冷却。在 3 种冷却方式中，空冷冷却速度最快，一般适用于冷却小型锻件、含碳量（合金含量）低的锻件。

2）坑冷是指锻件锻后放在沙（灰）坑中的冷却方法。冷却速度居中，适宜冷却一般的锻件。

3）炉冷是指锻件锻后直接放于炉内冷却，刚放入炉内时要求炉内温度与锻件温度相近。炉冷冷却速度慢，适宜冷却大型锻件或高合金锻件。

7. 锻后热处理

锻件在切削加工前，一般都要进行一次热处理。热处理的作用是使锻件的内部组织进一步细化和均匀化，消除锻造残余应力，降低锻件硬度，便于切削加工等。常用的锻后热处理方法有正火、退火和球化退火等。具体的热处理方法和工艺要根据锻件的材料种类和化学成分确定。

8. 锻件的质量检验

为了保证加工的锻件质量合格，需要对锻件进行质量检验。锻件的质量检验主要包括 5 项：锻件的形状和尺寸、表面质量、内部质量、力学性能、化学成分。

1）形状和尺寸的检验　利用钢直尺、卡尺、游标卡尺、角尺、样板或专用仪器等测定锻件的形状和尺寸是否在技术要求误差之内。

2）表面质量的检验　主要是检验锻件表面是否有裂纹、折叠等缺陷，一般可以直接用肉眼发现，但是当裂纹很细或隐蔽在表皮之下时，需借助特定的检测手段，如磁粉检测、荧光检测、着色检测等，图 8-24 所示为磁粉检验原理图。

3）内部质量检验　锻件内部的裂纹、气孔、缩松、白点、夹渣等缺陷可借助无损检测，如 X 射线检测、超声波检测等。锻件内部组织可以借助低倍检查、显微组织检验等方法来检验，图 8-25 所示为锻件超声波探伤示意图。

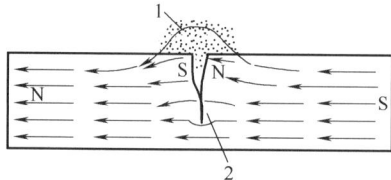

图 8-24　磁粉检验原理图
1—磁粉　2—裂纹

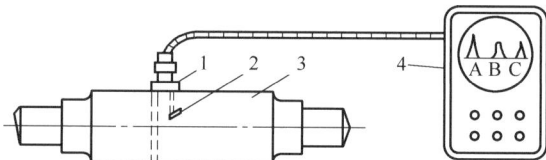

图 8-25　锻件超声波探伤示意图
1—探头　2—缺陷　3—锻件　4—探伤仪

4）力学性能的检验　根据锻件锻后性能要求的不同，需要检验锻件的硬度、强度、韧性、疲劳强度等。其中检验最多的是锻件的硬度，因为锻件在检验合格后可能还需进行机械加工，如果硬度太高，则不利于加工，需要再次进行热处理。

5）化学成分的检验　材料的化学成分一般以冶炼炉前取样分析为准，因此，锻件一般无须进行化学成分检验。但是对于某些重要的或没把握的锻件，可以采样进行化学分析或光谱分析，从而检验其化学组成。

8.3.2　模型锻造

模型锻造简称模锻，是指将加热后的坯料放置在锻模模膛内，在冲击力或压力的作用下，使坯料在模腔内产生塑性变形，以获得与模腔形状相同锻件的锻造方法。模锻与自由锻相比，前者生产率要高几倍甚至几十倍，可锻造形状复杂的锻件，且加工余量小，尺寸精确，锻件纤维分布合理，强度较高，表面质量好；但所用锻模是用贵重的模具钢经复杂加工制成的，成本高，因而只适用于大批量生产，且受设备能力的限制，一般仅用于锻造150kg以下的中小型锻件。

根据模锻所用的设备不同，可以分为锤上模锻、机械压力机模锻和胎模锻等。

1. 锤上模锻

（1）锤上模锻设备 锤上模锻最常用的设备是蒸汽-空气模锻锤，它和蒸汽-空气自由锻锤的构造基本相似，主要区别在于模锻锤的锤身是安装在砧座上，为避免刚性连接而用带弹簧的螺栓来固定，当调整锻模时，锤身可以沿砧座移动；模锻锤装有很长的坚固而可调节的导轨；模锻锤的砧座较重。这些都保证了模锻锤在进行锤击时上、下模的对准，从而保证锻件形状和尺寸的精确性。蒸汽-空气模锻锤如图8-26所示。

（2）锻模 锻模通常将上、下模分别固定在锤头和模座上。上模与锤头一起上、下往复运动。当上、下模合在一起时，即形成了封闭、完整的模腔，坯料便在模腔内锻制成形。按结构形式不同，锻模分单腔锻模和多腔锻模。单腔锻模只有一个模腔，如图8-27所示。多腔锻模上有拔长模腔、滚压模腔、弯曲模腔、预锻模腔和终锻模腔等模腔。终锻模腔位于锻模中心，其他模腔分布在其两侧，如图8-28所示。此外，实际生产中，通常还配备辅助模，如切边模（切去锻件的飞边）、冲孔模（冲掉孔的连皮）等。

2. 机械压力机模锻

锤上模锻虽具有适应性广的特点，但它存在振动与噪声大、能源消耗多的缺点，因此逐步被机械压力机模锻替代。用于模锻的压力机有曲柄压力机、平锻机、螺旋压力机及水压机等。它们所产生的振动与噪声都较小。

（1）曲柄压力机上模锻 曲柄压力机上模锻用的是曲柄压力机，应用它进行模锻具有

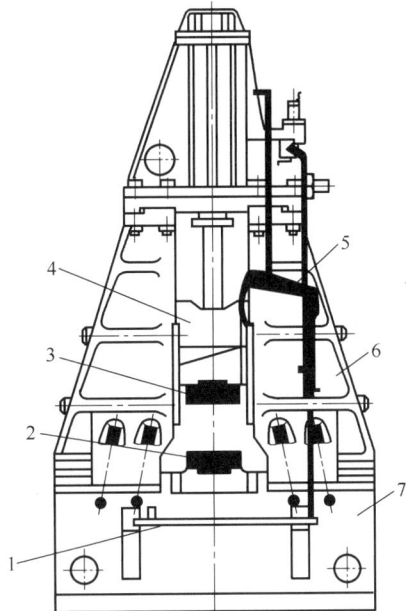

图 8-26 蒸汽-空气模锻锤

1—踏板 2—下模 3—上模 4—锤头
5—操纵机构 6—锤身 7—砧座

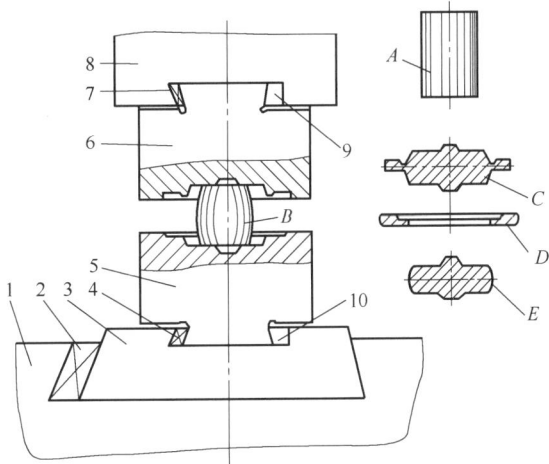

图 8-27 单腔锻模

1—砧座 2—模座用楔 3—模座 4—下模用楔
5—下模 6—上模 7—上模用楔 8—锤头
9—上模用键 10—下模用键
A—坯料 B—模锻中坯料 C—带飞边的锻件
D—切下的飞边 E—完成的锻件

很多的优点，目前国内外都有以它去取代模锻锤的趋势。图 8-29 所示为曲柄压力机的结构及传动原理简图。

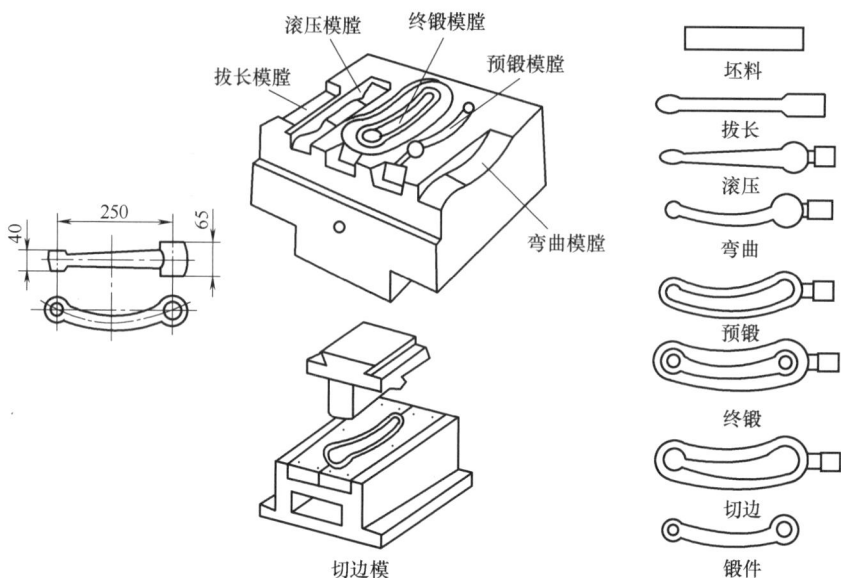

图 8-28　多腔锻模

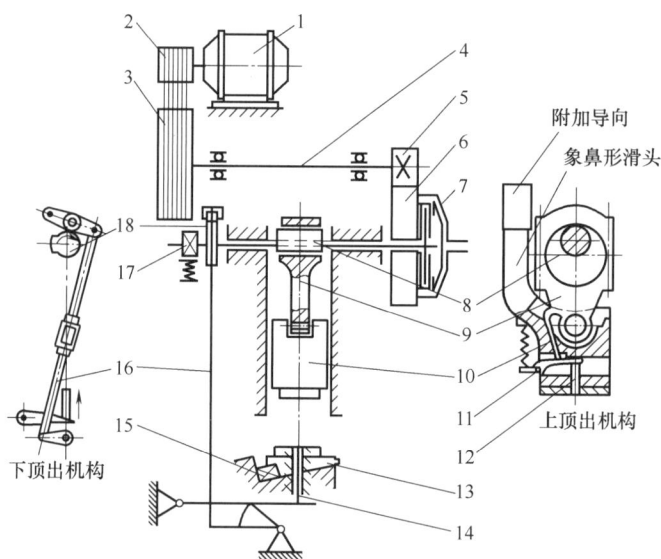

图 8-29　曲柄压力机的结构及传动原理简图

1—电动机　2—小带轮　3—飞轮　4—传动轴　5—小齿轮　6—大齿轮　7—圆盘摩擦离合器
8—曲柄　9—连杆　10—滑块　11—上顶出机构　12—上顶杆　13—楔形工作台
14—下顶杆　15—斜楔　16—下顶出机构　17—带式制动器　18—凸轮

（2）平锻机上模锻　前面介绍的两种设备，它们的工作部分（锤头或滑块）做垂直往复运动，通常将这些设备称为立式锻压设备。而将工作部分做水平往复运动的模锻设备称为水平锻造机或卧式锻造机，简称平锻机。其工作原理示意图如图 8-30 所示。根据凹模分模方式的不同，平锻机可分为垂直分模平锻机和水平分模平锻机两类。

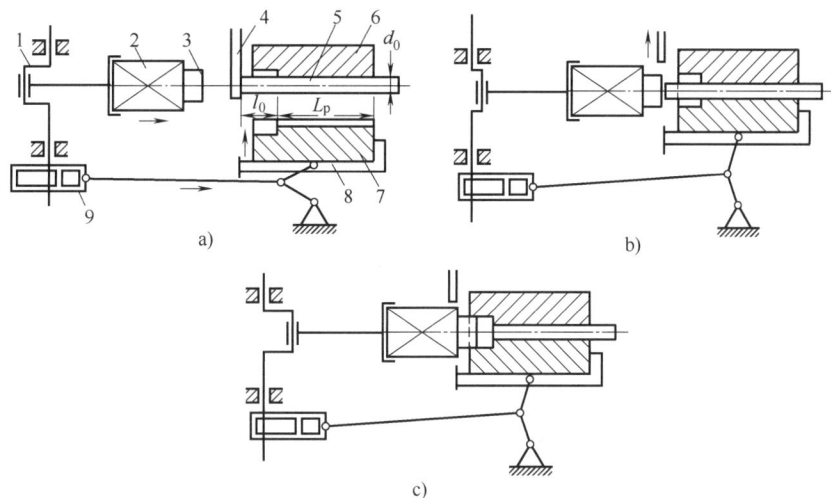

图 8-30　平锻机工作原理示意图

1—曲柄　2—主滑块　3—凸模　4—前挡料板　5—坯料

6—固定凹模　7—活动凹模　8—夹紧滑块　9—侧滑块

3. 胎模锻

胎模锻是在自由锻设备上使用胎模生产模锻件的方法。通常用自由锻方法使坯料初步成形，然后放在胎模中终锻成形。胎模锻所用设备为自由锻设备，不需要较贵重的模锻设备，且胎模一般不固定在锤头和砧座上，结构比固定式锻模简单。因此，胎模锻在没有模锻设备的中小型工厂中得到广泛的应用，且最适用于几十件到几百件的中小批量生产。与自由锻相比，其能提高锻件质量，节省金属材料，提高生产率，降低锻件成本。而与其他模锻相比，它不需要较贵重的专用模锻设备，锻模简单，但锻件质量稍差、工人劳动强度大、生产率偏低、胎模寿命短。

8.4　板料冲压

板料冲压是利用装在压力机上的模具使板料分离或变形，以获得毛坯或零件的加工方法。它主要用于在常温下对板料进行加工，所以也称为冷冲压。冷冲压的生产效率高，冲压件的刚度好，结构轻，精度高，一般不再进行切削加工即可装配使用，广泛用于汽车、航空、电器、仪表、电子器件、电工器材及日用品等行业的批量生产。板料、模具和冲压设备是冲压生产的三要素。

8.4.1　冲压加工的特点

与其他塑性加工方法相比，冲压加工具有许多显著特点。

1）冲压加工依靠冲模的优点，能够加工形状复杂的零件，操作简单、生产效率高，容易实现整个操作的机械化甚至自动化。但是，模具的制造精度要求高，生产周期长，成本也较高，所以只适用于大批量生产。

2）一般情况下，无须对坯料进行加热就可直接对冷轧板材或其他型材进行加工，所以通常也称之为冷冲压。

3）冲压加工所获得的冲压件不但具有质量轻、精度高的特点，而且还具有良好的强度和刚度，质量稳定。

4）冲压加工过程不形成切削，因此材料的利用率也较高。

8.4.2 冲压设备

冲压设备有很多，主要有剪床和压力机两大类。

1. 剪床

剪床是将板料切成一定宽度的条料，以供下一步冲压工序之用，在生产中常用的剪床有斜刃剪床（剪切宽而薄的条料）、平刃剪床（剪切窄而厚的板料）和圆盘剪床（剪切长的条料或带料）等。

斜刃剪床的外形和传动机构如图 8-31 所示。电动机带动带轮使轴转动，再经过齿轮及离合器带动曲轴转动，曲轴又通过曲柄连杆带动装有上切削刃的滑块沿导轨上下运动，与装在工作台上的下切削刃相配合，进行剪切。制动器的作用是使上切削刃剪切后停在最高位置，为下次剪切做准备。刀片刃口斜度 α 一般为 $2° \sim 8°$。

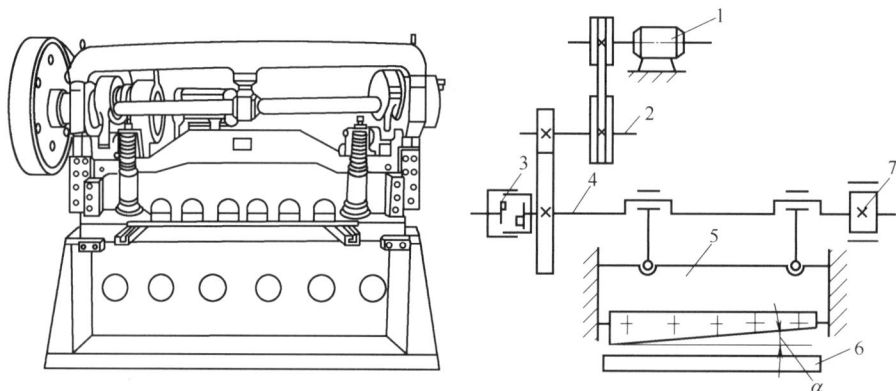

图 8-31　斜刃剪床的外形和传动机构
1—电动机　2—轴　3—牙嵌离合器　4—曲轴　5—滑块　6—工作台　7—制动器

2. 压力机

压力机是进行冲压加工的基本设备，根据结构可分为单柱式和双柱式两种。

常用的开式双柱压力机如图 8-32 所示。冲模的上模和下模分别装在滑块的下端和工作台上。电动机 5 通过 V 带减速系统 4 带动大带轮（飞轮）转动。踩下踏板 7，离合器 3 闭合并带动曲轴旋转，再经过连杆 11 带动滑块 9 沿导轨 10 做上下往复运动，进行冲压加工。如果将踏板 7 踩下后立即抬起，离合器 3 随即脱开，滑块 9 冲压一次后便在制动器 1 的作用下停止在最高位置上；如果踏板 7 不抬起，滑块 9 就进行连续冲压。滑块和上模的高度以及冲程的大小，可通过曲柄连杆机构进行调节。

压力机的主要技术参数如下。

（1）公称压力（吨位）　压力机工作时，滑块上所允许的最大作用力为公称压力，其单位常用 kN 表示。

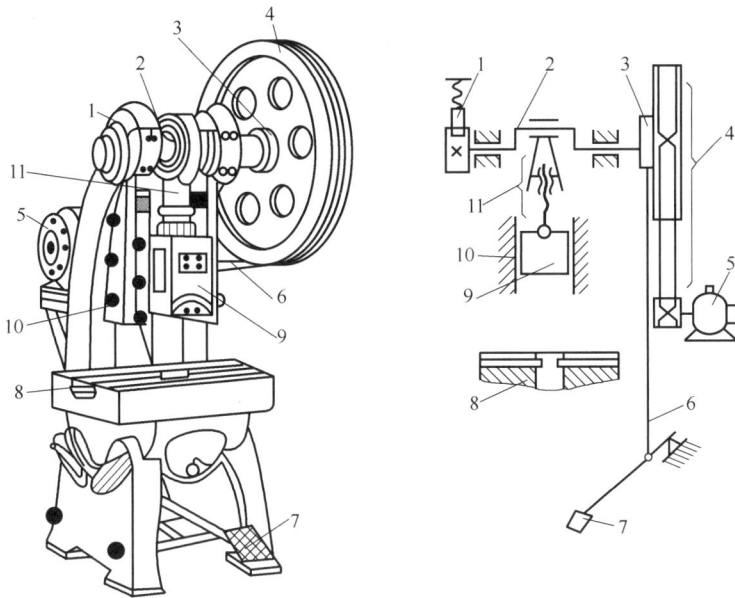

图 8-32　开式双柱压力机

1—制动器　2—曲轴　3—离合器　4—V带减速系统　5—电动机　6—拉杆

7—踏板　8—工作台　9—滑块　10—导轨　11—连杆

（2）滑块行程　曲轴旋转时，滑块从最上位置到最下位置所走过的距离（mm）为滑块行程。滑块行程为曲轴半径的两倍。

（3）封闭高度　滑块在行程到达最下位置时，其下表面到工作台面的距离（mm）为封闭高度。压力机的封闭高度应与冲模的高度相适应。压力机连杆的长度一般都是可调的。调节连杆的长度即可对压力机的封闭高度进行调整。

此外还有行程次数、工作台面和滑块底面尺寸、压力机的精度和刚度等参数。

8.4.3　冲压模具

冲压模具（冲模）是冲压生产中的重要工具，其典型结构如图 8-33 所示。冲模由上模和下模两部分组成。上模借助于模柄 1 固定在压力机滑块上，下模由压板压住而固定在压力机工作台上。冲模的核心部件是凸模 5 和凹模 7，它们直接接触被加工板料，在压力机动力作用下，凸模和凹模沿导柱导套的导向方向做相对运动，使被加工板料产生塑性变形或分离以得到所需零件。凸模和凹模分别固定在上模板 3 和下模板 8 上。导套 11 和导柱 9 分别固定在上、下模板上，用来引导凸模和凹模对准，是保证模具运动精度的重要部件；导柱 9 用于控制板料进给方向；挡

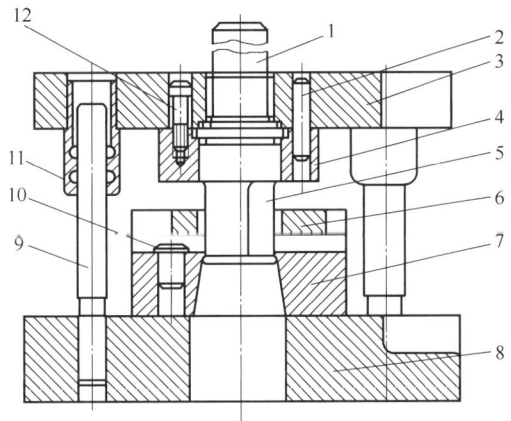

图 8-33　冲压模具的典型结构

1—模柄　2—圆柱销　3—上模板　4—凸模固定板

5—凸模　6—卸料板　7—凹模　8—下模板

9—导柱　10—挡料销　11—导套　12—螺钉

料销 10 用于控制条料进给量。

对冲模有如下要求：冲模应有足够的强度、刚度和相应的形状尺寸精度；冲模的主要零件应有足够的耐磨性及使用寿命；冲模的结构应确保安全，方便维修；冲模零件尽可能采用标准件；冲模的结构应与压力机的参数相适应。

冲模可按工序组合分为简单模、复合模和连续模。

1）简单模。在压力机的一次行程中，只能完成一道冲压工序的模具为简单模，如图 8-33 所示。

2）复合模。一次冲压行程中，在模具的同一位置上完成数道工序的模具为复合模，如图 8-34 所示。其生产率高，冲压零件精密，但制造成本较高。

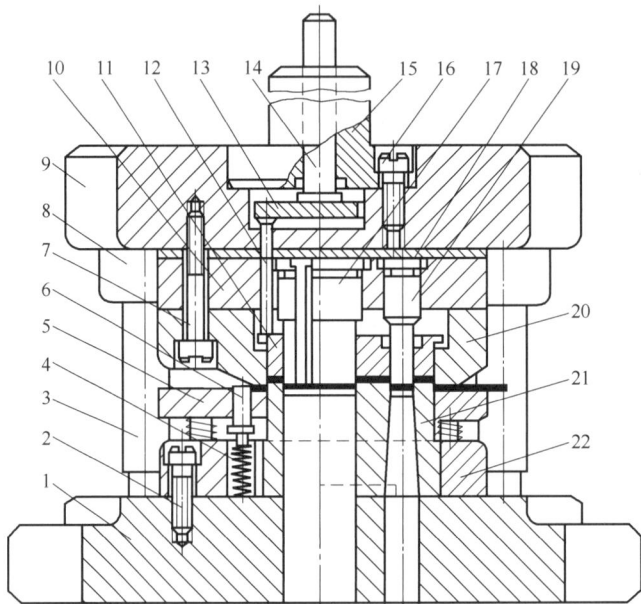

图 8-34 复合模

1—下模座 2—螺钉 3—导柱 4—复位弹簧 5—弹性卸料板 6—活动定位销 7—连接螺钉
8—导套 9—上模座 10—固定板 11—顶件块 12—顶杆 13—打料板 14—打料杆 15—模柄
16—紧固螺钉 17、19—凸模 18—上垫板 20—落料凹模 21—凸凹模 22—凸凹模固定板

3）连续模。一次冲压行程中，在模具不同位置上同时完成数道工序的模具称为连续模，如图 8-35 所示。对于一些无法在复合模上进行冲压的小件，往往可采用连续模来生产。但其冲压件精度比复合模低些。

8.4.4 冲压的基本工序

板料冲压概括起来可分为两大类：分离工序和变形工序。

1. 分离工序

分离工序是指在冲压过程中使冲压零件与板料沿一定的轮廓线相互分开，且冲压零件的分离断面满足一定质量要求的工序，如剪切和冲裁等。

1）剪切是用剪刀或冲模使板料沿不封闭曲线切断下来的工序，常用于加工形状简单的平板工件或板料的下料。

2）冲孔和落料。合称为冲裁，用冲模在板料上冲出所需形状的孔（即冲下的部分为废料）称为冲孔，如图8-36所示，用冲模在板料上冲下所需形状的零件（即冲下的部分为成品）称为落料，如图8-37所示。落料和冲孔中，坯料变形过程和模具结构均相似，只是材料的取舍不同。

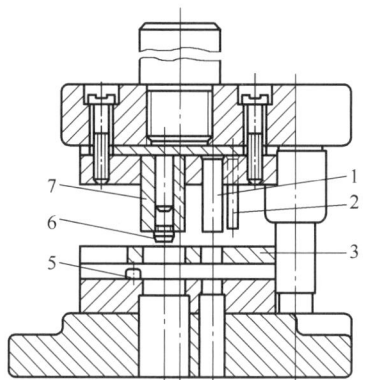

图 8-36　冲孔

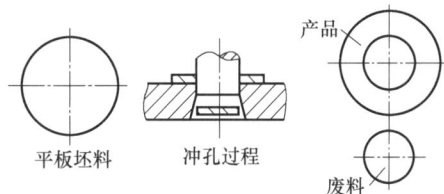

图 8-35　连续模

1、2—凸模　3—导尺　4—初始挡料销

5—挡料销　6—导正销　7—凸模

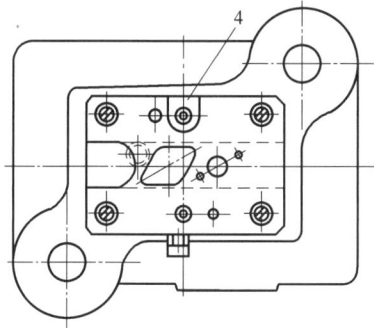

图 8-37　落料

3）切口可视为不完整冲裁，其特点是将板料沿不封闭的轮廓线部分分离，并且分离部分的金属发生弯曲，如图8-38所示。切口有良好的散热作用，因此，广泛用于各类机械及仪表外壳的冲压中。

2. 成形工序

成形工序是使坯料的一部分相对于另一部分产生位移而不破裂的工序，如弯曲、拉深、翻边、卷边等。

1）弯曲是用冲模将板料弯成一定角度或圆弧的变形工序，如图8-39所示，它常用于制

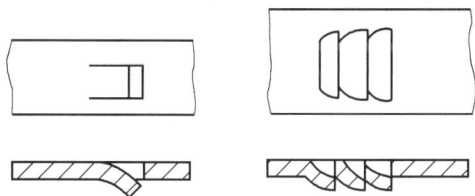

图 8-38　切口

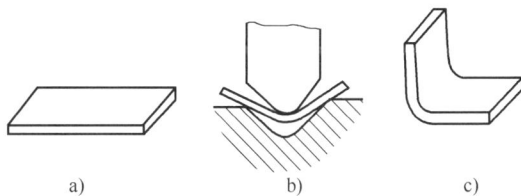

a)　　　b)　　　c)

图 8-39　弯曲

a）坯料　b）弯曲过程　c）成品

造各种弯曲形状的冲压件。与冲裁模不同，弯曲模冲头的端部与凹模的边缘被制成具有一定半径的圆角，以防工件弯曲时被弯裂。

2）拉深是用冲模将平板状的坯料加工成中空形状零件的变形工序。为避免零件拉裂，冲头和凹模的工作部分应加工成圆角，为减小摩擦阻力，冲头和凹模要留有相当于板厚 1.1~1.2 倍的间隙，以使拉深时板料能从中通过，拉深时要在板料或模具上涂润滑剂，如图 8-40 所示。为防止板料起皱，常用压板将板料压紧。每次拉深板料的变形程度都有一定限制。拉深变形量较大可采用多次拉深，如图 8-41 所示。

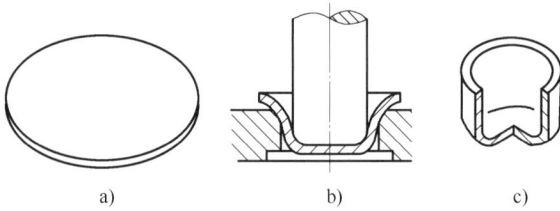

图 8-40 拉深

a）平板坯料 b）拉深过程 c）成品

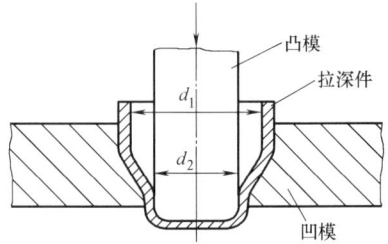

图 8-41 多次拉深

3）翻边是在冲压件的半成品上沿一定的曲线位置翻起竖立直边的变形工序，有内孔翻边和外缘翻边之分，如图 8-42 所示。为防止将板料拉裂，翻孔的变形程度也会受到限制。

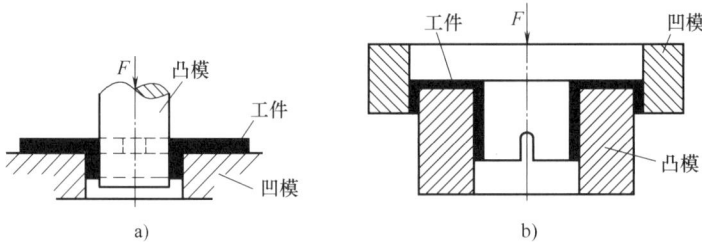

图 8-42 翻边

a）内孔翻边 b）外缘翻边

4）卷边是为增加零件边缘的刚性和强度，将零件边缘卷曲起来。卷边分夹丝卷边和空心卷边两种，如图 8-43 所示。

图 8-43 卷边

a）夹丝卷边 b）空心卷边

8.4.5 冲压过程机械自动化

冲压过程实现机械自动化是提高劳动生产率和改善劳动条件的有效措施，也是冲压生产技术的发展方向之一，图 8-44 所示为冲压自动进、出料机械化的传动结构示意图。从带料卷筒出来的带料，经平整辊校平后通过进料辊有节奏地将带料送入冲模，冲压后的带料通过出料辊进入废料卷筒将废料卷起。弹簧是用来夹紧进料辊的，依靠摩擦辊带动进、出料辊转动，连杆与压力机曲轴连接，做上下运动，从而带动摩擦辊正反运动。棘轮起防止废料卷筒倒转造成带料松脱的作用。

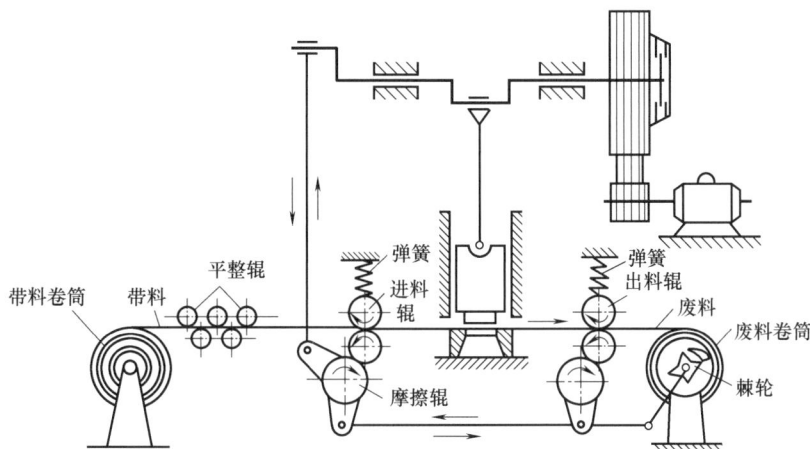

图 8-44　冲压自动进、出料机械化的传动结构示意图

8.5　其他锻压方法

1. 挤压

坯料在封闭模腔内受三向不均匀压应力下，从模具的孔口或缝隙挤出，使之横截面积减小，成为所需制品的加工方法称为挤压。按金属的流动方向与凸模运动方向的不同，挤压可分为如下 4 种：①正挤压——金属的流动方向与凸模运动方向相同（图 8-45a）；②反挤压——金属的流动方向与凸模运动方向相反（图 8-45b）；③复合挤压——在挤压过程中，一部分金属的流动方向与凸模运动方向相同，另一部分金属的流动方向与凸模运动方向相反（图 8-45c）；④径向挤压——金属的流动方向与凸模运动方向成 90°（图 8-45d）。

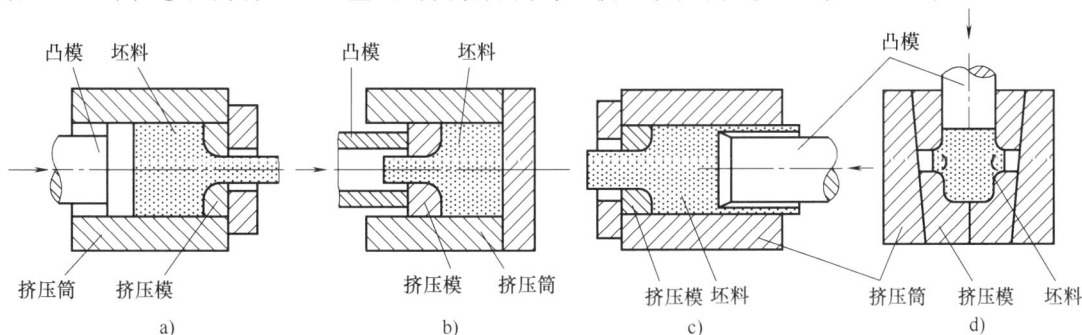

图 8-45　挤压类型

a）正挤压　b）反挤压　c）复合挤压　d）径向挤压

2. 轧制

金属材料（或非金属材料）在旋转轧辊的压力作用下，产生连续塑性变形，获得所要

求的截面形状并改变其性能的方法，称为轧制，如图 8-46 所示。按轧制时轧件与轧辊的相对运动关系不同，轧制可分为纵轧、斜轧和横轧 3 种。

3. 拉拔

坯料在牵引力作用下通过模孔拉出，使之产生塑性变形而使制品截面积减小、长度增加的工艺过程称为拉拔，如图 8-47 所示。

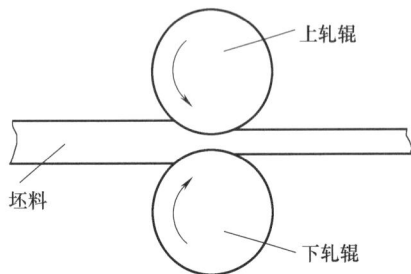

图 8-46　轧制示意图　　　　　　　　　　　　图 8-47　拉拔示意图

4. 精密模锻

精密模锻是在模锻设备上锻造出形状复杂、高精度锻件的锻造工艺。如精密锻造锥齿轮时，其齿形部分可直接锻出而不必再切削加工。精密模锻件尺寸精度可达 IT15～IT12、表面粗糙度值 $Ra3.2～1.6\mu m$。

5. 粉末锻造

粉末锻造是把金属粉末经压实后烧结，再用烧结体作为锻造坯料的锻造方法。此外，尚有粉末等温锻造、粉末超塑性模锻、粉末连续挤压等方法。目前，以烧结锻造法应用最多。

6. 数控冲压

数控冲压是利用数字控制技术对板料进行冲压的工艺方法。实施数控冲压过程前，应根据冲压件的结构和尺寸，按规定的格式标准代码和相关数据编写出程序，输入计算机后，冲压设备受计算机控制，按程序顺序实现指令内容，自动完成冲压工作，该过程所用设备称为数控压力机。目前广泛采用的是数控步冲压力机，它具有独立的控制台，压力机本体的主要部件是能够精确定位的送料机构（定位精度为+0.01mm）和装有多个模具的回转头。

8.6　锻压实习操作实例

8.6.1　冲压工艺实例

表 8-3 所示为冲压工艺分离工序中的落料工序。

表 8-3　落料工序

工序名称	工序简图	工序内容	应用
落料	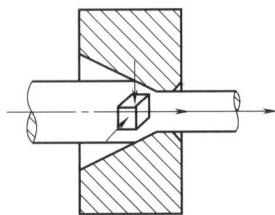 凹模　冲头　坯料　成品　工件　废料	用冲模沿封闭轮廓线分离的工序。冲下部分是成品，余下部分为废料	制造各种形状的平板件或作为变形工序前的下料工序

8.6.2 自由锻工艺实例

阶梯轴锻件自由锻的主要变形工序是整体拔长及分段压肩、拔长。表 8-4 所示为一简单阶梯轴锻件的自由锻工艺过程。

表 8-4 简单阶梯轴锻件的自由锻工艺过程

锻件名称	阶梯轴	工艺类别	自由锻
材料	45	设备	150kg 空气锤
加热火次	2	锻造温度范围	800～1200℃

锻件图		坯料图	

序号	工序名称	工序简图	使用工具	操作要点
1	拔长		火钳	整体拔长至 $\phi49\pm2$
2	压肩		火钳、压肩摔子或三角铁	边轻打边旋转坯料
3	拔长		火钳	将压肩一端拔长至略大于 $\phi37$
4	摔圆		火钳、摔圆摔子	将拔长部分摔圆至 $\phi17\pm2$
5	压肩		火钳、压肩摔子或三角铁	截出中段长 42mm 后,将另一端压肩
6	拔长	(略)	火钳	将压肩一端拔长至略大于 $\phi32$
7	摔圆	(略)	火钳、摔圆摔子	将拔长部分摔圆至 $\phi32\pm2$
8	精整	(略)	火钳、钢板尺	检查及修整轴向弯曲

第9章 焊接

焊接是指通过加热或加压，或者二者并用，使用或不使用填充材料，使同种或异种材质的焊件达到原子间结合而形成永久性连接的一种加工方法。焊接是现代工业中用来制造或修理各种金属结构和机械零部件的主要方法之一。作为一种永久性连接的加工方法，它已在许多场合取代铆接工艺。与铆接工艺相比，它具有节省材料，减小结构质量，简化加工与装配工序，接头密封性好，能承受高压，易于实现机械化自动化，提高生产率等一系列特点。尤其是在铸件、锻件的缺陷（具有缺陷的铸件、锻件）以及磨损零件等的修复方面发挥着其他加工方法不可代替的作用。

据不完全统计，目前全世界年产量 45% 的钢和大量有色金属（工业发达国家，焊接用钢基本达到钢材总量的 60%～70%），都是通过焊接加工形成产品的。特别是焊接技术发展到今天，已经广泛应用于机械制造、石油化工、交通能源、冶金、电子、航空航天等各个领域，因此，焊接技术的发展水平是衡量一个国家科学技术先进程度的重要标志之一，没有焊接技术的发展，就不会有现代工业和科学技术的今天。

在工业生产中应用的焊接方法已达百余种，根据它们焊接过程的工艺特点和母材金属所处的表面状态，可将其分为熔焊、压焊、钎焊三大类。

1）熔焊。熔焊是利用局部加热的方法将连接处的金属加热至熔化状态，而不加压力完成焊接的方法。根据热源不同，有气焊、焊条电弧焊、氩弧焊、CO_2 气体保护焊、等离子弧焊、电子束焊以及激光焊等。

2）压焊。压焊是利用焊接时施加一定压力而完成焊接的方法。这种焊接方法有加热或不加热两种形式，它是使焊件在固态下克服其连接表面的不平度和氧化物等杂质的影响，使其产生塑性变形，从而形成不可拆分的连接接头，有电阻焊（点焊、缝焊、对焊等）、锻焊、超声波焊等。

3）钎焊。钎焊是采用比母材熔点低的金属材料作为钎料，将焊件和钎料加热到高于钎料熔点，但又低于母材熔点的温度，利用液态钎料润湿母材，填充接头间隙并与母材相互扩散实现焊件连接的方法，有烙铁钎焊、火焰钎焊和感应钎焊等。

9.1 实习目的和要求

1）熟悉常见焊接生产的工艺过程、特点与应用。

2）了解电弧焊和气焊所用设备及工具的结构、工作原理与使用。

3）了解焊条的组成及作用，了解酸性焊条和碱性焊条的性能特点，熟悉结构钢焊条的型号。

4）熟悉焊条电弧焊焊接参数及其对焊接质量的影响，了解常见的焊接接头形式、坡口、焊接空间位置等；能用焊条电弧焊独立完成焊接基本操作（引弧、运条、收尾）。

5）了解气焊焊接过程特点、气焊火焰种类、调节方法和应用；熟悉气割原理、切割过程及氧气切割条件。

6）了解其他常用焊接（电阻焊、钎焊等）的特点和应用。

7）了解焊接的常见缺陷及其产生的原因。

8）能够按照有关技术文件对自用焊材及试件进行工艺性试验和检验。

9.2 实习安全操作规程

1）学生实习前必须穿好工作服，佩戴防护用品，提前 5min 进入实习课堂，准备上课。实习期间不经教师同意，不得私自离开场地。

2）服从实习指导教师的指挥。学生按教师分配的工位进行练习，不得串岗，集中精力，认真操作，勤学苦练。

3）操作前穿戴好必需的防护用品，应检查电焊机电源线、引出线及各接点是否良好，线路横穿车行道时应架空或加保护盖，电焊机二次线路及外壳必须有良好的接地，其接地电阻不得超过 4Ω；焊条的夹钳绝缘和隔热性能必须良好。禁用未修好的焊接设备进行工作，现场 10m 以内不许存放易燃品。

4）操作中不要将焊接物压在导线上，脚不要踏在地线接头上，电焊机外壳必须妥善接地。

5）焊接装过油类或其他易燃品的容器，必须清理干净后才可焊接。

6）操作中离开工作岗位，一定要关闭电焊机电源开关，操作完毕后关闭电源，清理工作场地，收拾导线，注意防火安全。

7）爱护工位设备，不得私开他人的工具箱；未经同意，不得拿用他人的工具。

8）除开机、关机和调节电流外，不得随意搬动、调节电焊机。

9）实习中，节约试件、焊条，节约用电，不开无人电焊机；中断焊接时，焊钳要放在安全的地方，严禁接地短路，停时要关闭电焊机。

10）下雨天不准露天电焊。在潮湿地带工作时，要站在铺有绝缘物品的地方，并穿好绝缘鞋。

11）移动电焊机或从电力网上接线、接地等工作均应由电工进行。

12）推闸刀开关时，身体要偏斜些，要一次推足，然后开启电焊机；停机时，要先关电焊机，再关闭电源开关。

13）移动电焊机位置时，须先停机断电，焊接中突然停电，应立即关好电焊机。

14）在人多的地方焊接时，要安设遮挡挡住弧光，无遮挡时应提醒周围人员不要直视弧光。

15）换焊条时要戴好手套，身体不要靠在铁板或其他导电物品上。敲渣子时要戴上防护眼镜。

16）焊接有色金属器件时，要加强通风排毒，必要时使用过滤式防毒面具。

17）在焊钳与焊件短路的状态下，电源开关不应合闸；停止工作时，焊钳应与焊件分开，应将焊钳放在绝缘良好的地方，只准在非工作状态下切断电源。

9.3 焊条电弧焊

9.3.1 焊接电弧

焊接电弧是电弧焊接的热源，电弧燃烧的稳定性对焊接质量有重要影响。焊接电弧是在具有一定电压的两电极间，在局部气体介质中产生强烈而持久的一种气体放电现象，产生电弧的电极可以是焊丝、钨棒、焊件等，如图9-1所示。当电源两端分别同焊件和焊条相连时，在电场的作用下，电弧阴极产生电子发射，阳极吸收电子，电弧区的中性气体粒子在接收外界能量后电离成正离子和电子，正、负带电粒子相向运动，形成两电极之间的气体空间导电过程。引燃电弧后，弧柱中就充满了高温的电离气体，放出大量热能和强烈的光。电弧的热量与焊接电流和电弧电压的积成正比，焊接电流越大，电弧产生的总热量就多。一般情况下，电弧的热量在阳极区产生的较多，阴极区因为放出大量的电子，消耗了一部分能量，因此产生的热量较少。焊接电弧具有温度高、电弧电压低、电弧电流大和弧光强度高的特点。电弧中心弧柱温度范围为5000~30000K，电弧电压范围为10~80V；电弧电流的范围为10~1000A。

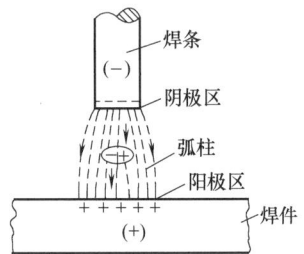

图9-1 焊接电弧示意图

9.3.2 焊条电弧焊的工作原理

焊条电弧焊是以焊条与焊件为电极，利用电弧放电产生的热量熔化焊条与焊件，用手工操作焊条进行焊接的一种方法。焊条电弧焊工作示意图如图9-2所示，电焊机电源两输出端通过电缆、焊钳和地线夹头分别与焊条和被焊件相连。焊接时，由于焊条与焊件之间具有电压，当它们相互接触时，相当于电弧焊电源短接，由于接触点很大，电路电流很大，从而产生大量电阻热，使金属瞬间熔化，这时快速把焊条与焊件之间拉开一定的距离（2~4mm），电弧就被引燃了。电弧在燃烧时会产生较高的温度，温度可达6000~8000K，可以将焊条和焊件局部熔化，受电弧力作用，焊条端部熔化后的熔滴过渡到母材，和熔化的母材融合一起形成熔池，随着焊工操纵电弧向前移动，原熔池金属液不断冷却凝固，构成连续的焊缝，焊条电弧焊的焊接过程如图9-3所示。

焊条电弧焊使用设备简单，操作方便、灵活，适于各种条件下的焊接，特别适用于结构形状复杂、焊缝短小、弯曲或各种空间位置的焊接。可用于焊接板厚1.5 mm以上的各种焊接结构件，如碳钢、低合金钢、不锈钢、铜及铜合金等金属材料的焊接。由于手工操作，焊条电弧焊也存在缺点，如生产率低、产品质量在一定程度上取决于操作技术、劳动强度大等，现在多用于焊接单件、小批量产品，难以实现自动化加工的焊缝。

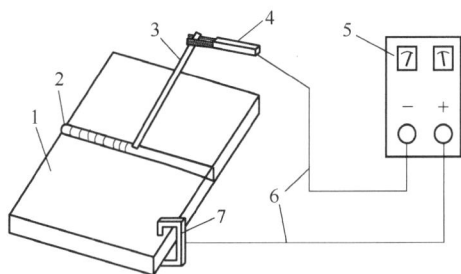

图 9-2 焊条电弧焊工作示意图
1—焊件 2—焊缝 3—焊条 4—焊钳
5—焊接电源 6—电缆线 7—地线夹头

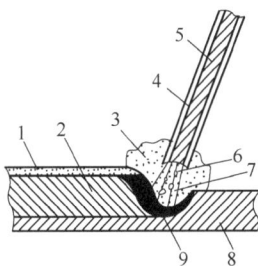

图 9-3 焊条电弧焊的焊接过程
1—熔渣 2—焊缝 3—保护气体 4—药皮 5—焊芯
6—熔滴 7—电弧 8—母材 9—熔池

9.3.3 焊条电弧焊设备

焊条电弧焊的主要设备是电弧焊机,简称弧焊机或电焊机。焊接时,为了顺利引燃电弧并始终保持稳定燃烧,电焊机的电源应具有陡降的外特性、适当的空载电压和短路电流,同时还应有良好的动特性和调节特性。电焊机是供焊接电弧燃烧的设备。常用的弧焊分为交流电焊机和直流电焊机两类。

1. 交流电焊机

交流电焊机是一种具有下降外特性的降压变压器,如图 9-4 所示。它可以把 220V 或 380V 的电源电压降至 55~80V(即电焊机的空载电压),以满足电弧引燃和电弧稳定燃烧的要求。焊接时,电压会自动下降到电弧的正常工作电压 20~40V。它能自动限制短路电流,因而引弧时焊条与焊件的接触短路也不会造成影响,还能供给焊接时所需的电流,一般从几十安培到几百安培,并可根据焊件的厚度和所用焊条直径调节电流值。

目前生产上用的交流电焊机有多种类型,有分体式电焊机、同体式电焊机、动铁漏磁式电焊机、动圈式电焊机和抽头式电焊机等。交流电焊机的结构简单、制造和维修方便,价格低廉,工作时噪声小,应用比较广泛;其主要缺点是焊接电弧不够稳定。

2. 直流电焊机

直流电焊机焊接时比交流电焊机的电弧更稳定,其体积小、质量轻,引弧更容易,特别适用于电弧稳定性较差的碱性低氢钠型焊条。按获得直流电的方法不同,直流电焊机又分为旋转式直流电焊机和整流器电焊机两类,图 9-5 所示为整流器电焊机。旋转式直流电焊机的结构复杂、维修困难、噪声大、耗电多,正在逐渐被淘汰。整流电焊机(又称电焊整流器)

图 9-4 交流电焊机

图 9-5 整流器电焊机

的噪声低、耗电少，已逐步取代旋转式直流电焊机。它将交流电经过变压整流后获得直流电，既弥补了交流电焊机电弧不稳定的缺点，又比直流电焊机结构简单、维修容易、噪声小。在焊接质量要求高或焊接 2mm 以下薄板钢件、有色金属、铸铁和特殊钢件时，电源宜采用整流电焊机。

采用直流电焊机焊接时，根据弧焊电源正、负输出端同焊件和焊条的连接方式不同，分为直流正接和直流反接。当焊件接电源输出正极，焊条接电源输出负极时，称为直流正接或正极性；反之，当焊件接电源输出负极，焊条接电源输出正极时，则称为直流反接或反极性。焊接厚板时，一般采用直流正接，焊件上热量较多，有利于焊件熔化，保证足够熔深；焊接薄板、有色金属时，或采用低氢型碱性焊条时，为了防止烧穿，一般采用直流反接。采用交流电焊机焊接时，因两极极性不断变化，不存在正接和反接问题，具体如图 9-6 所示。

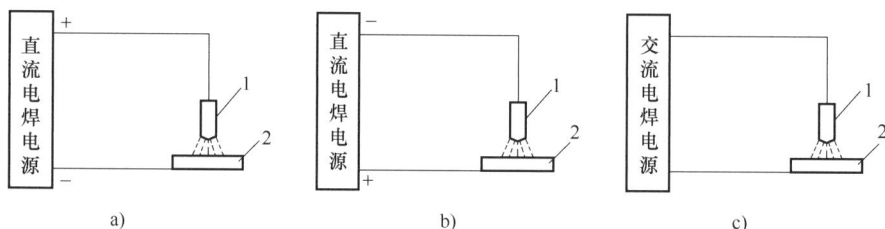

图 9-6　焊接电源极性示意图
a）直流反接　b）直流正接　c）交流
1—焊条　2—焊件

3. 电焊机型号

我国电焊机的型号按照统一规定编制，是由 7 个字位编制而成的，其中不用的字位可省略，它采用汉语拼音字母和阿拉伯数字表示，表 9-1 所示为电焊机型号示例。

表 9-1　电焊机型号示例

电焊机型号	第 1 字位及大类名称	第 2 字位及大类名称	第 3 字位及大类名称	第 4 字位及大类名称	第 5 字位及大类名称	电焊机类型
BX1-300	B，交流电焊电源	X，下降特性	省略	1，动铁心式	300，额定电流，单位 A	焊条电弧焊用弧焊变压器
ZX5-400	Z，整流弧焊电源	X，下降特性	省略	5，可控硅式	400，额定电流，单位 A	焊条电弧焊用弧焊整流器
ZX7-315	Z，整流弧焊电源	X，下降特性	省略	7，逆变式	315，额定电流，单位 A	焊条电弧焊用弧焊整流器
NBC-300	N，熔化极气体保护焊机	B，半自动焊	C，CO_2 保护焊	省略	300，额定电流，单位 A	半自动 CO_2 气体保护焊机
MZ-1000	M，埋弧焊机	Z，自动焊	省略，焊车式	省略，变速送丝	1000，额定电流，单位 A	自动交流埋弧焊机

表 9-1 中，BX 中的 B 表示交流，ZX 中的 Z 表示直流；X 表示下降特性，另外还有 P 表示平特性。BX1、BX2、BX3、BX4 等其中数字表示变压器形式，见表 9-2。

表 9-2 变压器形式

数字	1	2	3	4	5	6	7
变压器形式	动铁心	动铁	动圈	晶体管	可控硅	抽头	逆变

例如：BX1-250-2 型交流电焊机是实习基地所用的交流电焊机，B 表示弧焊变压器，X 表示焊接电源为下降特性，1 表示动铁心式，250 表示焊接额定电流为250A。电流细调是通过电焊机电流调节手柄改变电流大小来实现的。顺时针转动手柄，电流增大；逆时针转动手柄，电流减小。

4. 焊接工具及防护用品

1）焊接电缆。其芯线用纯铜制成，有良好的导电性，线皮为绝缘性橡胶。

2）焊钳。它的作用是夹持焊条和传导电流。

3）护目滤光片。焊接弧光中含有的紫外线、可见光、红外线强度均大大超过人体眼睛所能承受的限度，过强的可见光将对视网膜产生烧灼，造成眩晕性视网膜炎；过强的紫外线将损伤眼角膜和结膜，造成电光性眼炎；过强的红外线将对眼睛造成慢性损伤。因此必须采用护目滤光片来进行防护。关于滤光片颜色的选择，根据人眼对颜色的适应性，滤光片的颜色以黄绿、蓝绿、黄褐为好。务必根据电流大小及时更换不同遮光号的滤光片，切实改正不论电流大小均使用同一块滤光片的陋习，否则必将损伤眼睛。

4）防护面罩。常用焊接面罩如图 9-7 和图 9-8 所示。面罩是用 1.5mm 厚钢纸板压制而成的，一般为红色或褐色，质轻、坚韧、绝缘性与耐热性好，以防止焊接时的飞溅物、弧光，及熔池和焊件的高温对焊工面部及颈部造成灼伤。当采用通风除尘措施不能使烟尘浓度降到卫生标准以下时，应佩戴防尘口罩。国产自吸过滤式防尘口罩如图 9-9 所示。

图 9-7 手持式焊接防护面罩　　图 9-8 头盔式焊接防护面罩　　图 9-9 国产自吸过滤式防尘口罩

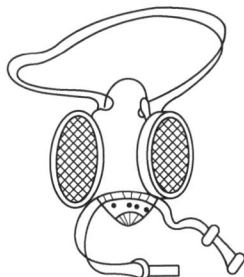

5）敲渣锤和钢丝刷。其作用是清除覆盖在焊缝上的焊渣以及周边的飞溅物。

6）其他防护用品。如焊工手套、护脚鞋套、工作服和平光眼镜。

9.3.4 焊条

焊条是涂有药皮的供焊条电弧焊用的熔化电极。

1. 焊条的组成和作用

焊条电弧焊所用的焊接材料是焊条，焊条主要由焊芯和药皮两部分组成，如图 9-10 所示。

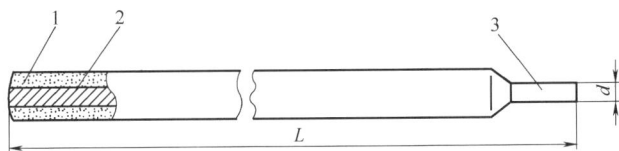

图 9-10 焊条结构

1—药皮　2—焊芯　3—焊条夹持部分

（1）焊芯　焊芯一般是具有一定长度及直径的金属丝。焊接时，焊芯有两个功能：①传导焊接电流，产生电弧；②焊芯本身熔化，作为填充金属，与熔化的母材熔合形成焊缝。我国生产的焊条，基本上以含碳、硫、磷较低的专用钢丝（如 H08A）作为焊芯制成的。焊条规格用焊芯直径表示，焊条长度根据焊条种类和规格，有多种尺寸，见表 9-3。

表 9-3　焊条规格　　　　　　　　　　　　　　　　　　　（单位：mm）

焊条直径 d	焊条长度 L		
2.0	250	300	
2.5	250	300	
3.2	350	400	450
4.0	350	400	450
5.0	400	450	700
5.8	400	450	700

（2）药皮　药皮是压涂在焊芯表面的涂料层，由矿石粉、铁合金粉、有机物粉和黏结剂等按照一定比例配置而成，在焊接过程中起着极为重要的作用。

1）机械保护作用。利用药皮燃烧放出的气体和形成的熔渣，起机械隔离空气的作用，防止有害气体侵入熔化金属。

2）冶金处理作用。通过熔渣与熔化金属冶金反应，去除有害杂质，添加有益的合金元素，使焊缝获得合乎要求的力学性能。

3）改善焊接工艺性能。使电弧稳定、飞溅小、焊缝成形好、易脱渣和熔敷效率高等。

2. 焊条的分类、型号和选用

焊条的品种繁多，有如下几种分类方法。

1）按用途的不同，可分为结构钢焊条、耐热钢焊条、不锈钢焊条、铸铁焊条、镍基镍合金焊条、铜及铜合金焊条等。

2）按药皮熔化后焊渣的酸碱性不同，可分为酸性焊条和碱性焊条。

① 酸性焊条。药皮中含有大量酸性氧化物的焊条称为酸性焊条，酸性焊条电弧稳定、容易脱渣、飞溅少、焊缝成形美观，焊条的工艺性能好，适用于各种位置焊接，可用交流或直流电源施焊。但因酸性焊条熔渣，除硫、磷的能力差，所以焊接接头的力学性能，特别是冲击韧度较低，一般常用于普通碳钢和低合金结构钢的焊接。

② 碱性焊条。药皮中含有大量碱性氧化物的焊条称为碱性焊条，碱性焊条多为低氢型焊条，脱氧完全，合金过渡容易，能有效降低焊缝中氢、氧、硫、磷的含量，所得焊缝冲击韧度高，力学性能好，但电弧稳定性比酸性焊条差，飞溅较大，不易脱渣，采用短弧焊，多用于重要的结构钢、合金钢的焊接。

3）按焊接工艺及冶金性能要求以及焊条的药皮类型不同，可分为氧化钛型、钛钙型、低氢钾型、低氢钠型。

焊条型号是国家标准中的焊条代号，如 GB/T 5117—2012 标准中的 E4303、E5015、E5016 等。其中"E"表示焊条；前两位数字表示焊缝金属抗拉强度的 1/10，单位为 MPa；第三位数字表示焊条的焊接位置（0 及 1 适用于全位置焊接，2 适用于平焊和平角焊，4 适用于向下立焊）；第三和第四为数字组合表示焊接电流的种类和类型。

例如：E4303（牌号 J422）酸性焊条，其中 E 表示焊条，43 表示熔敷金属抗拉强度的最小值为 430MPa，03 表示钙钛矿型药皮，可用交、直流电源，适用于全位置焊接。

型号 E5015（牌号 J507）碱性焊条，其中 E 表示焊条，50 表示熔敷金属抗拉强度的最小值为 500MPa，15 表示碱性药皮，可直流反接，适用于全位置焊接。

焊条选用应该考虑以下原则：①根据被焊的金属材料类别选择相应的焊条种类，例如焊接低碳钢和低合金钢时，应选用结构钢焊条。如焊接 Q235 钢和 20 钢时选用 E4303 或者 E4315 焊条；②焊接工艺性要满足施焊操作需要。例如，向下立焊、管道焊接、底层焊接、盖面焊、重力焊时，可选用相应的专用焊条；③焊缝的性能要和母材的性能相同或相近，或者焊缝的化学成分类型和母材相同，以保证性能相同。

9.3.5　焊条电弧焊工艺

选择合适的焊接参数是获得优良焊缝的前提，并将直接影响劳动生产率。焊条电弧焊工艺是根据焊接接头形式、零件材料、板材厚度、焊缝焊接位置等具体情况制订的，包括焊条牌号、焊条直径、电源种类和极性、焊接电流、焊接电压、焊接速度、焊接坡口形式和焊接层数等内容。焊条型号应主要根据零件材质选择并参考焊接位置情况进行决定。电源种类和极性又由焊条型号而定。焊接电压决定于电弧长度，它与焊接速度一样对焊缝成形有重要影响作用，一般根据具体情况灵活掌握。

1. 焊接位置

在实际生产中，由于焊接结构和零件移动的限制，需要在空间不同的位置进行施焊。焊接位置可以分为平焊、立焊、横焊和仰焊，如图 9-11 所示。平焊是将焊件放在水平位置，或放在与水平面倾斜角度不大的位置进行焊接，操作方便，劳动强度低，液体金属不会流散，易于保证焊缝质量，是最理想的操作空间位置。立焊是在焊件立面或倾斜面上的纵向进行的焊接，横焊是在焊件立面或倾斜面上的横方向进行的焊接，仰焊是焊条位于焊件下方，仰视焊件进行的焊接。立焊和仰焊由于熔池中液体金属有滴落的趋势，所以焊缝成形比较困难，操作难度大，生产率低，质量不易保证，所以应尽可能地采用平焊。

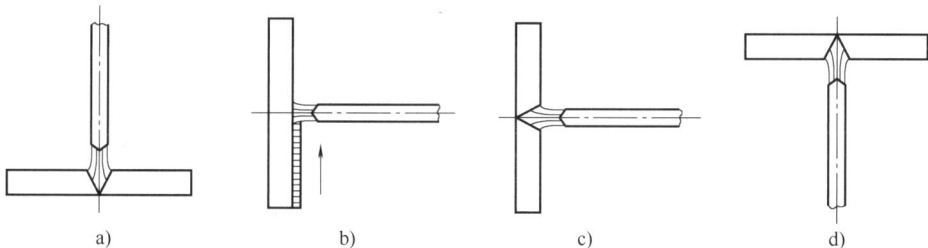

图 9-11　焊缝的空间位置

a）平焊　b）立焊　c）横焊　d）仰焊

2. 焊接接头和坡口形式

（1）焊接接头　焊接接头是指用焊接的方法连接的接头，由焊缝、熔合区、热影响区及邻近的母材组成。根据接头的构造形式不同，可分为对接接头、T 形接头、搭接接头、角接接头、卷边接头等类型。卷边接头用于薄板焊接。

（2）坡口形式　焊接前，把两焊件间待焊处加工成所需要的几何形状的沟槽称为坡口，焊前加工坡口的目的在于使焊接容易进行，电弧能沿板厚熔敷一定的深度，保证接头根部焊透，并获得良好的焊缝成形。焊接坡口形式有I形坡口、V形坡口、U形坡口、X形坡口、J形坡口等多种。常见焊条电弧焊接头的坡口形式和尺寸如图9-12所示。对焊件厚度小于6mm的焊缝，可以不开坡口；中厚度和大厚度板对接焊时，为保证熔透，必须开坡口。V形坡口便于加工，但焊件焊后易发生变形；X形坡口可以避免V形坡口的一些缺点，同时可减少填充材料；U形及双U形坡口，其焊缝填充金属量更小，焊后变形也小，但坡口加工困难，一般用于重要焊接结构。

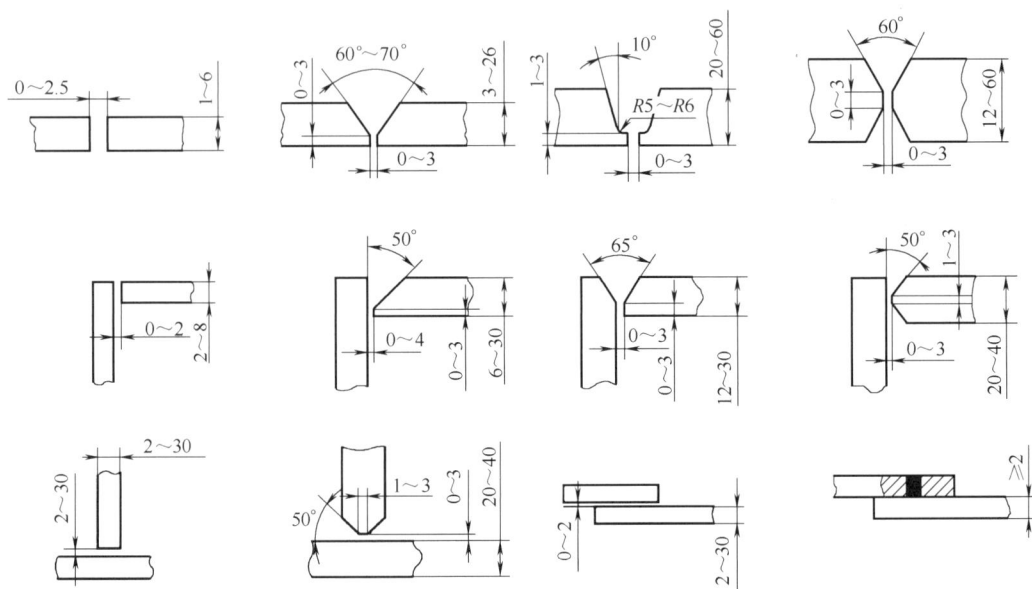

图9-12　常见焊条电弧焊接头的坡口形式和尺寸

3. 焊接参数

为了保证焊接质量，所选定的各物理量的总称称为焊接参数。焊条电弧焊的焊接参数主要包括焊条直径、焊接电流、电弧电压和焊接速度等。

（1）焊条直径　焊条直径的选择主要取决于焊件的厚度，焊件薄应选择小直径焊条，焊件厚应选择大直径焊条。影响焊条直径的其他因素还有接口形式、焊接位置和焊接层数等。一般焊件的厚度越大，选用的焊条直径d应越大，同时可选择较大的焊接电流，以提高工作效率。板厚在3mm以下时，焊条d取值小于或等于板厚；板厚为$4\sim8$mm时，d取$3.2\sim4$mm；板厚为$8\sim12$mm时，d取$4\sim5$mm。此外，在中厚板焊件的焊接过程中，焊缝往往采用多层焊或多层多道焊完成。

（2）焊接电流　根据焊条直径选择焊接电流。低碳钢平焊时，焊条直径d和焊接电流I的对应关系有经验公式作为参考，即

$$I = (30 \sim 50)d$$

式中，I为焊接电流（A）；d为焊条直径（mm）。

平焊低碳钢时焊条直径与焊接电流的参考值见表9-4。

表 9-4　平焊低碳钢时焊条直径与焊接电流的参考值

焊条直径/mm	2.5	3.2	4
焊接电流/A	70~90	100~130	170~190

当然，焊接电流值的选择还应综合考虑各种具体因素。实际工作时，还要根据焊件厚度、焊条种类、焊接位置等因素来调整焊接电流的大小。焊接电流过大时，熔宽和熔深增大，飞溅增多，焊条发红发热，使药皮失效，易造成气孔、焊瘤和烧穿等缺陷；焊接电流过小时，电弧不稳定，熔宽和熔深均减小，易造成未熔合、未焊透及夹渣等缺陷。选择焊接电流应在保证焊接质量的前提下，尽量采用较大的焊接电流，并配以较快的焊接速度，以提高生产率。焊接电流初步确定后，要经过试焊，检查焊缝质量和缺陷，才能最终确定焊接电流。

（3）电弧电压　电弧电压是指电弧两端（两极）的电压降。电弧电压由电弧长度决定。电弧长，电弧电压高；电弧短，电弧电压低。电弧过长，电弧燃烧不稳定，熔深浅，并容易产生焊接缺陷；若电弧太短，熔滴过渡时可能发生短路。

（4）焊接速度　焊接速度指焊条沿焊接方向移动的速度，它对焊缝质量影响很大，焊接速度过快，焊缝的熔深、熔宽减小，甚至可能产生夹渣和未焊透；焊接速度过慢，焊缝熔深、熔宽增大，容易烧穿较薄的焊件。焊条电弧焊时，焊接速度一般根据经验掌握，在保证质量的前提下，尽可能增大焊接速度，提高劳动生产率。初学者要注意避免焊接速度太快。

9.3.6　焊条电弧焊操作技术

1. 焊前准备

焊前准备包括焊条的烘干、焊件表面的清理、焊件的组装和预热。对于刚性不大的低碳钢和级别较低的低合金高强度结构钢，一般不用预热；但对刚性大或者焊接性能差的容易开裂的结构钢，焊前需要预热。

2. 引弧

焊条电弧焊时引燃电弧的过程称为引弧，焊条电弧焊有两种引弧方式：划擦法和敲击法。

（1）划擦法　电焊机电源开启后，将焊条末端对准焊缝，并保持两者的距离在 15mm以内，依靠手腕的转动，使焊条在焊件表面轻划一下，并立即提起 2~4mm，电弧引燃，然后开始正常焊接，如图 9-13 所示。

（2）敲击法　电焊机开启后，先将焊条木端对准焊缝，然后稍点一下手腕，使焊条轻轻敲击焊件，随即提起 2~4mm，就能使电弧引燃，开始焊接，如图 9-14 所示。

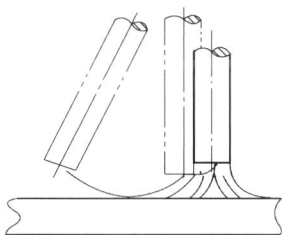

图 9-13　划擦法

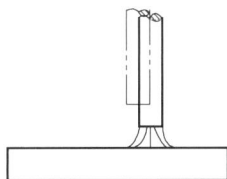

图 9-14　敲击法

敲击法不会损坏焊件表面，是操作中常用的引弧方法，但是引弧的成功率较低。划擦法操作方便，类似于划火柴，引弧成功率高，但是容易损坏焊件表面，故较少采用。引弧时，若焊条与焊件粘在一起，一般情况下可将焊条左右摇动就可以拉开，若拉不开，可以松开电焊钳，切断焊接电路，待焊条稍稍冷却之后再拉开。但应当注意，焊接短路时间不能太长，以免烧坏电焊机。有时候焊条与焊件多次瞬时接触后仍不能引弧，这往往是焊条端部存有药皮妨碍导电，因此在引弧前应将其敲掉。

3. 运条

焊条电弧焊是依靠手工操作焊条运动来实现焊接的，此种操作也称为运条。电弧引燃后，要灵活运用焊条运动的 3 个基本方向，同时必须掌握焊条与焊件之间的角度，分清熔渣与铁液的情况，控制好熔池的大小与形状，这样才能使焊接过程稳定，焊缝成形良好。这 3 个方向的运动是：焊条朝熔池方向逐渐送进，焊条沿焊接方向逐渐移动，焊条横向摆动（直线运条无横向摆动），焊条运动和角度控制如图 9-15 所示。

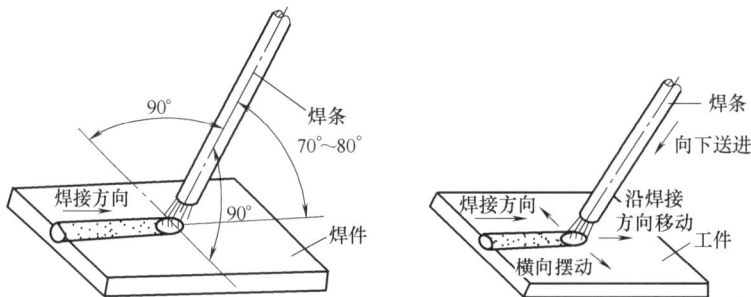

图 9-15　焊条运动和角度控制

1）焊条朝熔池方向逐渐送进。主要是为了使焊条熔化后仍维持所要求的电弧长度。为此，焊条送进速度应与焊条熔化速度相适应。如果焊条送进速度比焊条熔化速度慢，则电弧长度逐渐增加，容易造成断弧；如果焊条送进太快，则弧长迅速缩短，使焊条与焊件接触，造成短路。电弧长短对焊缝质量有很大的影响。一般来说，电弧长度超过焊条的直径称为长弧，反之称为短弧。用长弧焊接时，电弧燃烧不稳定，焊缝质量差，表面鱼鳞不均匀，熔深较浅。当焊条熔滴向熔池过渡时，周围空气容易侵入，导致气孔产生，而且熔化金属飞溅严重。因此，施焊时应尽量采用短弧，才能保证质量。一般弧长按下述经验公式确定

$$L=(0.5\sim1)d$$

式中，L 为电弧长度（mm）；d 为焊条直径（mm）。

2）焊条沿焊接方向逐渐移动。主要是使熔池金属形成焊缝。焊条的移动速度对焊缝质量、焊接生产率有很大的影响。移动速度太快，则电弧来不及熔化足够的焊条和焊件金属，造成未焊透、焊缝较窄等缺陷；若移动速度太慢，则熔化金属堆积过多，则会造成焊缝过高、过宽，外形不整齐，并且使焊件加热温度过高，引起焊缝组织的变化，薄件则容易烧穿。所以，沿焊缝焊接方向的移动速度应根据电流大小、焊条直径、焊件厚度、装配间隙及坡口形式来选取。

3）焊条横向摆动。主要是为了获得一定的焊缝宽度，防止两边产生未熔合或夹渣，此外还能延缓熔池金属的冷却速度，利于气体逸出。焊条横向摆动范围与要求的焊缝宽度、焊条直径有关。摆动范围越大，所得焊缝越宽，正常的焊缝宽度一般不超过焊条直径的 2～5 倍。

　　虽然运条的基本运动方向只有 3 个，但运条方法很多，选用哪种方法应根据接头形式、装配间隙、焊接位置、焊条直径及性能、电流大小而定。常用运条方法及适用范围见表 9-5。

表 9-5　常用运条方法及适用范围

运条方法		运条示意图	适用范围
直线形运条法		 →	1. 3~5mm 厚，I 形坡口对接平焊 2. 多层焊的第一层焊道 3. 多层多道焊
直线往返形运条法		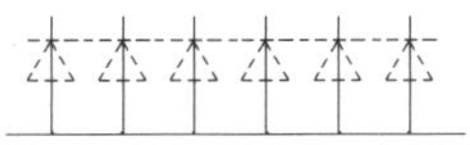	1. 薄板焊 2. 对接平焊（间隙较大）
锯齿形运条法			1. 对接接头（平焊、立焊、横焊、仰焊） 2. 角接接头（立焊）
月牙形运条法			同锯齿形运条法
三角形运条法	斜三角形	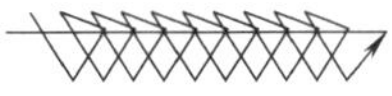	1. 角接接头（仰焊） 2. 对接接头（V 形坡口横焊）
	正三角形	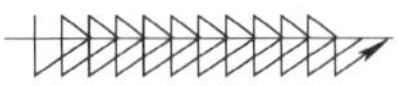	1. 角接接头（立焊） 2. 对接接头
圆圈形运条法	斜圆圈形	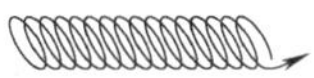	1. 3~5mm 厚，I 形坡口对接平焊 2. 多层焊的第一层焊道
	正圆圈形	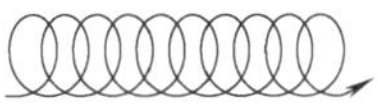	对接接头（厚焊件平焊）
八字形运条法			1. 3~5mm 厚，I 形坡口对接平焊 2. 多层焊的第一层焊道

4. 焊缝的起头和收尾

（1）**焊缝的起头**　焊缝的起头是指焊缝起焊时的操作，由于此时焊件温度低、电弧稳定性差，焊缝容易出现气孔、未焊透等缺陷，为避免此现象，应在引弧后将电弧稍微拉长，在焊件起焊部位稍作停留进行预热处理，达到所需的熔深和熔宽后再调到正常的弧长进行焊接。在完成一条长焊缝焊接时，往往要消耗多根焊条，就会产生前后焊条更换时焊缝接头的问题。为不影响焊缝成形，保证接头处的焊接质量，更换焊条的动作越快越好，并在接头弧坑前约 15mm 处起弧，然后移到原来弧坑位置进行焊接。

（2）**焊缝的收尾**　焊缝的收尾是指焊缝结束时的操作。一般焊条电弧焊熄弧时都会留下弧坑，过深的弧坑会导致焊缝收尾处缩孔、产生弧坑应力集中或裂纹。为了防止和减少弧坑的出现，焊接中常用以下 3 种焊缝收尾的操作方法，即划圈收尾法、反复断弧收尾法和回焊收尾法，如图 9-16 所示。

1）划圈收尾法。焊条移动至焊缝终止处，焊条做圆圈运动，直到填满弧坑再拉断电弧。此法适合厚板焊接的收尾。

2）反复断弧收尾法。焊条移至焊缝终止处，在弧坑处反复熄弧、引弧数次，直到填满弧坑。此法一般适用于酸性焊条薄板焊接和大电流焊接的焊接收尾。但碱性焊条不宜采用，否则容易产生气孔。

3）回焊收尾法。焊条移至焊缝收尾处立即停止，并且改变焊条角度回焊一小段后熄弧。此法适用于碱性焊条的焊接收尾。

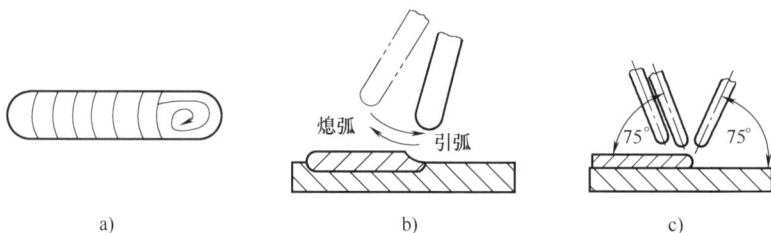

图 9-16　焊缝收尾方法
a）划圈收尾法　b）反复断弧收尾法　c）回焊收尾法

5. 换条接头

焊条电弧焊时，由于受焊条长度的限制，有时不能以一根焊条完成一条焊缝，因而出现了后焊焊缝与先焊焊缝的连接问题。此连接处称为焊缝的换条接头。为了使焊缝接头均匀连接，避免产生过高、脱节、宽窄不一致的缺陷，要求在焊缝接头时选用恰当的方式。焊缝接头的 4 种情况如图 9-17 所示。

（1）头尾相接法　即后焊焊缝的起头与先焊焊缝的结尾相接，如图 9-17a 所示。头尾相接法是使用最多的一种。具体接头方法是在弧坑前约 10mm 处引弧，电弧可比正常焊接时略长些（低氢焊条电弧不可拉长，否则易产生气孔），然后将电弧后移到原弧坑的 2/3 处，填满弧坑后即向前进入正常焊接。采用这种接头法必须注意后移量，若电弧后移太多，则可能造成接头过度，若电弧后移太少，将造成接头脱节，弧坑没有填满。此法适用于单层焊及多层焊的表层接头。

（2）头头相接法　即后焊焊缝的起头与先焊焊缝的起头相接，如图 9-17b 所示。此方法的接头方式，要求先焊的焊缝起头处略低。接头时在先焊的焊缝起头稍前处引弧，并稍微拉长电弧，将电弧引向起头处，并覆盖前焊缝的端头，待起头处焊缝焊平后，再沿焊接方向移动，从焊缝端头处起焊的接头方法如图 9-18 所示。

（3）尾尾相接法　即后焊焊缝的结尾与先焊焊缝的结尾相接，如图 9-17c 所示。这种方法的接头方式，后焊焊缝焊到先焊焊缝的收尾时，焊接速度应略慢一些，以便填满焊缝的弧坑，然后以较快的焊接速度再略向前焊一些，之后熄弧。

（4）尾头相接法　后焊焊缝的结尾与先焊焊缝的起头相接，如图 9-17d 所示。这种方式的接头方式与尾尾相接法基本相同，只是先焊缝的起头处与头头相接法一样，应略低些。

6. 对接平焊操作

由于焊缝处于水平位置，熔滴主要靠自重过渡，操作技术比较容易掌握，可以选择较大直径的焊条和较大的焊接电流，生产率高，因此在生产中应用较普遍。如果焊接参数选择不

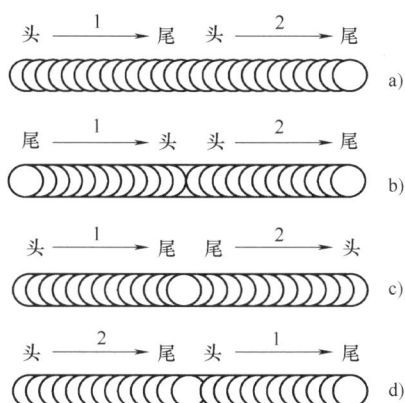

图 9-17　焊缝接头的 4 种情况

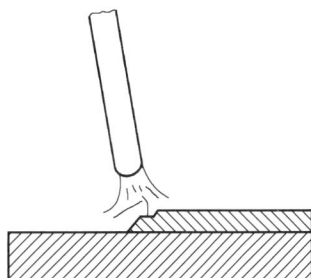

图 9-18　从焊缝端头处起焊的接头方法

当，容易造成根部焊瘤或未焊透。

当焊件厚度小于 6mm 时，一般采用不开坡口对接焊（重要构件除外）。焊接正面焊缝时，宜用直径 3~4mm 焊条，短弧焊接，并使熔深达到板厚的 2/3，焊缝宽度为 5~8mm，余高应小于 1.5mm，不开坡口对接焊缝如图 9-19 所示。

焊接反面焊缝时，对不重要焊件，可不必铲除焊根，但应将正面焊缝下面的熔渣彻底消除，然后用直径 3mm 的焊条进行焊接，电流可稍大些。

焊接时所用的运条方法均为直线形，对接平焊时焊条角度如图 9-20 所示。焊接正面焊缝时，运条速度应慢些，以获得较大的熔深和熔宽。焊反面封底焊缝时，运条速度要稍快些，以获得较小的焊缝宽度。运条时，若发现铁液和熔渣混合不清，可把电弧稍微拉长些，同时将焊条向前倾斜，并做往熔池后面推送熔渣的动作，熔渣就被推送到熔池后面。

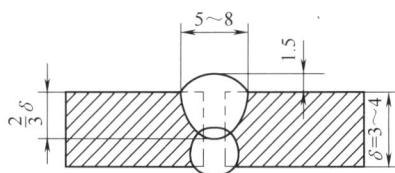

图 9-19　不开坡口对接焊缝

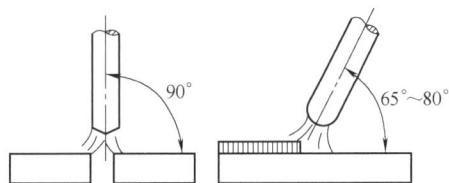

图 9-20　对接平焊时焊条角度

7. 平角焊操作

平角焊主要是指 T 形接头平焊、搭接接头平焊。搭接接头平焊与 T 形接头平焊操作方法类似，不单独介绍。T 形接头平焊在操作时易产生咬边、未焊透、焊脚下垂、夹渣等缺陷，T 形接头焊缝容易产生的缺陷如图 9-21 所示。

为了防止上述缺陷，操作时除正确选择焊接规范，还应根据两板的厚度适当调节焊条角度。如果两板厚度不同，电弧就要偏向厚板一边，以使两板温度均匀。T 形接头平焊时的焊条角度如图 9-22 所示。

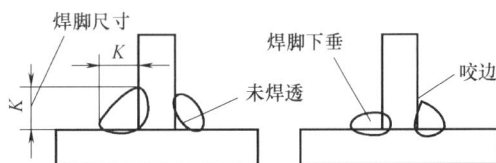

图 9-21　T 形接头焊缝容易产生的缺陷

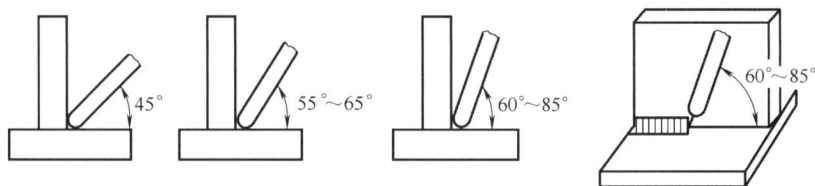

图 9-22　T 形接头平焊时的焊条角度

　　焊脚尺寸小于 8mm 的焊缝，通常用单层焊来完成，焊条直径根据板厚不同，在 3～5mm 内选择。焊脚小于 5mm 的焊缝，可用直线形运条法和短弧进行焊接，焊条与水平板成 45°，与焊接方向成 65°～80°。若焊条角度过小，会造成根部熔深不足，角度过大，熔渣容易跑到前面而造成夹渣。

8. 立焊操作

　　立焊时，由于熔化金属受重力作用容易下淌，使焊缝成形困难，需采取以下措施。①对接接头立焊时，焊条与焊件的角度左右方向保持为 90°，向下与焊缝成 60°～80°；而角接接头立焊时，焊条与焊件两板之间各为 45°，向下与焊缝成 60°～90°。立焊时的焊条角度如图 9-23 所示。②用小直径焊条和较小的电流，电流一般比平焊小 12%～15%，以减小熔滴的体积，使之少受重力的影响，以利于熔滴的过渡。③采用短弧焊接，缩短熔滴过渡到熔池中的距离，形成短路过渡。④根据焊件接头形式的特点和焊接过程中熔池温度的情况，灵活运用合适的运条法。此外在立焊、横焊、仰焊时，气体的吹力、电磁力、表面张力等都能促使熔滴过渡。

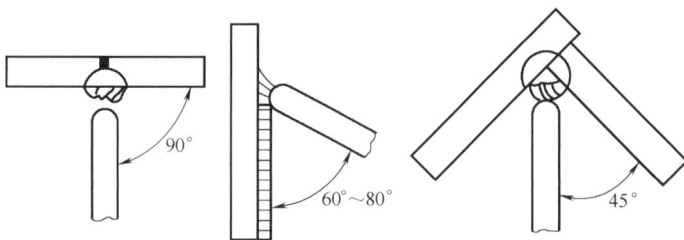

图 9-23　立焊时的焊条角度

9. 横焊操作

　　横焊时，由于熔化金属受重力作用，容易下淌而产生咬边、焊瘤及未焊透等缺陷。因此，应采用短弧、较小直径的焊条，选用适当的焊接电流和运条方法。

　　板厚为 3～5mm 时，不开坡口，采取双面焊接，正面焊时，宜采用直径 3.2mm 或 4mm 的焊条，不开坡口对接横焊时的焊条角度如图 9-24 所示。

　　较薄焊件采用直线往返形运条法，可以利用焊条向前移动时，使熔池冷却，以防止熔滴下淌、烧穿等缺陷产生。

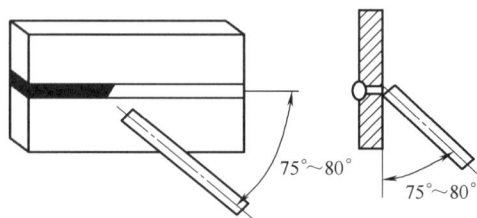

图 9-24　不开坡口对接横焊时的焊条角度

较厚焊件，可采用直线形（电弧尽量短）或斜圆图形运条法，以得到适当的熔深。焊接速度应稍快并均匀，避免熔滴过多地集中在某一点上而形成焊瘤，同时要防止焊缝上部产生咬边，以免影响焊缝成形。

封底焊的焊条直径一般为 3.2mm，焊接电流可以稍大些，采用直线形运条法。

10. 仰焊操作

仰焊是各种位置焊接中最困难的一种焊接方法。由于熔池倒悬在焊件下面，没有固体金属承托，所以焊件成形困难。同时，施焊时，还常发生熔渣超前而形成夹渣，故在控制运条方面要比平焊和立焊更困难。

仰焊时，必须保持最短的电弧长度，以使熔滴在很短的时间内过渡到熔池中，在表面张力的作用下，很快与熔池的液态金属汇合，促使焊缝成形；仰焊时焊条的角度如图 9-25 所示。为了减小熔池体积，使焊缝容易成形，焊条直径和焊接电流都要比平焊小。若电流和焊条直径太大，会使熔池体积增大，易造成熔化金属向下淌落，如果电流太小，则根部不易焊透，产生夹渣及焊缝成形不良等缺陷。

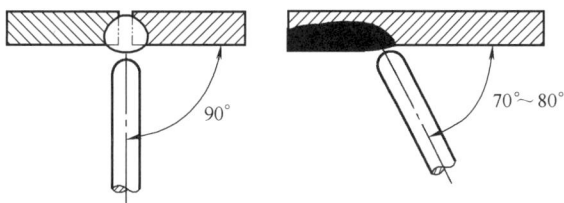

图 9-25　仰焊时的焊条角度

当焊件厚为 4mm 左右时，一般采用不开坡口对接焊，焊条直径为 3.2mm。焊条与焊接方向的角度为 70°~80°，左右方向为 90°，对接仰焊时的焊条角度如图 9-25 所示。焊接时应压低电弧，间隙小的接缝可采用直线形运条法，间隙较大的接缝用直线往返形运条法。焊接电流要合适，电流过小，会使电弧不稳定，易熄弧，熔深不足，影响焊缝成形；电流太大，会导致熔化金属淌落和烧穿。

9.4　气焊与气割

气焊与气割是利用气体的燃烧火焰热量进行金属焊接和切割。生产中最常用的是氧乙炔焊，乙炔在纯氧中的燃烧温度可达 3150℃，其他可燃气体还有丙烷（液化石油气）等。

与电弧焊相比，气焊热源的温度较低，热量也较分散，焊接热影响区宽度约为电弧焊的 3 倍，焊接变形较大，接头质量不高，生产率低。但是气焊火焰温度易于控制、操作简便、灵活性强，不需要电能。气焊适宜于焊接厚度为 0.5~2mm 的低碳钢薄板件、有色金属件和铸铁等焊件。

9.4.1　气焊与气割实习安全操作规程

1）严格遵守安全操作规程和有关溶解乙炔瓶、水封安全器、橡胶软管、氧气瓶的安全使用规则，以及焊（割）炬安全操作规程。

2）工作前必须检查所有设备。乙炔瓶、氧气瓶及橡胶软管的接头及紧固件均应紧固牢靠，不能出现松动、破损和漏气现象。氧气瓶及其附件、橡胶软管、工具上不能沾染油脂和泥垢。

3）检查设备、附件及管路漏气情况时，只准用肥皂水试验。试验时，周围不准有明火，不准抽烟。

4）氧气瓶、乙炔瓶与明火间的距离应在 10m 以上。即使条件限制也不能小于 5m，并应采取隔离措施。

5）禁止用易产生火花的工具开启氧气或乙炔阀门。

6）气瓶设备管道冻结时，严禁用火烤或用工具敲击冻块。氧气阀或管道冻块要用不高于 40℃的温水溶化；回火保险器及管道可用热水或蒸汽加热解冻。

7）焊接场地应有相应的消防器材。露天作业时应防止阳光直射在气瓶上。

8）压力容器及压力表、安全阀，应按规定定期送交校验和试验。检查、调整压力器件及安全附件时，应采取措施，消除余气后才能进行。

9）工作完毕或离开工作现场时，要拧上气瓶的安全帽，收拾现场，并把气瓶放在指定地点。

9.4.2 气焊

1. 气焊原理

气焊是指利用可燃气体与助燃气体混合燃烧后，产生的高温火焰对金属材料进行熔焊的一种方法。如图 9-26 所示，将乙炔和氧气在焊炬中混合均匀后，从焊嘴喷出燃烧火焰，将焊件和焊丝熔化后形成熔池，待冷却凝固后形成焊缝连接。

气焊所用的可燃气体很多，有乙炔、氢气、液化石油气、煤气等，而最常用的是乙炔。乙炔的发热量大，燃烧温度高，制造方便，使用安全，焊接时火焰对金属的影响最小，火焰温度高达 3100 ~ 3300℃。氧气作为助燃气，其纯度越高，耗气越少。因此，气焊也称为氧乙炔焊。

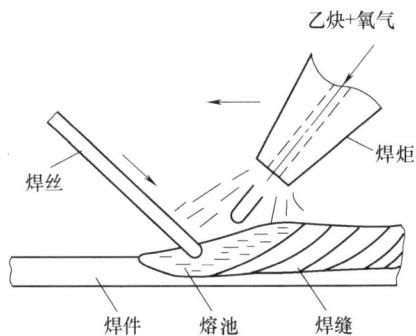

图 9-26 气焊原理图

2. 气焊设备

气焊所用设备及气路连接如图 9-27 所示。

（1）焊炬 焊炬又称焊枪。焊炬是气焊的主要设备，它的构造多种多样，但基本原理相同。焊炬是气焊时用于控制气体混合比、流量及火焰并进行焊接的手持工具。焊炬有射吸式和等压式两种，常用的是射吸式焊炬，如图 9-28 所示。它是由手把、乙炔阀门、氧气阀

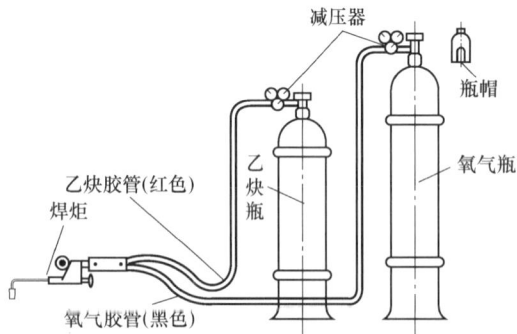

图 9-27 气焊所用设备及气路连接

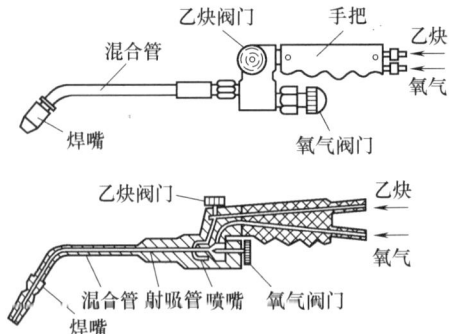

图 9-28 射吸式焊炬外形图及内部构造

门、射吸管、喷射孔、混合管、焊嘴、乙炔管接头和氧气管接头等组成。它的工作原理是：打开氧气阀门，氧气经射吸管从喷射孔快速射出，并在喷射孔外围形成真空而造成负压（吸力）；再打开乙炔阀门，乙炔即聚集在喷射孔的外围；由于氧射流负压的作用，乙炔很快被氧气吸入混合管，并从焊嘴喷出，形成了焊接火焰。

（2）乙炔瓶 乙炔瓶是存储乙炔的钢瓶。如图9-29所示，在瓶的顶部装有瓶阀供开闭气瓶和装减压器用，并套有瓶帽保护；在瓶内装有浸满丙酮的多孔性填充物（活性炭、木屑、硅藻土等），丙酮对乙炔有良好的溶解能力，可使乙炔安全地存储于瓶内，当使用时，溶在丙酮内的乙炔分离出来，通过瓶阀输出，而丙酮仍留在瓶内，以便溶解再次灌入瓶中的乙炔；在瓶阀下面的填充物中心部位的长孔内放有石棉绳，其作用是促使乙炔与填充物分离。

乙炔瓶的外壳漆成白色，用红色写明"乙炔"字样和"火不可近"字样。同时还必须配备回火保险器。

（3）氧气瓶 氧气瓶是存储氧气的一种高压容器钢瓶。如图9-30所示，由于氧气瓶要经常搬运、滚动，甚至还要经受振动和冲击等，因此对材质要求很高，产品质量要求十分严格，出厂前要严格检验，以确保氧气瓶的安全可靠。氧气瓶为圆柱形瓶体，瓶体上有防振圈；瓶体上端有瓶口，瓶口的内壁和外壁均有螺纹，用来装设瓶阀和瓶帽；瓶体下端还套有一个增强用的钢环圈瓶座，一般为正方形，便于立稳，卧放时也不至于滚动；为了避免腐蚀和有火花，所有与高压氧气接触的零件都用黄铜制作；氧气瓶外表漆成天蓝色，用黑漆标明"氧气"字样。

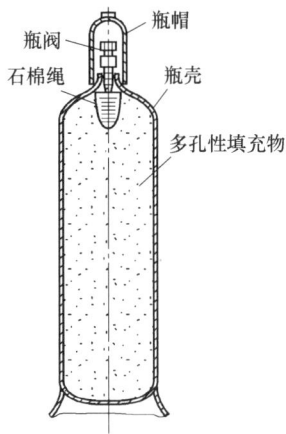

图9-29 乙炔瓶

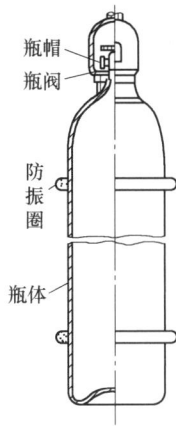

图9-30 氧气瓶

由于氧气的化学性质极为活泼，能与自然界中的绝大多数元素化合，与油脂等易燃物接触会剧烈氧化，引起燃烧或爆炸，所以使用氧气时必须十分注意安全，要隔离火源，禁止撞击氧气瓶，严禁在瓶上沾染油脂，瓶内氧气不能用完，应留有余量。

（4）回火保险器 它是装在乙炔减压器和焊炬之间，用来防止火焰沿乙炔管回烧的安全装置。正常气焊时，气体火焰在焊嘴外面燃烧。但当气体压力不足、焊嘴堵塞、焊嘴离焊件太近或焊嘴过热时，气体火焰会进入焊嘴内逆向燃烧，这种现象称为回火。发生回火时，焊嘴外面的火焰熄灭，同时伴有爆鸣声，随后有"吱吱"的声音。如果回火火焰蔓延到乙炔瓶，就会发生严重的爆炸事故。因此，发生回火时，回火保险器的作用是使回流的火焰在倒流至乙炔瓶以前被熄灭。同时应首先关闭乙炔开关，然后再关氧气开关。

图 9-31 所示为干式回火保险器的工作原理。干式回火保险器的核心部件是粉末冶金制造的金属止火管。正常工作时，乙炔推开单向阀，经止火管、乙炔胶管输往焊炬。回火时，高温高压的燃烧气体倒流至回火保险器，由带非直线微孔的止火管吸收爆炸冲击波，使燃烧气体的扩张速

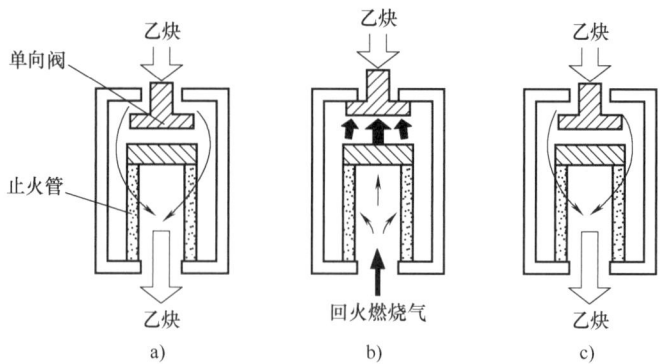

图 9-31　干式回火保险器的工作原理

a）正常工作　b）发生回火　c）恢复正常

度趋近于零，而通过止火管的混合气流顶住单向阀，迅速切断乙炔源，有效防止火焰继续回流，并在金属止火管中熄灭回火的火焰。回火后，不必人工复位，又能继续正常使用。

（5）减压器　减压器是将高压气体降为低压气体的调节装置。因此，其作用是减压、调压、量压和稳压。气焊时所需气体的工作压力一般都比较低，如氧气压力通常为 0.2～0.4MPa，乙炔压力最高不超过 0.15MPa，因此，必须将氧气瓶和乙炔瓶输出的气体经减压器减压后才能使用，而且可以调节减压器的输出气体压力。

减压器的工作原理如图 9-32 所示：松开调压手柄（逆时针方向），活门弹簧闭合活门，高压气体就不能进入低压室，即减压器不工作，从气瓶来的高压气体停留在高压室区域，高压表量出高压气体的压力，即气瓶内气体的压力。拧紧调压手柄（顺时针方向），使调压弹簧压紧低压室内的薄膜，再通过传动件将高压室与低压室通道处的活门顶开，使高压室内的高压气体进入低压室，高压气体体积膨胀，气体压力降低，低压表可量出低压气体的压力，并使低压气体从出气口通往焊炬。如果低压室气体压力变高，向下的总压力大于调压弹簧向上的力，即压迫薄膜和调压弹簧，使活门开启程度逐渐减小，直至达到焊炬工作压力时活门重新关闭；如果低压室的气体压力低了，向上的总压力小于调压弹簧向上的力，此时薄膜上

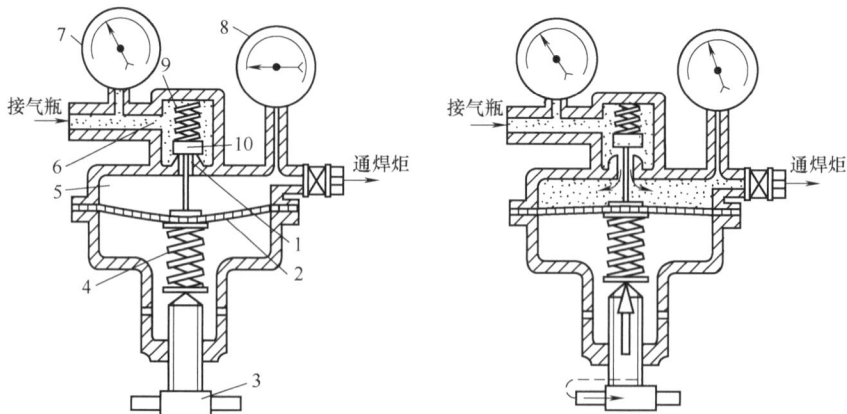

图 9-32　减压器的工作原理

1—通道　2—薄膜　3—调压手柄　4—调压弹簧　5—低压室　6—高压室

7—高压表　8—低压表　9—活门弹簧　10—活门

鼓，活门重新开启，高压气体又进入低压室，从而增加低压室的气体压力；当活门的开启度恰好使流入低压室的高压气体流量与输出的低压气体流量相等时，即可稳定地进行气焊工作。减压器能自动维持低压气体的压力，只要通过调压手柄的旋入程度来调节调压弹簧压力，就能调整气焊所需的低压气体压力。

（6）橡胶管 橡胶管是输送气体的管道，分氧气橡胶管和乙炔橡胶管，两者不能混用。国家标准规定：氧气橡胶管为黑色；乙炔橡胶管为红色。氧气橡胶管的内径为 8mm，工作压力为 1.5MPa；乙炔橡胶管的内径为 10mm，工作压力为 0.5MPa 或 1.0MPa；橡胶管长一般为 10~15m。

氧气橡胶管和乙炔橡胶管不可有损伤和漏气发生，严禁明火检漏。特别注意，要经常检查橡胶管的各接口处是否紧固，橡胶管有无老化。橡胶管不能沾有油污等。

3. 气焊火焰

常用的气焊火焰是乙炔与氧混合燃烧所形成的火焰，也称氧乙炔焰。根据氧与乙炔混合比的不同，氧乙炔焰可分为中性焰、炭化焰（也称为还原焰）和氧化焰 3 种，其构造和形状如图 9-33 所示。

（1）中性焰 中性焰中氧与乙炔的体积比 $V_{O_2}/V_{C_2H_2}$ 为 1.1~1.2。火焰由焰芯、内焰（微微可见）、外焰 3 部分组成。火焰颜色为蓝白色，火焰吹力适中，发出的声音也比较柔和，一般碳钢和有色金属材料多采用中性焰进行焊接。内焰和焰芯间生成的 CO 和 H_2 有还原氧化物的作用，而外焰生成的 CO_2 与水蒸气可排开空气，对熔池金属起保护作用。

中性焰的 3 个区和温度分布如图 9-34 所示。火焰的最高温度产生在焰芯前端 2~4mm 处，焊接时应使该点作用于熔池处。

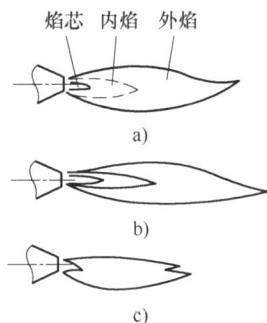

图 9-33 氧乙炔焰构造和形状
a) 中性焰 b) 炭化焰 c) 氧化焰

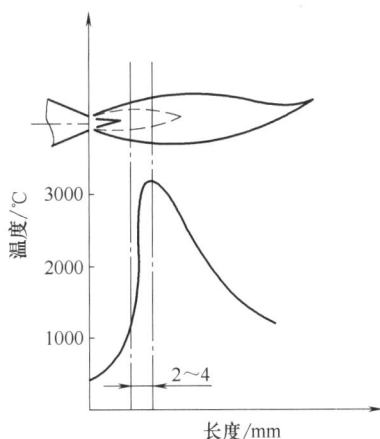

图 9-34 中性焰的 3 个区和温度分布

（2）炭化焰 $V_{O_2}/V_{C_2H_2}<1.1$，燃烧气体中有剩余乙炔，火焰较长，火焰吹力小，声音柔和。炭化焰对焊缝金属有增炭作用，适用于焊接碳含量高的金属及合金材料（如高碳钢、铸铁和硬质合金等）。

（3）氧化焰 $V_{O_2}/V_{C_2H_2}>1.2$，燃烧气体中有剩余氧，火焰较短、焰芯尖，并伴有"嘶嘶"的响声，火焰吹力大，最高温度可达 3100~3300℃。氧化焰对金属有氧化作用，一般很少使用，只是在焊接黄铜时，用氧化焰利于在熔池表面形成氧化物薄膜，可减少锌、锡等低沸点元素的蒸发损失。

4. 气焊工艺与焊接规范

气焊的接头形式和焊接空间位置等工艺问题的考虑与焊条电弧焊基本相同。气焊尽可能用对接接头，卷边接头多用于板厚小于 1mm 的焊件，焊接时不留间隙，不加焊丝，直接用火焰熔化卷边而形成焊缝。厚度大于 5mm 的焊件必须开坡口以便焊透。焊前接头处应清除铁锈、油污、水分等。

气焊的焊接规范主要是确定焊丝直径、焊嘴大小、焊接速度等。

焊丝直径由焊件厚度、接头和坡口形式决定，焊接开坡口时第一层应选较细的焊丝。焊丝直径的选用见表 9-6。

表 9-6　焊丝直径的选用　　　　　　　　　　　　　　　　（单位：mm）

焊件厚度	1.0~2.0	2.0~3.0	3.0~5.0	5.0~10	10~15
焊丝直径	1.0~2.0	2.0~3.0	3.0~4.0	3.0~5.0	4.0~6.0

焊嘴大小影响生产率。导热性好、熔点高的焊件，在保证质量的前提下应选较大号焊嘴（较大孔径的焊嘴）。

平焊时，焊件越厚，焊接速度应越慢。对熔点高、塑性差的焊件，焊接速度应慢。在保证质量的前提下，尽可能提高焊接速度，以提高生产率。

5. 气焊基本操作

（1）点火　点火时先微开氧气阀门，然后再开启乙炔阀门，用打火枪或火柴在焊嘴处点火，再通过调节氧气阀门的大小，来改变氧气和乙炔的混合比例，得到不同的火焰。如果氧气开得大，点火时就会因为气流太大而发出"啪啪"的响声，而且还点不着。如果少开一点氧气助燃点火，虽然也可以点着，但是黑烟较大。点火时，手应放在焊嘴的侧面，不能对着焊嘴，以免点着后喷出的火焰烧伤手臂。

（2）调节火焰　刚点火的火焰是炭化焰，然后逐渐开大氧气阀门，改变氧气和乙炔的比例，根据被焊材料性质及厚薄要求，调到所需的中性焰、氧化焰或炭化焰。需大火焰时，应先把乙炔调节阀开大，再调大氧气调节阀；需要小火焰时，应先把氧气调节阀关小，再调小乙炔调节阀。

（3）施焊方法　气焊操作是右手握焊炬，左手拿焊丝，可以向右焊（右焊法），也可向左焊（左焊法），如图 9-35 所示。

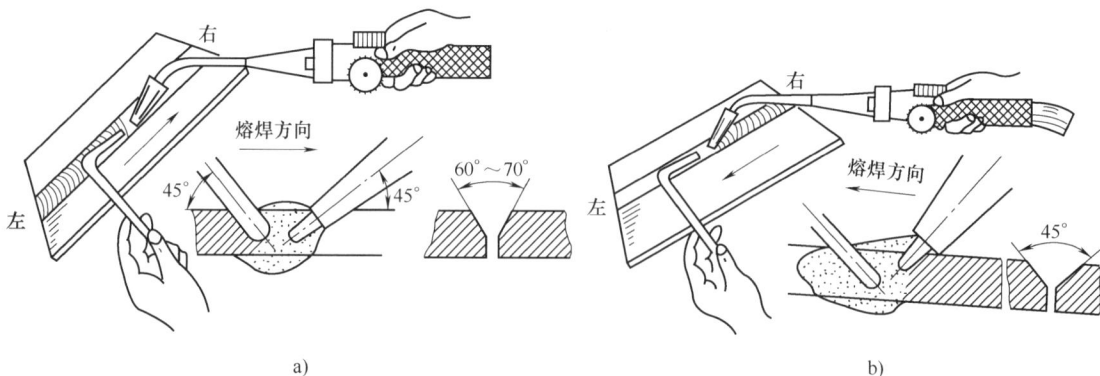

图 9-35　气焊的焊接方向
a）右焊法　b）左焊法

右焊法是焊炬在前，焊丝在后。这种方法是焊接火焰指向已焊好的焊缝，加热集中，熔深较大，火焰对焊缝有保护作用，容易避免气孔和夹渣，但较难掌握。此种方法适用于较厚焊件的焊接，而一般厚度较大的焊件均采用焊条电弧焊，因此右焊法很少使用。

左焊法是焊丝在前，焊炬在后。这种方法是焊接火焰指向未焊金属，有预热作用，焊接速度较快，可减少熔深、防止烧穿，操作方便，适宜焊接薄板。使用左焊法，还可以看清熔池，分清熔池中铁液与氧化铁的界线，因此左焊法在气焊中被普遍采用。

施焊时，要使焊嘴轴线的投影与焊缝重合，同时要掌握好焊炬与焊件的倾角 α。焊件越厚，倾角越大；金属的熔点越高，导热性越好，倾角就越大。开始焊接时，焊件温度尚低，为了较快地加热焊件和迅速形成熔池，α 应该大一些（80°～90°），喷嘴与焊件近于垂直，使火焰的热量集中，尽快使接头表面熔化。正常焊接时，一般保持 α 为 30°～50°。焊接将结束时，倾角可减至 20°，并使焊炬上下摆动，以便持续地对焊丝和熔池加热，这样能更好地填满焊缝和避免烧穿。焊嘴倾角与焊件厚度的关系如图 9-36 所示。

焊接时，还应注意送进焊丝的方法，焊接开始时，焊丝端部放在焰芯附近预热。待接头形成熔池后，把焊丝端部浸入熔池。焊丝熔化一定数量之后，应退出熔池，焊炬随即向前移动，形成新的熔池。注意焊丝不能经常处于火焰前面，以免阻碍焊件受热；也不能使焊丝在熔池上面熔化后滴入熔池；更不能在接头表面尚未熔化时就送入焊丝。焊接时，火焰内层焰芯的尖端要距离熔池表面 2～4mm，形成的熔池要尽量保持瓜子形、扁圆形或椭圆形。

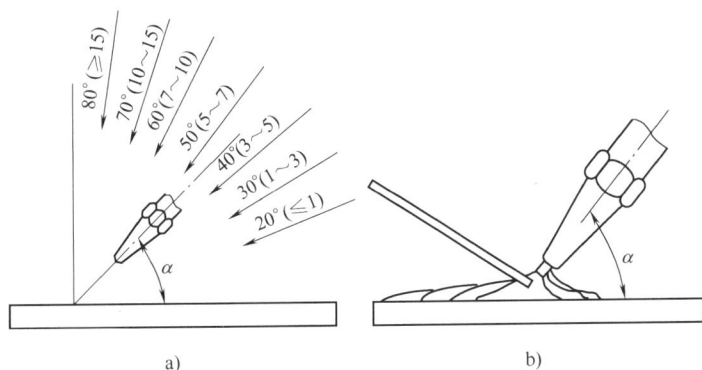

图 9-36 焊嘴倾角与焊件厚度的关系
a）焊嘴倾角 b）不同板厚的倾角

（4）熄火 焊接结束时应熄火。熄火之前一般应先把氧气调节阀关小，再将乙炔调节阀关闭，最后关闭氧气调节阀，火即熄灭。如果将氧气全部关闭后再关闭乙炔，就会有余火窝在焊嘴里，不容易熄火，这是很不安全的（特别是当乙炔关闭不严时，更应注意）。此外，这样也会导致黑烟比较大，如果不调小氧气而直接关闭乙炔，熄火时就会产生很响的爆裂声。

（5）回火的处理 在焊接操作中有时焊嘴头会出现爆响声，随着火焰自动熄灭，焊枪中会有"吱吱"响声，这种现象称为回火。因为氧气比乙炔压力高，可燃混合气体会在焊枪内燃烧，并很快扩散在导管中而产生回火。如果不及时消除，不仅会使焊枪和橡胶管烧坏，而且会使乙炔瓶爆炸。所以当遇到回火时，不要紧张，应迅速在焊炬上关闭乙炔调节阀，同时关闭氧气调节阀，等回火熄灭后，再打开氧气调节阀，吹除焊炬内的余焰和烟灰，并将焊炬的手柄前部放入水中冷却。

9.4.3 气割

1. 气割原理

气割即氧气切割。它是利用割炬喷出乙炔与氧气混合燃烧的预热火焰，将金属待切割处预热到它的燃烧点（红热程度），喷出高速切割氧流，使其燃烧并放出热量实行切割的方法，如图 9-37 所示。气割包括预热、燃烧、吹渣 3 个过程。

与一般机械切割相比，气割的最大优点是设备简单，操作灵活、方便，适应性强。它可以在任意位置、任何方向切割任意形状和任意厚度的焊件，生产率高，切口质量也相当好，如图 9-38 所示。

2. 割炬及气割过程

气割所需的设备中，氧气瓶、乙炔瓶和减压器同气焊一样，不同的是，气焊用焊炬，而气割要用割炬（又称割枪），割炬如图 9-39 所示。

割炬有两根导管：一根是预热焰氧乙炔混合气体管道；另一根是切割氧气管道。割炬比焊炬只多一根切割氧气管和一个切割氧阀门。此外，割嘴与焊嘴的构造也不同，割嘴的出口有两条通道，周围的一圈是乙炔与氧的混合气体出口，中间通道为切割氧（即纯氧）的出口，二者互不相通。割嘴有梅花形和环形两种。常用的割炬型号有 G01-30、G01-100 和 G01-300

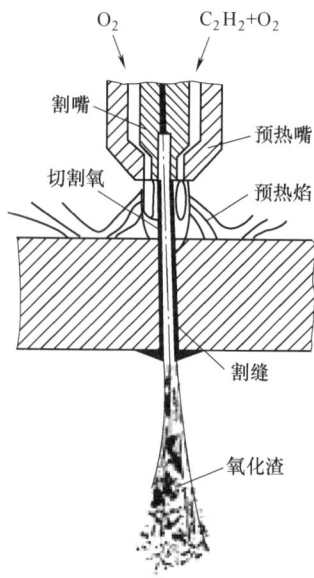

图 9-37　气割示意图

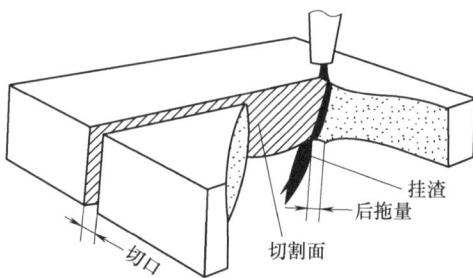

图 9-38　气割状况图

等。其中，"G"表示割炬，"0"表示手工，"1"表示射吸式，"30"表示最大气割厚度为 30mm。同焊炬一样，各种型号割炬均配备几个不同大小的割嘴。

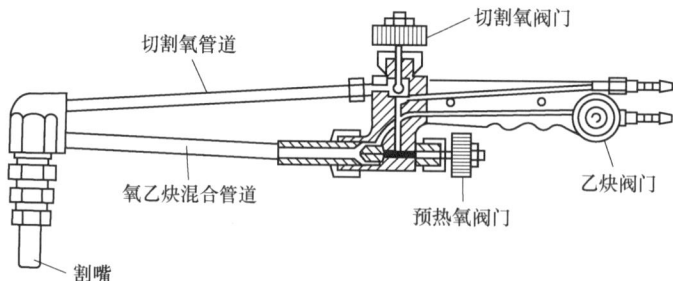

图 9-39　割炬

气割（例如切割低碳钢工件）时，先开预热氧及乙炔阀门，点燃预热火焰，调成中性焰，将工件割口的开始处加热到高温（达到橘红至亮黄色约为 1300℃）。然后打开切割氧阀门，高压的切割与割口处的高温金属发生作用，产生激烈燃烧反应，将铁烧成氧化铁，氧化铁被燃烧热熔化后，迅速被氧气流吹走，这时下一层碳钢也已被加热到高温，与氧接触后继续燃烧和被吹走，因此氧气可将金属自表面烧到底部，随着割炬以一定的速度向前移动，即可形成割口。

3. 气割的工艺参数

气割的工艺参数主要有割炬、割嘴大小和氧气压力等。工艺参数的选择根据要切割的金属工件厚度而定，割炬工艺参数见表9-7。

表 9-7　割炬工艺参数

割炬型号	切割厚度/mm	氧气压力/Pa	可换割嘴数	割嘴孔径/mm
G01-30	2 ~ 30	$(2 \sim 3) \times 10^5$	3	0.6 ~ 1.0
G01-100	10 ~ 100	$(2 \sim 5) \times 10^5$	3	1.0 ~ 1.6
G01-300	100 ~ 300	$(5 \sim 10) \times 10^5$	4	1.8 ~ 3.0

气割不同厚度的钢时，割嘴的选择和氧气工作压力的调整，对气割质量和工作效率都有密切的关系。例如，使用太小的割嘴来割厚钢，由于得氧气燃烧和喷射能力不足，切割工作无法顺利进行。反之，如果使用太大的割嘴来割薄钢，不但要浪费大量的氧气和乙炔，而且气割的质量也不好，因此要选择好割嘴的大小。切割氧的压力与金属厚度的关系为：压力不足，不但切割速度缓慢，而且熔渣不易吹掉，切口不平，甚至有时会切不透；压力过大时，除了氧气消耗量增加，金属也容易冷却，从而使切割速度降低，切口加宽，表面也粗糙。

无论气割多厚的钢料，为了得到整齐的割口和光洁的断面，除熟练的技巧外，割嘴喷射出来的火焰应该形状整齐，喷射出来的纯氧气流风线应该为一条笔直而清晰的直线，火焰的中心没有歪斜和出叉，喷射出来的风线周围和全长上都应粗细均匀，只有这样才能符合标准，否则会严重影响切割质量和工作效率，并且要浪费大量的氧气和乙炔。当发现纯氧气流不良时，绝不能迁就使用，必须用专用通针把附着在嘴孔处的杂质毛刺清除掉，直到喷射出标准的纯氧气流风线时，再进行切割。

4. 气割的基本操作

（1）气割前的准备　气割前，应根据工件厚度选择氧气的工作压力和割嘴的大小，把工件割缝处的铁锈和油污清理干净，用石笔画好割线，平放好。在割缝的背面应有一定的空间，以便切割气流冲出时不致遇到阻碍，同时还可释放氧化物。

握割枪的姿势与气焊时一样，右手握住枪柄，大拇指和食指控制调节氧气阀门，左手扶在割枪的高压管子上，同时大拇指和食指控制高压氧气阀门。右手臂紧靠右腿，切割时随着腿部从右向左移动进行操作，这样手臂有个靠导，切割起来比较稳当，特别是当切割没有熟练掌握时更应注意到这一点。

气割点火动作与气焊一样，首先把乙炔阀打开，氧气可以稍开一点。点火后将火焰调至中性焰（割嘴头部是一蓝白色圆圈），然后把高压氧气阀打开，看原来的加热火焰是否在氧气压力下变成碳化焰。同时还要观察，在打开高压氧气阀时，割嘴中心喷出的风线是否笔直清晰，然后方可切割。

（2）气割操作要点

1）气割一般从工件的边缘开始。如果要在工件中部或内部切割，应在中间处先钻一个直径大于5mm的孔，或开出一孔，然后从孔处开始切割。

2）开始气割时，先用预热火焰加热开始点（此时高压氧气阀是关闭的），预热时间应视金属温度而定，一般加热到工件表面接近熔化（表面呈橘红色），这时轻轻打开高压氧气阀门，开始气割。如果预热的地方切割不了，说明预热温度太低，应关闭高压氧继续预热，

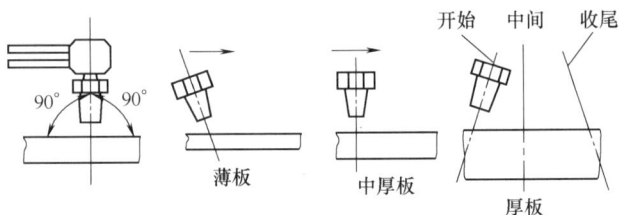

图 9-40 割炬与工件之间的角度

预热火焰的焰芯前端应离工件表面 2～4mm，同时要注意割炬与工件间应有一定的角度，如图 9-40 所示。当气割 5～30mm 厚的工件时，割炬应垂直于工件；当厚度小于 5mm 时，割炬可向后倾斜 5°～10°；若厚度超过 30mm，在气割开始时割炬可向前倾斜 5°～10°，待割透时，割炬可垂直于工件，直到气割完毕。如果预热的地方被切割掉，则继续加大高压氧气量，使切口深度加大，直至全部切透。

3）气割速度与工件厚度有关。一般而言，工件越薄，气割速度越快，反之则越慢。气割速度还要根据切割中出现的一些问题加以调整：当看到氧化物熔渣直往下冲或听到割缝背面发出喳喳的气流声时，便可将割枪匀速向前移动；如果在气割过程中发现熔渣往上冲，就说明未打穿，这往往是由于金属表面不纯，红热金属散热和切割速度不均匀导致的，这种现象很容易使燃烧中断，所以必须继续供给预热的火焰，并将速度稍微减慢，待打穿正常后再保持原有的速度前进。如发现割枪在前面走，后面的割缝又逐渐熔结起来，则说明切割移动速度太慢或供给的预热火焰太大，必须将速度和火焰加以调整再往前切割。

9.5 其他焊接方法

除焊条电弧焊外，常用电弧焊方法还有 CO_2 气体保护焊、氩弧焊（钨极氩弧焊、熔化极氩弧焊）、埋弧焊、等离子弧焊、电阻焊、钎焊等。

9.5.1 CO_2 气体保护焊

1. 工作原理

CO_2 气体保护焊是一种用 CO_2 气体作为保护气的熔化极气体电弧焊方法。其工作原理如图 9-41 所示，电弧焊电源采用直流电源，电极一端与焊件相连，另一端通过导电嘴将电流传递给焊丝，这样焊丝端部与焊件熔池之间建立电弧，焊丝在送丝机构滚轮驱动下不断送进，焊件和焊丝在电弧热作用下熔化并最终形成焊缝。CO_2 气体保护焊工艺具有生产率高、焊接成本低、适用范围广、焊缝质量好等优点。其缺点是焊接过程中飞溅较多，焊缝成形不够美观，目前正通过改善电源动特性或采用药芯焊丝的方法来解决此问题。

CO_2 气体保护焊主要用于焊接低碳钢及低合金高强钢，也可用于焊接耐热钢和不锈钢，进行自动焊及半自动焊。目前广泛应用于汽车、轨道客车、船舶、航空航天、石油化工机械等领域。

2. CO_2 气体保护焊机

CO_2 气体保护焊机是可以实现焊件半自动或自动焊接的一种焊接设备。可分为半自动

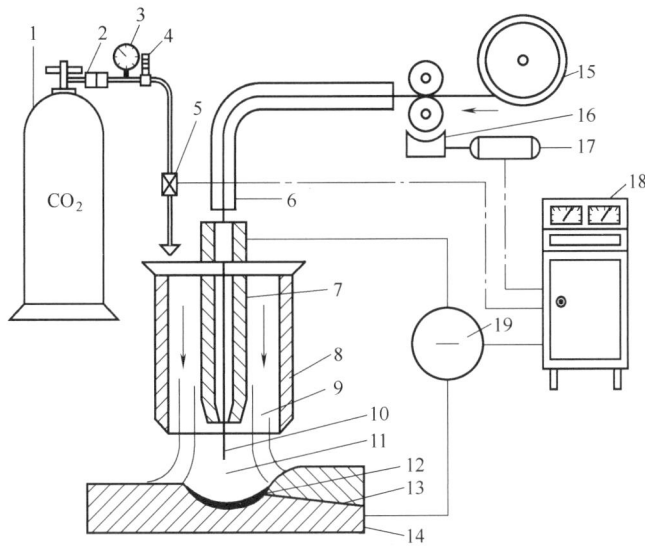

图 9-41 CO_2 气体保护焊工作原理

1—CO_2 气瓶 2—干燥预热器 3—压力表 4—流量计 5—电磁气阀 6—软管 7—导电嘴

8—喷嘴 9—CO_2 保护气体 10—焊丝 11—电弧 12—熔池 13—焊缝 14—焊件

15—焊丝盘 16—送丝机构 17—送丝电动机 18—控制箱 19—直流电源

焊和自动焊两种类型，其工艺适用范围广，粗丝（$\phi \geqslant 2.4mm$）可以焊接厚板，中细丝用于焊接中厚板、薄板及全位置焊缝。图 9-42 所示为 NB-350 型熔化极气体保护焊机。其采用 IGBT 逆变技术；电源电压适应范围宽；数字显示焊接电压、焊接电流；采用单片机控制，性能可靠、稳定；采用波形控制，焊接过程稳定、飞溅小；电源动态特性优异，焊接全过程实时波形控制；具有预设焊接电压、送丝速度及焊丝直径选择等功能。

为满足大范围的均匀调速和送丝速度的快速响应，一般采用直流伺服电动机驱动，实现熔化极自动焊和半自动焊中提供焊丝自动送进送丝系统有推丝式和拉丝式两种送丝方式，如图 9-43 所示。

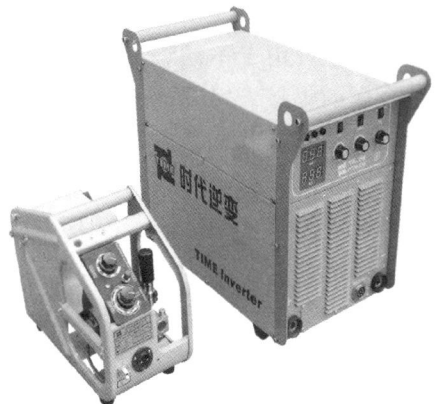

图 9-42 NB-350 型熔化极气体保护焊机

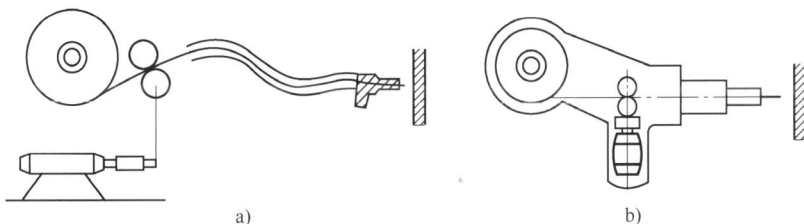

图 9-43 送丝方式

a）推丝式 b）拉丝式

3. 送气系统

在气体保护焊中，送气系统一般包括储气瓶、减压表、流量计、电磁气阀、软管。气体保护焊常用的气体为 CO_2 和氩气。减压表用于减压和调节保护气体压力，流量计用于标定和调节保护气体流量，两者联合使用，使最终焊枪输出的气体符合焊接规范要求。

气体从气瓶减压输出后，流过电磁气阀，通过橡胶或塑料软管，进入焊枪，最后由喷嘴喷出，把电弧区域的空气排开，起到防止污染的作用。

9.5.2　氩弧焊

以惰性气体氩气作为保护气的电弧焊有钨极氩弧焊和熔化极氩弧焊两种。

1. 钨极氩弧焊

它是以钨棒作为电弧一极的电弧焊方法，钨棒在电弧焊中是不熔化的，故又称为不熔化极氩弧焊，简称 TIG 焊。焊接过程中可以用从旁送丝的方式为焊缝填充金属，也可以不加填丝；可以手工焊，也可以自动焊；它可以使用直流、交流和脉冲电流进行焊接。其工作原理如图 9-44 所示。

由于被惰性气体隔离，焊接区的熔化金属不会受到空气的有害作用，所以钨极氩弧焊可用于焊接易氧化的有色金属如铝、镁及其合金，也可用于不锈钢、铜合金以及其他难熔金属的焊接。因其电弧非常稳定，还可以用于焊接薄板及全位置焊缝。钨极氩弧焊

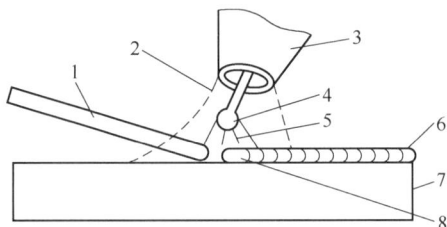

图 9-44　钨极氩弧焊工作原理
1—填充焊丝　2—保护气体　3—喷嘴　4—钨极
5—电弧　6—焊缝　7—焊件　8—熔池

在航空航天、原子能、石油化工、电站、锅炉等行业应用较多。

钨极氩弧焊的缺陷是钨棒的电流负载能力有限，焊接电流和电流密度比熔化极氩弧焊低，焊缝熔深浅，焊接速度低，厚板焊接要采用多道焊，并填充焊丝，其生产效率会受到影响。

2. 熔化极氩弧焊

熔化极氩弧焊又称为 MIG 焊，用焊丝本身作为电极，相比钨极氩弧焊，电流及电流密度大大提高，因而母材熔深大，焊丝熔敷速度快，提高了生产效率，特别适用于中厚板和厚板铝及铝合金、铜及铜合金、不锈钢及钛合金焊接，脉冲熔化极氩弧焊用于焊接碳钢的全位置焊缝。

3. 氩弧焊机

按照电极的不同，氩弧焊机可分为非熔化极氩弧焊机和熔化极氩弧焊机两种。

非熔化极氩弧焊，电弧在非熔化极（通常是钨极）和焊件之间燃烧，在焊接电弧周围流过一种不和金属起化学反应的惰性气体（常用氩气），形成一个保护气罩，使钨极端头、电弧和熔池及已处于高温的金属不与空气接触，能防止氧化和吸收有害气体，从而形成致密的焊接接头，其力学性能非常好。

熔化极氩弧焊的焊丝通过丝轮送进，导电嘴导电，在母材与焊丝之间产生电弧，使焊丝和母材熔化，并用惰性气体氩气保护电弧和熔融金属来进行焊接。

图 9-45 所示为 WS-400 型非熔化极氩弧焊机。

9.5.3 埋弧焊

埋弧焊电弧产生于堆敷了一层焊剂下的焊丝与焊件之间，其电弧受到熔化的焊剂（形成熔渣）及金属蒸气形成的气泡壁所包围。气泡壁是一层液体熔渣薄膜，外层有未熔化的焊剂，电弧区得到良好的保护，电弧光散发不出去，故被称为埋弧焊，如图 9-46 所示。

图 9-45 WS-400 型非熔化极氩弧焊机

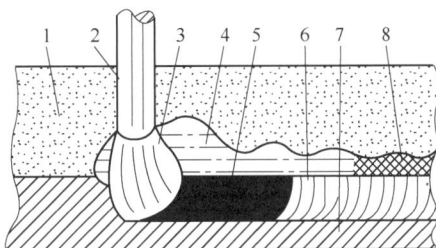

图 9-46 埋弧焊示意图
1—焊剂 2—焊丝 3—电弧 4—熔渣
5—熔池 6—焊缝 7—焊件 8—渣壳

相比焊条电弧焊，埋弧焊有以下 3 个主要优点。

1）焊接电流和电流密度大，生产效率高，是焊条电弧焊生产率的 5~10 倍。

2）焊缝含氮、氧等杂质低，成分稳定，质量好。

3）自动化水平高，没有弧光辐射，工人劳动条件较好。

埋弧焊时多采用粗焊丝，电弧具有水平的静特性曲线，要保持电弧稳定，电源应具有下降的外特性。在用细焊丝焊薄板时，电弧具有上升的静特性曲线，宜采用平特性电源。埋弧焊电源可以用交流（弧焊变压器）、直流（弧焊发电机或弧焊整流器）或交直流并用，要根据具体的应用条件（如焊接电流范围、单丝焊或多丝焊、焊接速度、焊剂类型等）选用。图 9-47 所示为 MZ-1250 型埋弧焊机。

行走机构是使焊接机头和焊件之间产生一定速度的相对运动，以完成自动焊接过程的机械装置。若行走机构是为焊接某些特定的焊缝或结构件而设计的，则其焊机称为专用焊接机，如埋弧堆焊机。通用的自动焊机可广泛用于各种结构的对接、角接、环焊缝和圆筒纵缝的焊接，在埋弧焊方法中最为常见，其行走机构有小车式、门架式、悬臂式3 类，如图 9-48 所示。

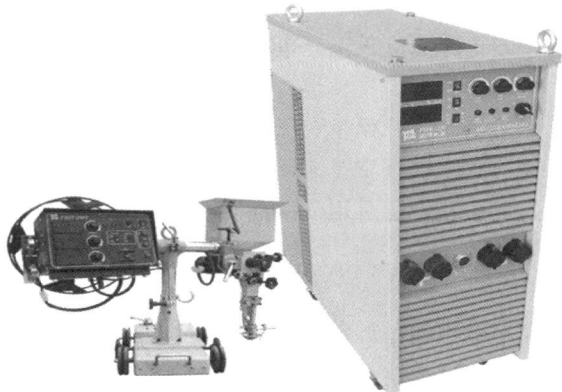

图 9-47 MZ-1250 型埋弧焊机

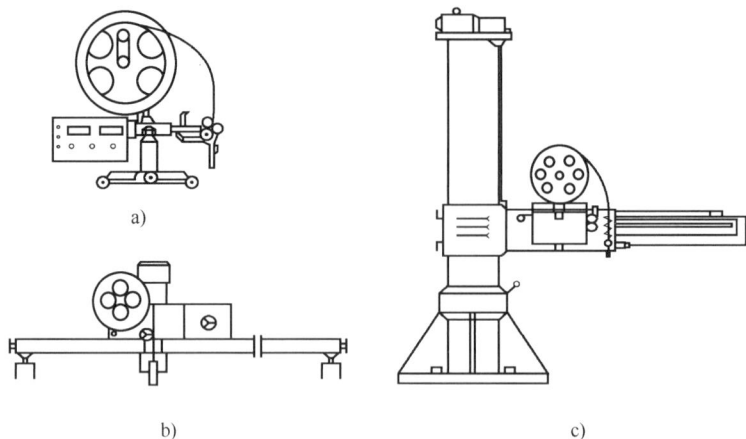

图 9-48　常见行走机构形式
a）小车式　b）门架式　c）悬臂式

可用埋弧焊方法焊接的材料有碳素结构钢、低合金钢、不锈钢、耐热钢、镍基合金钢和铜合金等。埋弧焊在中、厚板对接，角接接头有广泛应用，14 mm 以下板材对接可以不开坡口。埋弧焊也可用于合金材料的堆焊。

9.5.4　等离子弧焊

等离子弧是一种压缩电弧，通过焊枪特殊设计将钨电极缩入焊枪喷嘴内部，在喷嘴中通以等离子气，强迫电弧通过喷嘴的孔道，借助水冷喷嘴的外部拘束条件，利用机械压缩作用、热收缩作用和电磁收缩作用，使电弧的弧柱横截面受到限制，产生温度大约为 24000～50000K、能量密度达 $10^5～10^6 W/cm^2$ 的高温、高能量密度的压缩电弧。

等离子弧按电源供电方式的不同，分为 3 种形式。

1）非转移型等离子弧，如图 9-49a 所示，电极接电源负极，喷嘴接正极，而焊件不参与导电。电弧在电极和喷嘴之间产生。

2）转移型等离子弧，如图 9-49b 所示，钨极接电源负极，焊件接正极，等离子弧在钨极与焊件之间产生。

3）联合型（又称混合型）等离子弧，如图 9-49c 所示，转移弧和非转移弧同时存在，需要两个电源独立供电。电极接两个电源的负极，喷嘴及焊件分别接各个电源的正极。

等离子弧在焊接领域有多方面的应用，等离子弧焊接可用于从超薄材料到中厚板材的焊接，一般离子气和保护气采用氩气、氦气等惰性气体，可以用于低碳钢、低合金钢、不锈钢、铜合金、镍合金及活性金属的焊接。等离子弧也可用于各种金属和非金属材料的切割，粉末等离子弧堆焊可用于零件制造和修复时堆焊硬质耐磨合金。

9.5.5　电阻焊

电阻焊是利用电流通过焊件接头的接触面及邻近区域产生的电阻热，把焊件加热到塑性状态或局部熔化状态，再在压力作用下形成牢固接头的一种压焊方法。电阻焊的生产率高，无需填充金属，焊接变形小，操作简单，易于自动化和机械化。电阻焊设备较复杂，投资较

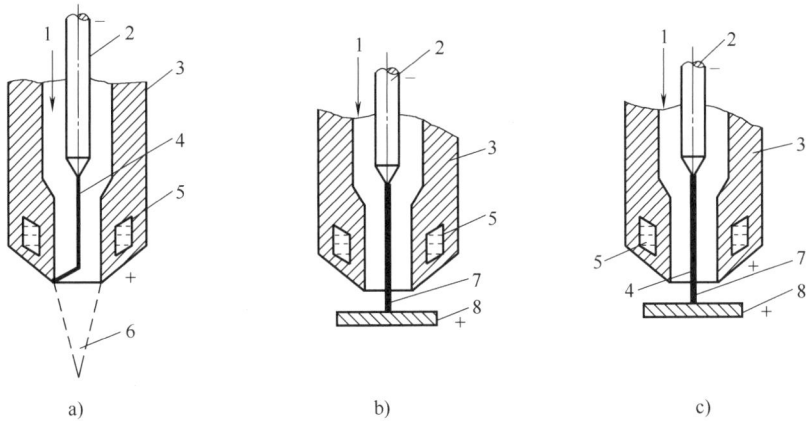

图 9-49 等离子弧的形式

a）非转移型 b）转移型 c）联合型

1—离子气 2—钨极 3—喷嘴 4—非转移弧 5—冷却水 6—弧焰 7—转移弧 8—焊件

多，通常适用于大批量生产。

电阻焊的基本形式有点焊、缝焊和对焊 3 种，如图 9-50 所示。

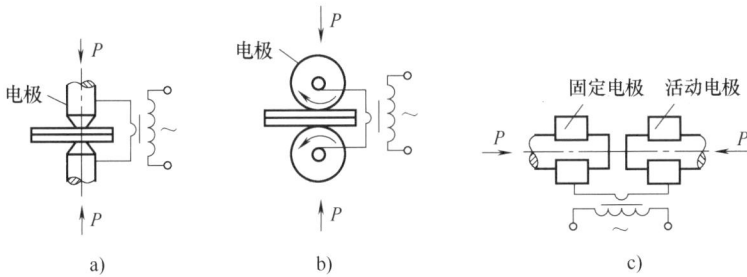

图 9-50 电阻焊的基本形式

a）点焊 b）缝焊 c）对焊

（1）点焊 点焊是将焊件装配成搭接接头，并压紧在两柱状电极之间，利用电阻热熔化母材金属，以形成焊点的电阻焊方法。点焊焊点强度高，变形小，焊件表面光洁，适用于密封要求不高的薄板冲压件搭接及薄板、型钢构件的焊接。

（2）缝焊 缝焊是将焊件装配成搭接或对接接头，并置于两滚轮电极之间，滚轮加压焊件并转动，连续或断续送电，形成一条连续焊缝的电阻焊方法。缝焊适用于 3 mm 以下厚度、密封或接头强度要求较高的薄板搭接件的焊接。

（3）对焊 按操作方法不同，对焊可分为电阻对焊和闪光对焊。电阻对焊是将焊件装配成对接接头，使其端面紧密接触，利用电阻热加热至塑性状态，然后迅速施加顶锻力完成焊接的方法。它的焊接过程是：预压→通电→顶锻、断电→去压，这种焊接方法操作简单，接头比较光洁，但由于接头含内部残留杂物，因此强度不高。

闪光对焊是将焊件装配成对接接头，接通电源，并使其端面逐渐移近，并达到局部接触，利用电阻热加热这些接触点（产生闪光），使端面金属熔化，直至当端部在一定深度范围内达到预定温度时，迅速施加顶锻力完成焊接的方法。它的焊接过程是：通电→闪光、加热→顶锻、断电→去压。这种焊接方法对接头顶端的加工清理要求不高，由于液体金属的挤出过程使接触面间的氧化物杂质得以清除，接头质量较高，故得到普遍应用。但是，金属消耗较多，而且接头表面较粗糙。

对焊广泛用于断面形状相同或近似相同的杆状类零件的焊接。

9.5.6 钎焊

钎焊是采用熔点比母材熔点低的金属材料作为钎料，将焊件和钎料加热到高于钎料熔点、低于母材熔点的温度，利用液态钎料润湿母材，填充接头间隙，并与母材相互扩散从而实现焊件连接的方法。

1. 钎焊类型

按钎料熔点不同，钎焊分为硬钎焊和软钎焊两类。钎料熔点高于450℃的钎焊称为硬钎焊，常用的硬钎料有铜基钎料和银基钎料等；钎料熔点低于450℃的钎焊称为软钎焊，常用的软钎料有锡铅钎料和锡锌钎料等。

按钎焊时所采用的热源不同，钎焊可分为：烙铁钎焊、火焰钎焊，浸渍钎焊、电阻钎焊、感应钎焊和炉中钎焊等。

2. 钎焊工艺

为保证接头之间有较大的结合面，弥补钎料强度的不足，保证接头有足够的承载能力，钎焊焊件的接头一般均采用板料搭接和管套件镶接，如图9-51所示。钎焊接头之间还应有良好的配合和适当的间隙。间隙过大，不仅浪费钎料，还会降低焊缝的强度；间隙过小，会影响液态钎料的渗入，使结合面没有全部连接。

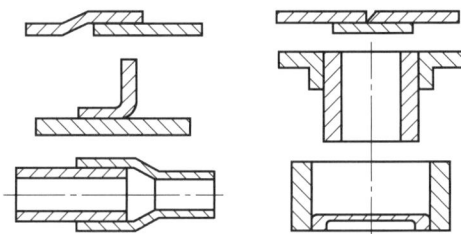

图9-51 钎焊的接头形式

钎焊前，应将焊件表面接头处清理干净。钎焊过程中，一般要用钎剂，以去除钎料和母材表面的氧化物，保护母材连接表面和钎料在钎焊过程中不被氧化，并改善钎料的润湿性（钎焊时液态钎料对母材浸润和附着的能力）。软钎焊常用的钎剂为松香或氯化锌溶液，硬钎焊常用的钎剂有硼砂、硼砂与硼酸的混合物等。

3. 钎焊特点与应用

与熔焊相比，钎焊具有以下特点：

1）钎焊加热温度低，焊接接头的金属组织和力学性能变化小，焊接变形小，焊件的尺寸精度易保证。

2）可以焊接同种或异种金属，也可以焊接金属与非金属。

3）可以实现其他焊接方法难以实现的复杂结构的焊接，如蜂窝结构、密闭结构的焊接等。

4）钎焊接头强度较低，耐热能力较差，焊前准备工作要求较高。

钎焊广泛用于制造硬质合金刀具、钻探钻头、散热器、自行车车架、仪器仪表，电子真空器件、导线、电动机等部件。

9.6 焊接常见的缺陷

9.6.1 焊接的质量检验

焊接检验是对焊接生产质量的检验，它是指焊件焊接完成后，根据产品的有关标准和技术要求进行检验。

1. 焊接质量的检验要求

焊接质量一般包括焊缝外形与尺寸的要求，焊缝连续性的要求和焊缝接头性能的要求3个方面。

1）焊缝外形与尺寸的要求。焊缝与母材金属之间应平滑过渡，无咬边，以减少应力集中；无烧穿、焊透等缺陷；焊缝的宽度、余高等尺寸应符合国家标准或图样要求。

2）焊缝连续性的要求。焊缝中不得有裂纹、气孔、夹渣、未焊透等缺陷。

3）焊缝接头性能的要求。焊接接头的力学性能及其他性能（如耐蚀性等）应符合图样技术要求。

2. 焊接质量的检验方法

对焊接接头进行必要的检验是保证焊接质量的重要措施，应根据图样技术要求和有关国家标准选择合适的检验方法。焊接质量的检验方法分非破坏性检验和破坏性检验两类。

生产中常用的非破坏性检验方法有外观检测、致密性试验、水压试验和无损探伤等。

（1）外观检测　外观检测是用目测或低倍（小于10倍）放大镜观察焊缝表面有无焊接缺陷，借助标准样板或量具检测焊缝的外形尺寸的方法。外观检测合格以后，才能进行下一步检验。

（2）致密性试验　致密性试验用于检测有无漏水、漏气、渗油和漏油等现象的试验，主要适用于检测不受压或压力很低的容器、管道的焊缝，常用方法有气密性试验、氨气试验和煤油试验等。

（3）水压试验　水压试验是用于检测受压容器、管道的强度和焊缝致密性的试验。水压试验一般是超载检测，试验压力为工作压力的1.2~1.5倍。

（4）无损探伤　无损探伤是利用流动性、渗透性好的着色剂，或利用各种专门仪器来检测焊缝表层或内部有无缺陷的检测方法，包括渗透探伤、磁粉探伤、射线探伤和超声波探伤等。

破坏性检验方法是指根据设计要求从焊接接头处切取试样，进行拉伸、弯曲、冲击等力学性能和其他性能试验，如金相组织分析、断口分析和耐压试验等。

9.6.2 常见的焊接缺陷分析

焊接缺陷是指焊接过程中在焊接接头中产生的金属不连续、不致密或连接不良的现象。常见的焊接缺陷有咬边、未焊透、夹渣、气孔、裂纹和烧穿等，其特征和产生原因见表9-8。

表 9-8　常见焊接缺陷的特征及产生原因

缺陷名称	图例	特征	产生原因
咬边		焊缝表面与母材交界附近产生凹陷或沟槽	焊接电流过大； 焊接速度过慢； 电弧过长； 运条方法或焊条角度不当
未焊透		焊接接头根部或侧面,焊缝金属与母材金属局部未完全熔合	焊接电流过小； 焊接速度过快； 坡口钝边过大,装配间隙过小； 运条方法或焊条角度不当
夹渣		焊缝表面及内部残留有非金属夹杂物	焊接电流过小,焊缝金属冷却凝固过快； 焊缝清理不彻底； 焊接材料成分不当； 运条方法或焊条角度不当
气孔		焊缝表面及内部残留有熔池中的气体,未能逸出而形成的孔洞	焊接材料不干净； 焊接电流过大,焊接速度过快； 电弧过长或过短； 焊条使用前未烘干
裂纹		焊缝及附近区域的表层和内部产生的缝隙	焊接材料或焊件材料成分不当； 焊缝金属冷却凝固过快； 焊接结构设计不合理； 焊接工艺不合理
烧穿		焊接时,熔深超过焊件厚度,金属液自坡口背面流出形成穿孔	焊接电流过大； 焊接速度过慢； 运条方法或焊条角度不当； 坡口钝边过小,装配间隙过大

第10章　先进制造技术

10.1　先进制造技术概述

先进制造技术（Advanced Manufacturing Technology，简称为 AMT）是指微电子技术、自动化技术、信息技术等先进技术给传统制造技术带来的种种变化与新型系统。具体地说，就是指集机械工程技术、电子技术、自动化技术、信息技术等多种技术为一体所产生的技术、设备和系统的总称。主要包括：计算机辅助设计、计算机辅助制造、集成制造系统等。AMT 是制造业企业取得竞争优势的必要条件之一，但并非充分条件，其优势还有赖于能充分发挥技术力量的组织管理，有赖于技术、管理和人力资源的有机协调和融合。

计算机技术、自动控制理论、数控技术、机器人、CAD/CAM 技术、CIM（计算机集成制造）技术以及网络通信技术等在内的信息自动化技术的迅猛发展，为先进制造技术的发展和应用提供了日益增多的高效能手段。

1）数控技术（Numerical Control），简称数控（NC），是用数字量及字符作为加工的指令，实现自动控制的技术。数控技术的核心是数字控制技术，用计算机对输入的指令进行存储、译码、计算、逻辑运算，并将处理的信息转换为相应的控制信号，从而控制运动精度较高的驱动元件，使之按编程人员设定的运动轨迹高效加工，从而彻底克服传统机械加工的缺点。

2）计算机辅助设计与制造（CAD/CAM），是计算机辅助设计（Computer Aided Design，CAD），与计算机辅助制造（Computer Aided Manufacturing，CAM）相结合而组成的系统，依托强大软件来完成产品设计中的建模、解算、分析、虚拟模拟、加工模拟、制图、数控编程、编制工艺文件等工作。

3）特种加工技术。传统机械切削加工的本质为刀具材料比工件更硬，用机械能把工件上多余的材料切除，零件形状由机床的成形运动决定。但是，随着生产的发展和科学实验的需要，很多工业部门要求尖端科学技术产品向高精度、高速度、耐高温、小型化和结构复杂化等方向发展。尺寸精度、表面粗糙度和某些特殊要求越来越高，工件材料越来越硬，加工表面越来越复杂，传统的加工方法已不能满足生产的需要，人们探索利用电、磁、声、光、化学等能量或将多种能量组合施加在工件被加工部位，实现材料去除、变形、改变性能或镀覆等非传统加工方法，这些方法统称为特种加工。

10.2 CAD/CAM 自动编程

CAM 编程是当前最先进的数控加工编程方法，它是以人机交互的方式完成从零件几何图形计算机化、轨迹生成与加工仿真到数控程序生成的全过程，操作过程形象生动、效率高、出错率低，而且还可以通过软件的数据接口共享已有的 CAD 设计结果，实现 CAD/CAM 集成一体化，实现无图样设计制造。

利用 CAM 自动编程时，编程人员只需根据零件图样及工艺要求，对加工过程与要求进行较简便的描述，而由编程系统自动计算出加工运动轨迹，并输出零件数控加工程序。例如使用 CAD/CAM 软件自动编程时，先利用 CAD 功能模块进行建模，再利用 CAM 模块产生刀具路径，进而再利用后处理程序生成数控加工程序，最后通过分布式数控系统（Distributed Numerical Control，DNC）传输软件，将数控加工程序传送给数控机床，此外也可实现边传送边加工。自动编程与手工编程相比，具有编程时间短、编程人员劳动强度低、出错概率小、编程效率高等优点。因此，它适用于形状复杂或由空间曲面组成的零件的编程。

10.2.1 CAD/CAM 实习的目的和要求

为培养社会急需的数控机床操作、编程及维护的工程技术人才，使同学们具备应用 CAD/CAM 技术的能力，具备选择工艺参数、刀具参数的能力，通过实习，学生应达到以下目的和要求。

1）熟练掌握 Mastercam 软件的 CAD 建模操作，能完成中等复杂程度的产品设计。

2）熟悉计算机辅助制造的相关内容，能根据加工工件的材料和刀具独立完成产品加工的工艺参数设置。

3）能熟练运用 Mastercam 软件进行产品加工的刀具路径的编制，具备对简单模具零件进行 CAM 处理的能力。

4）熟悉工件的装夹、找正和定位，独立完成简单零件的自动加工。

10.2.2 CAD/CAM 实习安全操作规程

1）学生不准私自打开计算机的机箱，不得擅自移动并使用接电排插。

2）实习学生不得随意删除计算机中安装的软件，也不准随意修改系统软件；不准设置密码。

3）实习完毕后，应关好所有电源，并主动负责清查所使用的实训设备，整理实训场地，经指导教师检查验收后方可离开本室。

4）学生在实习中如违反以上规定，造成计算机不能正常运行或软件损坏，按学校及工程训练中心的有关规定处理。

10.2.3 Mastercam X6 软件简介

Mastercam X6 是美国 CNC Software 公司研发的一款计算机辅助制造系统软件，被广泛应用于通用机械、航空、船舶、军工等行业的设计与数控加工，它集二维绘图、三维实体造型、曲面设计、体素拼合、数控编程、刀具路径模拟及真实感模拟等功能于一体，其对系统运行环境要求较低，使用户在造型设计、数控铣床、数控车床或数控线切割等加工操作中，都能获得良好的效果。

Mastercam 系统的最终目的是要生产 CNC（计算机数字控制）控制器可以解读的数控加工程序（NC 码）。NC 码的生成一般需要以下 3 个步骤：计算机辅助设计（CAD），生成数控加工中工件的几何模型；计算机辅助制造（CAM），生成一种通用的刀具路径数据文件（NCI 文件）；后处理（POST），将 NCI 文件转换为 CNC 控制器可以解读的 NC 码。具体使用流程如下。

1. 工件几何模型建立

在 Mastercam 系统中，工件几何模型的建立有 3 种途径。

1）由系统本身的 CAD 造型建立工件的几何模型。

2）通过系统提供的 dxf、iges、cadl、vda、stl、parasld、dwg 等标准图形转换接口，把其他 CAD 软件生成的图形转换为本系统的图形文件，实现图形文件的交换和共享。

3）通过系统提供的 ASCII 图形转换接口，把经过三坐标测量仪或扫描仪测得的实物数据转换成本系统的图形文件。

2. 刀具轨迹生成

加工模型建立后，即可利用 CAM 系统提供的多种形式的刀具轨迹生成功能进行数控编程。可根据不同的工艺要求与精度要求，通过交互指定加工方式和加工参数等，生成刀具轨迹，即生成刀具的切削路径。

系统可通过刀具路径模拟和实体切削，验证生成的刀具轨迹精度并进行干涉检查，用图形方式检验加工代码的正确性。为满足特殊的工艺需要，CAM 系统提供了对已生成刀具轨迹进行编辑的功能。

3. 后置代码生成

Mastercam 系统后处理文件扩展名为".pst"，是一种可以由用户以回答问题的形式自行修改的文件，编程前必须对这个文件进行编辑，才能在执行后处理程序时产生符合某种控制器需要和使用者习惯的数控程序。该系统提供了大多数常用数控系统的后处理器。

4. 加工代码输出

系统可通过计算机的串口或并口同数控机床连接，将生成的数控程序由系统自带的通信功能传送到数控机床，也可通过专用传送软件将数控加工代码传送给数控机床。

10.2.4 工件加工实例

本节通过二维铣削零件说明 Mastercam X6 的零件造型、刀具路径的生成、模拟加工及后处理方法。

1. 工艺分析

二维铣削零件尺寸如图 10-1 所示。Mastercam 软件中，为了编制零件的应用数控加工程序，需要先建立该零件的模型。分析上述零件，只要建立图 10-1 所示的俯视图的二维外形模型，根据二维外形模型，结合 Z 轴的深度（从主视图中获得），生成零件的二维加工刀具路径轨迹，经过后处理，生成数控加工程序，就可以在数控铣床或加工中心上加工出该零件。加工过程中，X、Y 方向两轴做进给运动，Z 轴不做进给运动。

2. 软件操作过程

（1）二维模型的绘制　分析图 10-1 的俯视图，绘图思路为：中心线→底面正方形→台阶正方形 → 倒圆角 → 正五边形 → $\phi40mm$ 孔 → $\phi10mm$ 孔。

1）绘制中心线。

① 设置图层属性。单击状态栏 **属性** 按钮，弹出"图层属性设置"对话框，设置图层 1 颜色为红色，线型为中心线，其他采用默认设置。

② 按 F9 键，出现十字交叉线，显示坐标轴及坐标原点。将零件对称中心点设在坐标原点。

③ 单击菜单栏中 **C 绘图** ，**L 直线** ，**E 绘制任意线** 或工具栏按钮 ，然后单击自动捕捉栏"快速点"按钮 （或按键盘空格键），输入起始点坐标"-50，0"，然后按 Enter 键，再用同样的步骤输入终点坐标"50，0"，单击 ，绘制出水平中线。也可用另一种方法绘制垂直中心线。用与绘制水平中心线相同的方法输入起点坐标"0，-50"，系统提示"指定第二个端点"，此时在任意位置单击鼠标左键，系统提示"请输入 X 坐标"（不用理会），再单击指定长度按钮 ，并输入长度"100"，便绘制出垂直中心线，单击 按钮，退出绘制任意直线命令。

2）绘制正方形。

① 改变主要层。在状态栏 **层别 1** 中将层别"1"改为层别"2"，并设置图层 2 的属性，将图层 2 颜色设置为黑色，线型为实线，线宽选用第二个宽度，其他采用默认设置。

② 绘制底面正方形。单击菜单栏 **C 绘图** ，**R 矩形** 或工具栏按钮 ，然后在坐标输入及捕捉栏的坐标位置 **X -48.0** **Y 48.0** **Z 0.0** 输入左上角点坐标（-48，48），按 Enter 键，然后单击指定长度按钮 ，并输入宽度"96"，单击指定高度按钮 ，并输入高度"-96"，按 Enter 键，底面正方形绘制完成。

③ 绘制台阶正方形。通过串连补正绘制台阶正方形。单击菜单栏 **X 转换** ，**J 串连补正** 或直接单击工具栏按钮 ，进入"串连"对话框，单击绘图区中已绘制的正方形的一条边，串连正方形，其他按默认设置，然后单击 按钮确定，进入"串连补正"对话框，将水平补正（即 XY 平面内）距离设为 3mm，将补正深度，即 Z 方向补正距离设为 0mm，其他按默认设置，然后单击 按钮确定，在绘图区单击鼠标右键，再单击 **C 清除颜色**，得到台阶正方形，结果如图 10-2 所示。

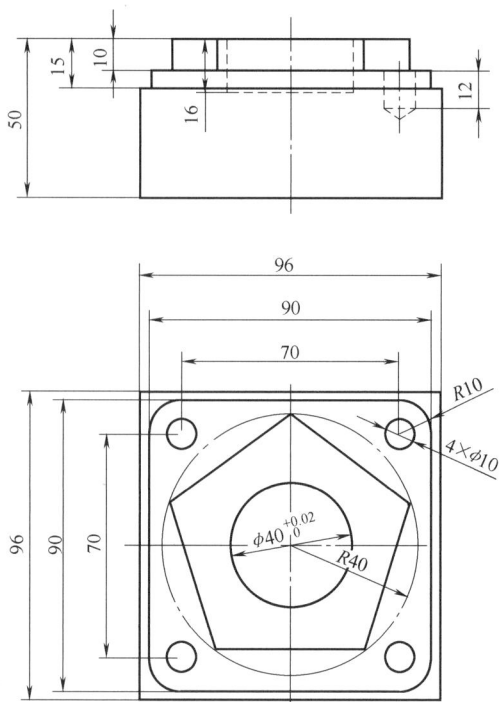

图 10-1　二维铣削零件尺寸

3) 倒圆角。单击菜单栏 C 绘图 ，倒圆角(F) 倒圆角(F) 或直接单击工具栏按钮 ，执行倒圆角命令。首先在 10.0 位置输入半径"10"，按 Enter 键，再按交互提示信息，选取台阶正方形的相邻两边，倒完所有圆角后，单击 按钮。倒圆角时，要注意修剪延伸按钮 应处于选中状态，最后得到如图 10-3 所示图形。

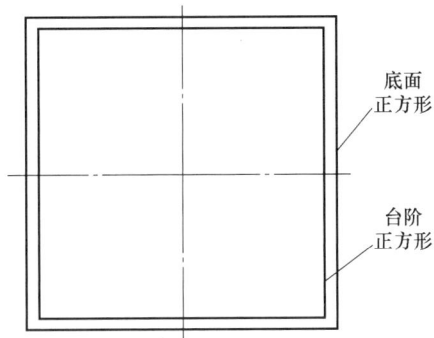

图 10-2　串连补正得到台阶正方形

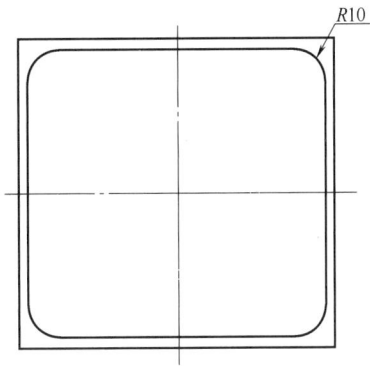

图 10-3　倒圆角

4) 绘制正五边形。单击菜单栏 C 绘图 ， N 画多边形 或单击工具栏按钮 中的小三角形，在下拉按钮中选中 画多边形 ，进入"多边形选项"对话框，如图 10-4 所示，选择图形中心作为基准点，然后设置参数如图 10-4 所示，单击 按钮，得到如图 10-5 所示的图形。

图 10-4　"多边形选项"对话框

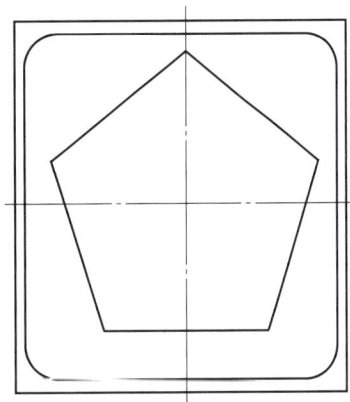

图 10-5　绘制正五边形

5) 绘制 $\phi40mm$ 孔和 $4\times\phi10mm$ 孔。单击菜单栏 C 绘图 ， A 圆弧 ， C 圆心+点 或单击工具栏按钮 ，执行画圆命令，按交互提示信息，首先捕捉图形中心作为圆心，或者在 X 0.0 Y 0.0 中输入中心点坐标，然后单击 40.0 ，输入直径"40"，按 Enter 键，得到 $\phi40mm$ 的孔。再以同样的步骤，依次以 (−35，35)，(35，35)，(35，−35)，(−35，−35) 为圆心，以 10mm 为直径画圆，得到如图 10-6 所示的图形。

至此建立了此零件的 2D 模型。根据已完成的二维外形图，就可以编制此零件的加工刀具路径。一般为检验分析所画图形的正确性，需要进行分析验证和标注尺寸，此处不再叙述。

6）保存。单击菜单栏 ▣ 文件 ➞ 🖫 🗉 保存 或工具栏 🖫 按钮，在"保存文件"对话框中输入文件名"二维铣削零件"，按 Enter 键，完成文件保存。

（2）加工前的设置

1）图层设置。将当前图层设为 2，将中心线所在的图层 1 关闭。方法如下：单击状态栏，或者按快捷键 Alt+Z，弹出如图 10-7 所示的"图层管理"对话框，在编号下单击第 2 行，则第 2 行变为黄色，当前图层为图层 2。

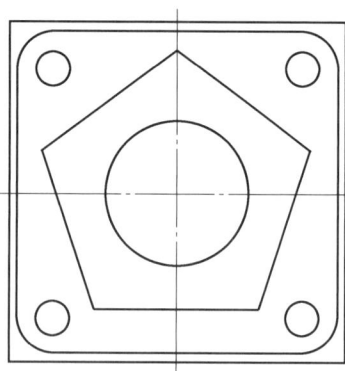

图 10-6　绘制 φ40mm 孔和
4×φ10mm 孔

编号	突显	名称	图素数量	层别设置
1	×		2	
2	×		22	

图 10-7　"图层管理"对话框

图 10-7 中，在"突显"这一列下单击第一行的"×"，则"×"消失。按 Enter 键确认，则图层 1 关闭，中心线被隐藏，如图 10-8 所示，这样图面较简洁，方便选取加工图素。

2）选择加工设备。根据此零件特点选择立式数控铣床。

单击菜单栏 ▥ 机床类型 ➞ 铣床 ▸ ➞ 默认，此时"操作管理"窗口"刀具路径管理器"选项卡下出现如图 10-9 所示信息。

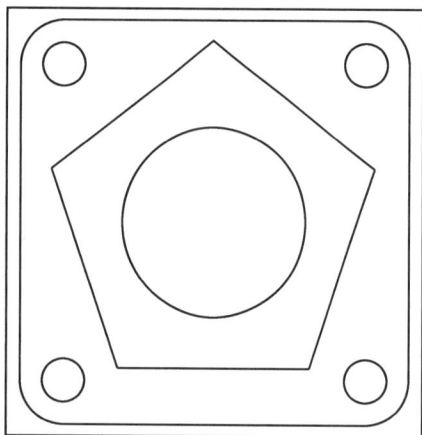

图 10-8　二维模型图

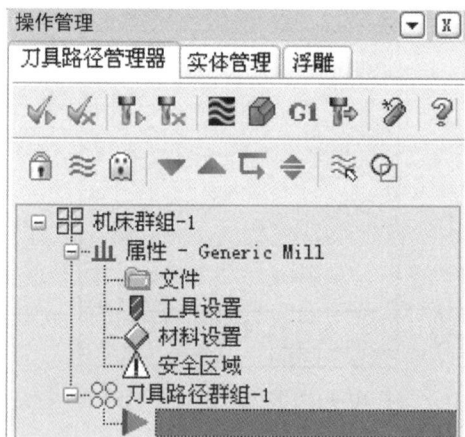

图 10-9　"操作管理"窗口

（3）加工工艺分析　无论手工编程还是计算机辅助编程，加工工艺都是必须关注的。Mastercam 软件的 CAM 功能主要是自动生成刀具路径，加工工艺还需要编程人员事先制订。毛坯是经过预先铣削加工过的规则合金铝材，尺寸为 96mm×96mm×50mm。

1）装夹方法。此零件毛坯规则，采用机用平口钳装夹。

2）设定毛坯尺寸。单击图 10-9 中"材料设置"，弹出如图 10-10 所示的"机器群组属性"对话框，在"材料设置"选项卡中设置参数如图 10-10 所示，其余为默认设置，单击 ✓ 按钮，设定好毛坯尺寸。单击工具栏中的 ⊕ 按钮，将视角设为等角视图（即正等轴测图），结果如图 10-11 所示，细双点画线部分为毛坯外形。

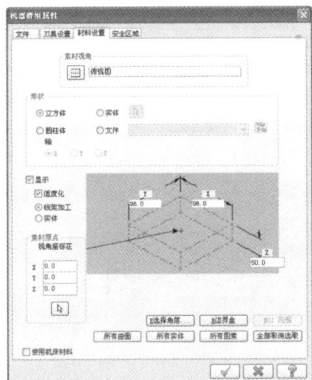

图 10-10　"机器群组属性"对话框

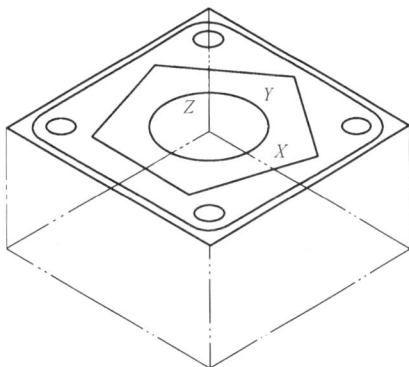

图 10-11　毛坯等角视图

3）刀具设定。单击图 10-9 中的"工具设置"或图 10-10 中的"刀具设置"，进入刀具设置界面，选中"刀具路径设置"中的"按顺序指定刀具号码"。

4）加工路线分析。根据图样确定加工顺序：台阶正方形外形铣削粗加工→正五边形外形铣削粗加工→$\phi40$mm 孔挖槽粗加工→钻 $\phi10$mm 小孔→台阶正方形外形精加工→正五边形外形精加工→$\phi40$mm 孔挖槽精加工。

5）刀具选用。根据工件的尺寸及形状，选用刀具如下：直径 10mm 的中心钻（用于钻定位孔）、直径 10mm 的钻头（用于钻 4 个小孔）、直径 12mm 的三刃平底铣刀（用于粗加工）、直径 8mm 的四刃平底铣刀（用于精加工）。

（4）刀具路径

1）生成台阶正方形外形铣削粗加工刀具路径。

① 串连。单击菜单栏 刀具路径 ─ C 外形铣削，弹出"输入 NC 文件名"对话框，在文件名处输入文件名称，并单击"确认"按钮。弹出"串连"对话框，单击 按钮，进入"串连选项"对话框，设置串连方向为顺时针方向，按 Enter 键确认，返回"串连"对话框，选取台阶正方形的一条边，正方形的四条边改变颜色，并出现一个起点与箭头，方向为顺时针方向，如图 10-12 所示。注意：串连方向选择顺时针方向，刀具半径补偿方向选择左补偿，刚好构成顺铣。数控加工时，由于采用小量快走的加工方法，数控机床的刚性好，反向间隙小，粗加工、精加工一般都采用顺铣。

② 选择刀具，设置刀具参数。单击 ✓ 按钮，进入"外形铣削（2D）"对话框，如图 10-13 所示。单击 选择库中刀具 按钮，弹出"刀具管理"对话框，从中选取直径为 12mm 的平底铣刀，此刀具信息出现在图 10-14 中，双击 1 号刀信息所在行，弹出"定义刀具"对话框，选"参数"标签，设置"刀刃数"为 3，单击 ✓ 按钮退出刀具编辑。在图 10-14 中，设置进给率为 200mm/min，进刀速度为 60mm/min，主轴转速为 900r/min，单击 Coolant... (*) 按钮，选择冷却方式为油冷却，勾选"快速提刀"，其余选项采用默认

设置。

③ 设置加工参数。单击图 10-14 中的 外形加工参数 标签，界面变为图 10-15 所示的"外形加工参数"选项卡，用于设置刀具移动的位置与方式等参数。

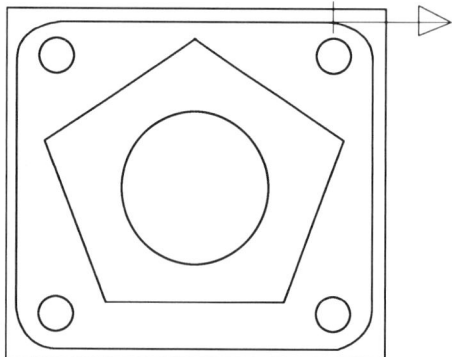

图 10-12　串连

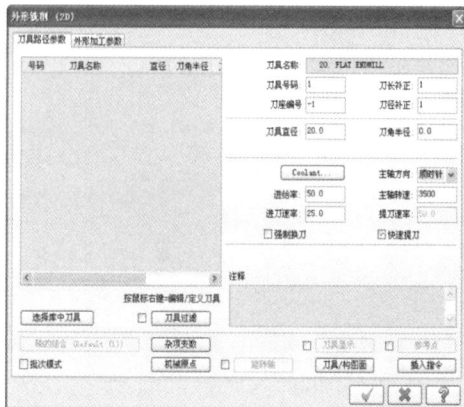

图 10-13　"外形铣削（2D）"对话框

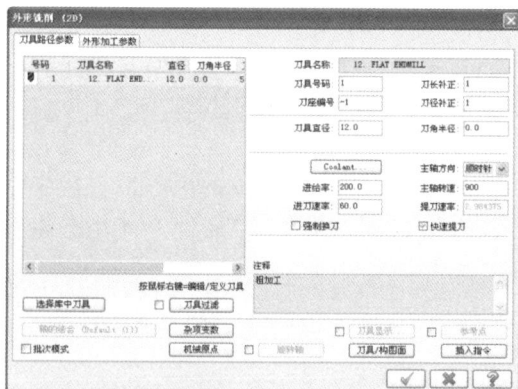

图 10-14　"刀具路径参数"选项卡

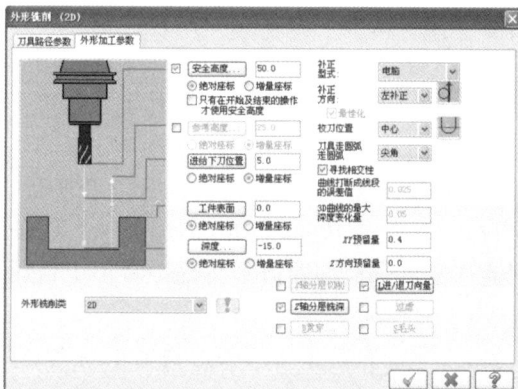

图 10-15　"外形加工参数"选项卡

a. 勾选"安全高度"并设置为 50，选中"绝对坐标"项。

安全高度又称为提刀高度，指在此高度上刀具可以在任何位置平移而不会与工件或夹具发生碰撞。开始进刀前，刀具快速下移到此高度才开始进刀，加工完成后退至安全高度。

"绝对坐标"表示安全高度是相对于坐标原点的高度。

与安全高度相对应的是参考高度，又称退刀高度。完成一个工序后，刀具退到该高度，下一道工序以该点为起点。通常设定了安全高度后则无须设定参考高度。

b. "进给下刀位置"设置为 5。选中"增量坐标"。进给下刀位置又称进给高度，刀具从安全高度以 G00 的速度快速下降到该点，改为以 Z 轴的进给速度向下加工工件。初学者对该值的设置宜高一点，以利于操作机床加工时的安全性。

"增量坐标"是指进给下刀位置是相对于已加工面的一个高度，以上一次已加工面作为 Z 坐标的原点来计算。

c. "工件表面"设置为 0。选中"绝对坐标"项。工件表面指毛坯顶面的高度值或 Z

坐标值。"绝对坐标"是指该值为相对于坐标原点的高度。"增量坐标"是指该值为相对于所选择的串连图形的高度。

d."深度"设为−15，选中"绝对坐标"项。此处深度是指待加工面深度，即刀具下降到毛坯的最低位置。"绝对坐标"是指相对于坐标原点的高度。"增量坐标"是指相对于所选择的串连图形的高度。

e."XY预留量"设置为0.4。XY方向预留0.4mm，作为精加工余量。

f. 勾选并单击 Z轴分层铣深 按钮，弹出"深度切削"对话框，如图10-16所示，设置"最大粗切步进量"为4mm，勾选"不提刀"，其余采用默认设置，单击 ✓ 按钮返回图10-15所示对话框。

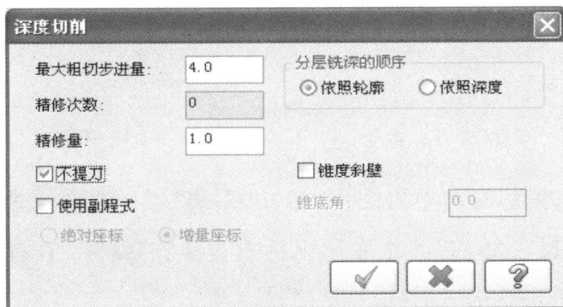

图10-16 "深度切削"对话框

g. 勾选并单击 L进/退刀向量 按钮，进入"进/退刀设置"对话框，如图10-17所示。将进刀和退刀的长度改为0mm，其余采用默认设置，单击 ✓ 按钮返回图10-15所示对话框。

④ 生成刀具路径，单击图10-15中的 ✓ 按钮，生成刀具路径，如图10-18所示。

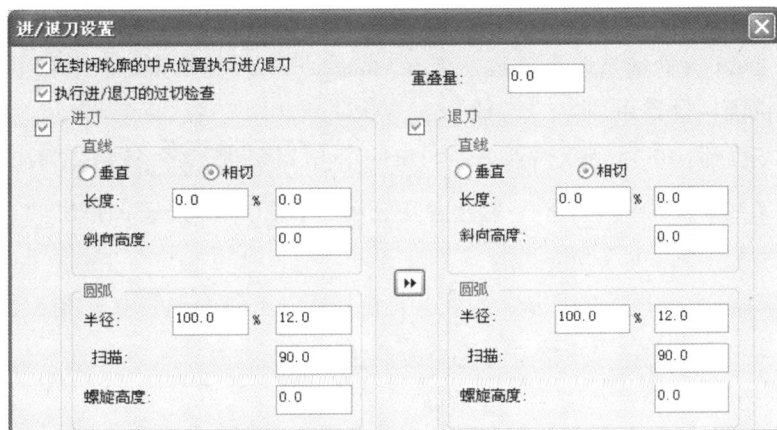

图10-17 "进/退刀设置"对话框

2）生成正五边形外形铣削粗加工刀具路径。

① 隐藏刀具路径。单击"刀具路径管理器"下的 ✓ 按钮，选择所有操作，可见刀具

路径"1-外形铣削（2D）"前的文件夹由 变为 （如原先为，此步可省）。单击 按钮，隐藏刀具路径，如图10-19所示。

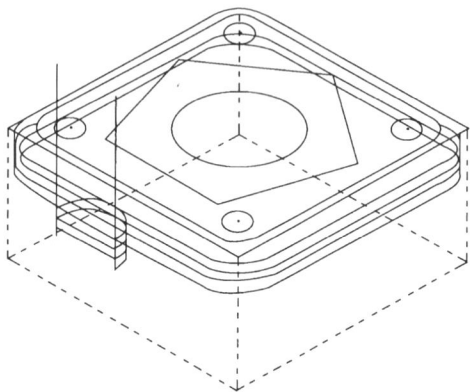

图10-18 台阶正方形外形粗铣刀具路径

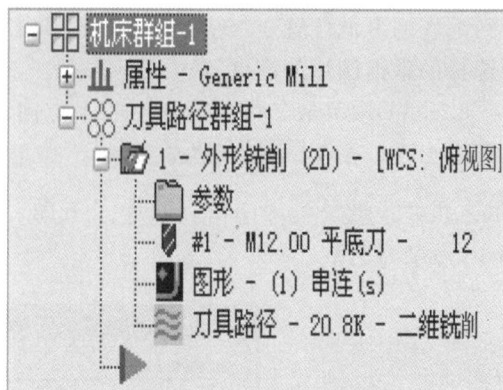

图10-19 隐藏刀具路径

② 复制刀具路径。鼠标右键单击图10-19中 处，在弹出的菜单中选择"复制"，然后用鼠标右键单击 ，在弹出的菜单中选择"粘贴"，从而生成第2个外形铣削（2D）刀具路径。

③ 编辑刀具路径。单击 ，弹出"串连管理"对话框，在对话框空白处单击鼠标右键，弹出菜单，选择 ，选取正五边形的一条边，正五边形五条边改变颜色，并出现一个起点与箭头，箭头方向为顺时针方向。

单击 ，弹出"外形铣削（2D)-粗加工"对话框，与1）生成台阶正方形外形铣削加工刀具路径采用同一把刀，参数设置也同1），如图10-14所示。

单击打开"外形加工参数"选项卡，在图10-15中，设置"深度"为-10，其他参数不变。勾选并单击 按钮，弹出如图10-20所示的"X轴分层切削"对话框。分析图样，此步加工XY方向的毛坯余量最小为6.96mm，最大为26.4mm，采用φ12mm的平底铣刀，需分层铣削，设置粗加工"次数"为4次，"间距"为8mm，勾选"不提刀"，按Enter键确认，返回图10-15所示对话框。勾选并单击 按钮，弹出"深度切削"对话框，设置参数如图10-16所示。勾选并单击 按钮，弹出"进/退刀设置"对话框，设置参数如图10-17所示。

④生成刀具路径。设置完加工参数后，在图10-15中单击 按钮退出，单击"刀具路径管理器"下的按钮 ，重建所有已失败的操作，生成刀具路径，如图10-21所示。

3）生成φ40mm孔挖槽粗加工刀具路径。

① 选择加工范围。单击菜单栏 标准挖槽命令，弹出"串连"对话框，选取φ40mm圆，单击 按钮退出，弹出"挖槽（标准）"对话框，如图10-22所示。

② 设置刀具参数。仍采用第1把刀，参数设置与前面1)、2)相同，如图10-22所示。

③ 确定挖槽参数。单击图10-22中的 按钮，弹出图10-23所示的"2D挖槽

参数"选项卡，设置图中所示参数。勾选中并单击 **Z轴分层铣深** 按钮，弹出"深度切削"对话框，设置参数如图 10-16 所示，单击 ✓ 按钮，返回图 10-23 所示选项卡。

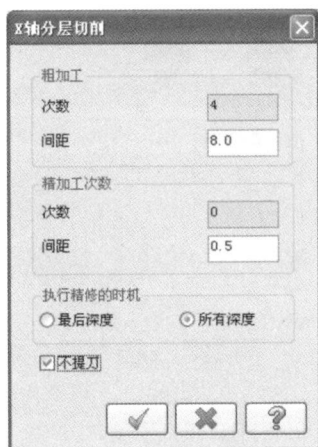

图 10-20　"X 轴分层切削"对话框

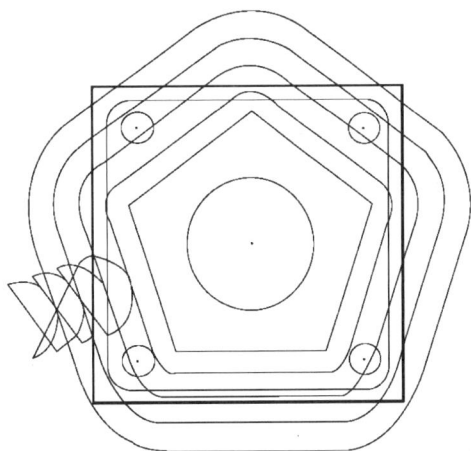

图 10-21　正五边形外形粗加工刀具路径

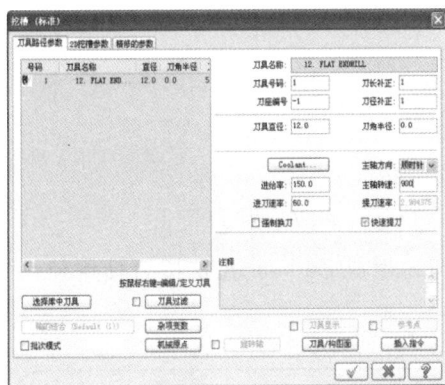

图 10-22　"挖槽（标准）"对话框

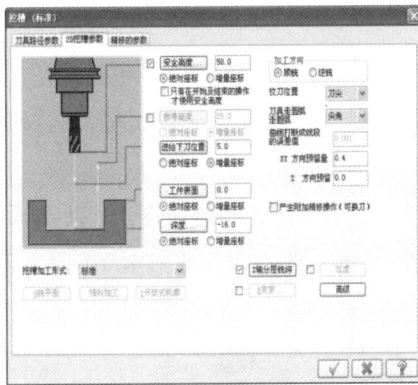

图 10-23　"2D 挖槽参数"选项卡

④ 确定粗切/精修参数。单击 **精修的参数** 按钮，界面变为如图 10-24 所示的"精修的参数"选项卡。粗切切削方式选择平行环切。"切削间距（直径%）"设置为 50；"切削间距（距离）"设置为 6。其中，前者指切削间距为直径的百分数，后者为实际数值。

勾选 **刀具路径最佳化（避免插刀）** 项和 **由内而外环切** 项。不选中 □ **精加工** 项。若选中此项，加工时间会增加许多。

勾选并单击 **螺旋式下刀** 按钮，弹出如图 10-25 所示的"螺旋/斜插式下刀参数"对话框，选择下刀方式为螺旋式下刀或斜插式下刀。挖槽使用的刀具是平底铣刀，而平底铣刀无法承受直接下刀的冲击，因此需采用螺旋式下刀或斜插式下刀，否则刀具会垂直进刀到第 1 刀的深度。本书选择螺旋式下刀，设置参数如下。

最小半径：6mm。

最大半径：12mm。

Z 方向开始螺旋：1mm，指开始以螺旋方式运行时刀具离工件表面的 Z 向高度。

XY 方向预留间隙：1mm，指螺旋槽的边缘距型腔边界 X 向和 Y 向的距离。

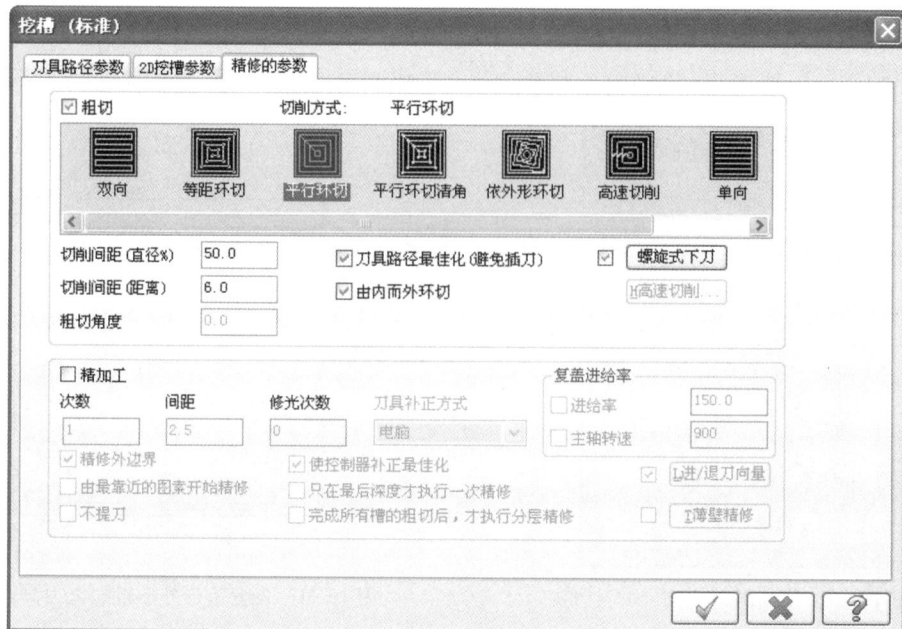

图 10-24 "精修的参数"选项卡

进刀角度：3°，即螺旋线的升角。

如果所有进刀方法都失败时，选择 ⊙ 中断程式。

其余为默认值。

单击 ✓ 按钮，返回图 10-24 所示选项卡。

⑤ 生成刀具路径。单击图 10-24 中的 ✓ 按钮，生成 ϕ40mm 孔挖槽刀具路径，如图 10-26 所示。

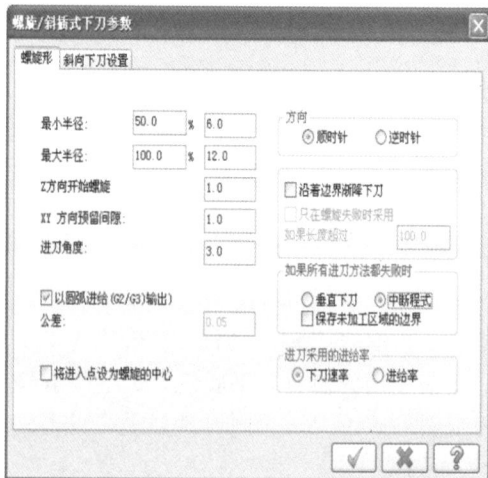

图 10-25 "螺旋/斜插式下刀参数"对话框

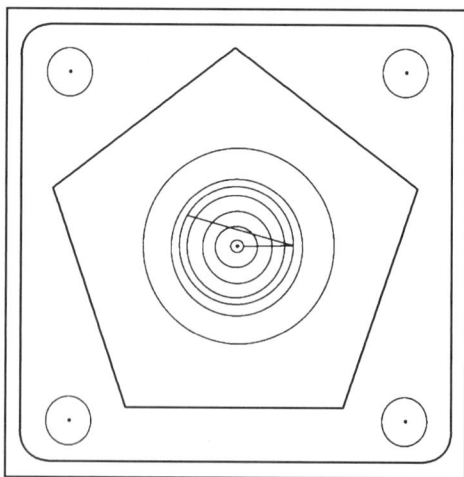

图 10-26 ϕ40mm 孔挖槽刀具路径

4）生成 4×ϕ10mm 小孔刀具路径。

① 钻中心孔。单击菜单栏 Ⅰ 刀具路径 ➞ Ⅱ 钻孔 命令，弹出"选取钻孔的点"对话框，依

次捕捉 4 个 φ10mm 小孔的圆心，然后单击 ✓ 按钮确认，弹出"钻/镗孔"对话框，默认打开"刀具路径参数"选项卡如图 10-27 所示。单击 **选择库中刀具** 按钮，选择直径为 φ10mm 的中心钻，刀具参数如图 10-27 所示。

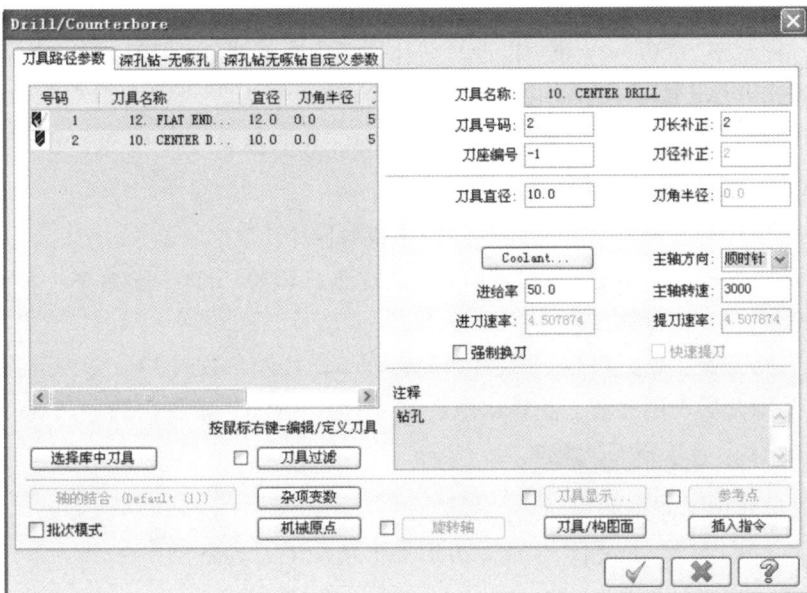

图 10-27　"刀具路径参数"选项卡

单击 **深孔钻-无啄孔** 标签，界面变为"深孔钻-无啄孔"选项卡，如图 10-28 所示，设置参数，单击 ✓ 按钮，完成中心钻刀具路径的设置。

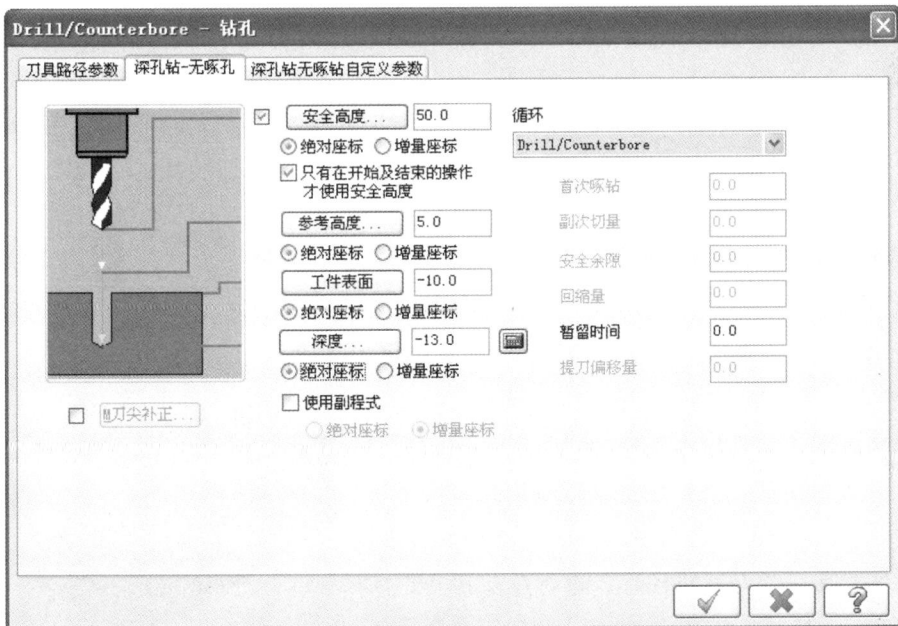

图 10-28　"深孔钻-无啄孔"选项卡

② 钻直径为 $\phi10$mm 的 4 个孔。同上步一样（也可采用复制-粘贴方法，通过编辑刀具路径获得新的钻孔刀路），单击菜单栏 **I 刀具路径** → **D 钻孔** 命令后，依次捕捉 4 个 $\phi10$mm 小孔的圆心，然后单击 **✓** 按钮确认，弹出图 10-27 所示"钻孔"对话框的"刀具路径参数"选项卡。单击 **选择库中刀具** 按钮，选择直径为 $\phi10$mm 的钻头，主轴转速为 600r/min，进给率为 60mm/min。再选择钻孔循环为断屑式（G73）。加工参数设置：深度为 −22mm；勾选并单击 **刀尖补正...** 按钮，在弹出的对话框中将"贯穿距离"改为 0mm，每次进刀深度（peck）设为 5mm，暂留时间为 500μs，其他参数同图 10-28。设置完成参数后，单击 **✓** 按钮，完成钻孔刀具路径的设置。

5）生成正方形外形精加工刀具路径。操作步骤同 1）。

① 设置刀具参数。刀具直径：8mm；主轴转速：2000r/min；进给率：300mm/min；Z 轴进给率：60mm/min；刀数：4。

② 设置外形铣削参数。XY 方向预留间隙：0mm，其他参数同 1）。

③ 设置 X 轴分层铣削参数。粗铣次数：0；间距：0mm；精铣次数：1；间距：0.4mm；执行精修最后时机：**◉ 最后深度**。

将 Z 轴分层铣削复选框的勾去掉。其他同 1）。

设定完成，单击 **✓** 按钮，生成正方形外形精加工刀具路径。

6）生成正五边形外形精加工刀具路径。操作步骤同 2），刀具参数同 5）。外形铣削时，XY 方向预留间隙：0mm，其他参数同 2）。X 轴分层铣削参数同 5）。将 Z 轴分层铣削复选框的勾去掉，其他同 2）。设定完成，单击 **✓** 按钮，生成正五边形外形精加工刀具路径。

7）生成 $\phi40$mm 的孔精加工刀具路径。操作步骤同 3），刀具参数同 5）。

2D 挖槽参数中，XY 方向预留间隙：0mm，其他参数同 3）。

将 Z 轴分层铣削复选框的勾去掉。设置粗切/精修参数，将粗切前面的勾去掉，只勾选 **精加工**；精加工次数：1；精修量：0.4mm；勾选 **精修外边界**；勾选 **完成所有槽的粗切后，才执行分层精修**，勾选 **进/退刀向量**，将引线段的进退刀由相切改为垂直。

设定完成，单击 **✓** 按钮，生成精加工 $\phi40$mm 孔刀具路径。

（5）实体切削验证 通过实体切削验证可以更加直观地模拟实体加工过程。

在操作管理窗口中单击 **✓** 按钮，选择全部操作，然后单击 **▣** 按钮，弹出"实体切削验证"对话框，勾选 **碰撞停止** 选项，单击 **▶** 执行按钮，弹出模拟实体加工过程的画面，最终结果如图 10-29 所示，验证结果表示图 10-8 所示的二维模型零件被铣削，符合加工要求，单击 **✓** 按钮，返回 Mastercam X6 操作界面。也可以在每生成一个刀具路径后，进行单步操作的实体切削验证，以便切削结果有问题时对参数及时进行修改。

图 10-29　实体切削验证结果

（6）参数修改　通过实体切削验证、检查出某个刀具路径有问题时，如第 3 步挖槽，则单击挖槽刀具路径名称"挖槽（标准）"下的 参数 按钮，重新进入"2D 挖槽参数"选项卡，对参数进行修改。参数修改完成后，单击 按钮，重建已失败的操作，然后单击 按钮，模拟刀具路径，单击 按钮，进行实体切削验证。如果毛坯设置有问题，单击 材料设置，重新设置毛坯参数。

（7）后处理生成数控加工程序

1）单击刀具路径管理器下的 按钮，选择所有操作。

2）单击 **G1** 按钮，弹出"后处理程式"对话框。单击 按钮确认后，弹出"另存为"对话框。

3）输入文件名"二维铣削零件"，单击 按钮保存，生成该零件加工程序，并自动启动 Mastercam X 编辑器，如图 10-30 所示。在编辑器中可以对 NC 代码进行编辑修改。

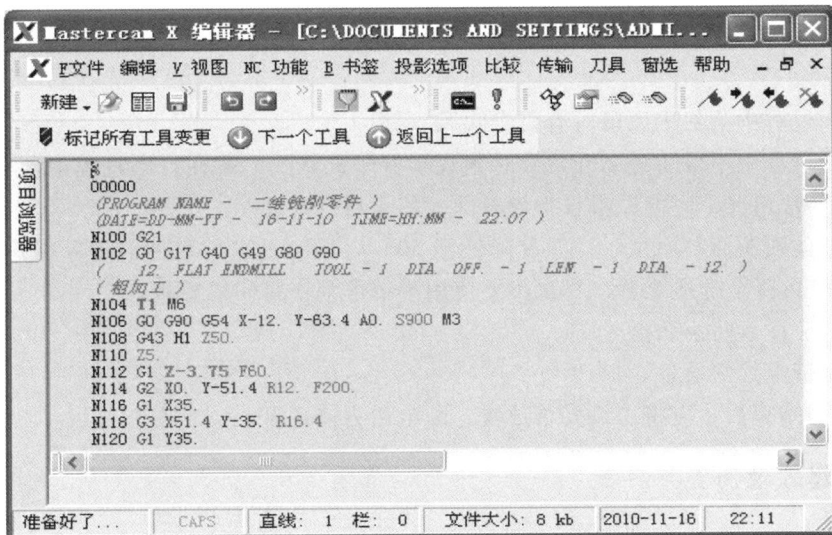

图 10-30　Mastercam X 编辑器编辑修改

10.3　3D 打印

3D 打印，快速成形技术的一种，它是一种以数字模型文件为基础，应用粉末状金属或塑料等可黏合材料，通过逐层打印的方式来构造物体的技术。

3D 打印通常是采用数字技术材料打印机来实现的，常在模具制造、工业设计等领域用于制造模型，后逐渐用于一些产品的直接制造，目前已经有利用这种技术打印而成的零部件。该技术在珠宝、鞋类、工业设计、建筑、工程和施工（AEC）、汽车、航空航天、医疗产业、教育、地理信息系统、土木工程、枪支及其他领域都有所应用。

10.3.1　实习目的和要求

1）了解 3D 打印的发展史。

2）了解 3D 打印所用机型及材料。

3）了解 3D 打印的基本方法。

4）掌握建模工具软件 3DMAX 的使用，熟悉常用的绘制命令及 3D 打印模型 STL 格式的存储方法。

5）掌握 3D 打印切片软件的应用。

6）掌握 3D 打印机的基本操作。

10.3.2 实习安全操作规程

1）实习时按要求规范操作，严禁在未熟悉使用步骤的情况下，触摸各按钮开关。

2）打印前，先在电脑上将需要打印的文件下载到 SD 卡中，再把 SD 卡插入打印机中读取打印。

3）禁止在设备运行过程中取出 SD 卡。

4）打印过程中或打印刚结束时，吐丝喷头处于高温状态，禁止身体任何部位触碰该部位，打印过程中，要观察打印材料是否已耗尽或接近耗尽，及时更换，避免喷头空烧而损坏挤出机构。

5）打印过程中请勿用风扇对着机身吹风。

6）打印过程中不得随意离开，要时刻观察打印机状况，若在打印过程中出现打印材料堵塞喷头等异常情况，应立即报告指导教师，禁止自行处理。

7）待吐丝喷头回归原位后，温度降低至50℃以下时再进行取件清理等操作。取件时，应按要求将平台降至合适位置，尽量不要使用小铲子刮伤打印机底板。

8）导轨应注意防锈润滑。

9）禁止带电检修设备。

10）打印结束后，应将工具妥善放置，断电后方能离开。

10.3.3 起源及历史

3D 打印技术出现于 20 世纪 90 年代中期，实际上是利用光固化和纸层叠等技术的快速成形技术。它与普通打印工作原理基本相同，打印机内装有液体或粉末等"打印材料"，与计算机连接后，通过计算机控制把"打印材料"一层层叠加起来，最终把计算机上的设计图变成实物。这项打印技术也称为 3D 立体打印技术。

1986 年，Charles Hull 开发了第一台商业 3D 印刷机。

1993 年，麻省理工学院获 3D 印刷技术专利。

1995 年，美国 ZCorp 公司从麻省理工学院获得唯一授权并开始开发 3D 打印机。

2005 年，市场上首个高清晰彩色 3D 打印机 Spectrum Z510 由 ZCorp 公司研制成功。

2010 年 11 月，世界上第一辆由 3D 打印机打印而成的汽车 Urbee 问世。

2011 年 7 月，英国研究人员开发出世界上第一台 3D 巧克力打印机。

2011 年 8 月，南安普敦大学的工程师们开发出世界上第一架 3D 打印的飞机。

2012 年 11 月，苏格兰科学家利用人体细胞首次用 3D 打印机打印出人造肝脏组织。

2013 年 10 月，全球首次成功拍卖一款名为"ONO 之神"的 3D 打印艺术品。

2013 年 11 月，美国德克萨斯州奥斯汀的 3D 打印公司利用"固体概念"（Solid Concepts）设计制造出 3D 打印金属手枪。

10.3.4　特点

3D 打印带来了世界性的制造业革命，以前设计时必须要考虑生产工艺能否实现，而 3D 打印机的出现颠覆了这一生产思路，企业不再需要考虑生产工艺问题，因为任何复杂形状的设计均可以通过 3D 打印机来实现。图 10-31 所示为 3D 打印零件。3D 打印无须机械加工或模具，而是直接从计算机图形数据中生成任何形状的物体，从而极大地缩短了产品的生产周期，提高了生产效率。尽管仍有待完善，但 3D 打印技术市场潜力巨大，势必成为未来制造业的众多突破技术之一。

10.3.5　打印工艺的种类

图 10-31　3D 打印零件

3D 打印使用了许多不同的技术，见表 10-1。它们的不同之处在于针对不同的原材料，采用了相应的工艺来构建部件。目前可打印的材料主要有石膏、尼龙、ABS 塑料、树脂、金属、陶瓷等。3D 打印所用的这些原材料都是专门针对 3D 打印而研发的新材料，并不是普通意义的石膏、塑料、树脂等，原材料的形态一般有粉末状、丝状、液体状等形态。

表 10-1　3D 打印工艺中使用的技术

类型	累积技术	基本材料
挤压	熔融沉积式（FDM）	热塑性塑料、共晶系统金属、可食用材料
线	电子束自由成形制造（EBF）	几乎任何合金
粒状	直接金属激光烧结（DMLS）	几乎任何合金
	电子束熔化成形（EBM）	钛合金
	选择性激光熔化成形（SLM）	钛合金、铬合金、不锈钢、铝
	选择性热烧结（SHS）	热塑性粉末
	选择性激光烧结（SLS）	热塑性塑料、金属粉末、陶瓷粉末
粉末层喷头 3D 打印	石膏 3D 打印（PP）	石膏
层压	分层实体制造（LOM）	纸、金属膜、塑料薄膜
光聚合	立体平板印刷（SLA）	光硬化树脂
	数字光处理（DLP）	光硬化树脂

10.3.6　工作原理

日常生活中使用的普通打印机可以打印计算机设计的平面图形，3D 打印机与普通打印机的工作原理基本相同，只是打印材料有些不同。普通打印机的打印材料是墨水和纸张，而 3D 打印机内装有金属、陶瓷、塑料、砂等不同的"打印材料"，是实实在在的原材料，打印机与计算机连接后，通过计算机控制可以把"打印材料"一层层叠加起来，最终把计算机上的设计图变成实物，如图 10-32 所示。通俗地说，3D 打印机是可以"打印"出真实物体的一种设备，如打印机器人、玩具车、各种模型，甚至食物等。之所以通俗地称其为"打印机"，是参照了普通打印机的技术原理，因为其分层加工的过程与喷墨打印十分相似，如图 10-33 所示。

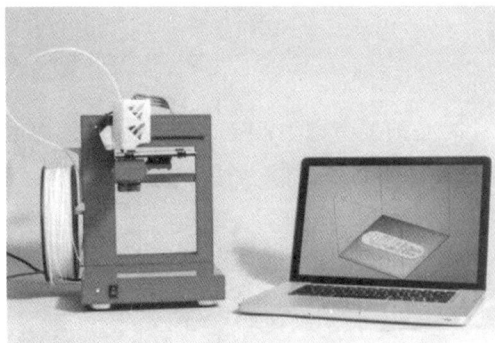

图 10-32　3D 打印机与计算机

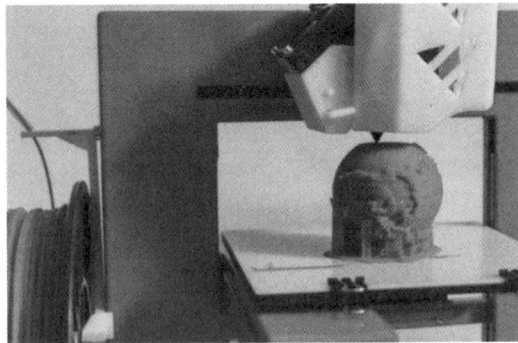

图 10-33　分层加工过程

10.3.7　三维建模及设备操作

3D 打印机工作步骤如下：①先通过计算机建模软件三维建模，或直接使用现成的模型，如动物模型、人物模型或微缩建筑等。②再通过 U 盘等存储设备把它复制到与 3D 打印机连接的计算机中，完成打印设置后，即可使用打印机打印模型。

（1）三维建模　目前市面上的 3D 打印机所使用的模型文件大部分都是 STL 格式的文件。STL 文件使用三角面来近似模拟物体的表面，三角面越小，其生成的表面分辨率越高。因此，建议最好使用高精度的机械软件来建模，如 CAXA 制造工程师、Mastercam、CATIA、Creo 等。另外，也可以用三维扫描仪来扫描物体的外形，从而得到 STL 格式的模型文件，这种方法常见于艺术类造型、医疗等行业，但扫描出的模型精度不如建模软件生成的模型精度高。

（2）设备操作

1）3D 打印机简介。3D 打印的成形方法很多，在此以北京太尔时代科技有限公司的 3D 打印机（图 10-34）为例进行讲解。该打印机的原理是首先将 ABS 塑料高温熔化挤出，并在

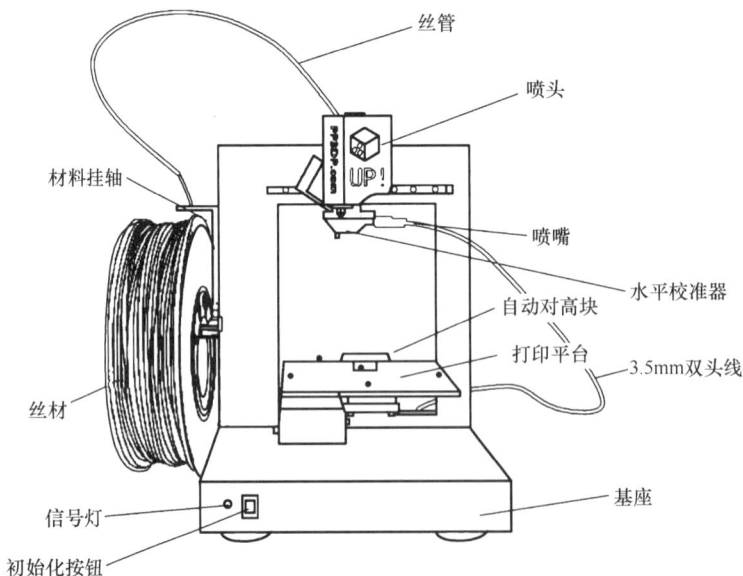

图 10-34　3D 打印机结构

成形后迅速凝固，其打印工艺属于熔融沉积式（FDM），因而打印出的模型结实耐用。

3D 打印机的坐标和背面接口分别如图 10-35 和图 10-36 所示。

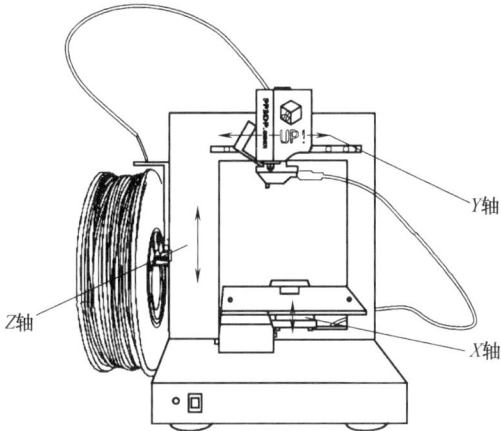

图 10-35　3D 打印机坐标

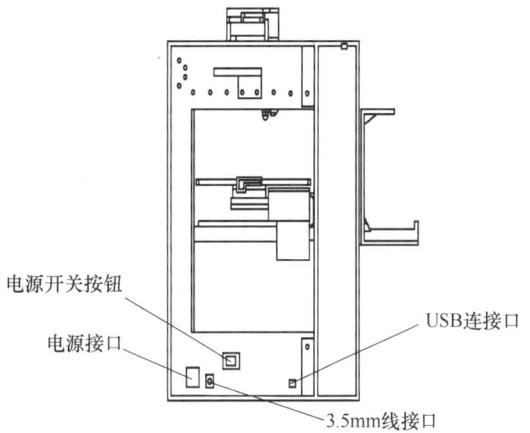

图 10-36　3D 打印机背面接口

2）操作。安装好软件，并确认 3D 打印机与计算机连接正确之后，即可按照以下步骤来完成打印。

① 启动程序双击桌面上的图标，打开主操作界面，如图 10-37 所示。

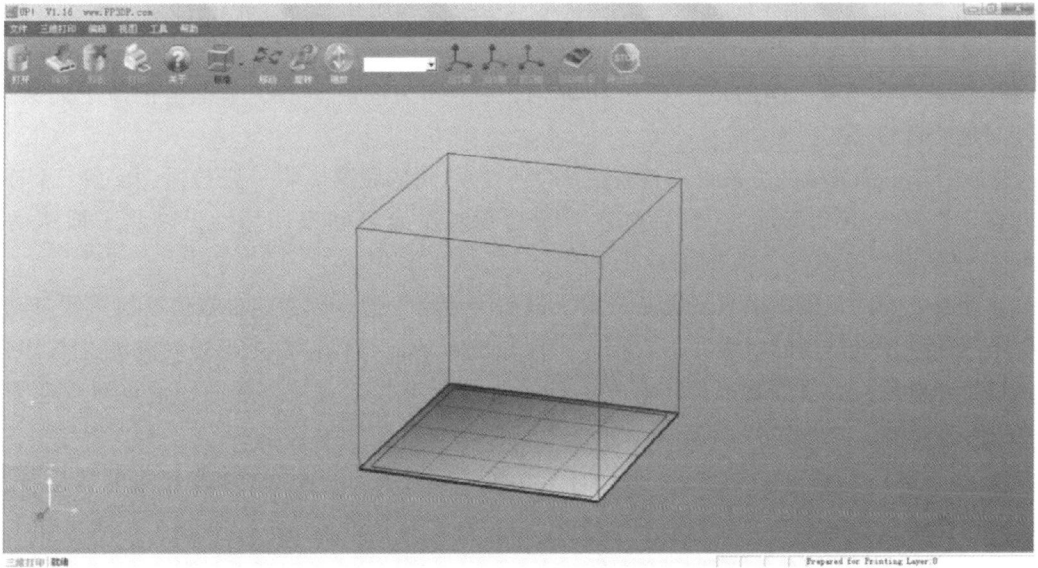

图 10-37　主操作界面

② 初始化打印机，在打印之前，需要初始化打印机。单击"三维打印"菜单下面的"初始化"命令，如图 10-38 所示，当打印机发出蜂鸣声时，初始化即开始。打印喷头和打印平台再次返回到打印机的初始位置，准备好后将再次发出蜂鸣声。

③ 校准喷头初始高度，为了确保打印模型与打印平台黏结正常，防止喷头与工作台碰触。

a. 单击"三维打印"菜单中"维护"命令，打开"维护"对话框，如图 10-39 所示。

在图中标记圈指示的文本框中，输入数值 122，然后单击"至"按钮。平台高度从起始位置移动到 122mm 处。

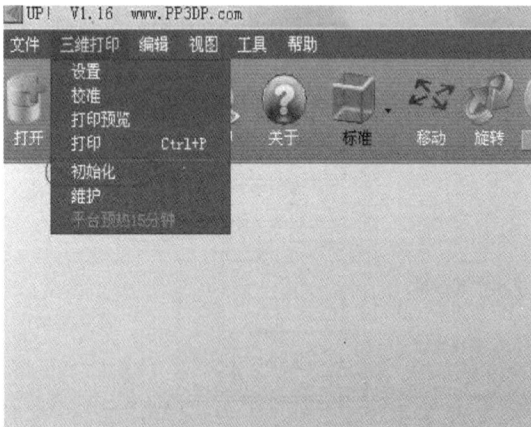

图 10-38　单击"初始化"命令

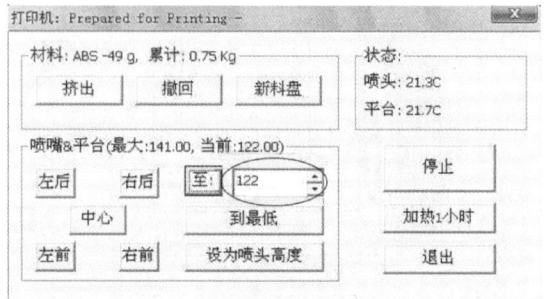

图 10-39　"维护"对话框

b. 检查喷嘴和平台之间的距离。例如，如果平台距离喷嘴约 8mm，单击"至"按钮，将文本框内数值增加到 130。注意只是增加了 8mm 而不是图 10-39"维护"对话框的 130mm，这是为了不让喷嘴和平台发生碰撞。越是接近喷嘴，越要慢慢地增加高度。

c. 当平台距离喷嘴约 1mm 时，请在文本框中依次增加 0.1mm，单击"至"按钮，直到平台与喷嘴的距离在 0.2mm 之内。

d. 当平台和喷嘴之间的距离在 0.2mm 内，在图 10-39 所示的文本框里记录下此数值，此值就是正确的校准高度。

提示：有一个简单的方法可以检查喷头和平台之间的距离。将一张普通 70g 的 A4 打印纸折叠（厚度大概 0.2mm），然后将它置于喷嘴和平台之间来回移动，以此来检测两者间距。

注意：喷嘴的正确高度只需设定一次，以后不需再设置，因为这个数值已被系统自动记录下来。如果校准高度时喷嘴和平台相撞，请在进行任何其他操作之前重新初始化打印机。移动过打印机后，如果发现模型不在平台的正确位置上打印或发生翘曲，请重新校准喷嘴高度。

④ 载入 3D 模型，单击菜单中"文件"→"打开"命令，或者单击工具栏中的按钮 ，选择一个想要打印的模型。注意软件仅支持 STL 格式（标准的 3D 打印输入文件）和 UP3 格式（为 3D 打印机软件专用的压缩文件）的文件。将鼠标移到模型上，单击鼠标，模型的详细资料介绍会悬浮显示出来，如图 10-40 所示。

⑤ 编辑模型，通过"旋转""缩放"等功能把模型调整到合适的尺寸。单击工具栏最右边的"自动布局"按钮，软件自动调整模型在平台上的位置。当平台上不止一个模型时，建议使用自动布局功能。

⑥ 设置打印选项，单击软件"三维打印"菜单中的"设置"命令，弹出图 10-41 所示的"Setup"对话框。

层片厚度：设定打印层厚，根据模型不同，每层厚度设定为 0.2~0.4mm。

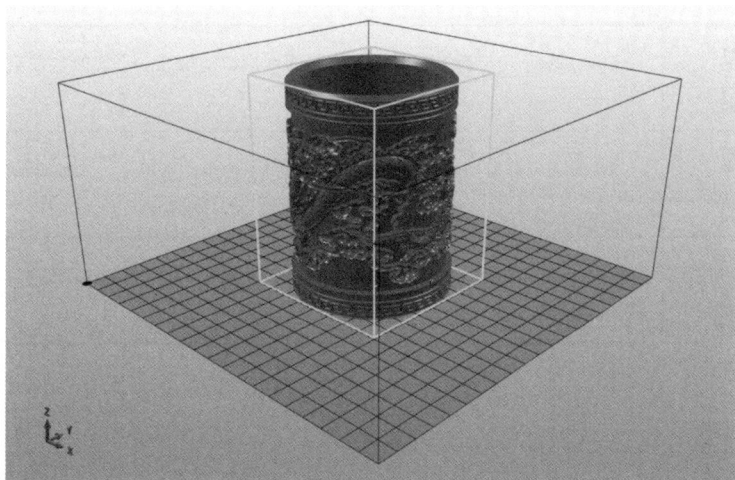

图 10-40 载入模型

支撑：实际模型打印之前，打印机会先打印出一部分底层，即基底高度。然后沿着 Y 轴方向横向打印出一部分不坚固的丝材，直到开始打印主材料时，打印机才一层一层地打印实际模型，如图 10-42 所示。

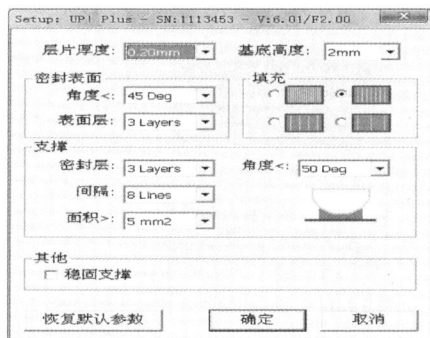

图 10-41 "Setup" 对话框

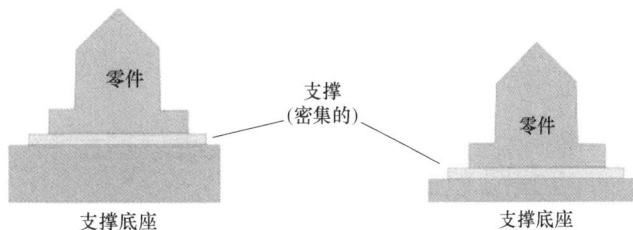

图 10-42 基底高度和支撑

角度：使用支撑材料时的角度。例如设置成 10°，当表面和水平面的成形角度大于 10°时，支撑材料才会被使用；如果设置成 50°，在表面和水平面的成形角度大于 50°时，支撑材料才会被使用。

表面层：这个参数决定打印底层的层数。例如，如果设置成 3，机器在打印实体模型之前会打印 3 层，但是这并不影响壁厚，因为所有的填充模式几乎是同一个厚度（接近 1.5mm）。

填充：有 4 种方式填充内部支撑，"填充" 选项说明见表 10-2。填充效果如图 10-43 所示。

表 10-2 "填充" 选项说明

	该部分是由塑料制成的最坚固部分。此设置在制作工程部件时建议使用。之前的软件版本称此设置为"坚固"

（续）

	该部分的外部壁厚约 1.5mm，但内部为网格结构填充。之前的软件版本称此设置为"松散"
	该部分的外部壁厚约 1.5mm，但内部为中空网格结构填充。之前的软件版本称此设置为"中空"
	该部分的外部壁厚约 1.5mm，但是内部由大间距的网格结构填充，之前的软件版本称此设置为"大洞"

一般情况下，外部支撑比内部支撑更容易移除，同时开口向上将比向下节省更多的支撑材料，如图 10-44 所示。

⑦ 打印，单击 3D 打印的打印按钮，在打印对话框中输入记录下的打印初始高度，单击"确定"按钮即可开始打印。

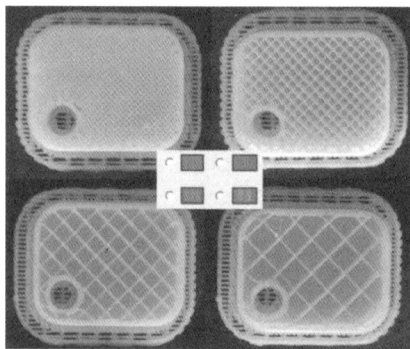

图 10-43 "填充"效果

图 10-44 支撑移除对比

⑧ 移除模型，步骤如下：

a. 模型完成打印时，打印机会发出蜂鸣声，喷嘴和打印平台会停止加热。

b. 从打印机上撤下打印平台。

c. 慢慢滑动铲刀。慢慢地把铲刀滑动到模型下面，来回撬松模型。切记在撬模型时要佩戴手套，以防烫伤。

⑨ 移除支撑材料，模型由两部分组成，一部分是模型本身，另一部分是支撑材料。支撑材料和模型主材料的物理性能是一样的，只是支撑材料的密度小于主材料，所以很容易地从主材料上被移除。图 10-45a 展示了支撑材料移除后的状态，图 10-45b 为还未移除支撑材料的状态。支撑材料可以使用多种工具来拆除。大部分可以很容易地用手拆除。对于接近模型主材料的支撑材料，可使用钢丝钳或尖嘴钳移除。

10.3.8　3D 打印的发展趋势

1. 应用领域

3D 打印机的应用领域可以是任何需要模型和原型的行业。3D 打印机需求量较大的行业

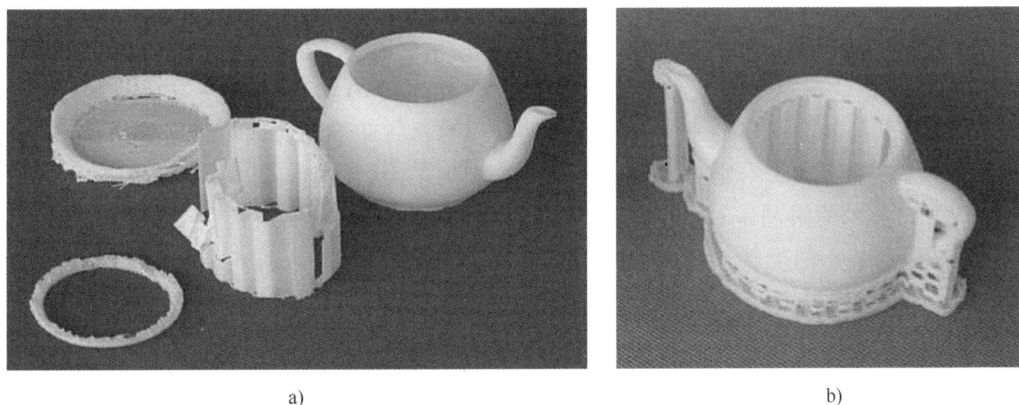

a)　　　　　　　　　　　　　　　　b)

图 10-45　移除支撑材料

包括政府部门，航天、航海和国防业，医疗行业，高科技行业，教育业，制造业、文物、建筑业等。

（1）航天、航海、国防业　GE 中国研发中心已经用 3D 打印机成功"打印"出了航空发动机的重要零部件。与传统制造相比，这一技术使该零件成本缩减 30%、制造周期缩短 40%。

（2）医疗行业　可利用 3D 打印设备打印出各种尺寸的骨骼、牙齿及活性细胞，用于临床使用。目前，用于代替真实人体骨骼的打印材料正紧锣密鼓地测试中。实验室测试中，这种可替代骨骼的打印材料已经被证明可以支持人体骨骼细胞在其中生长，并且其有效性也已经在老鼠和兔子身上得到了验证。未来数年内，使用 3D 打印技术打印出的质量更好的骨骼替代品或将帮助外科手术医生进行骨骼损伤的修复，也可用于牙医诊所，甚至可以帮助骨质疏松症患者恢复健康。

器官移植可以拯救很多人体器官功能衰竭或损坏的患者生命，但这项技术也存在器官来源不足、排异反应难以避免等弊端。但是，随着未来"生物细胞打印机"的问世，这些问题将迎刃而解。

（3）文物行业　博物馆里常常会用很多复杂的替代品来保护原始作品，使其不受环境或意外事件的伤害；同时，复制品也能将艺术或文物的影响传递给更多、更远的人。美国德雷塞尔大学的研究人员通过对化石进行 3D 扫描，利用 3D 打印技术做出了适合研究的 3D 模型，不但保留了原化石所有的外在特征，同时还按比例进行了缩减，更适合研究。

（4）建筑行业　号称"全球首批 3D 打印实用建筑"的房屋亮相上海青浦。该技术号称可将建筑垃圾变废为宝，让建筑工人更体面地工作，让建筑成本降低 50%，让房型家具进行私人定制等。其研发者马义和被冠上"全国 3D 打印第一人"的称号。建筑学专家认为，作为全球建筑革命的热点，3D 打印改变了传统的建筑施工工艺，从环保节能省时省力角度看，有其创新意义。不过新型"油墨"打印的建筑，其刚度、强度和耐久性等综合性能还待进一步验证。

（5）生活时尚用品　这是最广阔的一个市场。不管是个性笔筒，还是有自己半身浮雕的手机外壳，抑或是自己和爱人共同设计的世界上独一无二的戒指，都有可能通过 3D 打印机打印出来。

2. 限制因素

（1）材料的限制　虽然高端工业印刷可以实现塑料、某些金属或陶瓷的打印，但总的来说3D打印使用的材料都是比较昂贵和稀缺的。另外，3D打印机还没有达到支持打印日常生活中接触到的各类材料的水平。研究者们在多材料打印上已经取得了一定的进展，但除非这些技术成熟并有效，否则材料依然会是3D打印的一大障碍。

（2）打印技术的限制　3D打印技术在重建物体的几何形状和机能上已经达到了一定的水平，几乎任何静态的形状甚至部分装配体（例如轴承）都可以被打印出来，但是其表面粗糙度、力学性能等方面还不能完全满足需求。要想让3D打印技术进入普通家庭，每个人都能随意打印想要的东西，那么打印技术的限制就必须得到解决。

（3）知识产权的忧虑　在过去的几十年里，音乐、电影和电视产业中对知识产权的关注变得越来越多。3D打印技术也会涉及这一问题，因为现实中的很多东西都会得到更加广泛的传播，包括3D打印的源文件。人们可以随意复制任何东西，并且数量不限。如何制定3D打印的法律法规以保护知识产权，也是面临的问题之一。

（4）道德的挑战　利用3D打印技术，人们已经可以制作手枪，也有科研工作者在尝试利用3D打印技术打印出生物器官和活体组织，因此在不久的将来3D打印会遇到极大的道德挑战。

10.4　激光加工

10.4.1　实习目的和要求

1）掌握激光加工的基本理论。
2）了解激光加工工艺方法的种类及特点。
3）了解激光加工设备的组成。
4）掌握激光加工设备操作方法。

10.4.2　激光加工实习安全操作规程

1）遵守一般切割机安全操作规程，严格按照激光器启动程序开启激光器。
2）操作者须经过培训，熟悉设备的结构、性能，掌握操作系统的有关知识。
3）按规定穿戴好劳动防护用品，在激光束附近必须佩戴符合规定的防护眼镜。
4）在未弄清某一材料是否能用激光照射或加热前，不要对其加工，以免发生产生烟雾和蒸汽的潜在危险。
5）设备开动时操作人员不得擅自离开岗位或做与加工无关的事。
6）要将灭火器放在随手可及的地方；不加工时要关掉激光器或光闸；不要在未加防护的激光束附近放置纸张、布或其他易燃物。
7）对激光器内部进行保养维修时，要遵守下列高压安全程序：关掉高压钥匙开关（锁定［LOCKED］位置），并将其拔走、收好，以锁住高压；用高压棒对高压电容放电；不要一人单独检修激光器。
8）加工过程中发现异常时，应立即停机，及时排除故障或通知有关部门。

9）保持激光器、床身及周围场地整洁、有序、无油污，工件、板材、废料按规定堆放。

10）维修时要遵守高压安全规程。每运转40h或每周维护、每运转1000h或每6个月维护时，要按照规定和程序进行维修。

10.4.3　激光加工简介

1. 激光加工的特点

激光有四大特性：高亮度、高方向性、高单色性和高相干性。激光所具有的宝贵特性，为激光加工带来如下一些其他方法所不具备的特点。

1）由于是无接触加工，并且激光束的能量及移动速度均可调，因此可以实现多种加工的目的。

2）可对多种金属、非金属加工，特别是可以加工高硬度、高脆性及高熔点的材料。

3）激光加工过程中无"刀具"磨损，无"切削力"作用于工件。

4）激光加工过程中，激光束能量密度高，加工速度快，并且是局部加工，对非照射部位没有或影响极小，因此，其热影响区小，工件热变形小，后续加工量小。

5）可通过透明介质对密闭容器内的工件进行各种加工。

6）由于激光束易于导向、聚焦实现各方向的变换，容易与数控系统配合，完成对复杂工件的加工，因此是一种极为灵活的加工方法。

7）生产效率高，加工质量稳定可靠，经济效益和社会效益好。

2. 激光加工的应用

激光应用的首要领域是材料加工，解决了许多常规方法无法解决或很难解决的难题，大大提高了工作效率和加工质量。目前国外激光加工产值占激光行业总产值的24.7%。激光加工主要应用于打孔、切割、焊接、热处理、打标等，激光切割零件如图10-46所示。激光合金化和熔覆、激光制备新材料、激光快速三维立体成形等都已快速走向实用化。

图 10-46　激光切割零件

3. LWS-400 型多功能激光加工机床组成及其功能

LWS-400 型多功能激光加工机床外形如图 10-47 所示。

1）聚焦系统　使激光作用在更小的面积上，提高能量密度达到工作要求。

2）导光及自动升降系统　改变激光传输方向，协助调整聚焦。

3）CCD 监视器　用于监视加工过程和加工效果。

4）CCD 工业电视摄像头　对加工区域进行实时监视。

5）工作平台　用于承载被加工工件，行程为 200mm×200mm。

6）控制面板　调整和控制激光电源及激光器。

7）冷却系统　控制和调节激光器内的温度。

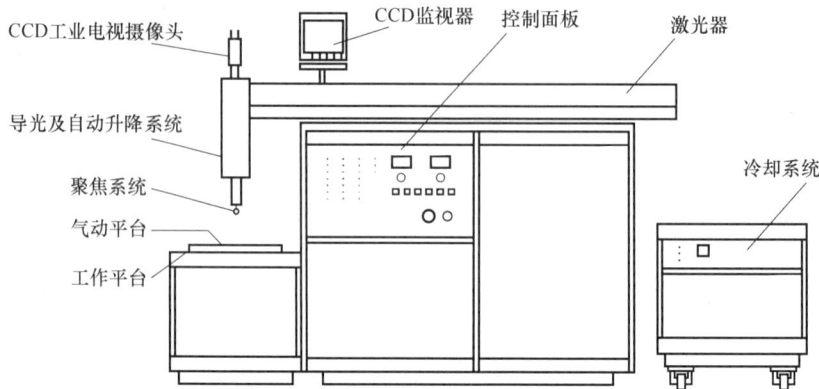

图 10-47　LWS-400 型多功能激光加工机床外形

激光加工器一般分为固体激光器和二氧化碳气体激光器，图 10-48 所示为固体激光器的工作原理图，当激光工作物质钇铝石榴石受到光泵（激励脉冲氙灯）的激发后，吸收具有特定波长的光，在一定条件下可导致工作物质中的亚稳态粒子数大于低能级粒子数，这种现象称为粒子数反转。此时一旦有少量激发粒子发生受激辐射跃迁，就会造成光放大，再通过谐振腔内的全反射镜和部分反射镜的反馈作用产生振荡，最后由谐振腔的一端输出激光。激光通过透镜聚焦形成高能光束照射在工件表面上，即可加工。固体激光器中常用的工作物质除钇铝石榴石外，还有红宝石和钕玻璃等材料。

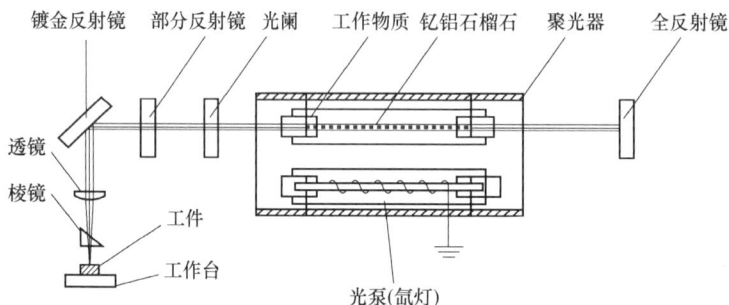

图 10-48　固体激光器的工作原理

4. LWS-400 型多功能激光加工机床操作步骤

1）接通功率监视器电源、CCD 监视系统，使其进入工作状态。

2）打开冷却水。

3）打开激光电源；开电源钥匙开关，工作指示灯和水泵指示灯亮；按下预燃开关，预燃指示灯亮；按下主电开关，主电指示灯亮。

4）选择控制方式：如用内控，则按相应的频率和脉宽按键（在不放电时，才可改变脉宽）；如用计算机控制，则按外控键，这时面板上的频率和脉宽选择键无效。

5）用电位器调节工作电压。

6）打开控制系统和工作台；接通工作台电源；打开计算机，进入 WinCNC.exe 型焊接机专用软件；打开工作台驱动电源；调用程序进入加工过程。

5. LWS-400 激光加工机床数控系统简介

（1）系统构成（激光 WinCNC.exe）　系统上电后的第一屏为主控模式界面，主控模式界面由图形显示区、参数显示区、菜单和快捷键提示区组成。主控模式下，操作者可根据功能键及屏幕菜单来完成各种操作。

1）手动模式。在主控模式下按"F8"键进入手动模式。手动模式为操作者手动控制机床提供方便。在手动模式下有 XY 轴点动、回零点、增量等操作，按"F9"键可返回到主控模式。

2）编辑模式。在主控模式下按"F9"键或显示器左上角"新建"按键，即可进入编辑模式。编辑模式主要为操作者编辑 G 代码文件提供方便。

3）主控模式下可选择调用其他软件编辑的图形来进行加工，可用激光机床打出所需的文字和图案。编辑方法：用 AutoCAD 2014 以下版本或 CorelDRAW 编辑图形和文字生成 PLT 文件格式，到本系统可自动生成可执行文件；或用 DXF 文件格式到本系统转化成 G 代码。

4）在 3 种模式下按"F1"键均可得到帮助。在帮助窗口，用户按 Esc 键可返回到原模式。

（2）使用步骤

1）进入数控系统，此时为主控模式。

2）进入编辑模式，建立新文件，录入编好的程序并进行编辑。

3）保存程序文件。

4）返回主控模式，利用菜单命令调出零件程序（G 代码文件）。

5）进行加工预览：实际加工前一般应先进行加工预览，这样可预先知道 X、Y 轴的运动轨迹，验证加工轨迹是否正确。

6）对于零件加工程序（G 代码文件），用户可反复编辑修改。

（3）操作要领

1）F2：屏幕模拟显示激光加工轨迹。

2）F3：图形放大。

3）F4：图形缩小。

4）→：屏幕右移。

5）←：屏幕左移。

6）↓：屏幕上移。

7）↑：屏幕下移。

6. G 代码说明

（1）G 代码功能　G 代码是驱动数控机床进行零件加工的计算机命令，包括驱动命令和辅助功能命令等，其应用较为广泛。

（2）G 代码详述

1）快速定位 G00。机床快速定位命令，表示将机床快速移动到 X、Y 点。

程序格式：G00　X（ ）Y（ ）。

2）直线进给 G01。机床进给命令，表示将机床直线移动到 X、Y 点，F 为移动速度。

程序格式：G01 X（ ）Y（ ）F（ ）。

3）圆弧进给 G02/G03。机床进给命令，表示将机床沿圆弧移动到 X、Y 点，I、J 为起点到圆心的坐标增量值，F 为移动速度。

程序格式：G02 X（ ）Y（ ）I（ ）J（ ）F（ ）（顺时针）。

或：G03 X（ ）Y（ ）I（ ）J（ ）F（ ）（逆时针）。

4）绝对和增量坐标编程。G90 为绝对坐标编程方式，程序中的 X、Y 值均为该点的绝对坐标。G91 为相对坐标编程方式，程序中的 X、Y 值均为终点坐标相对于起点坐标的增量。

5）程序段循环 G78/G79。

程序格式：

G78

…

…   循环体

…

G79 L（ ）   循环次数

6）M 代码（辅助功能码）。其中，M03：开激光闸；M05：关激光闸；M02：程序结束。

10.5　数控线切割加工

数控线切割加工是在电火花加工的基础上发展起来的一种加工工艺。其工具电极为金属丝（钼丝或铜丝），在金属丝与工件间施加脉冲电压，利用脉冲放电对工件进行切割加工，因而也称为线切割。两种电火花线切割机床如图 10-49 和图 10-50 所示，DK7763 型数控线切割机床主要技术参考见表 10-3。

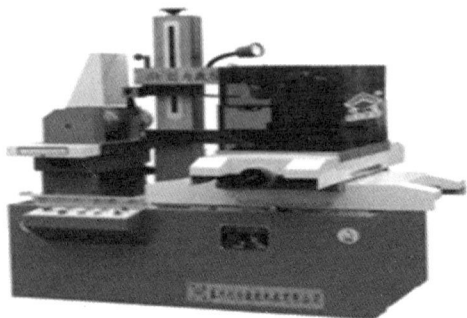

图 10-49　DK7732 型数控线切割机床外形图

图 10-50　DK7763 型数控线切割机床外形图

表 10-3　DK7763 型数控线切割机床主要技术参数

项目			单位	参数
最大切割锥度			(°)/mm	±6/80
行程	数控	X	mm	1000
		Y	mm	630
	手动	Z	mm	500

（续）

项目		单位	参数
工作台	台面尺寸	mm	1260×790
	最大负载	kg	1000
切割工件最大厚度		mm	600
手轮每转工作台移动量		mm	6
电极丝直径		mm	$\phi 0.012 \sim \phi 0.018$
最大贮丝长度		m	320
脉冲当量		mm	0.001
步进电动机			90BF006
X、Y轴数控精度	定位精度	mm	0.023
	重复定位精度	mm	0.030
切割精度	正八棱柱体	mm	0.015
	圆锥台	mm	0.030
加工表面最佳粗糙度		μm	$Ra2.5$
最大切割速度		mm^2/min	100
所需动力源	电源	kVA	2（3N~380V/50Hz）
主机	质量	kg	1600
	外形尺寸	mm×mm×mm	2265×1865×1980
编控软件		HL编控一体	
数控柜		立柜	

10.5.1 实习目的和要求

1）掌握简单零件的线切割加工程序的手工编制技能。

2）熟悉ISO代码编程及3B格式编程。

3）熟悉线切割机床的基本操作。

4）通过实习，学生能够根据零件的尺寸、精度、工艺等要求，应用ISO代码或3B格式手工编制出线切割加工程序，并且使用线切割机床加工出符合图样要求的合格零件。

10.5.2 实习安全操作规程

1）机床的安装、操作、保养、检修要经过专门培训过的专业人员按照使用说明书中规定的步骤进行。

2）操作者在使用机床时，禁止穿宽松外衣，佩戴各种饰物，以免事故发生。

3）起动电源开关，让机床空载运行。

4）控制柜必须正常工作10min以上。

5）确认机床各部件运动副正常工作。

6）确认脉冲电源和机床电器工作正常无失误。

7）确认各个行程开关动作灵敏。

8）确认工作液各个进出管路畅通无阻，压力正常，扬程符合要求。

9）按机床润滑要求注油。

10）添加或更换工作液（正常使用状态下一般间隔 10~15 天更换一次为宜）。

11）决定是否调换钼丝。

12）整机应经常保持清洁，下班或交接班时应揩抹干净并涂油防锈。

13）线架部件的导电块、排丝轮、导轮周围应经常用煤油清洗干净，清洗后的脏物不得漏至工作的回水槽内。

14）导轮、排丝轮及轴承一般使用 6~8 个月后即应成套更换。

15）工作液循环系统如发现堵塞应及时疏通，特别要防止工作液渗入机床内造成短路，而烧毁电器元件。

16）机床装有断丝停机保护机构，一旦断丝，应及时将电极丝清理干净。

10.5.3 数控线切割加工的原理

数控线切割加工的电蚀原理与电火花加工的原理相同，其加工原理如图 10-51 所示。电火花线切割加工的基本设备是数控电火花切割机，由床身部分、坐标工作台部分（一般均采用十字滚动导轨、滚珠丝杠）、走丝机构和锥度切割装置等主要部件组成。

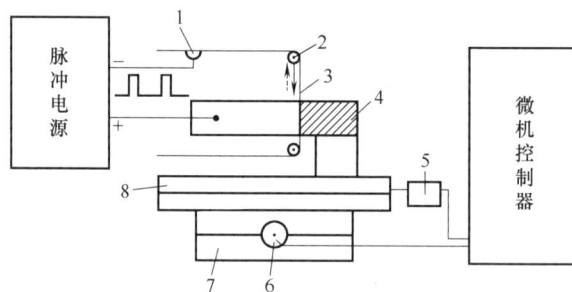

图 10-51　数控线切割加工原理

1—进电装置　2—导向轮　3—金属丝　4—工件　5—X 轴步进电动机

6—Y 轴步进电动机　7—横向工作台　8—纵向工作台

10.5.4 数控线切割加工的特点和应用

1）可切割各种高硬度材料，用于加工淬火后的模具、硬质合金模具和强磁材料。

2）由于采用数控技术，可编程切割形状复杂的型腔，易于 CAD/CAM。

3）由于几乎无切削力，故可切割极薄工件。

4）由于金属丝直径小，因而加工时省料，特别适宜切割贵重金属材料。

5）试制新产品时，可直接将某些板类工件切割出，省去了模具、刀具、工具、夹具等工艺装备，使开发产品周期明显缩短。

10.5.5 数控线切割的编程方法

我国在快走丝线切割机床中一般采用 B 指令格式编程，B 指令格式又分为 3B 格式、4B 格式、SB 格式等，其中 3B 格式为最常用的格式；在慢走丝线切割机床中，通常采用国际通用的 G（ISO）指令代码格式编程。数控线切割的编程方法有手工编程和自动编程两种，学习和掌握 3B 指令格式手工编程是数控电火花线切割编程的基本。

1. 3B 指令格式

3B 指令格式为：BX BY BJ G Z。式中，BX、BY 为坐标指令字，BJ 为计数长度指令字，G 为计数方向指令字，Z 为加工指令字。具体规定如下。

1）分隔符 B。指令格式中的 3 个 B 称为分隔符，它将 X、Y、J 的数值分隔开；B 后的数字如果为 0，则 0 可以省略不写，如 "B0" 可以写成 "B"。

2）轴坐标值 X、Y。轴坐标值 X、Y 为被加工线段上某一特征点的坐标值，数值单位为 μm，且规定编程时的 X、Y 数值不可为负，应取绝对值编程。当线切割加工直线段时，X、Y 数值是指被加工线段终点对其起点的相对坐标值，为了简化，写程序时允许把直线的 X、Y 值同时放大或缩小相同的倍数，保持其比值不变（直线斜率不变）即可；当线切割加工圆或圆弧时，X、Y 数值是指圆或圆弧起点对其圆心的相对坐标值。

3）计数长度 J。计数长度 J 为线切割加工长度在 X 轴或 Y 轴上的投影长度，数值单位为 μm；编程时要求 J 的数值必须写满 6 位数，不足部分用 0 来补足，如计数长度为 $686\mu m$ 时，应写成 $000686\mu m$；新出厂的微机数控系统没有这方面的要求。

4）计数方向 G。计数方向 G 用于指明计数长度 J 在线切割加工时沿哪一坐标轴计数，分为 G_x、G_y 两种，两者取一。确定计数方向是选择 G_x 还是 G_y，取决于被加工线段的终点位置，如图 10-52 所示；线切割加工时工作台在该方向每走 $1\mu m$，计数寄存器减 1，当累计减到计数长度 J 为 0 时，这段程序就加工完成了。

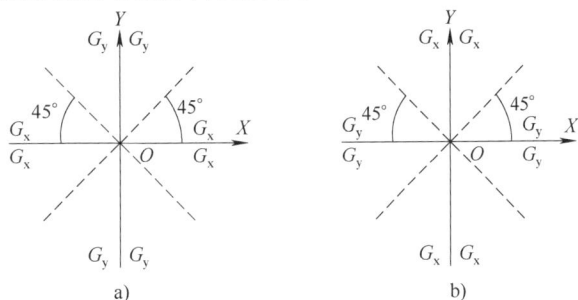

图 10-52　计数方向 G 的确定

a）加工直线时　b）加工圆弧时

5）加工指令 Z。加工指令 Z 用于指明被加工线段的种类，分为直线和圆弧两大类；加工直线时用字母 L 表示，根据被加工直线的走向与线段终点所在的象限，又分为 L_1、L_2、L_3、L_4 这 4 种；加工圆弧用字母 R 表示，根据圆弧加工第一步进入的象限及走向，可分为 8 种，顺时针圆弧分为 SR_1、SR_2、SR_3、SR_4，逆时针圆弧分为 NR_1、NR_2、NR_3、NR_4，具体如图 10-53 所示。

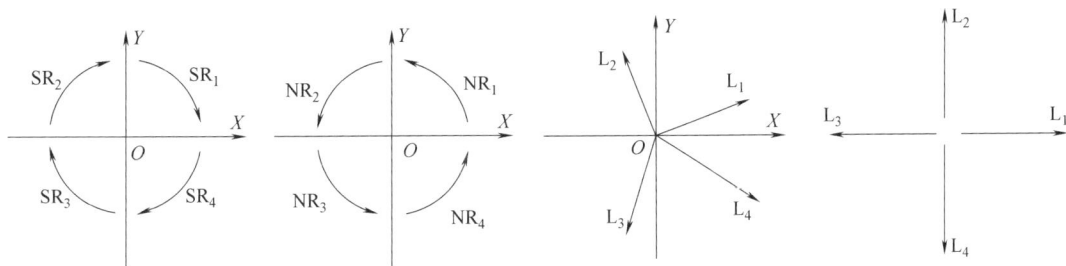

图 10-53　加工指令 Z 方向的确定

2. 3B 指令手工编程示例

数控线切割编程时，应将被加工图形分解为若干圆弧段与直线段，然后按加工顺序依次编写加工程序。以图 10-54 所示的线切割零件为例，因为该图形由 3 条直线段和 3 条圆弧段连接组成，所以应分为 6 段编写加工程序。该零件的数控线切割加工程序单见表 10-4。

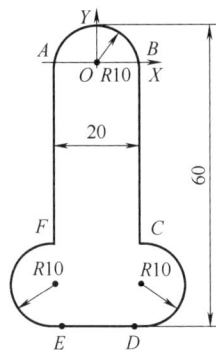

1）加工圆弧 AB。以该圆弧圆心为坐标原点，经计算，圆弧起点 A 的坐标为 $X = 10$，$Y = 0$。

程序为：B10000B0B020000GYSR2。

2）加工直线段 BC。以起点 B 为坐标原点，BC 与 Y 轴负方向重合。

程序为：B0B30000B030000GYL4。

3）加工圆弧 CD。以该圆弧圆心为坐标原点，经计算，圆弧起点 C 的坐标为 $X = 0$，$Y = 10$。

图 10-54 线切割零件

程序为：B0B10000B020000GXSR1。

4）加工直线段 DE。以起点 D 为坐标原点，DE 与 X 轴负方向重合。

程序为：B20000B0B020000GXL3。

5）加工圆弧 EF。以该圆弧圆心为坐标原点，经计算，圆弧起点 E 的坐标为 $X = 0$，$Y = 10$。

程序为：B0B10000B020000GXSR3。

6）加工直线段 FA。以起点 F 为坐标原点，FA 与 Y 轴正方向重合。

程序为：B0B30000B030000GYL2。

表 10-4　该零件的数控线切割加工程序单

序　号	B	X	B	Y	B	J	G	Z
1	B	10000	B	0	B	020000	GY	SR2
2	B	0	B	30000	B	030000	GY	L4
3	B	0	B	10000	B	020000	GX	SR1
4	B	20000	B	0	B	020000	GX	L3
5	B	0	B	10000	B	020000	GX	SR3
6	B	0	B	30000	B	030000	GY	L2
7	E							

3. ISO 代码指令格式

ISO 代码是指国际标准化组织制订的通用数控编程代码指令格式，对数控电火花线切割而言，程序段的格式为

$$N×××× G×× X×××××× Y×××××× I×××××× J××××××$$

其中，N 为程序段号，后接 4 位阿拉伯数字，表示程序段的顺序号；G 为准备功能，后接 2 位阿拉伯数字，表示线切割加工的各种内容和操作方式，具体见表 10-5 所示；X、Y 为直线或圆弧的终点坐标值，后接 6 位阿拉伯数字，以 μm 为单位；I、J 表示圆弧的圆心对圆弧起点的坐标值，后接 6 位阿拉伯数字，以 μm 为单位。

表 10-5　常用的准备功能指令

G00	点定位
G01	直线（斜线）插补
G02	顺圆插补

（续）

G03	逆圆插补
G04	暂停
G40	丝径(轨迹)补偿(偏移)取消
G41、G42	丝径向左、右补偿偏移(沿钼丝的进给方向看)
G90	选择绝对坐标方式输入
G91	选择增量(相对)坐标方式输入
G92	工作坐标系设定

4. ISO 代码指令格式编程示例

试用 G 代码编写图 10-55 所示的五角星零件的线切割加工程序（暂不考虑电极丝的直径及放电间隙的影响）。

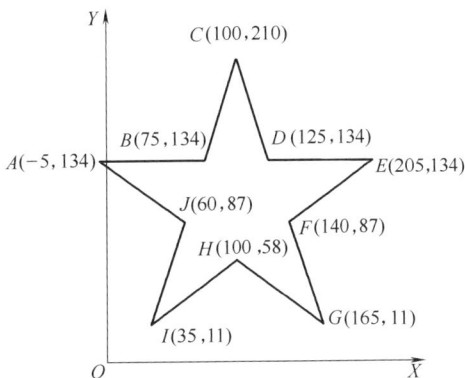

图 10-55　五角星零件简图

五角星零件的 G 代码数控电火花线切割加工程序单见表 10-6。

表 10-6　五角星零件的 G 代码数控电火花线切割加工程序单

程序段号	程序段内容	程序段结束	程序段说明
N0010	G90	;	采用绝对方式编程
N0020	T84T86	;	开启冷却液,开启走丝
N0030	G92X0Y0	;	设定当前电极丝的位置为(0,0)
N0040	G0X-5Y134	;	电极丝快移至 A 点
N0050	G1X75Y134	;	A→B,线切割加工
N0060	X100Y210	;	B→C,线切割加工
N0070	X125Y134	;	C→D,线切割加工
N0080	X205Y134	;	D→E,线切割加工
N0090	X140Y87	;	E→F,线切割加工
N0100	X165Y11	;	F→G,线切割加工
N0110	X100Y58	;	G→H,线切割加工
N0120	X35Y11	;	H→I,线切割加工
N0130	X60Y87	;	I→J,线切割加工
N0140	X-5Y134	;	J→A,线切割加工
N0150	G0X0Y0	;	电极丝快速回原点
N0160	T85T87	;	关闭冷却液,停止走丝
N0170	M2	;	程序结束

5. 图形交互式自动编程

CAXA 线切割软件（XP 版）是电火花线切割机床的一款计算机辅助编程软件，操作简单、方便。其功能介绍如下。

1）设计、编程集成化。可以完成绘图设计、加工代码生成、联机通信等功能，集图样设计和代码编程于一体。

2）更完善的数据接口。可直接读取 EXB、DXF 等格式的文件，方便用户的使用操作。

3）图样、代码的打印。可以在软件内直接从打印机上输出图样和生成的代码。

4）交互式图像矢量化功能。位图矢量化一直是用户很欢迎的一个实用功能，软件对它也进行了加强和改进，其位图矢量化功能能够接受的有 BMP、GIF、JPG 等格式的图形，而且矢量化后可以调出原图形进行对比，在原图的基础之上对矢量化后的轮廓进行修正。

5）完善的通信方式。可以将计算机与机床直接连接，将加工代码发送到机床的控制器。

10.5.6　数控电火花线切割加工实例

以图 10-56 所示零件为例，进行 CAXA 线切割辅助编程的操作过程。

1）先绘制出"蝴蝶"零件图样，如图 10-57 所示。需要注意的是线切割零件图一定是一个线条首尾依次连接的封闭轮廓线，否则电极丝的加工轨迹无法闭合，工件不能切割成形。

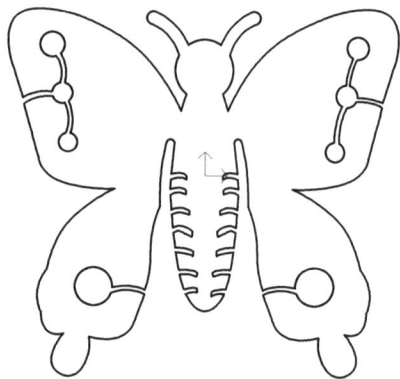

图 10-56　线切割加工零件

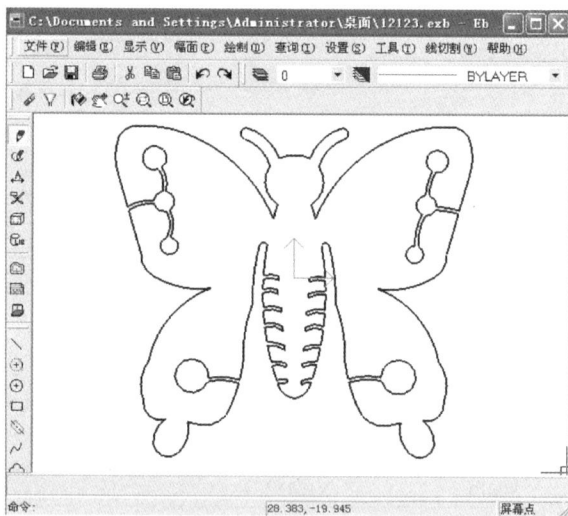

图 10-57　"蝴蝶"零件图样

2）制作电极丝的运行轨迹路线。单击菜单栏中线切割命令，在下拉菜单中选择轨迹生成命令，弹出图 10-58 所示的"线切割轨迹生成参数表"对话框。图 10-58a 所示为"切割参数"的设定。"直线"切入方式是轨迹线从拾取的线段起点处开始切入；"垂直"切入方式是以该线段的垂线形式切入；"指定切入点"切入方式是给定一个具体的点进行切入。"圆弧进退刀"的设定是指电极丝以圆弧的形式切入切出，目的是防止在工件的切入点处产生切痕。"加工参数"一栏内的设定可以进行锥度切割；"补偿实现方式"选择自动补偿，这样在生成程序单中的数值是计算机已经计算补偿过的数值，就不用再进行手动补偿设置，可以节省手工输入的时间和降低误操作的可能性。图 10-58b 所示为"偏移量/补偿值"的设定，它是电极丝的半径与放电间隙的代数和。设定好对话框中的相关参数后单击"确定"按钮，对话框关闭。

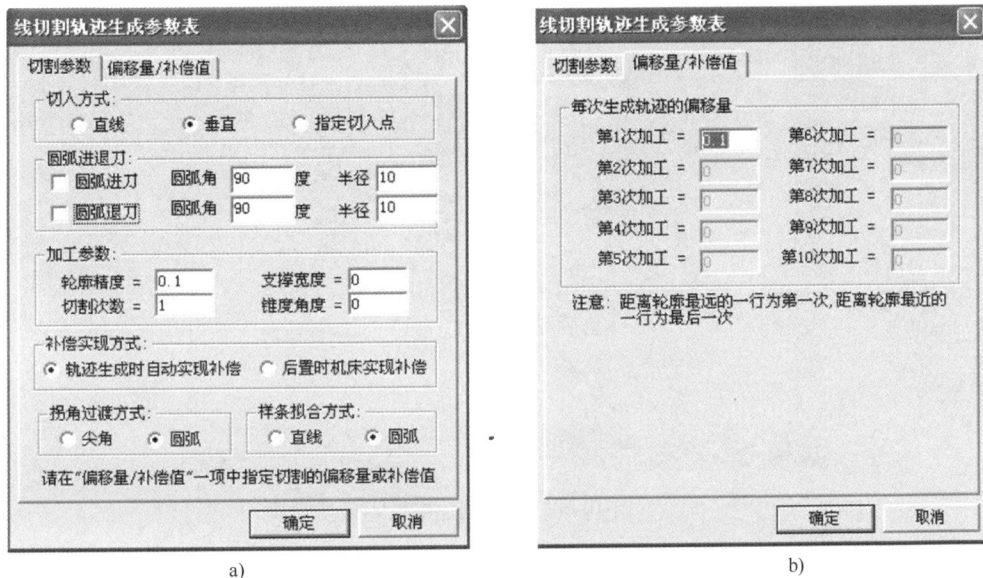

a)

b)

图 10-58 "线切割轨迹生成参数表"对话框

3）按照界面左下角的提示进行操作。"拾取轮廓"即在图样上拾取一条线段（在拾取轮廓的时候要考虑到工件的装夹，要避开工作台和夹具），选择链拾取方向，即电极丝的运行方向，按提示选取偏移或补偿方向（相对工件向外补偿），如图 10-59 所示。

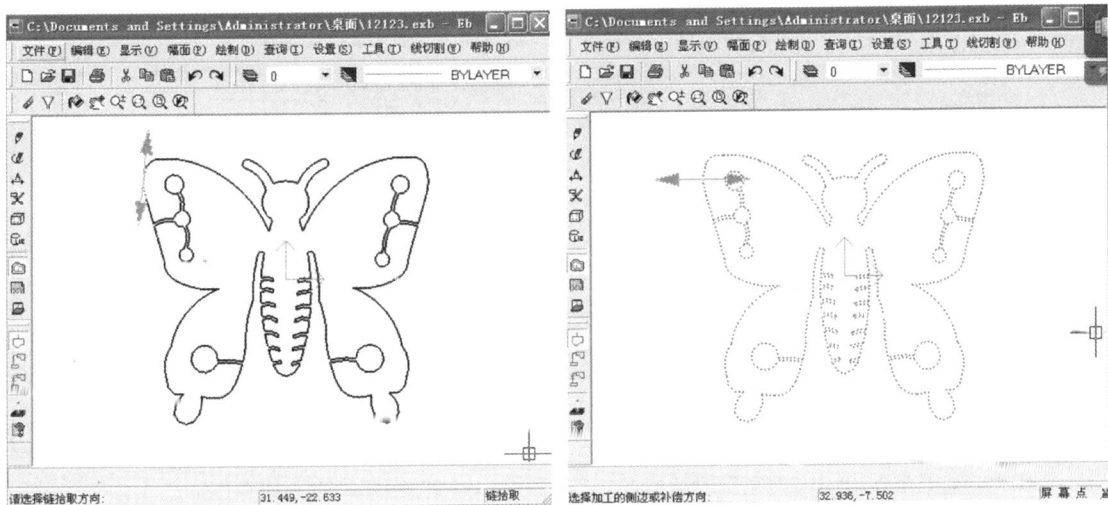

图 10-59 制作轨迹的操作步骤

4）在工件拾取线段的外侧指定一点，然后按下 Enter 键确认，即可自动生成电极丝的加工轨迹路线（一条绿色的线条），轨迹操作命令结束，如图 10-60 所示。

5）3B 代码程序的生成。单击菜单栏中线切割命令，在下拉菜单中选择"3B 代码生

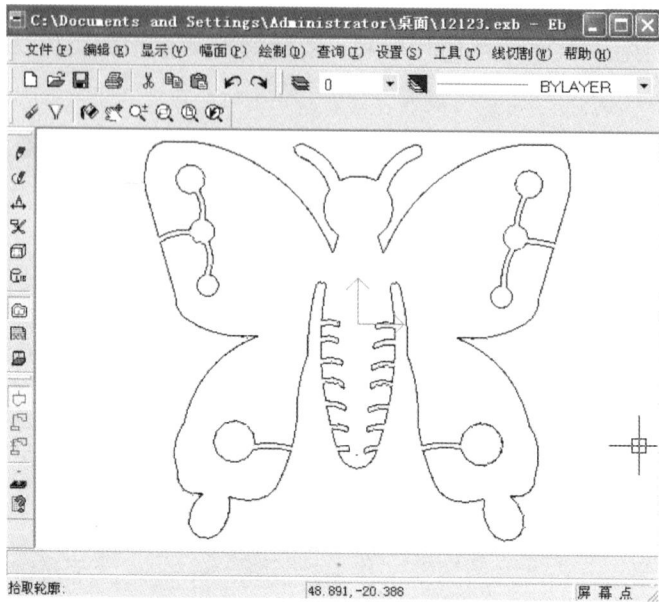

图 10-60　线切割加工轨迹

成"命令，弹出"生成 3B 加工代码"对话框，如图 10-61 所示，输入 3B 代码文件名，单击"保存"按钮，关闭对话框，按状态栏的提示拾取加工轨迹（即绿色线条），变成红色虚线后单击鼠标右键或按 Enter 键，自动弹出 3B 代码程序单记事本文件，如图 10-62 所示。

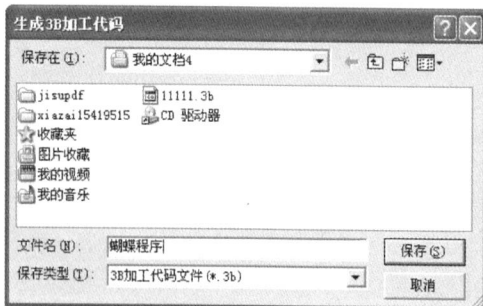

图 10-61　"生成 3B 加工代码"对话框

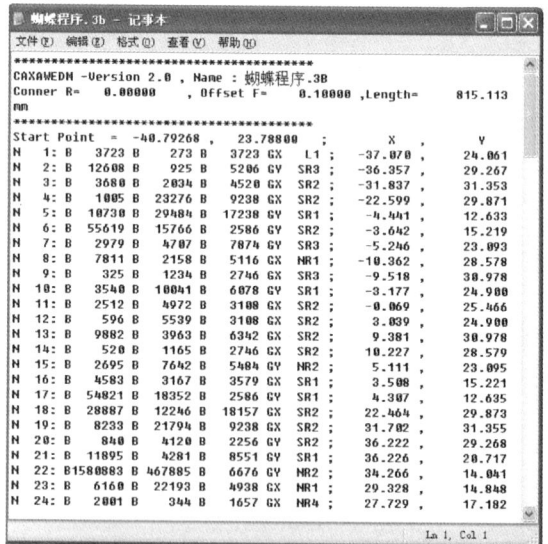

图 10-62　3B 代码程序单记事本

6）3B 代码程序的传送。单击菜单栏中的线切割命令，在下拉菜单中选择"代码传输"命令中的"应答传输"命令，在状态提示栏中显示如图 10-63 所示内容，按两次 Enter 键即可传送程序。

7）接收 3B 代码程序。在机床的操作面板上依次按下"待命→上档→1→通讯"按键进

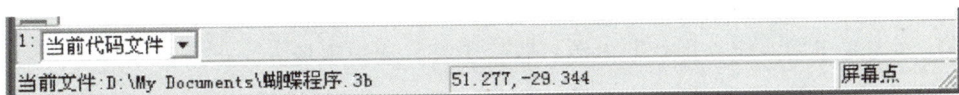

图 10-63 程序传送提示

行程序的接收，在状态提示栏处会快速闪现出所传送的程序数据，程序接收完毕后，提示传送结束。

8）工件的装夹。将工件按照要求进行装夹、找正，固定好，以免在加工或电极丝换向时将工件带起，折断电极丝，造成加工事故，导致正常的加工中断使工件报废。

9）开机加工。给电极丝和工件之间接通脉冲电流，摇动手柄将电极丝和工件移动到合适的位置进行放电，确定切入点，看到火花能够正常连续地产生，打开水泵加注工作液，依次按下"待命→上档→两次执行"按键，执行自动切割加工。

10）加工完成后，贮丝筒自动停止转动，将电极丝手动退出，取下工件进行清洗擦拭，并对机床进行清理擦拭、保养，结束工件的加工制作。

10.6 数控电火花成形加工

10.6.1 实习目的和要求

1）了解电火花加工的原理、特点和应用。
2）了解计算机辅助加工的概念和加工过程。
3）熟悉数控电火花成形加工机床的编程和操作方法。

10.6.2 实习安全操作规程

1）操作人员必须接受有关劳动保护、安全生产的基本知识和现场教育，熟悉电火花机床的安全操作规程。

2）操作人员应熟悉机床的结构、原理、性能及用途等方面的知识，按照工艺规程做好加工前的一切准备工作。

3）机床电气设备尽量保持清洁，防止受潮，否则可能降低机床的绝缘度而影响机床的正常工作。

4）放电加工使用中，不得用手接触电极工具，以免触电。

5）加工过程中，操作人员应坚守岗位，集中思想，细心观察机床设备的运转情况，发现问题及时处理。操作人员不在现场时，不得使电火花机床处在加工状态。

6）机床附近严禁烟火（吸烟），并配置适当的灭火器。若发生火灾，应立即切断电源，并用四氯化碳或二氧化碳灭火器灭火，防止事故扩大。

7）电火花加工操作车间内，必须具备抽油雾和烟气的排风换气装置，保证室内空气通风良好。

8）油箱要保证足够的循环油量，油温要控制在安全范围内。添加工作介质（煤油）时，不得混入汽油之类的易燃物，以免火灾发生。

9）加工过程中，工作液面必须高于工件 15cm。若液面过低，加工电流较大，则容易引起火灾，因此操作人员必须经常检查液面是否合适。

10）加工完毕后，应立即切断电源，收拾工具，清扫现场。

10.6.3 电火花成形加工简介

1. 电火花成形加工的原理

CTE300ZK 型电火花成形加工机床如图 10-64 所示，电火花成形加工基本原理如图 10-65 所示。CTE300ZK 型电火花成形加工机床主要技术参数见表 10-7。被加工的工件为工件电极，纯铜（或其他导电材料，如石墨）为工具电极。脉冲电源发出一连串的脉冲电压，加到工件电极和工具电极上，此时工具电极和工件均浸入具有一定绝缘性能的工作液中。在伺服系统的控制下，工具电极慢慢向工件电极进给，当工具电极与工件电极的距离小到一定程度时，电场强度增大到一定程度，在脉冲电压的作用下，两极间最近点处的工作液就会被击穿，在工具电极与工件之间形成瞬时放电通道，产生瞬时高温，使金属局部熔化甚至气化而被蚀除，并局部形成电蚀凹坑。这样以很高的频率连续不断地重复放电，工具电极不断地向工件电极进给，就可以将工具电极的形状复制到工件上，从而加工出所需的型面。

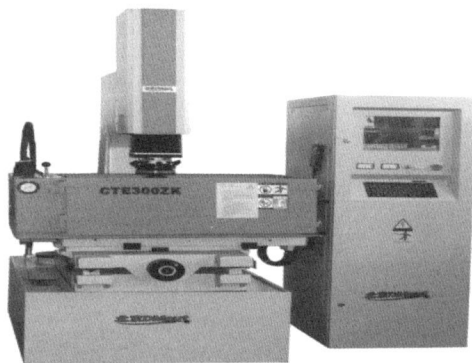

图 10-64　CTE300ZK 型电火花成形加工机床

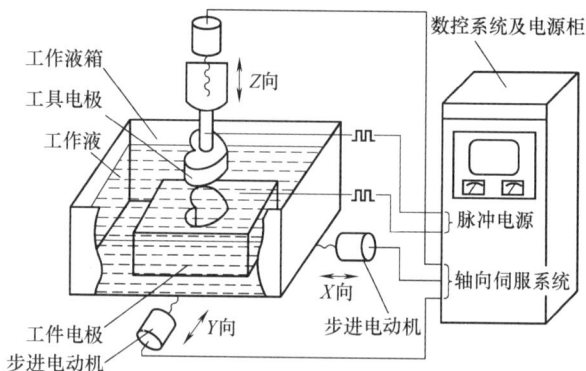

图 10-65　电火花成形加工基本原理

表 10-7　CTE300ZK 型电火花成形加工机床主要技术参数

品牌：迪蒙卡特	最大加工速度（mm/min）：450
工作台尺寸/mm×mm：550×320	X、Y 轴行程/mm×mm：320×200
Z 轴行程/mm：300	Z 轴至工作台最大距离/mm：520
油槽尺寸/mm×mm×mm：800×500×350	坐标定位精度/mm：0.01
最大电极质量/kg：50	最大工件尺寸/mm×mm×mm：600×400×300
最大工件质量/kg：500	最大加工电流/A：50
最大加工速度/（mm^3/min）：450	最佳表面粗糙度/μm：$Ra \leqslant 0.5$
最小电极损耗：0.3%	整机外形尺寸/mm×mm×mm：1300×1320×2200
机床质量/kg：1500	可编程轴：四轴四联动

2. 电火花成形加工的特点

1）由于脉冲放电的能量密度高，使其可以应用于普通机械难以加工或无法加工的特殊材料和复杂形状的零件，只要是导体，就不受材料及热处理状况的影响。

2）电火花加工时，工具电极与工件材料不接触，两者之间的宏观作用力极小，工具电极不需要比被加工材料硬，电极制造更容易。因此，电火花成形加工一般应用于加工各种高硬度、高强度、高韧性、高脆性的导电材料，并且常用于模具的制造过程。

3. 实现电火花成形加工的条件

1）工具电极和工件电极之间必须施加 $60\sim300V$ 的脉冲电压，同时还需维持合理的放电间隙。过大的放电间隙，介质不能被击穿，无法形成火花放电；过小的放电间隙，会导致积炭，甚至电弧放电，无法继续加工。

2）两极间必须充放具有一定绝缘性能的液体介质。电火花成形加工一般用煤油作为工作液。

3）输送到两极间的脉冲能量应足够大，放电通道间的电流密度一般为 $10^4\sim10^9A/cm^2$。

4）放电必须是短时间的脉冲放电。一般放电时间为 $1\mu s\sim1ms$。这样才能使放电产生的热量来不及扩散，从而把能量作用局限在很小的范围内。

5）脉冲放电需多次进行，并且在时间和空间上是分散的，以免发生局部烧伤。

6）脉冲放电后的电蚀产物应能及时排放至放电间隙外，使重复性放电能顺利进行，电火花加工过程如图 10-66 所示，①两极间加上无负荷电压 V，如图 10-66a 所示。②两极间距 G 小到一定值时，加工液被电离击穿，两极间最近点产生火花放电。放电间隙 G 的大小为：精加工时为数十微米，粗加工时为数百微米，如图 10-66b 所示。③电源通过放电柱释放能量。放电时间为：数微秒到 1ms，如图 10-66c 所示；④放电后，局部金属熔化、气化并被抛出，形成放电波，如图 10-66d 所示；⑤两极间恢复绝缘状态，经多次脉冲放电后，工具电极的轮廓和截面形状将被复印在工件上；电火花加工完成如图 10-66e 所示。

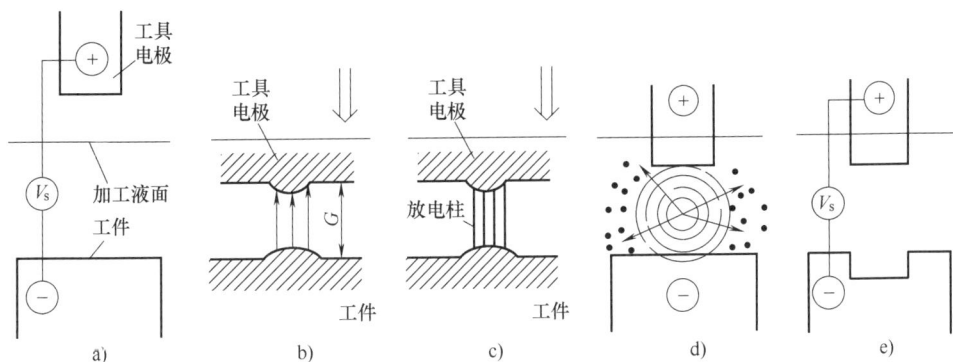

图 10-66 电火化加工过程

4. 电火花成形加工机床的组成

电火花成形加工机床的组成包括机床本体、脉冲电源、轴向伺服系统（X、Y、Z 轴）、工作液的循环过滤系统和基于窗口的对话式软件操作系统。

1）机床本体由床身、底座、工作台、滑枕、主轴箱组成。

2）床身用于支撑和连接工作台等部件，安放工作液箱等。

3）底座用于支撑滑枕在 Y 向做往复运动。

4）工作台用于安装夹具和工件，并带动工件在 X 向做往复运动。

5）滑枕用于支撑主轴箱，并带动主轴箱在 Y 向做往复运动。主轴箱用于装夹工具电极，并带动工具电极在 Z 向做往复运动。

6）脉冲电源的作用是把 50Hz 工频交流电转换成高频率的单向脉冲电流。加工时，工具电极接电源正极，工件电极接电源负极。

7）轴向伺服系统的作用是控制 X、Y、Z 三轴的伺服运动。

8）工作液循环过滤系统由工作液、工作液箱、工作液泵、滤芯和导管组成。工作液起绝缘、排屑、冷却和改善加工质量的作用。每次脉冲放电后，工件电极与工具电极之间必须迅速恢复绝缘状态，否则脉冲放电就会转变为持续的电弧放电，影响加工质量。加工过程中，工作液可把加工过程中产生的金属颗粒迅速从电极之间冲走，使加工顺利进行。工作液还可冷却受热的电极和工件，防止工件变形。

9）基于窗口的对话式软件操作系统。使用本操作系统，工具电极可以方便地对工件进行感知和对中等操作，可以将工具电极和工件电极的各种参数输入并生成程序，可以动态观察加工过程中加工深度的变化情况，还可进行手动操作加工和文件管理等。

5. 电火花成形加工程序的编制方法

（1）程序格式　加工程序主要以 G 代码为主要编程代码，同时配以 M 代码、H 代码和 T 代码。

（2）坐标系　系统开机后自定义为 G54 坐标系，其坐标方向规定 Z 向为工具电极，向上为正，向下为负；X 向为工具电极，向右为正，向左为负；Y 向为工具电极，向后为正，向前为负，如图 10-67 所示。

（3）程序结构　本系统主程序结构如下。

T84；打开工作液泵。

M98P0128；加工条件号。

……加工条件号。

T85；关闭工作液泵。

M02；程序结束。

注：T84、T85、M02 为程序开头和结尾必须包括的语句，程序中每个语句后面以分号为分隔符。加工条件号为本系统软件所带的子程序号，子程序中已经包含加工所需要的各种参数。

6. 编程举例

以图 10-68 所示零件为例，介绍加工 $\phi15$、深 5mm 不通孔的编程方法。

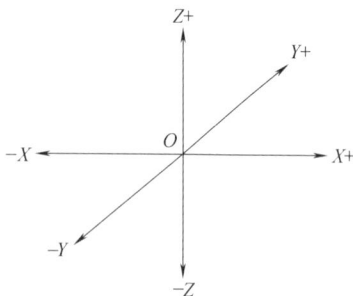

图 10-67　G54 坐标系示意图

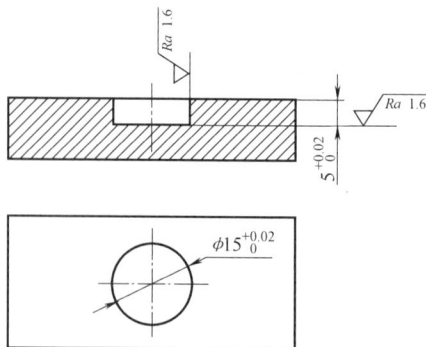

图 10-68　圆柱型腔

1）计算所加工不通孔的横截面面积。根据孔和横截面面积查表确定应采用的加工条件号和其中的各种参数，并根据经验公式求出电极截面尺寸。

孔的横截面面积$= \pi R^2 = 3.14 \times 7.5^2 = 177.6 \text{mm}^2 \approx 1.78 \text{cm}^2$

查得与此面积相同（或相近）的条件号为 128（也可用 129），其底面间隙为 0.24mm，底面表面粗糙度值 Ra 为 6.5μm，则工具的电极截面尺寸为：

电极截面尺寸=不通孔横截面直径-底面间隙=15mm-0.24mm=14.76mm

若所加工孔为长方形，则电极截面面积为：

电极截面面积=（孔长-侧面间隙）×（孔宽-侧面间隙）

其他形状型腔加工的电极尺寸计算方法基本同上。

2）由所加工不通孔要求的最小表面粗糙度值（底面表面粗糙度值 Ra 或侧面表面粗糙度值 Ra）查表得出加工该孔所使用的最后一个条件号。

本例中的最小表面粗糙度值为 1.6μm，查得与此值相同的表面粗糙度值所对应的条件号。若无相同值，则应选取比 1.6μm 高一档次的表面粗糙度值所对应的条件号，本例应选条件号为 124。

3）所用其他条件号为 128 与 124 之间的所有条件号。

4）程序如下。

T84；打开工作液泵。

G90；使用绝对坐标编程。

G30Z+；指定抬刀方向为 Z 轴的正方向。

G17；选择 XOY 平面进行加工。

H970=5.000；零件加工的理论深度，H970 为一地址变量。

H980=1.000；加工结束后，工具电极应停止的坐标位置，距工件表面1mm，如图 10-69 所示。

G00Z0+H980；将工具电极快速定位于距工件表面1mm 处，如图 10-69 所示。

M98P0128；调用子程序 0128（M98 为子程序调用指令）。

M98P0127；调用子程序 0127。

M98P0126；调用子程序 0126。

M98P0125；调用子程序 0125。

M98P0124；调用子程序 0124。

T85M02；关闭工作液泵，程序结束。

本例加工过程示意图如图 10-66 所示。

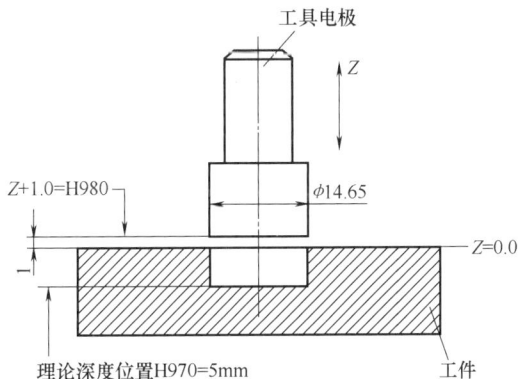

图 10-69　型腔加工工具与工件间的相对位置

参 考 文 献

[1]   黎伟泉. 金工实习教程 [M]. 广州：华南理工大学出版社，2008.

[2]   钱继锋. 金工实习教程 [M]. 北京：北京大学出版社，2006.

[3]   廖维奇，王杰，刘建伟. 金工实习 [M]. 北京：国防工业出版社，2013.

[4]   李建明. 金工实习 [M]. 北京：高等教育出版社，2010.

[5]   侯伟，张益民，赵天鹏. 金工实习 [M]. 武汉：华中科技大学出版社，2013.

[6]   陈志鹏. 金工实习 [M]. 北京：机械工业出版社，2015.

[7]   张学政，李家枢. 金属工艺学实习 [M]. 4 版. 北京：清华大学出版社，2011.

[8]   宋昭祥. 现代制造工程技术实践 [M]. 4 版. 北京：机械工业出版社，2019.

[9]   张学仁. 数控电火花线切割加工技术 [M]. 3 版. 哈尔滨：哈尔滨工业大学出版社，2004.

[10]   魏斯亮，李兵，艾勇. 金工实习 [M]. 北京：北京理工大学出版社，2009.

[11]   杨叔子. 机械加工工艺师手册：特种加工 [M]. 北京：机械工业出版社，2012.

[12]   宋树恢，朱华炳. 工程训练：现代制造技术实训指导 [M]. 合肥：合肥工业大学出版社，2007.

[13]   李海艳，刘世平. 特种加工实训 [M]. 北京：科学出版社，2009.

[14]   刘晋春，白基成，郭永丰，等. 特种加工 [M]. 7 版. 北京：机械工业出版社，2022.

[15]   鞠鲁粤. 工程材料与成形技术基础 [M]. 3 版. 北京：高等教育出版社，2015.